Ciberseguridad avanzada en entornos de las tecnologías de la operación. IFCT0050

Yolanda López Benítez

Ciberseguridad avanzada en entornos de las tecnologías de la operación. IFCT0050
© Yolanda López Benítez

1ª Edición

© IC Editorial, 2025

Editado por: IC Editorial
c/ Cueva de Viera, 2, Local 3
Centro Negocios CADI
29200 Antequera (Málaga)
Teléfono: 952 70 60 04
Fax: 952 84 55 03
Correo electrónico: iceditorial@iceditorial.com
Internet: www.iceditorial.com

ISBN: 978-84-1184-920-3
Depósito Legal: MA 1013-2025

Impresión: PODiPrint
Impreso en Andalucía – España

Nota de la editorial: IC Editorial pertenece a Innovación y Cualificación S. L.

Especialidad formativa

Se entiende por especialidad formativa la agrupación de contenidos, competencias profesionales y especificaciones técnicas que responde a un conjunto de actividades de trabajo enmarcadas en una fase del proceso de producción y con funciones afines.

Las especialidades formativas de Uso General, Formación Complementaria, Formación Modular y las especialidades formativas dirigidas a la obtención de certificados de profesionalidad se incluyen en el Fichero de Especialidades del Servicio Público de Empleo Estatal para su gestión en todo el territorio nacional por cualquier Administración competente.

Las especialidades complementarias, pertenecen todas a la Familia profesional de Formación Complementaria (FCO) y tienen la consideración de formación transversal en áreas que se consideran prioritarias tanto en el marco de la Estrategia Europea para el Empleo y del Sistema Nacional de Empleo como en las directrices establecidas por la Unión Europea. Se consideran áreas prioritarias las relativas a tecnologías de la información y la comunicación, la prevención de riesgos laborales, la sensibilización en medio ambiente, la promoción de la igualdad, la orientación profesional y aquellas otras que se establezcan por la Administración competente.

Las especialidades de Certificado de profesionalidad tienen una duración especificada en su normativa reguladora.

En el resultado de la búsqueda, se muestran las unidades de competencia, todos los módulos formativos con su duración y las unidades formativas del certificado correspondiente, con su duración. Las horas del certificado, exclusivo de las especialidades de certificado de profesionalidad, con alta igual o superior a 2008, son las horas totales más las horas del módulo de Prácticas Profesionales no Laborales.

➲ **Si la especialidad tiene unidades formativas,** las horas totales, presencial, distancia, teleformación serán igual a la suma de esas horas de las unidades formativas de los distintos módulos, sin que se repita ninguna Unidad formativa.

➲ **Si la especialidad no tiene unidades formativas,** las horas totales, presencial, distancia, teleformación serán igual a las sumas de esas horas de los módulos formativos, eliminando las horas de los módulos repetidos.

https://sede.sepe.gob.es/especialidadesformativas/RXBuscadorEFRED/ BusquedaEspecialidades.do

(Fuente: Servicio Público de Empleo Estatal)

Índice

Unidad de aprendizaje 8
Protección de redes industriales

OBJETIVOS GENERALES

Los objetivos generales del título **IFCT0050. Ciberseguridad avanzada en entornos de las tecnologías de la operación,** son los siguientes:

- Adquirir los conocimientos de ciberseguridad y la concienciación necesaria para dotar las redes industriales de los modelos de segmentación y securización de máquinas y dispositivos conectados, así como realizar ciberejercicios de ciberseguridad industrial.
- Conocer los principios básicos de ciberseguridad, incluidos los aspectos técnicos, regulatorios y organizativos de la misma, incluyendo una aproximación al *hacking* ético para entender las principales amenazas y ataques y cómo defenderse de ellos.
- Adquirir los conocimientos básicos de la industria y la transformación digital, incluida la terminología y los dispositivos utilizados en campo, los niveles ISA95, lo relacionado con la llamada industria 4.0, así como la capacitación práctica para adquirir las habilidades necesarias para programar un PLC.
- Introducción a los aspectos específicos relacionados con la ciberseguridad en el entorno industrial, como sistemas ICS-SCADA, redes industriales, amenazas y estándares, para comprender todos los componentes que pueden comprometer la ciberseguridad industrial y la relación entre ellos.
- Evaluar y reforzar los conocimientos de ciberseguridad industrial mediante la ejecución de seis escenarios de ataque y defensa, definidos en la plataforma *Cybertix-Cybring* para redes industriales, para profundizar en los conocimientos de forma práctica.

Introducción a la ciberseguridad: fundamentos y gestión de riesgos

Contenido

Objetivos

El objetivo general de esta unida de aprendizaje es:

→ Conocer los principios básicos de ciberseguridad, incluidos los aspectos técnicos, regulatorios y organizativos de la misma, incluyendo una aproximación al *hacking* ético para entender las principales amenazas y ataques, y cómo defenderse de ellos.

Los objetivos específicos de esta unidad de aprendizaje son:

→ Analizar e identificar riesgos tecnológicos que pueden afectar a la empresa u organización.

→ Mejorar la resiliencia de los sistemas digitales que dan soporte a la empresa.

→ Obtener conocimientos para el desarrollo de una estrategia de securización de la información y generación de modelos digitales competitivos.

1. Introducción

En el ámbito industrial, la ciberseguridad cobra una importancia aún mayor, debido a la creciente digitalización y conexión de los sistemas críticos. Los ataques cibernéticos no solo pueden causar grandes pérdidas económicas, sino también interrumpir importantes operaciones, con lo cual ponen en riesgo la supervivencia de las empresas. Por ello, es clave que los profesionales del sector adquieran una sólida base en ciberseguridad y desarrollen estrategias eficientes y eficaces para proteger sus entornos.

En esta unidad adquirirás los conocimientos básicos de ciberseguridad, los cuales son fundamentales para proteger las redes industriales y los dispositivos conectados. La ciberseguridad es una disciplina clave en la actualidad, debido al aumento de las amenazas cibernéticas. Poco a poco irás adquiriendo una comprensión integral de los aspectos técnicos, regulatorios y organizativos de la ciberseguridad, además de introducirte en el *hacking* ético, para que puedas identificar y defenderte de las principales amenazas y ataques a través de la gestión de riesgos.

Cada sección está diseñada para proporcionarte conocimientos prácticos y teóricos que te permitirán mejorar la resiliencia de los sistemas digitales de tu organización. En esta primera unidad, acompañaremos a Mario en su proceso de aprendizaje sobre los fundamentos de la ciberseguridad y cómo gestionar los riesgos que pueden amenazar la integridad de los sistemas de la empresa para la que trabaja.

2. Conocimiento de los fundamentos de ciberseguridad

☞ HILO CONDUCTOR

Era una tarde tranquila en la empresa TechSystems. Mario, que es ingeniero de sistemas, mientras observaba la actividad de la red desde su lugar de trabajo, notó un comportamiento inusual en uno de los servidores. Aunque todo parecía funcionar correctamente, las señales indicaban una posible intrusión. Mario, que recientemente había recibido formación en ciberseguridad, comenzó a aplicar los conocimientos adquiridos para identificar la fuente del problema, a fin de proteger los activos de su compañía.

La ciberseguridad se ha convertido en un aspecto crítico para cualquier organización en la era digital. A medida que las empresas dependen cada vez más de la tecnología para llevar a cabo sus operaciones diarias, también aumentan los riesgos asociados con las amenazas cibernéticas. El robo de información, los ataques de *ransomware,* el *phishing* y la denegación de servicios son solo algunos ejemplos de los múltiples desafíos a los que se enfrentan las organizaciones día a día. Es aquí donde entra en juego la importancia de sentar una sólida base de conocimientos sobre los fundamentos de la ciberseguridad, pues estos principios forman el primer paso, que es esencial, hacia la protección de los sistemas digitales y los activos de información.

Comprender los fundamentos de la ciberseguridad permite a los profesionales y, en general, a todos los miembros de una organización tener conciencia de las amenazas a las que están expuestos.

 IMPORTANTE

A través de este conocimiento básico, se puede entender cómo se generan los ataques y qué tipos de vulnerabilidades subsisten dentro de un sistema informático o un sistema de información. Además, aprender sobre conceptos clave como la confidencialidad, la integridad y la disponibilidad (los tres pilares fundamentales de la ciberseguridad, que se tratarán más adelante) proporciona un marco claro para medir la seguridad de los activos de información.

DEFINICIÓN

Activo de información

Cualquier recurso o conjunto de datos que tiene valor para una organización y que, por lo tanto, necesita ser protegido. Estos activos incluyen información digital o física, como bases de datos, documentos, correos electrónicos, archivos electrónicos, registros financieros, propiedad intelectual y cualquier otro tipo de información confidencial o sensible. Además, los activos de información también abarcan sistemas, redes y tecnologías que procesan o almacenan estos datos.

Uno de los principales beneficios del conocimiento cibernético es la **capacidad de identificar y gestionar riesgos** de forma eficaz.

PROCESO DE GESTIÓN DE RIESGOS

Saber a qué tipo de amenazas está sometida la infraestructura tecnológica de una empresa ayuda a priorizar los esfuerzos de protección y a centrarse en los puntos más vulnerables o críticos.

Sin esta base, los profesionales podrían pasar por alto elementos fundamentales que, si no se protegen adecuadamente, pueden ser explotados
fácilmente por actores malintencionados. Asimismo, al identificar correctamente los riesgos, se pueden asignar con eficacia recursos que garanti-
cen la seguridad.

SABÍAS QUE...

Otro aspecto clave es que una comprensión clara de los fundamentos de la
ciberseguridad facilita la implementación de normativas y estándares internacionales, como ISO 27001 o NIST 800-53. Estas normas proporcionan directrices para **asegurar los sistemas de información.** El cumplimiento de estos
estándares no solo asegura la correcta gestión de la seguridad dentro de una
empresa, sino que también demuestra a los socios comerciales, clientes y organismos reguladores que la organización está comprometida con la protección
de la información.

El conocimiento básico en ciberseguridad es una potente herramienta que
prepara al personal a defenderse de uno de los mayores riesgos que corre
cualquier organización: **el factor humano.** La falta de formación adecuada
es una de las principales causas de las brechas de seguridad. Desde el uso
de contraseñas débiles hasta la apertura de correos electrónicos maliciosos, los errores humanos son un punto crítico que puede evitarse con una
formación adecuada en ciberseguridad. La capacitación no solo debe ser
técnica, sino también ha de involucrar a toda la organización, promoviendo
una **cultura de seguridad** en la que todos los miembros sean conscientes
de su responsabilidad.

DEFINICIÓN

Cultura de seguridad
Conjunto de valores, creencias, actitudes y prácticas compartidas dentro de una
organización en relación con la protección de sus activos de información frente
a amenazas. Es un enfoque colectivo hacia la importancia de la seguridad, que
abarca tanto la seguridad informática como la seguridad física, y que promueve
comportamientos que minimizan los riesgos.

*Una cultura de seguridad sólida implica que todos los miembros de una
organización, desde la alta dirección hasta los empleados, sean conscientes
de los riesgos, comprendan su responsabilidad en la prevención de incidentes
y actúen de manera proactiva para proteger la organización contra amenazas
internas y externas.*

 IMPORTANTE

Adquirir conocimientos sobre ciberseguridad prepara el terreno para introducir
modelos organizativos que optimicen la protección de los activos digitales.
Los modelos organizativos son esenciales para estructurar los esfuerzos de
ciberseguridad dentro de una empresa, estableciendo roles claros, asignando
responsabilidades y definiendo estrategias a largo plazo. Sin el conocimiento
oportuno, sería difícil implementar estos modelos con eficacia ni efectividad.
Por lo tanto, construir una base sólida es el primer paso para crear un entorno
de ciberseguridad robusto y resiliente.

2.1. Modelos organizativos

Los **modelos organizativos en ciberseguridad** son esquemas estructurados que permiten a las empresas gestionar, coordinar y optimizar la seguridad de sus sistemas y datos. Estos modelos proporcionan un marco claro
para:

> Asignar responsabilidades.

> Definir políticas de seguridad.

> Establecer procedimientos de protección frente a amenazas cibernéticas.

Un modelo organizativo adecuado no solo asegura la protección de los activos digitales, sino que también **mejora la resistencia de la empresa frente a posibles ataques, lo cual asegura la continuidad del negocio.**

Uno de los principales objetivos de un modelo organizativo es **garantizar que la ciberseguridad esté alineada con los objetivos estratégicos de la empresa.** Esto implica que la seguridad no debe ser vista únicamente como una función técnica, sino como una parte integral de la gestión corporativa. Algunas de las implicaciones de este modelo son:

> Las empresas son capaces de crear un sistema coherente en el que las funciones de ciberseguridad estén interrelacionadas ajustándose a las necesidades del negocio.

> Un aspecto fundamental es la clara asignación de roles y responsabilidades. En muchas organizaciones, la ciberseguridad es vista como una tarea exclusiva del departamento de TI, lo cual es un grave error. Un modelo organizativo efectivo establece que la seguridad es responsabilidad de todo el personal, desde directivos hasta el personal de los niveles operativos.

Existen **diferentes enfoques para implementar modelos organizativos de ciberseguridad.** A continuación se destacan los más relevantes:

⮞ **Modelo centralizado.** En este enfoque, todas las decisiones y actividades de ciberseguridad se concentran en un equipo especializado, generalmente dentro del departamento de TI o en una unidad específica de ciberseguridad. Este modelo es eficaz para organizaciones más pequeñas, donde la centralización permite un control más estricto de los recursos de seguridad. Sin embargo, puede generar cuellos de botella si no se gestiona adecuadamente.

- **Modelo descentralizado.** En empresas grandes y diversificadas, puede ser necesario distribuir las responsabilidades de ciberseguridad entre varias unidades de negocio o departamentos. Cada área es responsable de su propia seguridad, aunque con directrices comunes. Este modelo es útil en organizaciones que operan en múltiples geografías o sectores industriales con diferentes requisitos de seguridad.
- **Modelo híbrido.** Combina los enfoques centralizado y descentralizado, en los que algunas decisiones y recursos clave se gestionan a nivel central, pero con autonomía para las áreas operativas en la implementación. Este enfoque equilibra el control y la flexibilidad, lo que lo convierte en una opción atractiva para empresas medianas y grandes.

  El modelo híbrido es especialmente útil cuando una empresa está sujeta a múltiples normativas de ciberseguridad, ya que permite adaptar las medidas a los diferentes requisitos legales o técnicos de cada país o región.

 APLICACIÓN PRÁCTICA

Existen diferentes enfoques para estructurar los modelos organizativos de ciberseguridad en una empresa, dependiendo de su tamaño, naturaleza y necesidades operativas. Estos modelos incluyen enfoques centralizados, descentralizados e híbridos, cada uno con sus ventajas y limitaciones. Un modelo centralizado puede proporcionar un control más estricto de los recursos, mientras que un modelo descentralizado permite flexibilidad en organizaciones grandes. El modelo híbrido equilibra el control centralizado con la autonomía local. En el contexto de una multinacional que opera en diferentes países con diversos requisitos regulatorios, ¿qué modelo organizativo sería el más adecuado para equilibrar el control y la flexibilidad en la gestión de la ciberseguridad?

Solución

El modelo híbrido, ya que es el más adecuado para una multinacional que opera en múltiples países con distintos requisitos regulatorios. Este enfoque permite gestionar algunas decisiones y recursos clave de ciberseguridad de forma centralizada, mientras otorga autonomía a las áreas operativas locales para adaptarse a las normativas y necesidades específicas de cada región. Esto equilibra el control centralizado con la flexibilidad local, asegurando una implementación efectiva de la ciberseguridad en diferentes entornos. Aunque el modelo centralizado ofrece control, puede ser demasiado rígido para empresas de gran tamaño y diversificadas.

Dentro de un modelo organizativo de ciberseguridad, las **políticas** y los **procedimientos** juegan un papel esencial:

- **Políticas de ciberseguridad:** las políticas de ciberseguridad establecen las reglas y directrices que deben seguir todos los miembros de la organización para garantizar la protección de la información y los sistemas. Ejemplos de políticas son la gestión de contraseñas, la encriptación de datos sensibles y el acceso restringido a determinadas áreas del sistema.
- **Procedimientos de ciberseguridad:** los procedimientos, por otro lado, detallan los pasos que deben seguir los empleados para cumplir con las políticas establecidas. Por ejemplo, si una política dicta que todos los dispositivos móviles deben estar encriptados, el procedimiento explicará cómo realizar la encriptación.

IMPORTANTE

Una política de seguridad de la información debe ser revisada regularmente y actualizada para reflejar los cambios en el panorama de las amenazas cibernéticas y en las operaciones de la empresa.

Un modelo organizativo también debe incluir un marco de gobernanza. La **gobernanza en ciberseguridad** hace referencia al conjunto de mecanismos mediante los cuales una empresa u organización controla y dirige su estrategia de seguridad:

- **La creación de comités o grupos de trabajo dedicados a la ciberseguridad.** Estos comités son equipos multidisciplinarios responsables de definir, implementar y supervisar las políticas y estrategias de ciberseguridad. Su misión es garantizar que la empresa esté preparada para enfrentarse con éxito a las diferentes amenazas emergentes, coordinar esfuerzos entre departamentos y alinear las iniciativas de seguridad con los objetivos del negocio.
- **La definición de métricas para medir el rendimiento de las estrategias implementadas.** Es esencial medir el éxito de las estrategias de ciberseguridad para asegurarse de que están funcionando adecuadamente. Las métricas clave suelen incluir el tiempo de respuesta ante incidentes, el número de vulnerabilidades detectadas y resueltas, o el

cumplimiento normativo. Estas métricas permiten evaluar el impacto de las políticas y ajustes necesarios.

➲ **La supervisión de su cumplimiento.** La supervisión es clave para asegurar que las políticas de ciberseguridad se apliquen correctamente. Esto engloba auditorías regulares, seguimiento continuo del desempeño y correcciones cuando se detectan incumplimientos o áreas de mejora. Un enfoque constante en la supervisión garantiza que el sistema se mantenga actualizado y efectivo frente a nuevas amenazas.

 **RECUERDA**

El éxito de un modelo organizativo de ciberseguridad depende de su capacidad para adaptarse y evolucionar frente a nuevas amenazas, tecnologías y regulaciones.

2.2. Conceptos básicos y tecnológicos

Los conceptos básicos y tecnológicos de ciberseguridad constituyen los pilares sobre los cuales se construyen las estrategias y medidas de protección de los activos de información y sus sistemas. Estos conceptos permiten a las organizaciones identificar, prevenir y mitigar riesgos relacionados con el uso de las **tecnologías de la información,** protegiendo así la integridad de los datos y los sistemas ante posibles amenazas.

 **DEFINICIÓN**

Tecnologías de la información
Uso de sistemas, *software, hardware* y redes para almacenar, procesar, transmitir y gestionar información. Estas tecnologías son esenciales para la operación y el funcionamiento de las organizaciones, pues permiten la automatización de procesos, la comunicación eficiente y la gestión de grandes volúmenes de datos. Las TI abarcan áreas como la ciberseguridad, la infraestructura de redes, las bases de datos y el desarrollo de *software.* Son fundamentales para la transformación digital y la innovación en múltiples sectores.

CID: confidencialidad, integridad y disponibilidad

Uno de los conceptos fundamentales en ciberseguridad es el triángulo conformado por la **confidencialidad, la integridad y la disponibilidad (CID)**, también conocido como "tríada CIA" por sus siglas en inglés. Estos tres principios constituyen la base de cualquier estrategia de seguridad:

- **Confidencialidad:** implica garantizar que solo las personas autorizadas tengan acceso a la información sensible.
  Un ejemplo claro de la aplicación de la confidencialidad es el uso de contraseñas y encriptación para proteger datos importantes, como los números de tarjetas de crédito de los clientes en una tienda o comercio *online*.
- **Integridad:** significa asegurar que la información no sea alterada de manera no autorizada. Esto implica que los datos deben mantenerse correctos y completos, tanto en tránsito como en reposo (entrega o recepción). Un ejemplo es cuando una empresa garantiza que los registros de sus bases de datos no sean modificados sin los permisos adecuados, aplicando controles de acceso y sistemas de auditoría.
- **Disponibilidad:** garantiza que los sistemas y la información estén accesibles para los usuarios autorizados cuando lo necesiten.
  Un ejemplo de esto es el uso de medidas como copias de seguridad periódicas y planes de recuperación ante desastres para garantizar que los datos y sistemas estén disponibles incluso después de un ataque o fallo del sistema.

 **IMPORTANTE**

Recuerda que, si alguno de estos tres principios se ve comprometido, la seguridad de la información estará en riesgo.

Autenticación y autorización

La **autenticación** y la **autorización** son procesos clave en la ciberseguridad:

Autenticación	- La autenticación es el proceso de verificar la identidad de un usuario, asegurándose de que sea quien dice ser. Un ejemplo es cuando un empleado entra en un sistema de información de su empresa utilizando su nombre de usuario y contraseña.
Autorización	- La autorización, por su parte, es el proceso que permite a los usuarios acceder a determinados recursos una vez que su identidad ha sido autenticada. Por ejemplo, aunque un empleado pueda autenticarse correctamente en el sistema de información de la empresa, es posible que no tenga autorización para acceder a archivos confidenciales si no tiene el nivel de permiso adecuado.

SABÍAS QUE...

La autenticación multifactor (MFA), que combina algo que el usuario sabe (como una contraseña) con algo que tiene (como un teléfono móvil para recibir un código de verificación), es una de las formas más efectivas de garantizar una autenticación segura.

Criptografía

La **criptografía** es el arte de proteger la información mediante técnicas que transforman los datos en formatos ilegibles para usuarios no autorizados. El uso de **algoritmos de encriptación**, como AES (*Advanced Encryption Standard*), asegura que los datos solo puedan ser leídos por aquellos que tienen la clave correcta.

Un algoritmo de encriptación convierte datos legibles en un formato cifrado para proteger su confidencialidad, accesible solo mediante una clave de desencriptación. Ejemplos de estos algoritmos son: AES (Advanced Encryption Standard) y RSA (Rivest-Shamir-Adleman).

 **EJEMPLO**

Un ejemplo típico de criptografía es cuando los correos electrónicos son encriptados para que solo el destinatario tenga acceso a la información contenida. Los certificados digitales y las firmas electrónicas también son buenos ejemplos de cómo la criptografía protege la integridad y autenticidad de los datos en la era digital actual.

Firewalls y sistemas de detección y prevención de intrusos (IDS/IPS)

Los **firewalls** y los **sistemas de detección y prevención de intrusos (IDS/IPS)** son componentes tecnológicos esenciales para proteger las redes y los sistemas frente a las amenazas externas. Representan dos conceptos básicos sobre tecnología cibernética:

Firewall	- Un *firewall* actúa como una barrera que filtra el tráfico entrante y saliente basado en reglas predefinidas. Por ejemplo, una empresa puede configurar un *firewall* para bloquear el acceso a ciertos sitios web no autorizados o para prevenir que cierto tráfico malicioso entre a la red.

Continúa en página siguiente >>

<< Viene de página anterior

IDS - Un sistema de detección de intrusos (IDS) monitorea el tráfico en busca de comportamientos anómalos o maliciosos y alerta a los administradores. Un sistema de prevención de intrusos (IPS), por otro lado, no solo detecta el tráfico sospechoso, sino que también toma medidas automáticas para bloquearlo.

NOTA

Los *firewalls* y los sistemas IDS/IPS son herramientas fundamentales para cualquier organización que busque prevenir ataques como el *malware* o el acceso no autorizado a sus redes.

EJEMPLO

Pongamos un ejemplo práctico en el que aplicar los conceptos básicos y tecnológicos estudiados. Imagina que una pequeña empresa implementa las siguientes medidas de ciberseguridad:

1. **Confidencialidad:** utilizan encriptación de datos mediante un algoritmo de encriptación avanzado como AES *(Advanced Encryption Standard)*, para proteger la información personal de sus clientes en su plataforma web. Esto asegura que los datos solo puedan ser accesibles para quienes posean la clave correcta, con lo cual se mantiene la confidencialidad.
2. **Autenticación y autorización:** han implementado autenticación multifactor (MFA) para que los empleados accedan a sus sistemas internos, añadiendo una capa extra de seguridad. Además, establecen un sistema de autorización que define y controla qué recursos o datos pueden ser accedidos por cada empleado, de acuerdo con sus roles o permisos dentro de la organización. Esto garantiza que solo el personal autorizado tenga acceso a información sensible o sistemas críticos.
3. ***Firewalls* e IDS:** configuran un *firewall* que bloquea el tráfico no autorizado y utilizan un sistema de detección de intrusos (IDS) que monitorea cualquier

Continúa en página siguiente >>

<< Viene de página anterior

actividad sospechosa dentro de la red y alerta al equipo de seguridad en caso de posibles amenazas.

Todas estas acciones básicas y tecnológicas, así como el uso de algoritmos de encriptación, mejoran significativamente la seguridad de la empresa y la protegen contra amenazas habituales, como los ataques de fuerza bruta o el robo de datos.

APLICACIÓN PRÁCTICA

En el contexto de una empresa pequeña que ha implementado un *firewall* para bloquear tráfico no autorizado y un sistema de detección de intrusos (IDS), de los siguientes pasos, ¿cuál sería el siguiente paso lógico, para mejorar la protección de la red frente a amenazas activas?

- **Actualizar el *firewall* a un modelo más avanzado.**
- **Implementar un sistema de prevención de intrusos (IPS) para bloquear automáticamente el tráfico malicioso.**
- **Reconfigurar el IDS para monitorear solo el tráfico saliente.**
- **Desactivar el *firewall* y confiar únicamente en el IDS.**

Solución

El siguiente paso lógico para mejorar la protección de la red de la empresa sería implementar un sistema de prevención de intrusos (IPS). Mientras que el IDS detecta el tráfico malicioso y alerta a los administradores, el IPS no solo detecta, sino que también bloquea automáticamente el tráfico sospechoso, proporcionando una defensa activa contra amenazas en tiempo real. Esto sería más efectivo que simplemente actualizar el *firewall* o reconfigurar el IDS.

2.3. Role de las personas

El papel de las personas en la ciberseguridad es fundamental, ya que no solo las tecnologías, sino también las acciones humanas influyen en la protección de los activos de información. Aunque las herramientas tecnológicas como *firewalls,* antivirus y encriptación juegan un papel clave, las personas son el eslabón más importante, y a menudo el más vulnerable, en cualquier estrategia de ciberseguridad. Este aspecto humano abarca desde los usuarios finales hasta los altos ejecutivos de los organismos. La formación, el comportamiento y la concienciación determinarán en gran medida la seguridad general de la organización.

Por tanto, es posible afirmar que uno de los mayores desafíos en ciberseguridad es el **factor humano.** Los cibercriminales suelen explotar los errores cometidos por personas, como la apertura de correos electrónicos de *phishing* o el uso de contraseñas débiles, para acceder a redes y sistemas informáticos o de información. Por ello, es vital que todas las personas que conforman una organización reciban una formación continua en prácticas seguras de uso de la tecnología. Esta capacitación debe incluir desde principios básicos, como la importancia de no compartir contraseñas o mantener los dispositivos a buen recaudo, hasta tácticas más avanzadas, como la identificación de intentos de ingeniería social.

La **ingeniería social** es una técnica utilizada por la ciberdelincuencia para manipular a las personas y hacer que revelen información confidencial o realicen acciones que comprometan la seguridad de la información. En lugar de atacar directamente los sistemas informáticos, los atacantes explotan la confianza o el desconocimiento de las personas para obtener acceso a datos sensibles, como contraseñas, información personal o detalles financieros.

 IMPORTANTE

Aunque la seguridad informática y de la información nunca puede garantizarse al 100 %, la implementación de buenas prácticas, como el uso de autenticación multifactor, algoritmos de encriptación, *firewalls* y la concienciación sobre la ingeniería social, puede reducir significativamente los riesgos y las vulnerabilidades. Al adoptar una **estrategia de ciberseguridad integral,** las organizaciones pueden minimizar la probabilidad de sufrir ataques y, en caso de un incidente, mitigar el impacto sobre sus sistemas y sus datos.

Dentro de una organización, diferentes personas desempeñan **roles** específicos que afectan directamente a la ciberseguridad. Algunos roles son:

- *Chief Information Security Officer* (CISO). Se trata del responsable de la estrategia de ciberseguridad de la organización a nivel directivo. Su rol implica la toma de decisiones estratégicas sobre cómo proteger los activos digitales, asegurando que las políticas y procedimientos estén alineados con los objetivos del negocio y las normativas.

➲ **Administradores de sistemas.** Son responsables de la implementación técnica de las políticas de seguridad. Su tarea es configurar y mantener sistemas seguros, asegurando que los parches de seguridad estén actualizados y que las redes sean monitoreadas continuamente.

➲ **Desarrolladores de *software*.** Los desarrolladores tienen un rol clave en la ciberseguridad, al crear aplicaciones y sistemas que deben ser seguros desde su diseño. El desarrollo de *software* seguro (conocido como *security by design*) implica considerar las vulnerabilidades potenciales desde las primeras fases del desarrollo.

➲ **Usuarios finales.** Aunque no sean expertos en tecnología, los usuarios finales también tienen un rol vital en la ciberseguridad. Son los que interactúan directamente con los sistemas de información de la organización. Deben seguir las políticas de seguridad, como usar contraseñas fuertes, evitar el acceso a sitios web maliciosos y mantener actualizado su *software*.

NOTA

El CISO puede desarrollar una excelente política de seguridad, pero, si los usuarios finales no siguen esas directrices, la organización siempre estará expuesta a riesgos cibernéticos.

Desarrollar una **cultura de ciberseguridad** dentro de una organización es clave para asegurar que todos los empleados entiendan la importancia de la seguridad en sus actividades diarias. Esta cultura debe promover la colaboración entre diferentes departamentos, la transparencia sobre los riesgos de seguridad y la creación de un entorno donde los empleados se sientan cómodos comunicando incidentes de seguridad, como posibles intentos de *phishing* o la pérdida de dispositivos móviles.

SABÍAS QUE...

Según un estudio de IBM, el 95 % de los incidentes de ciberseguridad se deben en parte al error humano. Una cultura de ciberseguridad fuerte puede reducir significativamente esta cifra (IBM, s.f.).

Aunque los ciberataques externos, como el *malware* y los *hackers,* suelen acaparar la atención, no se debe pasar por alto la llamada **amenaza interna.** Los empleados descontentos, los contratistas o los socios o colaboradores del negocio con acceso privilegiado pueden representar riesgos de seguridad significativos. Por lo tanto, una gestión adecuada de los accesos y la monitorización del comportamiento de los usuarios es esencial para mitigar estas amenazas.

 SABÍAS QUE...

Según un informe de Verizon, las amenazas internas representan el 34 % de todas las brechas.

3. Identificación de amenazas, ataques y vulnerabilidades de los sistemas

 HILO CONDUCTOR

Mario, al notar un comportamiento inusual en el servidor, recordó los principios fundamentales de la ciberseguridad que había aprendido. Sabía que debía actuar con rapidez, comenzando por identificar las posibles amenazas que podían estar comprometiendo la red de TechSystems. Inmediatamente revisó los registros de actividad para buscar señales de un ataque de denegación de servicio o intentos de acceso no autorizado. Esto podría indicar una intrusión externa. Al mismo tiempo, comenzó a evaluar las posibles vulnerabilidades que podrían haber facilitado el ataque, como contraseñas débiles o configuraciones incorrectas. Con una mirada rápida a los sistemas, Mario también consideró la posibilidad de un ataque interno o la presencia de un *malware*, y reconoció que la ciberseguridad no solo dependía de la tecnología, sino también de identificar y mitigar las amenazas antes de que pudieran causar daños irreparables.

Las amenazas en ciberseguridad representan cualquier posible evento o entidad que pueda comprometer la integridad, confidencialidad o disponibilidad de un sistema.

Un ciberataque es una amenaza materializada.

Las amenazas pueden ser de origen **interno** o **externo:**

Amenazas internas	Amenazas externas
- Las amenazas internas abarcan a los empleados o contratistas que tienen acceso legítimo a los sistemas, pero que pueden causar daño, ya sea intencionalmente (por ejemplo, un empleado descontento) o por error (como la mala gestión de datos sensibles).	- Provienen de actores malintencionados como son los *hackers* no éticos, organizaciones criminales o incluso Gobiernos que buscan explotar vulnerabilidades en los sistemas de información. Estas amenazas externas suelen ser más comunes y visibles, y suelen manifestarse a través de ataques de *malware, phishing* o *ransomware*. Además, los ataques pueden ser dirigidos, como cuando un *hacker* apunta a una organización específica, o indiscriminados, cuando el objetivo es comprometer cualquier sistema vulnerable que se encuentre.

Para **la identificación de ciberataques,** es fundamental saber que estos son la manifestación de las amenazas, es decir, las acciones llevadas a cabo para explotar una vulnerabilidad en un sistema. Algunos de los diferentes tipos de ataques cibernéticos son:

⮕ *Phishing:* este es uno de los ataques más comunes. Consiste en engañar a los usuarios para que revelen información confidencial, como contraseñas o números de tarjetas de crédito, haciéndose pasar por una entidad de confianza, generalmente a través de correos electrónicos o mensajes falsos.

⊃ **Ataques de denegación de servicio (DoS y DDoS):** estos ataques buscan saturar un servidor o red con tráfico excesivo, lo cual provoca que los sistemas se sobrecarguen y se vuelvan inaccesibles. Un ataque DoS permite detener las operaciones de una empresa, lo cual provoca pérdidas económicas significativas.

⊃ *Ransomware:* es un tipo de *malware* que cifra los archivos de una organización y exige un rescate para restaurar el acceso a los datos. Los ataques de *ransomware* han sido cada vez más comunes. Son muy peligrosos, ya que pueden paralizar por completo las operaciones de una empresa si no se cuenta con medidas de contingencia adecuadas.

⊃ **Ataques de día cero:** estos ataques aprovechan vulnerabilidades que aún no han sido identificadas ni solucionadas por los desarrolladores de *software*. Esta circunstancia los hace particularmente peligrosos porque no existen defensas preestablecidas contra ellos.

Igualmente, para **la identificación de vulnerabilidades** hay que saber que estas son puntos débiles en los sistemas o redes que pueden ser explotados por los atacantes. Estas debilidades nacen debido a:

Contraseñas débiles o comprometidas
- El uso de contraseñas simples o reutilizadas es una de las principales vulnerabilidades en cualquier sistema. Los atacantes ejecutan ataques de fuerza bruta para descifrar estas contraseñas y obtener acceso a sistemas sensibles.

***Software* desactualizado**
- Muchos sistemas informáticos dependen de un *software* que requiere actualizaciones regulares para corregir vulnerabilidades conocidas. Si estas actualizaciones no se aplican, los atacantes pueden explotar esas vulnerabilidades para acceder al sistema.

Configuraciones incorrectas
- Un mal ajuste en la configuración de servidores, redes o bases de datos puede dejar brechas de seguridad que los atacantes pueden aprovechar. Esto incluye permisos excesivos, servicios innecesarios habilitados o políticas de seguridad inadecuadas.

 **VÍDEO**

Un ataque de fuerza bruta es una técnica muy utilizada por ciberdelincuentes para vulnerar contraseñas. Accede al siguiente vídeo en el cual se explica de manera clara y concisa los fundamentos de este tipo de ciberataque, y destaca la importancia de contar con medidas de seguridad sólidas para protegerse. Ofrece una visión detallada de cómo los atacantes explotan las debilidades de las contraseñas simples y qué estrategias puedes adoptar para defenderte.

Accede al vídeo desde aquí:

https://redirectoronline.com/ifct00500102

3.1. Tipo de amenazas y actores relevantes en el cibercrimen

El **cibercrimen** es una de las mayores amenazas para organizaciones, Gobiernos y usuarios en la era digital. Los ataques cibernéticos causan cada año graves daños económicos, comprometen la privacidad y la integridad de los datos, y perjudican la reputación de sus víctimas.

Para abordar estas amenazas con eficacia, es esencial comprender los diferentes tipos de ataques que pueden ocurrir y los actores que los llevan a cabo. Hay que saber que cada día nacen nuevas amenazas, por lo que el estado de alerta debe ser constante.

Tipos de amenaza

A continuación, se analizan algunos de los tipos de amenaza más comunes en el cibercrimen. Ciertos ciberataques ya se han nombrado previamente, aunque en este apartado se abordan acontecimientos históricos que fueron provocados por el uso de estos mecanismos para delinquir. Algunos de esos ciberataques son:

- *Malware.* El *malware* o *software* malicioso es una de las amenazas más comunes y peligrosas en el ciberespacio. Existen varias formas de *malware:* virus, gusanos, troyanos y *ransomware.* Su propósito principal es infiltrarse en los sistemas y las redes para dañar o robar información.

  Un ejemplo típico de *malware* es el *ransomware,* que cifra los archivos de una organización y luego exige un rescate para liberarlos. El ataque de *ransomware* WannaCry en 2017 afectó a miles de empresas y organizaciones en todo el mundo, incluidas infraestructuras críticas como hospitales, lo que provocó la paralización de sus operaciones.

- *Phishing.* El *phishing* es una técnica utilizada por los cibercriminales para engañar a los usuarios y hacer que revelen información confidencial, como contraseñas o detalles financieros. Los atacantes se hacen pasar por entidades legítimas mediante correos electrónicos, mensajes o sitios web falsos.

  En 2020, se reportó un aumento en los ataques de *phishing* relacionados con la pandemia de COVID-19. Los atacantes enviaban correos electrónicos que parecían provenir de organizaciones de salud, como la OMS, con enlaces maliciosos diseñados para robar información personal de las víctimas.

- **Ataques de denegación de servicio (DoS y DDoS).** Los ataques de denegación de servicio (DoS) y de denegación de servicio distribuida (DDoS) buscan interrumpir el funcionamiento normal de un sistema o red, al inundarlo con un volumen excesivo de solicitudes. Esto provoca que los recursos del sistema se agoten, lo que hace que los servicios sean inaccesibles para los usuarios legítimos.

  La diferencia principal entre un **ataque de denegación de servicio (DoS) y un ataque de denegación de servicio distribuida (DDoS)** radica en la cantidad de dispositivos o fuentes que realizan el ataque y la magnitud de estos:

  - **Ataque DoS (denegación de servicio):** un ataque DoS ocurre cuando un único atacante utiliza un solo sistema para inundar un servidor o red con solicitudes o tráfico excesivo, con el objetivo de sobrecargar sus recursos y hacer que los servicios se vuelvan inaccesibles para los usuarios legítimos. En este caso, todo el ataque proviene de una única fuente.

  - **Ataque DDoS (denegación de servicio distribuida):** un ataque DDoS es una versión más compleja del DoS. El atacante utiliza múltiples dispositivos (generalmente una red de equipos comprometidos o botnets, que son dispositivos zombis) para lanzar el ataque de manera coordinada desde diferentes ubicaciones geográficas. Al distribuir el ataque entre muchas fuentes, es más difícil de mitigar, ya que el tráfico parece provenir de múltiples orígenes legítimos.

En 2016, el ataque DDoS a Dyn, un proveedor de DNS, afectó a grandes empresas como X, Netflix y Reddit. El ataque utilizó una red *botnet* compuesta de dispositivos de internet de las cosas (IoT). Esto puso en alerta de cómo los atacantes aprovechan las vulnerabilidades de dispositivos conectados.

- **Ingeniería social.** La ingeniería social es una técnica mediante la cual los atacantes manipulan a las personas para que revelen información confidencial o realicen acciones que comprometan la seguridad de un sistema. A menudo, los cibercriminales se valen de la confianza o la falta de conocimientos de las víctimas.

  Por ejemplo, un ataque común de ingeniería social es el *pretexting*. Consiste en que el atacante finge ser una persona de confianza, como un empleado del soporte técnico, para obtener información de acceso o instalar *malware* en el dispositivo de la víctima.

- ***Exploits* de día cero.** Un ataque de día cero hace referencia a la explotación de una vulnerabilidad en el *software* que aún no ha sido identificada ni corregida por los desarrolladores. Este tipo de ataque es altamente peligroso, ya que no hay soluciones disponibles para contrarrestarlo en el momento en que ocurre.

  Por ejemplo, en 2021, se descubrió una vulnerabilidad de día cero en *Microsoft Exchange* que fue utilizada para comprometer miles de servidores en todo el mundo. Robaron correos electrónicos y otra información sensible.

APLICACIÓN PRÁCTICA

El cibercrimen abarca una amplia gama de amenazas que pueden causar graves daños a las organizaciones y a los usuarios individuales. Entre las más comunes se encuentran el *malware*, el *phishing*, los ataques de denegación de servicio (DoS/DDoS), la ingeniería social y los *exploits* de día cero. Cada uno de estos ataques tiene un propósito específico y puede ser llevado a cabo por diferentes actores malintencionados, como *hackers* independientes, cibercriminales organizados o incluso actores estatales.

En el contexto de una empresa que ha sido blanco de un ataque de *ransomware*, ¿cuál de las siguientes medidas sería la más efectiva para evitar que un ataque similar comprometa sus sistemas en el futuro?

Continúa en página siguiente >>

<< Viene de página anterior

- **Instalar un *software* antivirus y desactivar los sistemas de respaldo.**
- **Implementar autenticación multifactor (MFA) y realizar copias de seguridad periódicas de los datos.**
- **Eliminar todos los sistemas de la red para evitar accesos externos.**
- **Contratar a una empresa externa para la recuperación de datos sin hacer cambios en la seguridad de la red.**

Solución

La medida más efectiva para evitar que un ataque de *ransomware* comprometa los sistemas en el futuro es implementar autenticación multifactor (MFA), lo cual dificultará que los atacantes accedan a los sistemas críticos. Además, realizar copias de seguridad periódicas de los datos permitirá restaurar la información sin necesidad de pagar un rescate. Desactivar los sistemas de respaldo o no hacer cambios en la seguridad no son enfoques adecuados para prevenir futuros ataques.

Actores relevantes en el cibercrimen

A continuación, se muestran los actores más relevantes en este ámbito ciberdelictivo:

- *Hackers* **independientes (*hackers* no éticos):** los *hackers* independientes son individuos que actúan por cuenta propia, motivados por la fama, el reto o bien el beneficio económico. Los *hackers* no éticos buscan vulnerabilidades para explotarlas y ocasionar un perjuicio, mientras que otros, conocidos como **hackers éticos,** lo hacen para mejorar la seguridad de los sistemas de información.
  Por ejemplo, Kevin Mitnick, uno de los *hackers* más famosos, fue arrestado por acceder ilegalmente a sistemas de empresas como Nokia y Motorola en la década de 1990. Después de cumplir su condena, Mitnick se convirtió en un consultor de seguridad y un *hacker* ético.
- **Cibercriminales organizados:** las organizaciones criminales que operan en el ciberespacio son responsables de muchos de los ataques más sofisticados y perjudiciales para sus víctimas. Estos grupos de delincuentes están involucrados en el robo de información, la distribución de *malware* y la venta de datos personales en la **dark web.**
  La *dark web* es una parte oculta de internet a la que no se puede acceder mediante motores de búsqueda convencionales. A diferencia de la *deep*

web, que contiene contenido legítimo no indexado, la *dark web* está deliberadamente oculta y solo se puede acceder a través de *software* especializado como Tor *(The Onion Router).*

Por ejemplo, el grupo cibercriminal conocido como REvil es el responsable de múltiples ataques de *ransomware* a grandes empresas en todo el mundo. En 2021, REvil exigió un rescate de 70 millones de dólares tras comprometer a Kaseya, un proveedor de *software* de gestión informática.

➲ *Hacktivistas:* los *hacktivistas* son individuos o grupos que utilizan la piratería informática para promover causas políticas o sociales. A menudo, realizan ataques de denegación de servicio o filtran información confidencial para llamar la atención sobre sus objetivos.

Por ejemplo, Anonymous, un colectivo internacional de *hacktivistas,* ha llevado a cabo múltiples ataques contra Gobiernos y corporaciones en nombre de la libertad de información y los derechos civiles.

➲ **Estados nacionales:** los Estados nacionales también juegan un papel importante en el cibercrimen. Utilizan ciberataques como una forma de espionaje, sabotaje o guerra cibernética. Los ataques patrocinados por el Estado suelen estar dirigidos a infraestructuras críticas o redes gubernamentales de países enemigos.

Por ejemplo, se sospecha que Rusia estuvo detrás del ataque cibernético de 2017 llamado NotPetya, que afectó a empresas e infraestructuras de Ucrania, y que luego se extendió globalmente y causó daños cifrados en miles de millones de dólares.

 ACTIVIDAD COMPLEMENTARIA

1. Teniendo en cuenta los principios y amenazas, ¿cuál consideras que es el mayor desafío al que se enfrentan las organizaciones hoy en día en cuanto a la seguridad de sus datos y por qué? ¿Cómo crees que los mecanismos de prevención, detección y recuperación pueden ayudar a mitigar estos riesgos? ¿Qué tipo de medidas crees que son más efectivas en un entorno donde las amenazas cibernéticas evolucionan constantemente?

4. Realización de una evaluación de seguridad y gestión de riesgos

☞ **HILO CONDUCTOR**

Con los activos críticos de TechSystems ya identificados y las vulnerabilidades preliminares detectadas, Mario procedió a realizar una evaluación de seguridad más detallada. Utilizó herramientas especializadas para escanear los sistemas en busca de fallos y confirmó que uno de los servidores no estaba correctamente parcheado y presentaba configuraciones inseguras. Reconociendo el riesgo, Mario priorizó la mitigación de este punto débil, sabiendo que podría ser el origen de la intrusión. Al mismo tiempo, gestionó los riesgos evaluando el impacto potencial de un ataque en los sistemas clave de la empresa, y comenzó a implementar medidas correctivas, como actualizar los sistemas vulnerables y reforzar las políticas de acceso. Mientras tanto, monitorizaba de cerca cualquier actividad sospechosa, consciente de que tanto las amenazas internas como los actores externos podían estar detrás del comportamiento anómalo detectado en la red.

La evaluación de seguridad y la gestión de riesgos son procesos fundamentales en cualquier estrategia de ciberseguridad. Su objetivo principal es identificar, analizar y mitigar los riesgos que puedan comprometer la seguridad de los sistemas y la información de una organización. Una evaluación de seguridad eficaz permite no solo proteger los activos críticos, sino también asegurar la continuidad del negocio frente a posibles incidentes cibernéticos.

El propósito de la evaluación es detectar posibles puntos débiles, que podrían ser explotados por actores malintencionados. Por ejemplo, una correcta evaluación puede descubrir que un sistema utiliza *software* desactualizado, que tiene configuraciones de seguridad inadecuadas o que el personal no sigue correctamente las políticas de seguridad, como el uso de contraseñas seguras. Las **fases** de la evaluación de seguridad son:

➲ **Identificación de activos críticos.** El primer paso en una evaluación de seguridad es identificar los activos más críticos para la organización. Estos activos suelen incluir sistemas de información, bases de datos, aplicaciones o cualquier otro recurso que sea esencial para las operaciones clave del negocio. Identificar qué debe protegerse es fundamental para enfocar correctamente los esfuerzos de seguridad.

Por ejemplo, para un comercio *online,* la base de datos de clientes y el sistema de pago en línea serían activos críticos, ya que una violación en estos sistemas podría comprometer información sensible y generar pérdida de confianza de los clientes.

- **Identificación de vulnerabilidades.** Una vez que se han identificado los activos críticos, el siguiente paso es descubrir las vulnerabilidades presentes en el sistema. Las vulnerabilidades son fallas o debilidades que los atacantes podrían aprovechar para comprometer la seguridad de la organización. Estas pueden ser errores de *software,* configuraciones incorrectas, contraseñas débiles o la falta de actualizaciones de seguridad.

Por ejemplo, un sistema de gestión de datos sin actualizaciones recientes contiene vulnerabilidades que los atacantes ya conocen y podrían aprovechar si no se parchean a tiempo.

- **Análisis de amenazas.** Después de identificar las vulnerabilidades, es necesario analizar las amenazas a las que la organización está expuesta. Las amenazas pueden ser desde ataques internos, como empleados descontentos, hasta amenazas externas como ataques de *malware, ransomware* o intentos de *phishing.*

Las amenazas y las vulnerabilidades deben analizarse en conjunto, ya que una vulnerabilidad solo es peligrosa si existe una amenaza que pueda aprovecharla.

- **Evaluación del impacto.** En esta fase, se evalúa el impacto que tendría una amenaza si explotara una vulnerabilidad. El impacto puede ser económico, reputacional o relacionado con la pérdida de datos críticos. Este paso es fundamental para priorizar los riesgos más importantes y concentrar los esfuerzos en proteger los activos que podrían generar las mayores pérdidas para la organización.

Es esencial determinar el nivel de impacto para cada activo, ya que no todos los activos tienen el mismo valor para la organización. Priorizar es clave para una gestión eficiente de los recursos.

- **Gestión de riesgos.** La gestión de riesgos es el proceso continuo de tomar decisiones basadas en información de valor para mitigar o reducir los riesgos identificados. Esto implica seleccionar e implementar controles de seguridad, como *firewalls,* sistemas de detección de intrusos, encriptación de datos, etc.

Algunas normativas de seguridad, como ISO 27001, proporcionan marcos de trabajo que las organizaciones pueden seguir para gestionar sus riesgos con efectividad.

 **PARA SABER MÁS**

La página de vulnerabilidades del INCIBE-CERT (Instituto Nacional de Ciberseguridad) es una herramienta clave para quienes se interesan en ciberseguridad. Publica vulnerabilidades conocidas en sistemas y *software,* clasificadas por nivel de gravedad, con la opción de realizar búsquedas avanzadas. Cada vulnerabilidad está identificada por un código CVE y muchas incluyen soluciones para mitigar riesgos. Explorar esta página es clave para protegerse contra las amenazas cibernéticas más recientes.

Accede a la página desde aquí:

https://redirectoronline.com/ifct00500103

 TAREA 1

Una empresa de *retail* en línea ha comenzado a expandir su negocio rápidamente y, con el crecimiento, ha aumentado la cantidad de datos de clientes que almacena, así como la complejidad de su infraestructura tecnológica. Como parte del equipo de ciberseguridad, te han pedido que realices un análisis detallado de los riesgos tecnológicos que podrían comprometer la seguridad de la empresa. Durante el análisis, identificas posibles vulnerabilidades en la red, falta de autenticación multifactor para el acceso a sistemas críticos y configuraciones inadecuadas en algunos servidores que no han sido actualizados.

¿Qué tipos de riesgos tecnológicos consideras más críticos en este caso y por qué? Analiza e identifica riesgos tecnológicos que puedan afectar a la empresa. Describe los pasos que darías para analizar e identificar tales riesgos.

4.1. Metodología gestión riesgos

La **gestión de riesgos** es un proceso fundamental en la ciberseguridad y en la protección de cualquier organización. **Permite identificar, evaluar y mitigar los riesgos que pueden afectar a los sistemas, redes y datos críticos.**

La implementación de una metodología sólida de gestión de riesgos asegura que las organizaciones puedan anticiparse a posibles amenazas y minimizar su impacto. La metodología de gestión de riesgos sigue varios pasos estructurados, que ayudan a las empresas a protegerse frente a las vulnerabilidades y a establecer un plan de respuesta ante incidentes. Las diferentes **etapas** que componen la metodología para la gestión de riesgos son:

⊃ **Identificación de activos críticos.** El primer paso en la metodología de gestión de riesgos es identificar los activos críticos de la organización. Estos activos pueden incluir datos confidenciales, sistemas de gestión de clientes, servidores de red, bases de datos, dispositivos IoT o cualquier componente que sea esencial para la operativa diaria de la empresa. Es crucial comprender qué activos son más valiosos y qué impacto tendría su pérdida o compromiso. Por ejemplo, para una empresa de comercio electrónico, los sistemas de pago en línea y la base de datos de clientes son activos esenciales que, si se ven comprometidos, podrían tener un impacto devastador en la confianza del cliente y en los ingresos.

⊃ **Identificación de vulnerabilidades y amenazas.** El segundo paso es identificar las vulnerabilidades presentes en los sistemas y las amenazas que podrían aprovecharlas. Las vulnerabilidades son puntos débiles en los sistemas, como *software* desactualizado, contraseñas débiles o configuraciones incorrectas, que podrían ser explotados por actores malintencionados. Las amenazas pueden ser internas, como empleados descontentos o negligentes, o externas, como *hackers, malware* o *ransomware*. Este proceso de identificación se realiza mediante auditorías, escaneos de vulnerabilidades y la revisión de configuraciones de seguridad.

Por ejemplo, una vulnerabilidad común es el uso de contraseñas débiles, que pueden ser fácilmente descubiertas mediante un ataque de fuerza bruta. Si una organización no establece políticas estrictas de contraseñas, esta vulnerabilidad puede ser explotada por un atacante para obtener acceso no autorizado a los sistemas.

⊃ **Evaluación de riesgos.** Una vez identificadas las vulnerabilidades y amenazas, el siguiente paso es evaluar los riesgos asociados. Esta evaluación implica determinar la probabilidad de que una amenaza explote una vulnerabilidad y el impacto que tendría en la organización.

Para realizar esta evaluación, se puede utilizar una matriz de riesgos que clasifica los riesgos en función de su probabilidad e impacto. Los riesgos pueden clasificarse como bajos, medios o altos. Los riesgos altos son aquellos que tienen tanto una alta probabilidad de ocurrir como un gran impacto en la organización, por lo que deben priorizarse en las acciones de mitigación.

Por ejemplo, si una organización depende de un sistema de *software* que tiene una vulnerabilidad conocida pero no ha aplicado el parche de seguridad correspondiente, el riesgo de que esa vulnerabilidad sea explotada es alto, y el impacto de un ataque podría ser significativo.

- **Implementación de controles y mitigación.** El siguiente paso es mitigar los riesgos identificados mediante la implementación de controles de seguridad adecuados. Estos controles pueden ser de naturaleza preventiva, correctiva o de detección:

  - Los **controles preventivos** evitan que ocurran incidentes, como la instalación de *firewalls,* la encriptación de datos o el uso de autenticación multifactor (MFA).
  - Los **controles correctivos** minimizan los daños una vez que un incidente ha ocurrido, como la restauración de sistemas mediante copias de seguridad o la aplicación de parches de seguridad.
  - Los **controles de detección** permiten identificar amenazas en tiempo real, como sistemas de detección de intrusos (IDS).

  El objetivo es reducir el riesgo a un nivel aceptable para la organización. Por ejemplo, si un sistema no está correctamente configurado y presenta vulnerabilidades, un control preventivo podría ser la revisión y corrección de la configuración, además de la implementación de un sistema de monitoreo para detectar actividad inusual.

- **Monitoreo y revisión continua.** El último paso de la metodología de gestión de riesgos es el monitoreo y la revisión continua de los controles y riesgos. Los riesgos evolucionan con el tiempo, a medida que aparecen nuevas amenazas y vulnerabilidades, por lo que es crucial realizar revisiones periódicas para asegurarse de que las medidas de seguridad implementadas siguen siendo efectivas.

  Esto incluye la actualización de políticas de seguridad, la realización de auditorías de seguridad periódicas y la revisión de los planes de respuesta a incidentes. El monitoreo constante permite a las organizaciones detectar rápidamente posibles ataques y reaccionar de manera oportuna.

SABÍAS QUE...

Existen varios modelos y estándares internacionales que guían la realización de una evaluación de seguridad y la gestión de riesgos. Aunque más adelante se analiza los diferentes estándares de ciberseguridad, ahora se muestra un pequeño avance de algunos de los más utilizados:

- **ISO 27001.** Este estándar internacional especifica los requisitos para establecer, implementar y mantener un sistema de gestión de seguridad de la información (SGSI). Proporciona un marco para la identificación y la gestión de riesgos, asegurando la confidencialidad, integridad y disponibilidad de la información.
- **NIST 800-53.** Este estándar, desarrollado por el Instituto Nacional de Estándares y Tecnología (NIST) de EE. UU., proporciona un conjunto de controles de seguridad y privacidad para proteger la infraestructura digital.
- **COBIT 5.** Este marco de control ayuda a las organizaciones a desarrollar, implementar y mejorar la gestión de riesgos relacionados con las tecnologías de la información.

- -

ACTIVIDAD COMPLEMENTARIA

2. Las vulnerabilidades son puntos débiles en los sistemas que las amenazas, internas o externas, pueden explotar. Una técnica avanzada es la esteganografía, que consiste en que *scripts* maliciosos, como imágenes, se ocultan en archivos, eludiendo las herramientas de seguridad.

   En un ejemplo práctico realizado por Thomas O'Neil Álvarez, publicado en el artículo "¡Así ocultan *scripts* maliciosos en las imágenes que descargas! ¿Sabías que pueden ocultar *scripts* maliciosos en imágenes que parecen inofensivas? (O'Neil Álvarez, 2024), se muestra cómo se puede ocultar un archivo malicioso en una imagen utilizando una herramienta como Steghide.

   ¿Qué opinas sobre esta técnica de ocultación de *scripts*? ¿Qué métodos o medidas organizativas crees que son más efectivos para evitar este tipo de amenazas?

- -

4.2. Alcance, activos críticos, identificación y valoración riesgos negocio

El **alcance** en la gestión de riesgos define las fronteras dentro de las cuales se analizarán los riesgos, lo que permite que las organizaciones concentren sus esfuerzos en las áreas más relevantes. Dentro de este proceso, se identifican los **activos críticos,** aquellos recursos esenciales para el funcionamiento del negocio y cuya protección es prioritaria. La **identificación y valoración de riesgos** permite a las organizaciones comprender las posibles amenazas y vulnerabilidades que pueden afectar estos activos, lo cual facilita la toma de decisiones para mitigar los riesgos y proteger el negocio con eficacia.

Abordemos ahora el concepto **alcance** dentro del contexto de la ciberseguridad. El alcance en la gestión de riesgos de ciberseguridad define los límites y las áreas de enfoque del proceso de identificación, evaluación y mitigación de riesgos. Es un aspecto fundamental en la planificación, ya que establece qué sistemas, activos, procesos y recursos deben estar incluidos en la evaluación de riesgos.

 IMPORTANTE

Un alcance claramente definido permite a una organización concentrar sus esfuerzos en las áreas más críticas y con mayor impacto en la seguridad de la información.

Para determinar el alcance, se deben tener en cuenta varios **aspectos:**

1. El **entorno** general de la organización.
2. Los **objetivos de negocio** y las **normativas** de cumplimiento relevantes. Esto significa identificar qué partes de la infraestructura tecnológica estarán bajo revisión, como servidores, redes, aplicaciones y bases de datos, además de evaluar los procesos operativos y el personal involucrado.
3. Además, se debe considerar si se incluirán solo los **activos tecnológicos** o también los **físicos** y **humanos,** así como las **interacciones con terceros,** como proveedores y socios.

◁◉▷ EJEMPLO

Pongámonos en la situación de un comercio electrónico que maneja una gran cantidad de datos sensibles de clientes, incluyendo información financiera y personal. A medida que la empresa decide implementar un plan de gestión de riesgos de ciberseguridad, es decisivo definir el alcance del proceso para asegurarse de que se aborden las áreas más críticas.

1. El alcance debe comenzar por identificar las áreas dentro de la infraestructura tecnológica y operativa que necesitan ser protegidas. En este caso, los servidores que manejan transacciones de pagos y la base de datos que almacena la información de los clientes serían los elementos clave que deben estar dentro del alcance.
2. Al mismo tiempo de proteger los sistemas, la empresa también debe cumplir con normativas como PCI-DSS (para la seguridad de pagos con tarjeta). El alcance incluirá no solo la revisión de los servidores de pagos, sino también de las redes, aplicaciones y procesos relacionados con el manejo de datos financieros. Aquí, será fundamental revisar la seguridad de las pasarelas de pago y asegurar que los empleados que manejan estos datos estén capacitados en ciberseguridad.
3. En el alcance de la gestión de riesgos se incluirán también los activos físicos, como los servidores de la empresa y las redes que conectan a sus diferentes sedes. Igualmente, se debe considerar el personal, como el equipo de TI y los empleados que procesan los pedidos, para garantizar que sigan las políticas de seguridad. Por último, es necesario incluir a terceros como los proveedores de servicios de pago o almacenamiento en la nube, que también interactúan con los datos y pueden ser fuentes de riesgo.

Una de las primeras tareas en la definición del alcance es decidir si la evaluación abarcará toda la organización o solo una parte específica. En organizaciones grandes o complejas, puede ser necesario abordar la evaluación de riesgos por fases, comenzando con las áreas de mayor riesgo o impacto. Por ejemplo, una empresa puede empezar evaluando los sistemas financieros y de recursos humanos, que son críticos, y luego expandir el alcance a otras áreas menos prioritarias.

Una vez definido el alcance, se deben documentar claramente los activos y procesos incluidos. Esto facilita la alineación entre los equipos de ciberseguridad, los responsables del negocio y la alta dirección, y garantiza que todos comprendan qué aspectos de la organización estarán sujetos a la evaluación y gestión de riesgos.

Activos críticos

Los **activos críticos** son aquellos recursos, tanto tecnológicos como humanos, cuya protección es esencial para el funcionamiento y continuidad del negocio. Identificar estos activos es uno de los primeros pasos en cualquier proceso de gestión de riesgos, ya que permite priorizar los esfuerzos de seguridad hacia aquellos componentes cuya pérdida o compromiso tendría un impacto significativo en la organización. Estos activos pueden incluir *hardware, software,* datos, infraestructura de red, aplicaciones e incluso el personal clave de la organización.

Para identificar los activos críticos, es importante realizar un inventario exhaustivo de todos los recursos que participan en las operaciones diarias de la empresa. Este inventario debe ir más allá de los sistemas y datos obvios, como los servidores principales o las bases de datos de clientes, e incluir también sistemas de respaldo, aplicaciones de soporte y cualquier otro recurso que desempeñe un papel crucial en la operativa.

Los activos deben ser gestionados y protegidos adecuadamente para asegurar la **integridad,** la **disponibilidad** y la **confidencialidad** de los sistemas y la información en una organización. A continuación, se exponen los diferentes tipos de activos que son clave para la seguridad y el funcionamiento de una organización, especialmente en el ámbito de la tecnología y la ciberseguridad:

⊃ **Activos físicos**

  ◊ **RTU, PLC, IED:** estos son dispositivos físicos utilizados principalmente en infraestructuras críticas y sistemas de control industrial. Un RTU *(Remote Terminal Unit)* recopila datos de sensores y transmite esta información a un sistema de control. PLC *(Programmable Logic Controller)* es un dispositivo utilizado para automatizar procesos. IED *(Intelligent Electronic Device)* se emplea en redes eléctricas para la automatización y control de subestaciones.
  ◊ **Servidores:** son esenciales para el almacenamiento y el procesamiento de datos. Son el corazón de la red de una organización y su protección es vital para la continuidad del negocio.
  ◊ **Equipamientos de mano:** dispositivos portátiles como *tablets* o escáneres utilizados en campo para acceder y gestionar sistemas o información.

○ **Activos de información**

○ ***Software* SCADA:** es un sistema que controla y supervisa procesos industriales. SCADA *(Supervisory Control and Data Acquisition)* permite a los operadores monitorear y controlar equipos a distancia.

○ ***Firmware:*** es el *software* básico que se encuentra instalado en dispositivos electrónicos para que funcionen correctamente. Su actualización y seguridad son clave.

○ **Bases de datos:** contienen toda la información estructurada que la organización gestiona y procesa. Protegiendo las bases de datos se garantiza la seguridad de la información crítica.

○ **Manuales:** documentación que describe cómo usar o mantener sistemas y equipos. Estos manuales son valiosos para la correcta operación y mantenimiento de los activos tecnológicos.

○ **Activos de servicios**

○ ***Switches:*** dispositivos que conectan diferentes elementos dentro de una red, lo cual facilita el flujo de datos entre ellos.

○ ***Firewalls:*** un cortafuego o *firewall* es un elemento esencial de ciberseguridad. Filtra el tráfico entrante y saliente en una red, bloqueando accesos no autorizados.

○ **Pasarelas:** dispositivos que conectan diferentes redes, lo que permite la comunicación entre ellas. También pueden incluir funciones de seguridad para controlar los datos que se transmiten.

○ **Activos personales**

○ **Personal internos:** los empleados que trabajan dentro de la organización y tienen acceso a sus sistemas. Es importante gestionar sus permisos y formación en ciberseguridad.

○ **Personal de mantenimiento:** personal encargado del mantenimiento y actualización de los sistemas, tanto en el área tecnológica como física.

○ **Personal subcontratado:** terceros que prestan servicios a la organización, como proveedores externos o contratistas. La seguridad también depende de cómo estos subcontratados accedan y manejen los sistemas o información de la empresa.

 **IMPORTANTE**

La correcta definición del alcance también es fundamental para cumplir con las normativas internacionales de seguridad, como ISO 27001 o NIST 800-53, que requieren una delimitación clara de los activos y procesos críticos para la seguridad de la información. El alcance de una evaluación también puede verse influenciado por regulaciones específicas del sector, como el cumplimiento de la Reglamento General de Protección de Datos (GDPR) para empresas que manejan datos personales.

Uno de los activos críticos más valiosos en cualquier organización es simplemente la información. Detrás de esta información se esconden datos confidenciales, propiedad intelectual, información de la clientela y del personal, y cualquier otro dato cuyo compromiso podría dañar la reputación de la empresa, generar sanciones legales o interrumpir las operaciones.

 **EJEMPLO**

Por ejemplo, en una empresa de servicios financieros, las bases de datos de transacciones y los sistemas de pago son considerados activos críticos, debido al impacto que tendría un ataque en la confianza del cliente y en la integridad del sistema financiero.

Otro tipo de activos críticos son los sistemas y aplicaciones que mantienen las operaciones del día a día. Estos pueden ser **sistemas ERP** *(Enterprise Resource Planning),* bases de datos, servidores web o sistemas de correo electrónico, cuya interrupción afectaría indudablemente a la productividad y la capacidad de la organización para comunicarse internamente y con sus clientes.

Estos sistemas son particularmente vulnerables a ataques como ransomware o DDoS, que buscan interrumpir el acceso a los sistemas hasta que se cumplan las demandas del atacante.

 **IMPORTANTE**

Los activos críticos no se limitan solo a la tecnología. El personal clave, como administradores de sistemas, desarrolladores, ingenieros de redes y directores de seguridad, también deben ser considerados activos críticos. La ausencia o indisponibilidad de estos recursos humanos podría comprometer gravemente la capacidad de la organización para responder a incidentes de seguridad o mantener los sistemas en funcionamiento.

Identificación y valoración riesgos negocio

La **identificación y valoración de riesgos de negocio** es un componente clave de la gestión de riesgos. Este proceso se enfoca en detectar posibles eventos que puedan afectar negativamente a las operaciones de la organización, sus activos críticos y su capacidad para alcanzar sus objetivos estratégicos. Una vez identificados, estos riesgos son valorados en términos de probabilidad de ocurrencia y el impacto que tendrían sobre la empresa.

Los pasos que componen la identificación y valoración de riesgos de un negocio son:

➲ **Primer paso.** El primer paso en la identificación de riesgos de negocio es evaluar el entorno en el que opera la organización. Esto abarca tanto el entorno interno (procesos, tecnología, personal) como el externo (competencia, normativas, condiciones de mercado). Los riesgos pueden ser de diferentes tipos: operacionales, financieros, tecnológicos, regulatorios o reputacionales. Por ejemplo, un riesgo operacional podría ser la interrupción de una cadena de suministro, mientras que un riesgo regulatorio podría ser el incumplimiento de las leyes de protección de datos.

Segundo paso. Una vez identificados los riesgos, se procede a su valoración, que consiste en evaluar dos factores principales:

- La probabilidad de que ocurra el riesgo.
- El impacto que tendría si se materializara.

La probabilidad hace referencia a la frecuencia con la que un riesgo específico podría ocurrir, mientras que el impacto se mide en términos de daño financiero, operativo o reputacional que sufriría la empresa.

Uno de los métodos más utilizados para valorar riesgos es la creación de una **matriz de riesgos,** en la que se clasifican estos en función de su probabilidad e impacto. Los riesgos se categorizan en niveles bajo, medio y alto. Los riesgos altos son aquellos que tienen una alta probabilidad de ocurrir y causar un gran impacto, y por lo tanto, deben ser priorizados para que ese impacto se mitigue.

MATRIZ DE RIESGOS

		Baja probabilidad	Media probabilidad	Alta probabilidad
1	Bajo impacto	Bajo impacto	Bajo impacto	Impacto medio
2	Impacto medio	Bajo impacto	Impacto medio	Alto impacto
3	Alto impacto	Impacto medio	Alto impacto	Alto impacto

Ejemplo de matriz de riesgos. Los riesgos están clasificados según su probabilidad (baja, media, alta) y su impacto (bajo, medio, alto)

 **EJEMPLO**

Un banco que maneja grandes volúmenes de transacciones financieras podría identificar como un riesgo crítico la posibilidad de un ciberataque que

Continúa en página siguiente >>

<< Viene de página anterior

comprometa sus sistemas de pago. Si la probabilidad de tal ataque es alta, y el impacto sobre la reputación y las finanzas del banco sería devastador, este riesgo tendría una valoración alta y requeriría una intervención urgente.

Además de la probabilidad y el impacto, se deben tener en cuenta factores como:

- ⊃ El tiempo de exposición al riesgo.
- ⊃ La capacidad de la organización para detectarlo y mitigarlo.
- ⊃ Los costes asociados con la implementación de controles.

 IMPORTANTE

La valoración de riesgos permite a las organizaciones tomar decisiones fundamentadas en información de valor sobre cómo asignar recursos de seguridad. En lugar de intentar proteger todos los aspectos de la empresa con igual intensidad, la empresa puede concentrarse en aquellos riesgos que tienen mayor probabilidad de ocurrir y causar mayor daño. Esto optimiza el uso de los recursos y garantiza una protección más eficaz.

4.3. Amenazas y salvaguardas

Se ha visto que el concepto **amenaza** es fundamental en la gestión de riesgos de ciberseguridad. También es clave considerar las **salvaguardas.**

Ya sabemos que una amenaza es cualquier evento o actor que tiene el potencial de causar daño a una organización, mientras que las **salvaguardas** son las medidas preventivas o correctivas implementadas para mitigar esos riesgos y proteger los activos críticos.

Una vez que se identifican las amenazas, es importante implementar salvaguardas para mitigar el riesgo asociado. Estas protecciones pueden ser:

Salvaguardas técnicas	Salvaguardas físicas
- Las salvaguardas técnicas incluyen las medidas básicas de implementación de *firewalls*, sistemas de detección y prevención de intrusos (IDS/IPS), encriptación de datos y autenticación multifactor. Estas pautas tienen como objetivo evitar que las amenazas accedan a los sistemas o comprometan la información.	- Las salvaguardas físicas la conforman medidas para proteger el acceso físico a los sistemas y datos, como el uso de cerraduras de seguridad, vigilancia y controles de acceso biométrico en áreas sensibles. Estas medidas son particularmente útiles para evitar amenazas internas, como el acceso no autorizado a salas de servidores o centros de datos.

Salvaguardas administrativas

- Por otro lado, las salvaguardas administrativas implican políticas y procedimientos diseñados para reducir el riesgo. Esto significa la implementación de políticas de seguridad de la información, capacitación del personal en ciberseguridad, auditorías periódicas y revisiones de cumplimiento normativo.

 IMPORTANTE

Es importante destacar que las salvaguardas no eliminan completamente el riesgo, sino que lo reducen a un nivel aceptable. Por esta razón, las organizaciones deben combinar diferentes tipos de salvaguarda para crear una defensa en profundidad, en la que múltiples capas de seguridad protegen los activos críticos. Si una capa es vulnerada, las otras siguen ofreciendo protección, minimizando los riesgos y asegurando una defensa más sólida frente a ciberataques.

🛠️ APLICACIÓN PRÁCTICA

Una vez identificadas las amenazas que pueden comprometer la seguridad de una organización, es clave implementar salvaguardas que mitiguen estos riesgos. Estas salvaguardas pueden ser técnicas, como *firewalls* y autenticación multifactor; físicas, como controles biométricos, o administrativas, como políticas de seguridad y capacitación del personal. La combinación de estas salvaguardas crea una defensa en profundidad, lo cual reduce significativamente el riesgo.

En el contexto de una organización que desea protegerse de un ataque de *ransomware*, ¿qué combinación de salvaguardas, de las siguientes, sería más eficaz para minimizar el impacto de dicho ataque?

- Implementar copias de seguridad cifradas, *firewalls* y capacitación continua del personal.
- Instalar cerraduras de seguridad y controles biométricos.
- Desactivar las auditorías periódicas y confiar únicamente en los antivirus.
- Establecer políticas de seguridad estrictas sin utilizar tecnología de encriptación.

Solución

La combinación más eficaz de salvaguardas incluye tanto medidas técnicas como administrativas. Implementar copias de seguridad cifradas permite restaurar los datos en caso de que el *ransomware* los cifre, los *firewalls* evitan que el *malware* entre en la red, y la capacitación continua del personal ayuda a identificar correos electrónicos maliciosos antes de que el ataque pueda comprometer los sistemas. Esta combinación refuerza las defensas en profundidad y minimiza el impacto de futuros ataques.

4.4. Continuidad del negocio

La **continuidad del negocio** hace referencia a la capacidad de una organización para seguir operando durante y después de un incidente crítico, ya sea un ataque cibernético, un desastre natural o un gran fallo tecnológico. En el contexto de la ciberseguridad, garantizar la continuidad del negocio implica dos acciones fundamentales:

1. Planificar y preparar a la organización para mitigar el impacto de un incidente.
2. Recuperar sus operaciones lo más rápido posible.

Un plan eficaz de continuidad del negocio protege a la organización de pérdidas financieras, interrupciones operativas y daños a la reputación.

 IMPORTANTE

El objetivo de la continuidad del negocio es asegurar que la organización pueda seguir brindando sus productos o servicios esenciales, incluso ante eventos inesperados. Esto representa la creación de planes de contingencia, copias de seguridad de datos y procedimientos de recuperación ante desastres.

La capacidad de una organización para recuperarse rápidamente tras un incidente crítico es esencial para mantener la operatividad y minimizar el impacto en sus funciones. Para ello, es fundamental contar con **mecanismos que aseguren la protección de los recursos clave** y **un plan bien estructurado que permita una rápida restauración de las operaciones.** Esto se traduce en una planificación cuidadosa y en la implementación de medidas que salvaguarden los activos esenciales ante cualquier eventualidad.

Algunas **medidas preventivas** son las siguientes:

➲ **Copias de seguridad periódicas.** Uno de los componentes más importantes de la continuidad del negocio es la implementación de copias de seguridad periódicas de los datos críticos. Las organizaciones deben asegurarse de que los datos importantes se respalden de manera frecuente y se almacenen en ubicaciones seguras, preferiblemente fuera del sitio físico de la empresa o en la nube. Estas copias de seguridad deben estar encriptadas para evitar que sean accedidas o comprometidas por atacantes. En caso de un ataque de *ransomware,* las copias de seguridad permiten a la organización restaurar sus datos sin tener que pagar por el rescate.
➲ **Plan de recuperación ante desastres.** Otro aspecto clave de la continuidad del negocio es la creación de un plan de recuperación ante desastres (acrónimo en inglés DRP). Este plan detalla los pasos que seguir en caso de un incidente crítico para restaurar los sistemas, recuperar los datos y reanudar las operaciones. Un DRP efectivo debe incluir un

análisis de impacto en el negocio, conocido como BIA, que identifica qué funciones de la organización son más críticas, y establece tiempos de recuperación objetivo o RTO y puntos de recuperación objetivo llamado RPO. Esto permite priorizar la recuperación de los sistemas más importantes, minimizando el tiempo de inactividad y las pérdidas.

⊃ **Evaluación constante de riesgos.** Además, la continuidad del negocio debe incluir una evaluación constante de riesgos. Dado que las amenazas evolucionan, los planes de continuidad deben actualizarse regularmente para reflejar los cambios en el entorno de amenazas y en la infraestructura tecnológica de la organización. Las simulaciones periódicas y los simulacros de recuperación también son esenciales para asegurar que los equipos de respuesta estén preparados para actuar ante un incidente real.

 TAREA 2

Una compañía financiera ha sufrido recientemente un ataque de *ransomware* que interrumpió sus operaciones durante 48 horas. Aunque lograron restaurar los sistemas utilizando copias de seguridad, el incidente puso de manifiesto debilidades en su capacidad de recuperación. Como especialista en ciberseguridad, se te ha asignado la tarea de mejorar la resiliencia de los sistemas digitales de esta empresa para evitar futuras interrupciones.

¿Qué medidas propondrías para mejorar la resiliencia de los sistemas digitales de la compañía? Mejora la resiliencia de los sistemas digitales de esta organización, explicando cómo las medidas propuestas aumentarían la capacidad de recuperación de la empresa frente a futuros incidentes de ciberseguridad.

4.5. Ciclo gestión de riesgos

El **ciclo de gestión de riesgos** es un proceso continuo que permite a las organizaciones realizar labores muy importantes de ciberseguridad: **identificar, analizar, mitigar** y **monitorear** los riesgos que podrían afectar sus operaciones y la seguridad de sus activos. Este ciclo es fundamental para garantizar que los riesgos sean gestionados con proactividad y que las estrategias de mitigación estén siempre alineadas con las amenazas emergentes y los cambios en el entorno operativo.

El ciclo de gestión de riesgos suele constar de las varias **fases:**

- **Identificación de riesgos:** esta es la primera etapa del ciclo, donde se identifican las posibles amenazas que pueden afectar a la organización. Esto abarca la identificación de vulnerabilidades en los sistemas, el análisis del entorno operativo y la detección de amenazas internas y externas. En esta fase se utiliza una combinación de auditorías de seguridad, análisis de vulnerabilidades y revisiones de políticas para identificar los puntos débiles que podrían ser explotados.
- **Evaluación de riesgos:** en esta fase, los riesgos identificados se evalúan en términos de su probabilidad de ocurrencia y el impacto que tendrían en la organización. Los riesgos se clasifican en niveles (bajo, medio o alto), y se priorizan aquellos que tienen el mayor potencial de causar daño. Esto permite a la organización enfocar sus recursos en mitigar los riesgos más críticos primero.
- **Tratamiento de riesgos:** una vez evaluados los riesgos, se procede a su mitigación o tratamiento. Esto implica la implementación de controles y salvaguardas que minimicen la probabilidad de que el riesgo ocurra o reduzcan su impacto si llega a materializarse. Las estrategias de tratamiento de riesgos incluyen la aceptación, transferencia, mitigación o evitación del riesgo, dependiendo de su naturaleza y de los recursos disponibles.
- **Monitoreo y revisión:** el monitoreo es una parte esencial del ciclo, ya que permite evaluar la efectividad de las medidas de mitigación implementadas y detectar cualquier cambio en el perfil de riesgo. Esta fase incluye la vigilancia constante de los sistemas y la revisión periódica de las políticas y procedimientos de seguridad. Además, el monitoreo asegura que los nuevos riesgos sean identificados y gestionados oportunamente.
- **Comunicación de riesgos:** a lo largo del ciclo, es importante mantener una correcta comunicación efectiva entre todos los niveles de la organización. Los riesgos y las estrategias de mitigación deben ser comunicados a la alta dirección, los equipos operativos y cualquier otra parte interesada. Esto garantiza que todos los actores involucrados comprendan los riesgos a los que se enfrenta la organización y las acciones que se están tomando para mitigarlos.

 **EJEMPLO**

Un ejemplo típico de aplicación del ciclo de gestión de riesgos sería una empresa de telecomunicaciones que, tras identificar una vulnerabilidad en su

Continúa en página siguiente >>

<< Viene de página anterior

infraestructura de red, evalúa el impacto de esa vulnerabilidad en sus operaciones, implementa medidas de mitigación (como la actualización de los sistemas), y monitorea continuamente para asegurarse de que las soluciones implementadas sean efectivas.

4.6. Modelos de gobernanza y clasificación información

Los **modelos de gobernanza y clasificación de la información** son esenciales para establecer cómo una organización gestiona, protege y accede a su información crítica.

Gobernanza en ciberseguridad
- Implica establecer un marco de políticas, procedimientos y controles para garantizar que la información y los activos de TI estén protegidos de manera eficaz y cumplan con las regulaciones.

Clasificación de la información
- Se refiere a la categorización de los datos en función de su sensibilidad y valor para la organización.

Modelos de gobernanza

La **gobernanza en ciberseguridad** garantiza que las responsabilidades de seguridad de la información estén claramente definidas y que las decisiones estratégicas estén alineadas con los objetivos del negocio. Los modelos de gobernanza proporcionan una estructura para supervisar y gestionar la seguridad, asignando responsabilidades específicas a diferentes niveles de la organización.

IMPORTANTE

Un modelo de gobernanza eficaz define cómo se implementan las políticas de seguridad, quién es responsable de su cumplimiento y cómo se mide el éxito de estas políticas. Así mismo, estos modelos aseguran que las decisiones relacionadas con la ciberseguridad se tomen de manera informada y estén alineadas con el riesgo y el apetito de riesgo de la organización.

Un ejemplo muy común de un modelo de gobernanza es el establecimiento de un comité de seguridad de la información, donde participan la alta dirección o gerentes, el departamento de TI y el personal de ciberseguridad. Este comité es responsable de la toma de decisiones clave en materia de seguridad, la supervisión de las iniciativas de seguridad y la evaluación de los riesgos emergentes.

PARA SABER MÁS

Para más información, Global Technology, consultora de ciberseguridad, recomienda que las empresas cuenten con tecnología avanzada y un equipo de expertos en ciberseguridad, para asegurar una gestión eficiente de la seguridad de la información. En su artículo "El SOC, instrumento para la gobernanza de la ciberseguridad" (Puyo, 2022), se destaca que el centro de operaciones de seguridad (SOC) es esencial en este proceso. Mediante la monitorización constante de los activos y la respuesta rápida a incidentes, el SOC garantiza que las políticas de seguridad estén alineadas con los objetivos empresariales, lo cual reduce el impacto de las amenazas.

Accede al artículo desde aquí:

https://redirectoronline.com/ifct00500104

Otro enfoque son los **marcos de gobernanza,** como *COBIT 5* en la **gestión de riesgos,** que proporciona un conjunto de buenas prácticas para la gestión y gobernanza de la información, permitiendo a las organizaciones alinear la ciberseguridad con los objetivos estratégicos del negocio.

En la siguiente tabla se muestran los **roles** y las **razones clave** para que las diferentes áreas de una organización adopten *COBIT 5* en la gestión de riesgos de TI. Cada rol, desde la junta directiva hasta los auditores internos y los proveedores externos, tiene una responsabilidad específica relacionada con la gestión y gobernanza de riesgos de TI. *COBIT 5* permite mejorar la visibilidad y control sobre estos riesgos, alineando las estrategias de TI con los objetivos del negocio, asegurando la responsabilidad y el cumplimiento normativo. Los beneficios van desde una mejor comprensión y manejo de los riesgos hasta la optimización de recursos para proteger la información y los activos de la organización.

Roles y beneficios de la implementación de COBIT 5 en la gestión de riesgos de una organización

Rol/función	Beneficio por utilizar *COBIT 5*	Ejemplo de implementación de *COBIT 5* en empresa
Junta directiva y ejecutiva	Mejorar el entendimiento de sus responsabilidades y cómo optimizar el uso de TI en la estrategia.	La junta directiva mejora su capacidad para entender cómo los riesgos de TI afectan los objetivos estratégicos. Implementando *COBIT 5*, logran optimizar el uso de TI para asegurar que las inversiones tecnológicas se alineen con los planes de crecimiento empresarial.
Directores de riesgo empresarial	Facilitar la gestión de riesgos TI alineados con la gestión de riesgos empresariales.	Los directores de riesgo empresarial utilizan *COBIT 5* para integrar mejor los riesgos de TI con los riesgos generales del negocio, lo cual facilita la toma de decisiones basadas en información de valor sobre cómo gestionar riesgos críticos de manera unificada.
Gestores de riesgos operacionales	Integrar el marco de riesgos operacionales con indicadores clave.	Al usar *COBIT 5*, los gestores de riesgos operacionales logran integrar indicadores clave de riesgo, y eso permite una supervisión más precisa de las pérdidas operacionales y mejora la capacidad para anticipar riesgos.

Continúa en página siguiente >>

<< Viene de página anterior

Rol/función	Beneficio por utilizar *COBIT 5*	Ejemplo de implementación de *COBIT 5* en empresa
Gestión de TI	Entender cómo identificar y gestionar los riesgos TI y comunicarlos al negocio.	El equipo de TI utiliza *COBIT 5* para identificar y gestionar riesgos de TI más eficientemente, con lo cual mejora la comunicación con la junta directiva acerca de las vulnerabilidades tecnológicas y cómo mitigarlas.
Gestores de servicios TI	Mejorar el punto de vista del riesgo operativo y alinearlo con la gestión de riesgos TI.	Gracias a *COBIT 5,* los gestores de servicios TI alinean el riesgo operativo con la gestión general de riesgos TI, lo que permite una visión integral que asegura una respuesta más efectiva a los incidentes de seguridad.
Continuidad del negocio	Alinear con la gestión de riesgos empresariales y garantizar la responsabilidad.	*COBIT 5* ayuda al equipo de continuidad del negocio a alinear sus planes con la gestión empresarial, garantizando que los procedimientos de recuperación ante desastres se ejecuten de manera efectiva y con responsabilidad.
Seguridad TI	Posicionar la seguridad TI junto a los otros riesgos empresariales.	El equipo de seguridad TI utiliza *COBIT 5* para posicionar la seguridad de TI en igualdad de condiciones con otros riesgos del negocio, permitiendo que las estrategias de ciberseguridad se integren en los planes globales de gestión de riesgos.
Seguridad de la información	Posicionar el riesgo TI dentro de la estructura de seguridad global.	Implementando *COBIT 5,* el equipo de seguridad de la información logra una mejor integración de los riesgos de TI en la estructura de seguridad global de la empresa, asegurando que los datos sensibles estén protegidos de forma consistente.
Director Financiero	Aumentar la visibilidad de los riesgos TI y sus implicaciones financieras.	La dirección financiera mejora la visibilidad sobre cómo los riesgos de TI pueden afectar las finanzas de la empresa. Usa *COBIT 5* para optimizar la tomar decisiones sobre las inversiones en seguridad y las implicaciones financieras de los riesgos.

Continúa en página siguiente >>

<< Viene de página anterior

Rol/función	Beneficio por utilizar *COBIT 5*	Ejemplo de implementación de *COBIT 5* en empresa
Responsables de gobernanza TI	Revisar y supervisar responsabilidades de gobernanza TI y alineación de la estrategia.	Con *COBIT 5*, los responsables de gobernanza TI revisan y supervisan las responsabilidades de TI, alineando los recursos tecnológicos con los objetivos estratégicos de la empresa, para asegurar una gobernanza eficaz.
Gestores de negocio	Gestionar los riesgos TI de manera consistente con los objetivos del negocio.	Los gestores de negocio, utilizando *COBIT 5*, mejoran la gestión de riesgos tecnológicos de manera coherente con los objetivos empresariales, para confirmar que los riesgos de TI se gestionen en consonancia con las metas del negocio.
Auditores internos	Mejorar el análisis de riesgos para reforzar auditorías y control interno.	Los auditores internos encuentran en *COBIT 5* una herramienta eficaz para mejorar el análisis de riesgos. Proporcionan auditorías más sólidas que fortalecen el control interno y reducen las vulnerabilidades.
Cumplimiento	Asesorar en la gestión de riesgos y evaluar el impacto potencial sobre el negocio.	*COBIT 5* permite al equipo de cumplimiento asesorar mejor en la gestión de riesgos y cómo estos afectan la capacidad de cumplir con las normativas, minimizando sanciones y riesgos legales.
Asesoría legal	Ofrecer asesoría legal sobre riesgos de TI y cumplimiento normativo.	Con *COBIT 5*, la asesoría legal ofrece una mejor asesoría sobre los riesgos de TI y las implicaciones legales relacionadas con el cumplimiento normativo y la protección de los datos sensibles de la empresa.
Reguladores	Evaluar los niveles de riesgo en la organización y guiar en la aplicación de normativas.	Los reguladores, mediante *COBIT 5*, evalúan de manera más precisa el impacto de los riesgos en las organizaciones, asegurando que las empresas cumplan con las normativas y regulaciones vigentes.
Aseguradoras	Facilitar el establecimiento de estándares de riesgo TI en las evaluaciones.	Las aseguradoras utilizan *COBIT 5* para establecer criterios claros en las evaluaciones de riesgo de TI, proporcionando estándares más consistentes para definir las primas y coberturas.

Continúa en página siguiente >>

<< Viene de página anterior

Rol/función	Beneficio por utilizar *COBIT 5*	Ejemplo de implementación de *COBIT 5* en empresa
Agencias de calificación	Proporcionar referencias sobre cómo gestionar los riesgos TI en la organización.	Las agencias de calificación utilizan *COBIT 5* para referenciar prácticas de riesgo de TI en la organización, para ayudar a mejorar la calificación de las empresas que siguen estas buenas prácticas.
Contratistas y proveedores externos	Entender mejor los riesgos TI y asegurar la responsabilidad en las evaluaciones.	Los proveedores externos se benefician de *COBIT 5*, al tener una mayor claridad sobre las responsabilidades en la evaluación de riesgos TI, con lo que aseguran una gestión coherente y colaborativa con la empresa contratante.

Clasificación de la información

La **clasificación de la información** es un proceso que asigna niveles de sensibilidad a los datos basándose en el impacto que tendría su divulgación, modificación o destrucción no autorizada. Los niveles de clasificación de los datos que gestiona una organización suelen ser los siguientes:

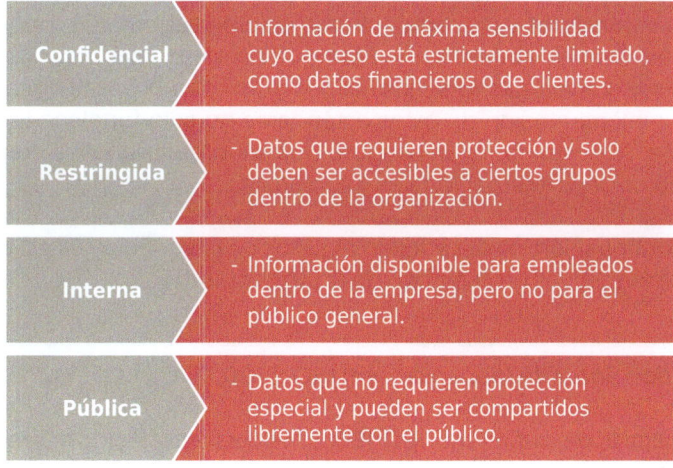

Confidencial
- Información de máxima sensibilidad cuyo acceso está estrictamente limitado, como datos financieros o de clientes.

Restringida
- Datos que requieren protección y solo deben ser accesibles a ciertos grupos dentro de la organización.

Interna
- Información disponible para empleados dentro de la empresa, pero no para el público general.

Pública
- Datos que no requieren protección especial y pueden ser compartidos libremente con el público.

Estos niveles determinan las medidas de seguridad que deben aplicarse a cada categoría de datos.

◁◎▷ **EJEMPLO**

Los datos clasificados como **confidenciales** suelen incluir información como datos financieros, propiedad intelectual o información personal sensible (como registros médicos). Estos datos requieren un alto nivel de protección, que puede incluir el cifrado, el control de acceso estricto y la supervisión continua.

En cambio, la información clasificada como **pública** no requiere protecciones tan estrictas, ya que su divulgación no afectaría negativamente a la organización. Un ejemplo de información pública podría ser el contenido de un sitio web corporativo o documentos de *marketing*.

La clasificación de la información permite a las organizaciones aplicar controles de seguridad de manera proporcional al valor y riesgo de cada conjunto de datos. Además, facilita el cumplimiento normativo, ya que muchas regulaciones, como el **GDPR** (Reglamento General de Protección de Datos), requieren que las organizaciones protejan adecuadamente los datos personales y sensibles.

4.7. Estándares y regulación

Los **estándares** y las **regulaciones** en ciberseguridad proporcionan directrices, normas y buenas prácticas que permiten a las organizaciones proteger sus activos, gestionar los riesgos y cumplir con las obligaciones legales. La implementación de estos estándares no solo fortalece la seguridad interna, sino que también asegura que las organizaciones cumplan con las regulaciones internacionales y sectoriales.

A continuación, se desarrollan algunos de los principales estándares y marcos normativos en el ámbito de la ciberseguridad.

Information Security Management: ISO 2700, 27001, 27002, 27005

La familia de estándares **ISO/IEC 27000** es reconocida internacionalmente como un conjunto de buenas prácticas para la gestión de la seguridad de la información. Estos estándares proporcionan directrices y requisitos para la implementación de un **sistema de gestión de seguridad de la información (SGSI),** lo cual ayuda a las organizaciones a proteger su información confidencial.

 **DEFINICIÓN**

Sistema de gestión de seguridad de la información (SGSI)
Es un conjunto de políticas, procedimientos, controles y prácticas diseñadas para gestionar y proteger la información sensible de una organización. Su objetivo es garantizar la confidencialidad, la integridad y la disponibilidad de los datos, minimizando los riesgos asociados a ciberamenazas, accesos no autorizados o pérdidas de información. Un SGSI se basa en estándares como ISO/IEC 27001, que proporcionan un marco para identificar riesgos, implementar medidas de seguridad y mantener la mejora continua de la protección de la información en la organización.

A continuación, podrás conocer una serie de normas y estándares de seguridad muy relacionadas con los sistemas de gestión de seguridad de la información (SGSI):

- **ISO/IEC 27000.** Proporciona una visión general de los estándares de la familia ISO/IEC 27000 y un vocabulario común para la gestión de la seguridad de la información.
- **ISO/IEC 27001.** Es el estándar más conocido de la serie. Especifica los requisitos para establecer, implementar, mantener y mejorar un SGSI. Su certificación es altamente valorada en sectores como las finanzas y la salud, donde la protección de datos es crítica.
- **ISO/IEC 27002.** Ofrece directrices sobre las mejores prácticas para los controles de seguridad de la información basados en los requisitos establecidos en la ISO 27001. Este estándar es útil para ayudar a las organizaciones a seleccionar controles de seguridad adecuados.
- **ISO/IEC 27005.** Proporciona un enfoque detallado para la gestión de riesgos de la seguridad de la información. Se centra en el proceso de evaluación y tratamiento de riesgos en el contexto de un SGSI.

 **EJEMPLO**

Una empresa de telecomunicaciones que maneja grandes volúmenes de datos de clientes y empleados implementaría ISO 27001 para asegurar que sus procesos y controles cumplan con los requisitos internacionales de seguridad.

APLICACIÓN PRÁCTICA

La familia de estándares ISO/IEC 27000 es comúnmente utilizada para guiar a las organizaciones en la gestión de la seguridad de la información. El estándar ISO/IEC 27001 especifica los requisitos para establecer, implementar y mejorar un SGSI, mientras que ISO/IEC 27002 proporciona directrices sobre los controles de seguridad e ISO/IEC 27005 se enfoca en la gestión de riesgos. Estas normas son esenciales para proteger la información confidencial en sectores como la salud, las finanzas y las telecomunicaciones.

En el contexto de una empresa de telecomunicaciones que maneja grandes volúmenes de datos personales, ¿cuál de las siguientes acciones sería la mejor para asegurar el cumplimiento con los estándares de seguridad de la información según ISO/IEC 27001?

- Realizar una auditoría interna para evaluar el cumplimiento con ISO/IEC 27000.
- Adoptar únicamente medidas físicas de seguridad en la empresa.
- Implementar controles de seguridad únicamente basados en ISO/IEC 27002.
- Establecer un SGSI basado en los requisitos de ISO/IEC 27001.

Justifica tu respuesta.

Solución

La acción inicial más adecuada para una empresa de telecomunicaciones que maneja grandes volúmenes de datos personales sería establecer un SGSI conforme a los requisitos de ISO/IEC 27001. Este SGSI permitirá gestionar y proteger eficazmente la información confidencial. Aunque los controles de seguridad de ISO/IEC 27002 y las auditorías internas son importantes, el primer paso es crear una base sólida con el SGSI, que luego podrá ser mejorada con los controles y auditorías.

Risk Management: ISO 31000, 31010, COBIT 5, NIST 800-39

La gestión de riesgos es esencial para cualquier organización que busque proteger sus activos críticos y minimizar las amenazas. Los estándares de gestión de riesgos proporcionan un marco para identificar, evaluar y gestionar los riesgos en un entorno empresarial. Algunos de esos **estándares** son:

- **ISO 31000.** Este estándar proporciona principios y directrices para la gestión de riesgos. Es aplicable a cualquier organización, independientemente de su tamaño o sector, y se enfoca en integrar la gestión de riesgos en los procesos de toma de decisiones.
- **ISO 31010.** Se centra específicamente en las técnicas de evaluación de riesgos. Ofrece herramientas y métodos para identificar, analizar y evaluar los riesgos.
- **COBIT 5.** Es un marco de gobierno y gestión de la TI que ayuda a las organizaciones a maximizar el valor de la información mediante un enfoque equilibrado entre la seguridad y la optimización del uso de la tecnología.
- **NIST 800-39.** Este documento del Instituto Nacional de Estándares y Tecnología (NIST) proporciona un enfoque integrado para la gestión del riesgo organizacional relacionado con la tecnología de la información. Describe un marco para la evaluación, respuesta y monitoreo continuo de riesgos.

 **EJEMPLO**

Una empresa del sector bancario que gestiona grandes volúmenes de transacciones financieras podría utilizar ISO 31000 junto con NIST 800-39 para desarrollar un proceso robusto de gestión de riesgos que proteja sus sistemas y garantice la continuidad del negocio.

Risk Assessment: NIST 800-30

NIST 800-30 es un estándar del NIST que proporciona directrices específicas para la **evaluación de riesgos.** Su objetivo es ayudar a las organizaciones a identificar las amenazas y vulnerabilidades, evaluar la probabilidad y el impacto de los riesgos, y determinar las medidas adecuadas para reducir o mitigar esos riesgos.

El estándar ofrece un enfoque, detallado paso a paso, para realizar una evaluación de riesgos, que incluye la identificación de los activos críticos, las amenazas que pueden afectar esos activos, las vulnerabilidades que pueden ser explotadas y el impacto potencial en la organización.

 **EJEMPLO**

Un hospital, que almacena grandes cantidades de datos sensibles de pacientes, realizaría una evaluación de riesgos basada en NIST 800-30 para identificar amenazas como ataques de *ransomware* y tomar medidas preventivas para asegurar la información médica.

Security Controls: NIST 800-53

NIST 800-53 es uno de los estándares más completos para la selección de **controles de seguridad** en sistemas de información federales y otras organizaciones que desean implementar medidas de protección robustas. Este estándar enumera los controles de seguridad organizativos, técnicos y operacionales necesarios para garantizar la confidencialidad, la integridad y la disponibilidad de los sistemas de información.

Los controles se agrupan en familias como el control de acceso, la auditoría, la autenticación, la seguridad física y las comunicaciones. Las organizaciones pueden seleccionar los controles que sean más apropiados para sus necesidades específicas en función de su perfil de riesgo.

 **EJEMPLO**

Un proveedor de servicios en la nube que gestiona grandes infraestructuras de datos seleccionaría y aplicaría controles basados en NIST 800-53 para proteger los sistemas de sus clientes y asegurar el cumplimiento con las normativas de seguridad.

Specific: GDPR *(Data Protection)*, OWASP *(Web Application Security)*, PCI-DSS *(payment cards)*, etc.

Existen regulaciones muy específicas que abordan cuestiones particularmente importantes sobre la seguridad de la información. Algunas de ellas son:

GDPR (Reglamento General de Protección de Datos)
- Es una normativa de la Unión Europea que regula la
protección de datos personales de los ciudadanos de
la UE. Establece fuertes requisitos para la recolección,
almacenamiento y procesamiento de datos personales, y
exige notificaciones obligatorias de violaciones de datos.

OWASP *(Open Web Application Security Project)*
- Ofrece recursos y herramientas gratuitas para mejorar la
seguridad de las aplicaciones web.

PCI-DSS *(Payment Card Industry Data Security*
Standard)
- Es un estándar de seguridad global para organizaciones
que procesan pagos con tarjetas de crédito. Establece
medidas de protección obligatorias para la gestión de
transacciones financieras.

 EJEMPLO

Un minorista en línea que procesa pagos con tarjeta de crédito debe cumplir con
PCI-DSS para asegurar las transacciones financieras y proteger la información
de los clientes de fraudes o ciberataques.

Risk Framework: NIST Framework

El **NIST Cybersecurity Framework** es una herramienta ampliamente utilizada para mejorar la gestión de riesgos de ciberseguridad. Está diseñado
para ayudar a las organizaciones a gestionar y mitigar los riesgos de ciberseguridad mediante un enfoque basado en cinco funciones principales: **identificar, proteger, detectar, responder** y **recuperar.**

Este marco es flexible y escalable, lo que permite su aplicación en organizaciones de cualquier tamaño o sector. El *NIST Framework* también facilita la
comunicación entre diferentes partes interesadas, ayudando a las organizaciones a establecer prioridades y alinear sus esfuerzos de ciberseguridad
con sus objetivos empresariales.

 **EJEMPLO**

Una empresa de manufactura que utiliza redes industriales conectadas podría adoptar el *NIST Framework* para fortalecer su estrategia de ciberseguridad y proteger sus sistemas de producción frente a ciberataques.

Threats of ICS: NIST 800-82

NIST 800-82 es un estándar específico para la protección de los **sistemas de control industrial (ICS),** que son sistemas utilizados en industrias críticas como la energía, el agua y la manufactura. Estos sistemas, a menudo conectados a redes más amplias, están expuestos a ciberamenazas que podrían interrumpir operaciones esenciales.

El estándar ofrece directrices sobre cómo proteger estos sistemas frente a ataques cibernéticos, integrando medidas técnicas, operativas y administrativas.

 **EJEMPLO**

Una planta de energía podría implementar NIST 800-82 para proteger su infraestructura de control de ataques cibernéticos que podrían provocar interrupciones en la distribución de energía.

IACS standards: ISA/IEC-62443

ISA/IEC-62443 es una serie de estándares internacionales diseñados para proteger los **sistemas de automatización y control industrial (IACS).** Este conjunto de normas proporciona un enfoque integral para la ciberseguridad de los IACS, cubriendo todo el ciclo de vida del sistema, desde el diseño hasta la operación y el mantenimiento.

El estándar se enfoca en la implementación de medidas de seguridad en todos los niveles de la infraestructura industrial, lo que garantiza la protección de los sistemas industriales críticos contra ataques malintencionados.

 **EJEMPLO**

Una fábrica de automóviles podría adoptar ISA/IEC-62443 para asegurar sus sistemas de automatización y garantizar la continuidad operativa frente a potenciales ciberamenazas.

4.8. Gestión de incidentes

Con todo lo aprendido, es posible afirmar que la **gestión de incidentes** es un proceso fundamental en cualquier estrategia de ciberseguridad. Su objetivo principal es **manejar los incidentes de seguridad de manera rápida y eficiente,** para minimizar el impacto en la organización y restaurar las operaciones normales lo antes posible. Los incidentes de seguridad pueden incluir una amplia gama de eventos, como violaciones de datos, ataques de *malware,* accesos no autorizados, denegaciones de servicio (DoS) o cualquier otro evento que comprometa los principios de la seguridad de la información: la confidencialidad, la integridad o la disponibilidad de los sistemas de información.

La capacidad de responder eficazmente a los incidentes de ciberseguridad es fundamental para limitar el daño que pueden causar. Esto implica no solo mitigar el incidente en curso, sino también identificar la causa raíz y tomar medidas preventivas para evitar que ocurran eventos similares en el futuro. Las etapas clave en el proceso de gestión de incidentes son las siguientes:

◌ **Preparación.** La primera etapa en la gestión de incidentes es la preparación. Esta fase es clave para garantizar que una organización esté lista para responder de manera eficiente cuando ocurra un incidente de seguridad. La preparación incluye la implementación de herramientas y tecnologías necesarias, la capacitación del personal en procedimientos de respuesta y la creación de un plan de respuesta a incidentes formal. El plan de respuesta debe incluir procedimientos detallados que indiquen cómo se manejarán los diferentes tipos de incidentes, quiénes son los responsables de cada acción y qué herramientas deben utilizarse para la contención y recuperación. Un equipo de respuesta a incidentes, que puede incluir expertos en ciberseguridad, personal de TI y otros profesionales, debe estar claramente identificado y entrenado en las mejores prácticas de gestión de incidentes.

Por ejemplo, una empresa de comercio electrónico debe preparar a su equipo de ciberseguridad para responder a ataques de *ransomware,* asegurándose de que el equipo entienda cómo aislar los sistemas infectados y restaurar datos desde copias de seguridad sin interrumpir las operaciones.

⊃ **Identificación.** La siguiente fase es la identificación del incidente. Es vital que las organizaciones sean capaces de identificar rápidamente cuándo ocurre un incidente de seguridad. Esto implica monitorear continuamente los sistemas y redes en busca de signos de actividad inusual o maliciosa. La detección temprana es decisiva para contener el impacto del incidente antes de que cause daños significativos.

Durante esta fase, se debe determinar si el evento detectado realmente constituye un incidente de seguridad. No todas las anomalías representan un ataque cibernético, por lo tanto, es necesario realizar una evaluación detallada para confirmar la naturaleza y el alcance del incidente.

Por ejemplo, un sistema de detección de intrusos (IDS) puede identificar un patrón inusual de tráfico en la red, lo que podría indicar un ataque DDoS. El equipo de respuesta debe evaluar si este tráfico es malicioso o simplemente una variación normal en el uso de la red.

⊃ **Contención.** Una vez que se ha identificado un incidente, la siguiente etapa es la contención. El objetivo de la contención es limitar el alcance del daño y evitar que el incidente se propague a otras partes del sistema. Existen dos tipos de contención:

   ◊ La contención a corto plazo implica acciones inmediatas para detener el avance del ataque, como desconectar sistemas afectados de la red o bloquear el acceso de usuarios no autorizados.
   ◊ La contención a largo plazo implica la implementación de soluciones más permanentes, como la aplicación de parches de seguridad o la reconfiguración de sistemas para eliminar vulnerabilidades.

Por ejemplo, si un servidor ha sido comprometido por *malware,* el equipo de respuesta puede desconectar inmediatamente el servidor de la red para evitar que el *malware* se propague a otros sistemas, mientras evalúan la mejor manera de limpiar el sistema y prevenir futuros ataques.

⊃ **Erradicación.** La fase de erradicación se enfoca en eliminar la causa raíz del incidente. Esto implica la eliminación de *malware,* la corrección de vulnerabilidades, la actualización de *software* o la modificación de las configuraciones de seguridad. Es fundamental asegurarse de que todas las huellas del ataque hayan sido eliminadas antes de proceder a la recuperación del sistema.

Por ejemplo, si un ataque de *phishing* ha resultado en la instalación de *malware* en una red corporativa, el equipo de respuesta debe eliminarlo de todos los sistemas comprometidos y comprobar que no queden puertas traseras o puntos de acceso maliciosos.

➲ **Recuperación.** La fase de recuperación implica restaurar los sistemas afectados a su estado normal y reanudar las operaciones. Durante este proceso, se deben implementar medidas adicionales para asegurar que el incidente no se repita. Esto significa la restauración de datos desde copias de seguridad, la implementación de controles de acceso más estrictos o la actualización de *software.*

Es importante monitorear de cerca los sistemas después de la recuperación para asegurarse de que no haya nuevas amenazas o indicios de que el ataque continúe.

Por ejemplo, después de un ataque de *ransomware,* una empresa podría restaurar sus datos desde copias de seguridad y, al mismo tiempo, reforzar sus medidas de ciberseguridad, como la autenticación multifactor, para prevenir futuros incidentes.

➲ **Aprendizaje adquirido.** La fase final abarca el proceso de resumir el aprendizaje adquirido: se documenta todo lo ocurrido durante el incidente, incluidas las acciones tomadas, los puntos fuertes y débiles de la respuesta, y las mejoras necesarias en el futuro. Este paso es muy importante para refinar el plan de respuesta a incidentes y mejorar la postura de ciberseguridad de la organización.

Por ejemplo, después de un ataque, la organización puede descubrir que ciertos sistemas no estaban debidamente protegidos o que la respuesta fue demasiado lenta. Utilizar estas lecciones para ajustar políticas y procedimientos puede mejorar la respuesta en futuros incidentes.

 TAREA 3

Solución Tecnológica es una *startup* de *software* que está desarrollando un nuevo producto en la nube para empresas de tecnología. La dirección de la empresa desea establecer una estrategia sólida de ciberseguridad para proteger su infraestructura en la nube y al mismo tiempo mantenerse competitivos en el mercado, destacando por su seguridad robusta. Como responsable de ciberseguridad, tu objetivo es obtener conocimientos para desarrollar una estrategia de securización de la información y generación de modelos digitales competitivos.

Continúa en página siguiente >>

<< Viene de página anterior

¿Cuáles son los elementos clave que incluirías en una estrategia de ciberseguridad para Solución Tecnológica? ¿Cómo cada uno de ellos contribuiría a fortalecer la protección de su infraestructura en la nube y posicionar a la empresa como competitiva en términos de seguridad en el mercado tecnológico?

---

5. Resumen

Esta unidad cubre los fundamentos esenciales de la ciberseguridad, desde los modelos organizativos y el papel de las personas hasta la identificación de amenazas y la gestión de riesgos. También se han detallado los principales estándares y marcos regulatorios internacionales que guían las mejores prácticas de seguridad de la información. La comprensión y la aplicación de estos conceptos es fundamental para la protección eficaz de los sistemas y activos críticos de cualquier organización.

La ciberseguridad y la gestión de riesgos envuelven modelos organizativos que establecen la estructura de gestión, los conceptos tecnológicos como la confidencialidad, la integridad y la disponibilidad (CID), junto con procesos críticos de autenticación, autorización, criptografía y *firewalls*. Igualmente, resalta el rol decisivo del factor humano en la prevención de violaciones de seguridad.

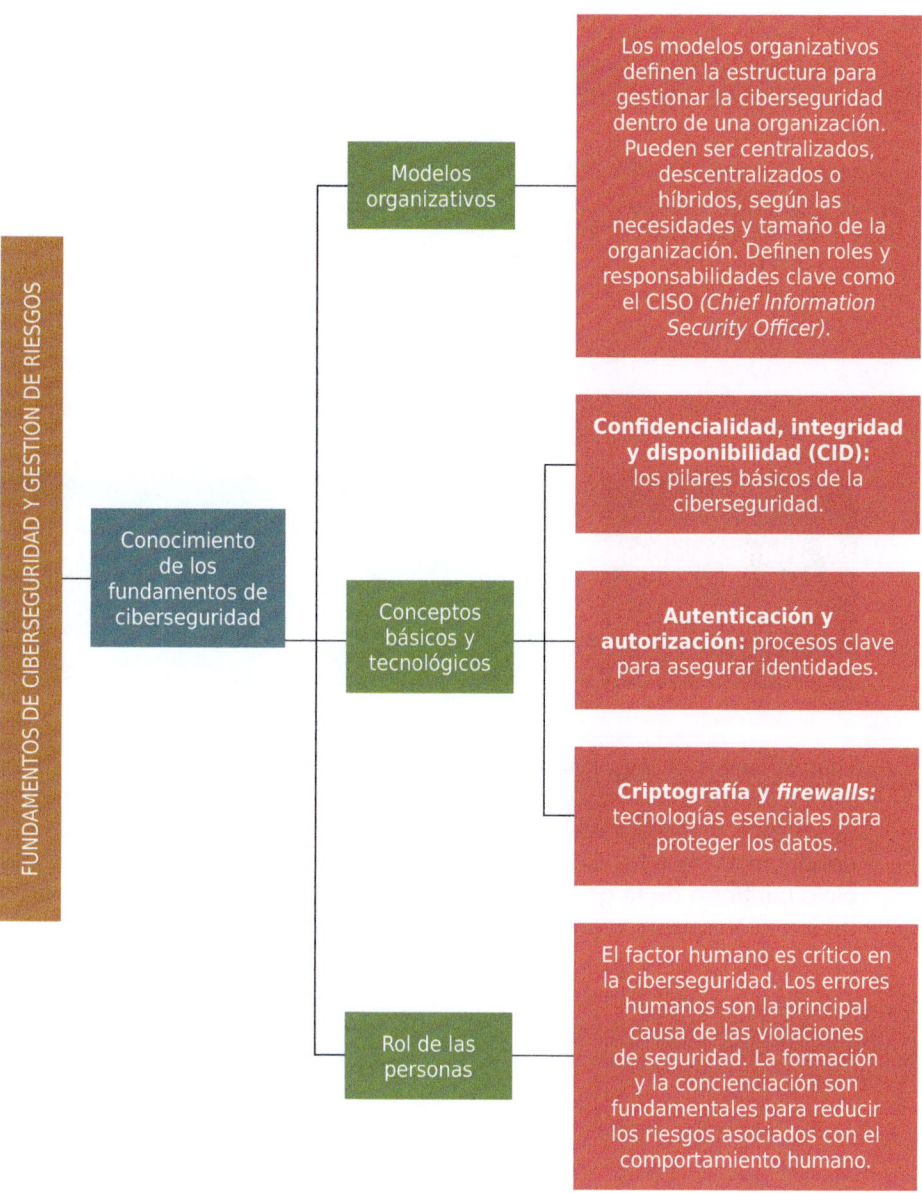

Dentro del contexto de la identificación de las amenazas, ataques y vulnerabilidades de los sistemas de información, hay que destacar que existen amenazas internas y externas, que en los ciberataques pueden intervenir actores como los *hackers* no éticos, cibercriminales, *hacktivistas,* etc., así como la existencias de una gran diversidad de tipos de ataques como son los *malware,* técnicas como el *phishing* o incluso la denegación de servicios o ataques de fuerza bruta.

La evaluación de seguridad aborda la metodología para identificar, evaluar y tratar riesgos, priorizando activos críticos. Define el alcance del análisis de riesgos, identificando las amenazas y salvaguardas necesarias para la continuidad del negocio. Igualmente, hay que destacar la importancia del ciclo continuo de la gestión de riesgos y la gobernanza para clasificar la información según su sensibilidad y protección requerida.

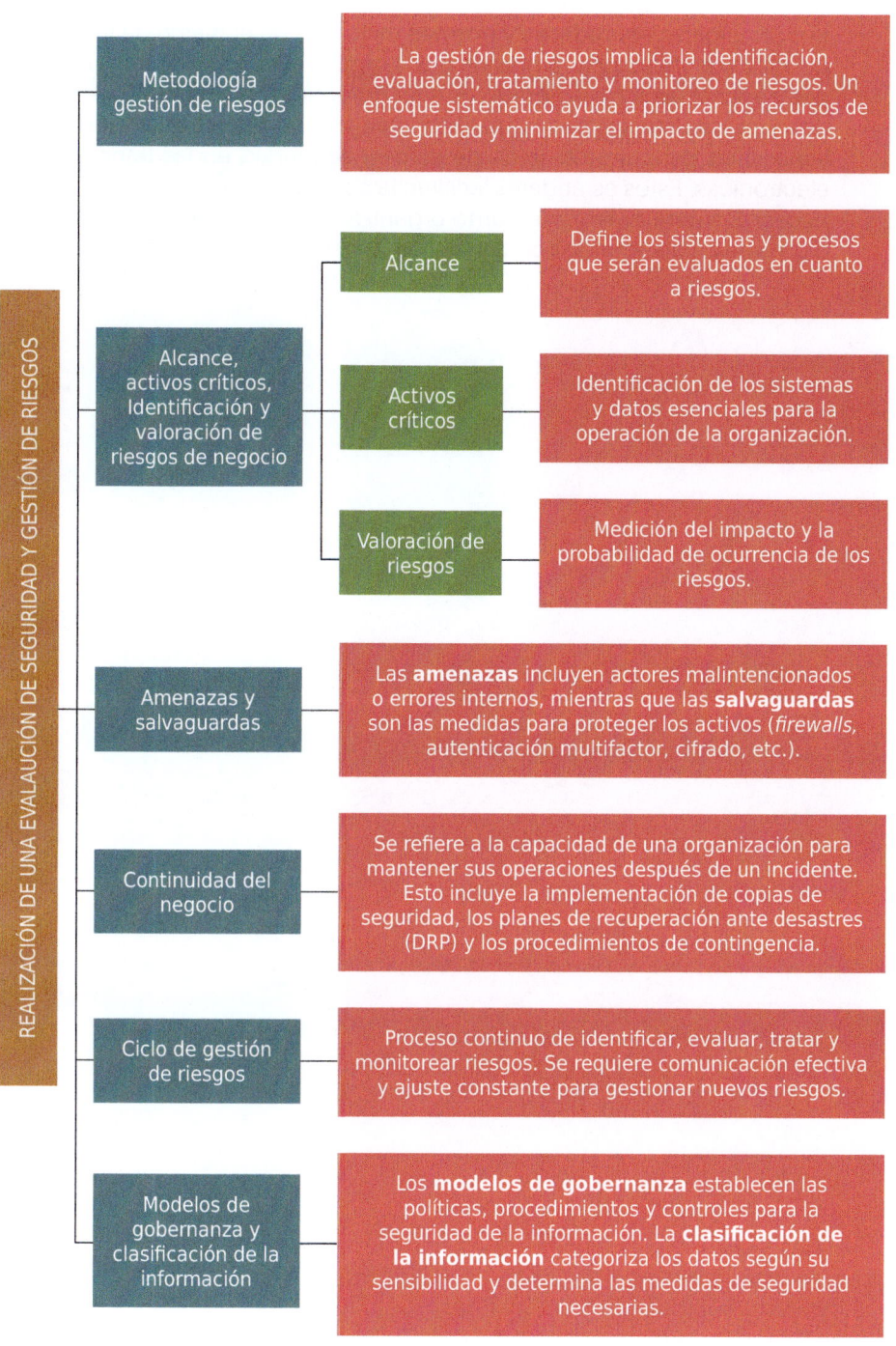

Los principales **estándares y normas** utilizados en el marco de la ciberseguridad son útiles para profesionales y organizaciones que buscan entender y aplicar las mejores prácticas a fin de optimizar la gestión de la seguridad de los sistemas de información, cumpliendo también con normativas específicas para la protección de datos y seguridad en las transacciones electrónicas. Estos estándares facilitan la comprensión de las herramientas necesarias para crear un entorno organizacional más seguro en un paradigma de ciberseguridad cada vez más complejo y cambiante.

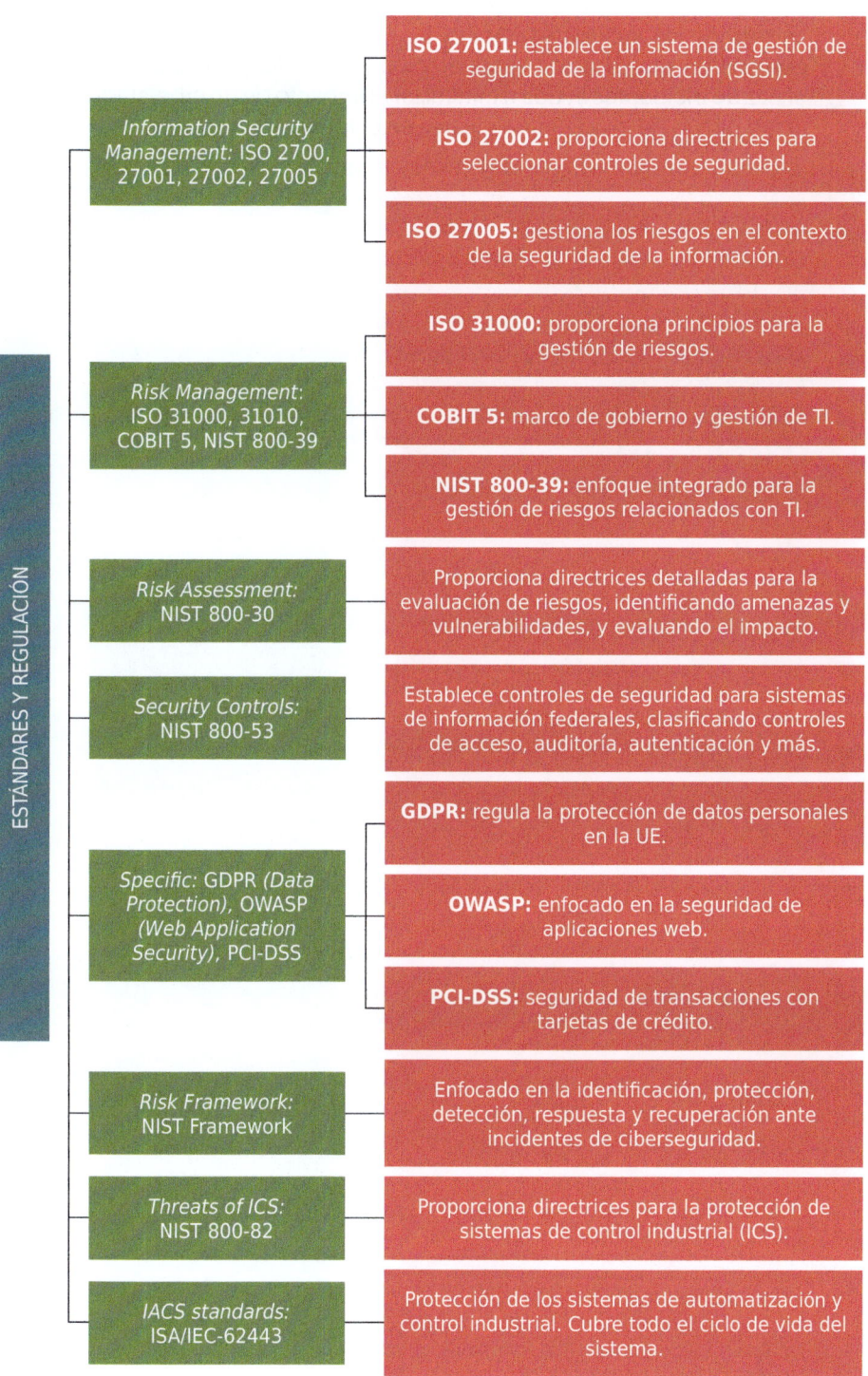

ESTÁNDARES Y REGULACIÓN

Information Security Management: ISO 2700, 27001, 27002, 27005

ISO 27001: establece un sistema de gestión de seguridad de la información (SGSI).

ISO 27002: proporciona directrices para seleccionar controles de seguridad.

ISO 27005: gestiona los riesgos en el contexto de la seguridad de la información.

Risk Management: ISO 31000, 31010, COBIT 5, NIST 800-39

ISO 31000: proporciona principios para la gestión de riesgos.

COBIT 5: marco de gobierno y gestión de TI.

NIST 800-39: enfoque integrado para la gestión de riesgos relacionados con TI.

Risk Assessment: NIST 800-30

Proporciona directrices detalladas para la evaluación de riesgos, identificando amenazas y vulnerabilidades, y evaluando el impacto.

Security Controls: NIST 800-53

Establece controles de seguridad para sistemas de información federales, clasificando controles de acceso, auditoría, autenticación y más.

Specific: GDPR *(Data Protection),* OWASP *(Web Application Security),* PCI-DSS

GDPR: regula la protección de datos personales en la UE.

OWASP: enfocado en la seguridad de aplicaciones web.

PCI-DSS: seguridad de transacciones con tarjetas de crédito.

Risk Framework: NIST Framework

Enfocado en la identificación, protección, detección, respuesta y recuperación ante incidentes de ciberseguridad.

Threats of ICS: NIST 800-82

Proporciona directrices para la protección de sistemas de control industrial (ICS).

IACS standards: ISA/IEC-62443

Protección de los sistemas de automatización y control industrial. Cubre todo el ciclo de vida del sistema.

La gestión de incidentes implica las fases de preparación, identificación, contención, erradicación, recuperación y aprendizaje adquirido. La gestión eficaz de incidentes ayuda a minimizar el impacto de un ciberataque y evitar la repetición de incidentes similares en el futuro.

Ejercicios de autoevaluación
Unidad de Aprendizaje 1

1. **Indica si las siguientes afirmaciones son verdaderas o falsas.**

   a. En el ámbito industrial, la ciberseguridad cobra una importancia aún mayor, debido a la creciente digitalización y conexión de los sistemas críticos.

   - Verdadero
   - Falso

   b. Los ataques cibernéticos causan exclusivamente pérdidas económicas.

   - Verdadero
   - Falso

   c. La comprensión de los fundamentos de la ciberseguridad permite a los profesionales, y en general a todos los miembros de una organización, tener conciencia sobre las amenazas a las que están expuestos.

   - Verdadero
   - Falso

2. **¿Cuál de los siguientes no es un pilar fundamental de la ciberseguridad?**

   a. Confidencialidad
   b. Integridad
   c. Redundancia
   d. Disponibilidad

3. **¿Qué representa la A en el triángulo CID (CIA en inglés) en ciberseguridad?**

   a. Disponibilidad
   b. Autenticación
   c. Autorización
   d. Acceso

4. ¿Qué técnica se usa para garantizar que una persona es quien dice ser al acceder a un sistema?

    a. Autenticación
    b. *Firewall*
    c. Criptografía
    d. Autorización

5. ¿Qué tipo de amenaza implica la manipulación de empleados para obtener acceso a sistemas sensibles?

    a. Ataque DDoS
    b. Denegación de servicio (DoS)
    c. Ingeniería social
    d. *Phishing*

6. ¿Qué es un ataque de denegación de servicio (DoS)?

    a. Un ataque que satura los sistemas con tráfico excesivo para interrumpir el servicio.
    b. Un ataque que compromete la confidencialidad de los datos.
    c. Un ataque que infecta los sistemas con *malware*.
    d. Un ataque que roba credenciales de usuario.

7. ¿Cuál de las siguientes fases forma parte de una metodología de gestión de riesgos?

    a. Monitoreo y revisión
    b. Implementación de parches
    c. Escaneo de virus
    d. Desconexión de redes

8. ¿Qué son los activos críticos en ciberseguridad?

    a. Solo los servidores web.
    b. Bases de datos desactualizadas.
    c. Recursos esenciales cuya pérdida afectaría gravemente a la organización.
    d. Dispositivos de *hardware* de la organización.

9. **¿Qué significa la continuidad del negocio en el contexto de la ciberseguridad?**

   a. La capacidad de una organización para seguir operando después de un incidente.
   b. El proceso de realizar evaluaciones de seguridad cada año.
   c. La implementación solo de medidas de prevención de ataques.
   d. La restauración de sistemas tras un ataque de *malware.*

10. **¿Qué estándar proporciona directrices específicas para la gestión de la seguridad de la información?**

   a. OWASP
   b. PCI-DSS
   c. NIST 800-82
   d. ISO 27001

Introducción a la ciberseguridad: seguridad de los sistemas

Contenido

Objetivos

El objetivo general de esta Unidad de aprendizaje es:

→ Adquirir los conocimientos y habilidades para implementar medidas efectivas de seguridad en los sistemas informáticos, automatizar la protección de infraestructuras tecnológicas, evaluar los niveles de seguridad en redes y aplicar herramientas de simulación de ataques, para proteger y fortalecer la integridad de los sistemas de información.

Los objetivos específicos de esta Unidad de Aprendizaje son:

→ Obtener conocimientos para la automatización de la securización de sistemas.

→ Utilizar herramientas de evaluación/escaneo de los niveles de seguridad de redes.

→ Aplicar herramientas de simulación de ataques.

1. Introducción

Esta unidad didáctica se centra en comprender y gestionar los aspectos relacionados con la protección de los sistemas informáticos y de información de una organización. En este contexto, es esencial aplicar las mejores prácticas en ciberseguridad, desde la identificación de las amenazas hasta la implementación de medidas de seguridad robustas, con el fin de garantizar la integridad, disponibilidad y confidencialidad de los datos.

El contenido abarca una serie de cuestiones que se alinean con los fundamentos de la ciberseguridad. Destaca la importancia de fortalecer tanto los sistemas operativos como las redes y las aplicaciones, protegiendo activos críticos como bases de datos, dispositivos móviles y servidores. Esta protección no solo contempla la implementación de herramientas de seguridad, sino también la creación de políticas que regulen el acceso a la información y la respuesta frente a posibles ataques.

La gestión adecuada del riesgo y el desarrollo de estrategias de recuperación son también componentes clave de esta unidad, ya que proporcionan una base sólida para abordar los desafíos que presentan los entornos digitales modernos.

A medida que avances en esta unidad, comprobarás cómo Mario, utilizando sus conocimientos de seguridad de los sistemas, fortalece la infraestructura tecnológica de su empresa, implementando soluciones avanzadas de defensa en redes, aplicando medidas de seguridad en profundidad y utilizando herramientas de *hacking* ético, para asegurar que TechSystems esté protegida frente a las amenazas del mundo digital.

2. Conocimientos de la seguridad de los sistemas

☞ HILO CONDUCTOR

Mario había avanzado en su investigación y comprendía mejor la importancia de aplicar medidas de seguridad en los sistemas. Recordó que cada sistema operativo, ya fuera *Windows* o *Linux*, requería configuraciones específicas para asegurar su protección. Decidió realizar una actualización de seguridad en todos los servidores y aplicar políticas de acceso más restrictivas para evitar nuevas

Continúa en página siguiente >>

<< Viene de página anterior

vulnerabilidades. Igualmente, implementó copias de seguridad automáticas y activó auditorías continuas para supervisar los accesos a los datos más sensibles de TechSystems, con lo que se aseguró de que ningún atacante pudiera explotar brechas en el futuro.

Es fundamental comprender que la **gestión de riesgos** juega un papel decisivo en la protección de los sistemas de información de cualquier tipo de organización. Este proceso es fundamental para asegurar la **resiliencia de la organización** ante eventos imprevistos, pues ayuda a minimizar las pérdidas y aprovecha las oportunidades que puedan surgir. Con un enfoque estructurado y dinámico, la gestión de riesgos se convierte en un pilar central para el éxito a largo plazo de cualquier empresa.

Las **fases** del proceso de la gestión de riesgos son las siguientes:

1. **Identificación de riesgos.** El primer paso es detectar los riesgos que podrían afectar a la organización. Este proceso implica buscar tanto las amenazas internas como las externas. Los riesgos pueden estar relacionados con múltiples factores, como fallos tecnológicos, cambios en la legislación, problemas financieros o incluso desastres naturales.
   Por ejemplo, para una empresa que utiliza sistemas en la nube, un riesgo identificado podría ser una posible vulnerabilidad en la seguridad del proveedor de servicios en la nube. El fallo de seguridad podría comprometer los datos confidenciales de la organización.
   Para realizar una buena identificación de riesgos, se pueden utilizar varias técnicas, como la revisión de datos históricos de incidentes, el análisis de escenarios o la consulta a expertos dentro y fuera de la organización. Además, la participación de todos los departamentos es fundamental, ya que cada uno puede estar expuesto a riesgos diferentes.
2. **Análisis de riesgos.** Una vez que los riesgos han sido identificados, el siguiente paso es analizar su naturaleza. Esto implica evaluar la probabilidad de que el riesgo ocurra y el impacto que tendría en la organización si se materializara. En este punto, se suelen usar matrices de probabilidad e impacto para clasificar los riesgos en niveles como bajo, medio o alto.
   Por ejemplo, siguiendo con el ejemplo anterior de la seguridad en la nube, en el análisis se evaluaría lo probable que es que se produzca una violación de seguridad (quizás basado en incidentes previos) y qué impacto tendría en la empresa, como la pérdida de datos sensibles o daños a la reputación. Es fundamental no solo centrarse en los impactos negativos, sino también en los positivos, ya que algunos riesgos pueden ofrecer oportunidades. Por ejemplo, un cambio en la legislación puede abrir nuevas líneas de negocio.

3. **Evaluación de riesgos.** En este paso, los riesgos identificados y analizados se priorizan en función de su importancia. Esto ayuda a determinar cuáles deben abordarse de manera inmediata y cuáles pueden gestionarse a más largo plazo. Para ello, se suele emplear una matriz de riesgos, en la que los riesgos con alta probabilidad y alto impacto se consideran críticos.

   Por ejemplo, si la probabilidad de un ataque cibernético en la nube es alta y el impacto sería muy perjudicial, ese riesgo se clasifica como de prioridad alta, lo cual requiere una atención urgente.

   Este proceso de evaluación ayuda a la organización a concentrar sus esfuerzos y recursos en los riesgos más significativos, para asegurar una respuesta eficiente.

En un entorno empresarial moderno, la seguridad de los sistemas no solo depende de la implementación de tecnologías avanzadas, sino también de un enfoque integral que aborde la identificación, análisis y tratamiento de los riesgos asociados a los sistemas y activos críticos de la organización.

Pero también la gestión de riesgos exige tres **pasos** más a los explicados con anterioridad y que son fundamentales:

➲ **Tratamiento de riesgos.** Aquí se decide qué acciones se tomarán para mitigar, transferir, evitar o aceptar cada riesgo. Las estrategias dependen de la naturaleza del riesgo:

   ◑ Mitigar: reducir la probabilidad o el impacto del riesgo.
   ◑ Transferir: pasar el riesgo a un tercero (por ejemplo, contratando un seguro).
   ◑ Evitar: eliminar completamente la actividad que genera el riesgo.
   ◑ Aceptar: asumir el riesgo si su impacto es bajo o los costos de mitigación son demasiado altos.

   Por ejemplo, en el caso del riesgo de ciberseguridad, la organización podría mitigar el riesgo implementando medidas como la encriptación de datos, la autenticación multifactor y haciendo auditorías de seguridad periódicas. También podría transferir parte del riesgo contratando un seguro contra ciberataques.

   El tratamiento de riesgos requiere asignar responsabilidades a diferentes personas o equipos para garantizar que las medidas sean implementadas efectivamente.

➲ **Monitoreo y revisión de riesgos.** La gestión de riesgos no es un proceso estático. Los riesgos y su entorno cambian con el tiempo, por lo que es esencial monitorear continuamente los riesgos y revisar las medidas adoptadas. Esto permite ajustar las estrategias de gestión de riesgos a medida que surgen nuevas amenazas o cambian las condiciones del mercado.

Por ejemplo, si la empresa detecta una nueva vulnerabilidad en los sistemas en la nube o en su proveedor de servicios, podría ser necesario revisar las medidas de seguridad implementadas y actualizar sus protocolos para garantizar una protección continua.

El monitoreo incluye también la revisión de los controles establecidos para asegurarse de que siguen siendo efectivos y de que los riesgos se gestionan de acuerdo con el plan.

⊃ **Comunicación y consulta.** Durante todo el proceso, es clave mantener una buena comunicación entre todas las partes interesadas, tanto internas como externas. Esto asegura que todos estén al tanto de los riesgos y de las acciones que se están tomando. La consulta a expertos externos también puede ayudar a identificar riesgos, que de otro modo pasarían desapercibidos.

Por ejemplo, el departamento de TI debe comunicar regularmente al comité de seguridad cualquier incidencia en la nube, mientras que el equipo de gestión de riesgos debe informar a la dirección general sobre las principales amenazas y las medidas implementadas.

La transparencia en la comunicación es clave para crear una cultura de gestión de riesgos efectiva.

NOTA

Según el estándar marco de la gestión de riesgos, este proceso implica identificar, analizar y evaluar posibles amenazas que pudieran comprometer la seguridad de los activos críticos. Estas acciones deben basarse en un enfoque estructurado y continuo que permita a la organización adaptarse dinámicamente a las nuevas vulnerabilidades y riesgos.

La seguridad de los sistemas es un conjunto de medidas diseñadas para proteger los principios de la seguridad de los sistemas informáticos y de la información que manejan. Estas medidas son fundamentales para garantizar que los sistemas operen de manera fiable y que los datos permanezcan protegidos contra accesos no autorizados, fallos o ataques cibernéticos.

La gestión de riesgos en la seguridad de los sistemas es un proceso continuo que permite identificar posibles vulnerabilidades o amenazas, evaluar el impacto potencial y la probabilidad de que se materialicen, tomando medidas para mitigarlas o gestionarlas adecuadamente.

Requisitos de seguridad de los activos de información y expectativas de las partes interesadas y seguridad en redes

⮑ **Política de alcance**

    ◔ CONTROLES OPERACIONALES (**operación**)

        ⇕ Inventario de activos
        ⇕ Declaración de aplicabilidad
        ⇕ Evaluación de riesgos
        ⇕ Gestión de usuario
        ⇕ Gestión de trazas
        ⇕ Monitoreo de sistemas
        ⇕ Protección de *malware*

    ◔ HERRAMIENTAS

        ⇕ Evaluación de riesgos con metodología MEGERIT (**operación**)
        ⇕ Plan de tratamiento de riesgos
        ⇕ Registros
        ⇕ Concienciación, programas formativos
        ⇕ Vulnerabilidades y parches
        ⇕ Configuración
        ⇕ Respaldo de información
        ⇕ Seguridad física

    ◔ MÉTRICAS (**monitoreo y revisión**) – MEJORA CONTINUA

        ⇕ Niveles de riesgos
        ⇕ Correlación de información
        ⇕ Integración
        ⇕ Alerta de seguridad

 IMPORTANTE

El enfoque proactivo de la gestión de riesgos es esencial en un entorno de seguridad en constante evolución, donde las amenazas cibernéticas se vuelven cada vez más sofisticadas y las organizaciones deben estar preparadas para responder rápidamente a los nuevos desafíos.

Ya sabemos sobre la importancia que tiene asignar roles y responsabilidades claras dentro de la estructura organizativa. De esta manera, cada miembro del equipo, desde el personal directivo hasta el personal operativo, tiene un **papel bien definido en la gestión de la seguridad de los sistemas.** También es importante contar con un **plan de tratamiento de riesgos.**

Plan para el tratamiento de riesgos	CÓDIGO IDENTIFICATIVO DEL RIESGO	Un código único asignado a cada riesgo para facilitar su seguimiento y referencia
	DESCRIPCIÓN	Explicación detallada del riesgo, que incluye su naturaleza y las posibles causas que lo originan
	INDICADOR	Señales o métricas utilizadas para monitorear el riesgo y detectar si está ocurriendo o aumentando
	ÁREA DE IMPACTO	La sección de la organización o los activos que podrían verse afectados por el riesgo, como operaciones, finanzas o reputación
	IMPACTO	Evaluación del efecto que tendría el riesgo si se materializara (pudiendo clasificarse como bajo, medio o alto)
	PROBABILIDAD DE OCURRENCIA	Estimación de la posibilidad de que el riesgo ocurra (también clasificada en bajo, medio o alto)
	NIVEL DE RIESGO	Una combinación del impacto y la probabilidad de ocurrencia para determinar la criticidad del riesgo (bajo, medio, alto)
	RESPONSABLE	Persona o equipo designado para gestionar el riesgo y garantizar que se implementen las medidas de control
	CONTROLES	Acciones o mecanismos existentes o propuestos para mitigar, transferir, evitar o aceptar el riesgo

Aspectos clave para la elaboración de un plan para el tratamiento de riesgos

Una vez se determinan los controles que se deben aplicar, es útil definir con mayor concreción el plan de tratamiento de riesgos. En este sentido, se han de nombrar los **responsables** de la implementación de los controles, el **tiempo** asignado para completar su ejecución y los **recursos** necesarios para llevarlos a cabo:

- **Control a implementar:** define la medida de control específica que busca corregir la situación de riesgo. La misma medida puede aplicarse a distintos tipos de riesgo relacionados.
- **Actuación sobre los diferentes tipos de riesgos:** agrupa los riesgos que se abordarán con la medida de control mencionada.
- **Responsable de la ejecución:** persona encargada de llevar a cabo la medida correctora o acción correspondiente.
- **Plazo de tiempo:** el período que se otorga para implementar la medida de control, que también incluye el tiempo que el responsable tiene para informar a las partes interesadas.
- **Recursos asignados:** los recursos necesarios (humanos, tecnológicos, financieros, etc.) para que los responsables puedan implementar las medidas de corrección.

IMPORTANTE

El plan de tratamiento de riesgos permite definir claramente los controles necesarios para mitigar los riesgos, qué riesgos se van a tratar, quién será responsable de implementarlos, el tiempo en el que deben cumplirse y los recursos asignados para garantizar una gestión adecuada de los riesgos.

- -

APLICACIÓN PRÁCTICA

En el contexto de una empresa tecnológica que se enfrenta a constantes amenazas de seguridad debido al uso de sistemas heredados, ¿qué importancia tienen medidas como el tratamiento, monitoreo y revisión de riesgos? ¿Y la comunicación y consulta para garantizar la seguridad a largo plazo? Justifica tu respuesta.

Solución

Estas medidas son clave para garantizar una seguridad continuada y proactiva en una organización. Estos procesos aseguran que cualquier cambio en el entorno de amenazas sea detectado y abordado a tiempo, manteniendo la resiliencia de los sistemas de información. En una empresa tecnológica que utiliza sistemas heredados, estos pasos son fundamentales para prevenir futuras vulnerabilidades.

- -

La responsabilidad compartida y la correcta asignación de los recursos son fundamentales para garantizar que las estrategias de seguridad se implementen con eficiencia y eficacia, y que los riesgos se gestionen con proactividad.

Otro aspecto destacado es la **necesidad de adoptar un enfoque basado en la mejora continua.** La protección de los sistemas no es estática. Las amenazas evolucionan y las empresas deben estar preparadas para actualizar sus políticas y mecanismos de defensa. Este enfoque iterativo, basado en el ciclo de gestión del riesgo, permite ajustar los controles de seguridad según las nuevas amenazas, asegurando que la organización mantenga una defensa robusta frente a los riesgos emergentes.

Dentro de este contexto, el hardening de sistemas, que implica el fortalecimiento del software, hardware y las redes, surge como una práctica crítica para minimizar vulnerabilidades.

En el contexto de **los sistemas informáticos,** la gestión de riesgos ayuda a priorizar los recursos y esfuerzos para proteger los activos más importantes.

 **EJEMPLO**

Un sistema financiero crítico que maneja información confidencial de clientes requiere medidas de seguridad más estrictas que otros sistemas menos críticos. La evaluación de riesgos permite determinar qué sistemas necesitan controles adicionales, como la autenticación multifactor, el cifrado de datos o el monitoreo constante.

Una parte esencial de la seguridad de los sistemas es el **hardening** ('endurecimiento de los sistemas'). Este concepto implica reducir la superficie de ataque desactivando servicios innecesarios, aplicando parches de seguridad y configurando políticas de acceso restrictivas. Estas acciones son parte del tratamiento de riesgos y buscan disminuir tanto la probabilidad de ocurrencia, como el impacto de un posible ataque materializado.

 **NOTA**

El proceso de *hardening* está estrechamente ligado a la gestión de riesgos, ya que ayuda a abordar vulnerabilidades específicas identificadas durante la fase de evaluación de riesgos.

A medida que las organizaciones implementan medidas de seguridad, el monitoreo y la revisión continua son claves para garantizar que las soluciones sean efectivas y que los riesgos sigan siendo gestionados de manera adecuada. **La seguridad de los sistemas no es un estado estático,** sino un proceso que debe adaptarse a las nuevas vulnerabilidades y amenazas que surgen con el tiempo. A continuación, se expone una tabla de **relación entre seguridad de sistemas y gestión de riesgos:**

➲ **Identificación de vulnerabilidades**

- ◑ **Definición:** proceso de detectar debilidades en los sistemas.
- ◑ **Relación con la gestión de riesgos:** ayuda a identificar los riesgos y amenazas potenciales.

➲ *Hardening*

- ◑ **Definición:** reducción de la superficie de ataque mediante configuraciones seguras y eliminación de servicios innecesarios.
- ◑ **Relación con la gestión de riesgos:** mitigación de riesgos específicos para reducir la probabilidad de ataques.

➲ **Autenticación multifactor (MFA)**

- ◑ **Definición:** uso de más de un factor de autenticación para acceder a sistemas.
- ◑ **Relación con la gestión de riesgos:** control adicional que reduce el impacto de riesgos relacionados con el acceso no autorizado.

○ **Cifrado de datos**

○ **Definición:** proceso de codificar datos para protegerlos durante su transmisión o almacenamiento.
○ **Relación con la gestión de riesgos:** reduce el impacto de un ataque o pérdida de datos, protegiendo la confidencialidad de la información.

○ **Monitoreo continuo**

○ **Definición:** supervisión en tiempo real de los sistemas para detectar actividades sospechosas.
○ **Relación con la gestión de riesgos:** permite identificar riesgos antes de que causen un impacto significativo, facilitando una respuesta rápida.

○ **Auditorías de seguridad**

○ **Definición:** revisión periódica de las políticas y procedimientos de seguridad.
○ **Relación con la gestión de riesgos:** identifica riesgos no gestionados y asegura que los controles sigan siendo efectivos.

NOTA

Esta información explica cómo los diferentes componentes de la seguridad de los sistemas están directamente relacionados con los pasos de la gestión de riesgos, y cómo se puede mitigar el impacto o la probabilidad de que un riesgo se materialice.

- -

2.1. *Hardening: software, hardware* y redes

Gracias al *hardening* se implementan medidas complementarias de seguridad que refuerzan los sistemas en sus diferentes capas. Este enfoque va alineado con la gestión de riesgos, al garantizar que cada componente del sistema esté protegido, desde el **software** que se ejecuta en servidores y estaciones de trabajo o el **hardware** que soporta la infraestructura, hasta las **redes,** que permiten la interconexión segura de dispositivos y sistemas. De esta manera, las organizaciones consiguen asegurarse de que sus sistemas no solo cumplen con las políticas de seguridad, sino que también están optimizados para poder enfrentarse a nuevas amenazas emergentes de forma continua.

Hay que considerar, que **el *hardening* es un enfoque integral y proactivo** que, cuando se aplica correctamente, endurece cada componente del sistema.

A continuación, se van a abordar dos **aspectos clave para la protección de las infraestructuras críticas y los sistemas que manejan información sensible:** por un lado, la implementación de trabas que dificulten las acciones de los ciberdelincuentes; por otro, las medidas que mejoran la resiliencia del sistema frente a posibles ataques. Estas prácticas no solo fortalecen la seguridad, sino que crean un entorno más preparado para resistir incidentes cibernéticos:

Trabas a la ciberdelincuencia
- Hacen más difícil que los ciberatacantes encuentren una vulnerabilidad explotable. Esto es especialmente importante en infraestructuras críticas o sistemas que manejan información sensible.

Mejora de la resiliencia
- La combinación de actualización de *software,* uso de *hardware* seguro y segmentación de redes crea un entorno más seguro y resiliente frente a posibles ataques.

 **NOTA**

El *hardening* ha evolucionado y se ha convertido en una práctica fundamental no solo en sistemas operativos, sino en redes, *hardware* y aplicaciones, siguiendo el mismo principio de fortalecer frente a ataques cibernéticos, como lo harían antiguamente los soldados militares con una fortaleza.

SABÍAS QUE...

La palabra *hardening* tiene su origen en el Ejército. El término proviene del concepto "endurecer las defensas", usado tradicionalmente en el ámbito militar para describir el proceso de fortificar o hacer más resistente una estructura o posición ante ataques.

Después, el término fue adoptado para describir las medidas tomadas para proteger sistemas tecnológicos y redes de ataques externos.

Una de las primeras aplicaciones del *hardening* en el ámbito tecnológico se dio en los sistemas Unix durante los años 70 y 80. A medida que Unix se popularizaba, los desarrolladores comenzaron a notar vulnerabilidades en su diseño abierto y soberanamente configurable. Para contrarrestar esto, comenzaron a aplicar principios de *hardening*, al restringir permisos de usuario, eliminar servicios innecesarios y cerrar puertos de red abiertos, acciones que se convertirían en prácticas estándar para mejorar la seguridad de los sistemas operativos.

Hardening en Unix años 70 y 80

El *hardening* ha evolucionado y se ha convertido en una práctica fundamental no solo en sistemas operativos, sino en redes, *hardware* y aplicaciones, siguiendo el mismo principio de fortalecer frente a ataques cibernéticos, como lo harían antiguamente los soldados militares con una fortaleza.

El *hardening* se basa en la idea de que cualquier sistema expuesto sin las protecciones o capas de seguridad adecuadas es susceptible a ser atacado, por lo que endurecer sus defensas es fundamental para minimizar los riesgos.

Esta práctica es esencial en ciberseguridad, que tiene como objetivo reducir las **vulnerabilidades** en los sistemas mediante la implementación de diversas medidas de protección en cada **componente clave,** que son:

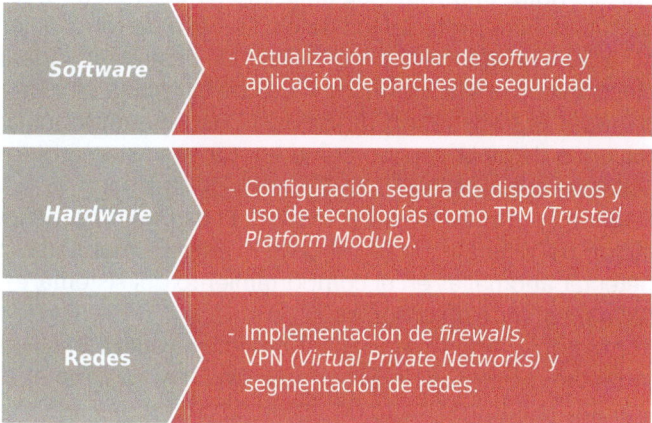

Además de los aspectos básicos, el *hardening* también envuelve otro tipo de **medidas de aseguramiento de los activos de información:**

- **Deshabilitar servicios innecesarios.** Un sistema de información suele tener servicios o funciones activas que no son utilizadas, pero que pueden ser explotadas fácilmente por la ciberdelincuencia. El *hardening* implica desactivar estos servicios o aplicaciones innecesarias para reducir la superficie de ataque.
  Por ejemplo, un servidor web tiene habilitado el servicio de impresión remota sin necesitarlo. Esto podría ser aprovechado por un atacante para escalar privilegios y comprometer el servidor. Deshabilitar servicios innecesarios reduce estas vulnerabilidades, al cerrar posibles puertas de acceso que no son esenciales para el funcionamiento del sistema.
- **Configuración de políticas de acceso restrictivas.** Limitar los privilegios de los usuarios es una parte clave del *hardening*. Aplicar el principio de privilegios mínimos significa que los usuarios solo tienen acceso a los recursos y funciones que realmente necesitan, lo cual reduce el riesgo de mal uso o compromiso.

Por ejemplo, el departamento financiero de una empresa maneja datos sensibles. Sin restricciones adecuadas, otros empleados podrían intentar acceder a esta información. Aplicando el principio de privilegios mínimos, solo el personal autorizado tiene acceso a esos datos, con lo que se reduce el riesgo de accesos no autorizados y se limita el impacto en caso de compromisos de seguridad.

⊃ **Aplicación de criptografía.** Además de actualizar *software* y usar *hardware* seguro, el uso de cifrado para proteger datos tanto en tránsito como en reposo es una medida adicional que refuerza la seguridad.

Por ejemplo, una multinacional implementa cifrado completo en sus portátiles para proteger los datos. En caso de robo, el ladrón no puede acceder a la información sin la clave de descifrado. Además, los correos electrónicos enviados desde fuera de la oficina se cifran con TLS para proteger la transmisión de datos. El uso de criptografía garantiza que tanto los datos en reposo como en tránsito estén protegidos contra accesos no autorizados.

⊃ **Registro y monitoreo de actividad.** El *hardening* esconde la implementación de sistemas de registro de eventos y monitoreo constante para detectar anomalías en el comportamiento del sistema, lo cual podría indicar un ataque en progreso.

Por ejemplo, una organización financiera utiliza un sistema SIEM para monitorear eventos de seguridad. Una madrugada, el sistema detecta intentos fallidos de inicio de sesión, lo cual activa una alerta automática. Esto permite al equipo de seguridad detener un ataque de fuerza bruta antes de que comprometa el servidor. El monitoreo constante y el análisis de *logs* ayuda a identificar actividades inusuales y permite una respuesta rápida a posibles amenazas.

⊃ **Pruebas de penetración y auditorías de seguridad.** Para asegurar que el *hardening* ha sido efectivo, es esencial realizar auditorías periódicas y pruebas de penetración *(pentesting)*. Estas evaluaciones permiten verificar que las configuraciones y medidas adoptadas realmente están protegiendo el sistema de las amenazas actuales.

Por ejemplo, una universidad realiza pruebas de penetración para evaluar la seguridad de su red. Los *pentesters* descubren que una impresora tenía credenciales por defecto, lo que les permitió acceder a la red interna de la organización. La vulnerabilidad fue corregida rápidamente. El *pentesting* ayuda a identificar fallos de seguridad simulando ataques, mientras que las auditorías verifican si las políticas y controles de seguridad funcionan correctamente.

Hay que entender el concepto *hardening* como una práctica clave para reducir las vulnerabilidades en los sistemas de información. Junto con la identificación y respuesta a los ciberataques, se trata de una estrategia crítica para garantizar la seguridad cibernética.

Un sistema bien protegido no solo debe implementar medidas de seguridad preventivas, sino que también ha de estar preparado para detectar y responder a ataques en tiempo real.

Sistemas operativos

Cada sistema operativo enfoca la seguridad de manera diferente, por lo que es fundamental adquirir conocimientos específicos sobre las herramientas y configuraciones de seguridad propias de cada uno.

Los sistemas operativos más utilizados, Windows, Linux y macOS, ofrecen características particulares que permiten automatizar la protección de los sistemas y minimizar las vulnerabilidades.

Un sencillo ejemplo de herramienta capaz de analizar y eliminar cualquier tipo de *software* maligno encontrado en un equipo con sistema operativo *Windows* es **Microsoft Software Removal Tool** o **MSRT**. Este es un buen complemento para ser utilizado junto a **Windows Defender**.

Es muy sencillo activar este recurso incorporado en *Windows*. Basta con pulsar las teclas [**Windows + R**] y escribir **mrt** para **detectar** en tiempo real **códigos maliciosos.**

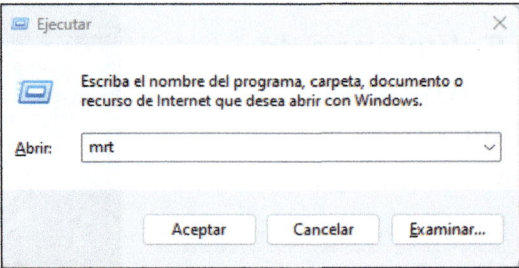

Instrucción para la activación de Microsoft Software Removal Tool

Además, esta misma herramienta eliminará de forma inmediata cualquier *software* malicioso que encontrara en su proceso de análisis.

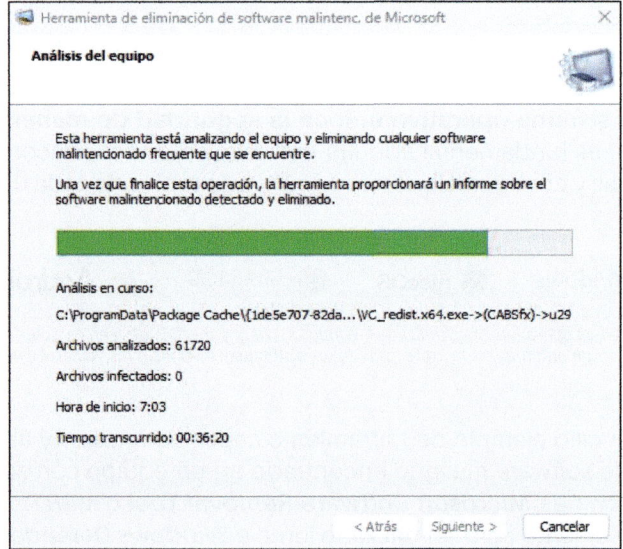

Proceso de análisis en tiempo real para la identificación y eliminación de malware

NOTA

En ningún caso este tipo de herramienta para la protección de equipos *Windows* sustituye la labor de un antivirus.

- -

En *Windows,* una de las herramientas clave para mejorar la seguridad es el uso de políticas de grupo. Estas permiten gestionar configuraciones de seguridad de forma centralizada, estableciendo restricciones en el uso de dispositivos USB, configurando cortafuegos y aplicando actualizaciones automáticas para mitigar vulnerabilidades conocidas (*Microsoft,* 2022). Al mismo tiempo, **PowerShell** automatiza tareas de *hardening* y gestiona la seguridad del sistema mediante *scripts* predefinidos.

PowerShell es una plataforma de automatización y un lenguaje de scripting desarrollado por Microsoft, diseñado principalmente para la administración de sistemas y la automatización de tareas.

 SABÍAS QUE...

PowerShell combina una interfaz de línea de comandos interactiva con un lenguaje de scripting robusto. Esto permite a los administradores de sistemas y profesionales de TI automatizar una amplia gama de tareas de gestión y configuración en sistemas Windows, Linux y macOS. Utiliza cmdlets, pequeños comandos de automatización que realizan tareas específicas como gestionar servicios, archivos, registros y configuraciones del sistema. Pero no solo gestiona tareas básicas de administración, también es capaz de automatizar tareas decisivas de *hardening,* que mejoran la seguridad general del sistema con eficiencia, además de ser escalable.

Para que una persona principiante aprenda a usar *PowerShell* y esto le permita ejecutar tareas de *hardening,* es clave que inicie el aprendizaje con los conceptos básicos, como es el familiarizarse con la interfaz y los *cmdlets,* para luego avanzar hacia tareas más complejas, como la gestión de usuarios, la automatización de actualizaciones y la configuración de cortafuegos y cifrado de datos:

⊃ **Familiarización básica con *PowerShell.*** Es fundamental que los usuarios entiendan qué es *PowerShell* y cómo funciona. A diferencia de la línea de comandos clásica de *Windows, PowerShell* es mucho más potente y flexible, por lo que aprender los conceptos básicos es esencial.

   ⊍ *Cmdlets*
   PowerShell utiliza *cmdlets,* que son comandos especializados para realizar tareas específicas. Ejemplos de *cmdlets* básicos son:

      ⇕ **Get-Help,** para obtener ayuda
      ⇕ **Get-Command,** para listar los *cmdlets* disponibles

   ⊍ Ejecutar *PowerShell* como administrador
   Para muchas tareas de seguridad y *hardening,* es necesario tener privilegios elevados. Es importante que los usuarios sepan cómo ejecutar *PowerShell* como administrador.

⊃ **Uso de *PowerShell* para tareas de *hardening.*** Una vez se comprenda la interfaz y los *cmdlets* básicos, es posible empezar a aprender cómo aplicar configuraciones de seguridad mediante *PowerShell.*

   ⊍ Configurar políticas de seguridad
   Aplicar políticas de seguridad usando *cmdlets* como:

      ⇕ **Set-ExecutionPolicy,** para restringir la ejecución de *scripts* maliciosos y proteger el sistema.

   ⊍ Gestionar cuentas de usuario
   Utilizar *PowerShell* para deshabilitar cuentas innecesarias, cambiar contraseñas o restringir permisos con *cmdlets,* como:

      ⇕ **Disable-LocalUser, Get-LocalUser** y **Set-LocalUser**

⊃ **Automatización de actualizaciones y parches.** Un paso importante para *hardening* es mantener el sistema actualizado. Por tanto, se debe automatizar la instalación de parches de seguridad mediante *PowerShell.*

↻ *Windows Update* con *PowerShell*

⇕ Usar **Get-WindowsUpdate** para verificar actualizaciones disponibles.

⇕ **Install-WindowsUpdate** para automatizar la instalación de actualizaciones de seguridad. Esto asegura que el sistema esté protegido contra vulnerabilidades conocidas.

⊃ **Gestión de cortafuegos y políticas de red.** La seguridad de la red es vital para *hardening*. Habría que configurar el cortafuego de *Windows* mediante *PowerShell*.

↻ Crear reglas de *firewall*

⇕ Agregar y configurar reglas de cortafuegos con *cmdlets* como **New-NetFirewallRule,** lo que permite filtrar el tráfico de red no autorizado.

⊃ **Cifrado de datos.** Para proteger la confidencialidad de los datos, hay que automatizar el cifrado de discos con ***BitLocker.***

↻ *BitLocker*
Usar **Enable-BitLocker** para habilitar el cifrado en los discos, así se protege la información en caso de pérdida o robo del dispositivo.

⊃ **Uso de scripts y automatización.** Es importante que las personas usuarias de *PowerShell* entiendan cómo crear y ejecutar *scripts* para automatizar tareas repetitivas de *hardening*.

↻ Creación de *scripts*
Por ejemplo, cómo automatizar el cierre de puertos, aplicar políticas de seguridad o realizar auditorías del sistema.

↻ Revisar permisos y configuraciones
Los *scripts* pueden ser utilizados para revisar periódicamente la configuración de seguridad del sistema, alertar sobre problemas y asegurar que el sistema cumple con las mejores prácticas de *hardening*.

La siguiente tabla ofrece una visión clara y concisa de algunos de los *cmdlets* más importantes que se pueden utilizar para automatizar tareas de **securización** en sistemas *Windows*. Estas acciones ayudan a proteger el sistema operativo mediante robustas configuraciones de seguridad. Cada *cmdlet* facilita la implementación de medidas clave para reducir las vulnerabilidades y fortalecer la seguridad de los sistemas, asegurando que se mantengan protegidos contra amenazas y accesos no autorizados.

Tabla de *PowerShell* para *hardening*

Tarea	*Cmdlet*	Descripción
Cambiar la política de ejecución de *scripts*	**Set-ExecutionPolicy**	Controla qué *scripts* pueden ejecutarse en el sistema.
Deshabilitar cuentas de usuario inactivas	**Disable-LocalUser**	Desactiva cuentas de usuario que ya no se usan.
Instalar actualizaciones de *Windows*	**Install-WindowsUpdate**	Automatiza la instalación de actualizaciones y parches de seguridad.
Crear una regla de cortafuegos	**New-NetFirewallRule**	Crea una nueva regla de cortafuegos para bloquear tráfico no deseado.
Habilitar el cifrado de discos con *BitLocker*	**Enable-BitLocker**	Activa el cifrado del disco para proteger datos sensibles.

 PARA SABER MÁS

PowerShell tiene una extensa comunidad y documentación disponible. Un buen recurso en español que permite aprender a utilizar Get-Help y buscar información sobre cmdlets y Get-Command para explorar todas las posibilidades que PowerShell ofrece es la página oficial de Microsoft Docs. Accede a dicha página desde aquí:

https://redirectoronline.com/ifct00500108

APLICACIÓN PRÁCTICA

En el contexto de una empresa que busca automatizar sus procesos de seguridad en sistemas *Windows*, ¿cuál de los siguientes *cmdlets* de *PowerShell* es más relevante para automatizar la instalación de actualizaciones de seguridad?

- **New-NetFirewallRule**
- **Enable-BitLocker**
- **Install-WindowsUpdate**
- **Set-ExecutionPolicy**

Solución

El cmdlet Install-WindowsUpdate permite automatizar la instalación de actualizaciones y parches de seguridad en sistemas *Windows*, asegurando que los sistemas operativos estén siempre protegidos contra las últimas vulnerabilidades. Automatizar esta tarea es crucial para garantizar que los sistemas estén actualizados y protegidos contra posibles amenazas.

Por otro lado, *Linux* proporciona herramientas como ***iptables*** para la configuración avanzada de cortafuegos, y ***SELinux*** para el control de acceso obligatorio, que permite definir políticas de seguridad granulares sobre qué procesos y usuarios pueden interactuar con qué recursos (NIST, 2020).

DEFINICIÓN

iptables
Herramienta avanzada para configurar las reglas del cortafuegos en *Linux*.

SELinux o Security-Enhanced Linux
Herramienta poderosa que ofrece un control granular sobre qué procesos y usuarios pueden interactuar con qué recursos en un sistema.

A continuación, se presenta una breve introducción a dos conceptos esenciales en la gestión de seguridad en sistemas *Linux:*

➲ **Iptables.** Puede parecer intimidante para una persona principiante; sin embargo, es importante empezar entendiendo cómo funcionan y algunos aspectos básicos:

  ◑ *iptables* utiliza reglas para definir qué tráfico está permitido y cuál debe bloquearse. Estas reglas se agrupan en cadenas que filtran el tráfico entrante, saliente o reenviado.
  ◑ En *iptables* se pueden escribir reglas básicas, como permitir o bloquear el tráfico en ciertos puertos.
  ◑ Ejemplo de regla:

   ⇕ **sudo iptables** -A INPUT -p tcp --dport 22 -j ACCEPT
   ⇕ Este comando de **iptables** se utiliza para **permitir el tráfico entrante** en el puerto 22, que es el puerto que normalmente utiliza **SSH** (una herramienta para acceder a otros equipos de manera remota y segura).

     ◉ **-A INPUT** añade una regla para el tráfico **entrante.**
     ◉ **-p tcp** especifica que se trata de tráfico **TCP** (protocolo de transmisión utilizado por la mayoría de las aplicaciones en internet).
     ◉ **--dport 22** indica el **puerto 22**, utilizado por **SSH.**
     ◉ **-j ACCEPT** la acción que tomar es **aceptar** ese tráfico.

Es importante recordar que hay que guardar las reglas de *iptables* para que estas persistan después de reiniciar el sistema.

➲ **SELinux.** Permite definir de manera muy detallada qué acciones pueden realizar los diferentes procesos y usuarios dentro de un sistema operativo. Es decir, *SELinux* establece reglas específicas para controlar qué procesos (programas o aplicaciones) pueden acceder a ciertos archivos, carpetas o recursos, y qué usuarios pueden realizar determinadas tareas. Por ejemplo, con *SELinux* se puede asegurar que solo un proceso específico pueda leer o modificar un archivo, mientras que otros procesos no tendrán permiso. De esta manera, *SELinux* mejora la seguridad del sistema, al limitar el acceso a los recursos de manera estricta, evitando que procesos o usuarios no autorizados puedan realizar acciones que puedan comprometer la seguridad del sistema.

Dado que puede parecer complicado al principio, se debe introducir con cuidado:

◑ *SELinux* tiene tres modos principales:

  ⇕ **enforcing** (aplica todas las políticas)
  ⇕ **permissive** (registra los errores, pero no bloquea)
  ⇕ **disabled** (desactivado)

◑ En *SELinux,* los archivos, procesos y usuarios tienen etiquetas de seguridad o contextos que definen cómo interactúan entre sí.
  Este ejemplo básico muestra cómo ver el contexto de un archivo:

  ⇕ ls -Z /var/www/html
  Este comando muestra el contexto de seguridad del archivo o carpeta en **/var/www/html,** lo cual ayuda a entender qué permisos tiene según las reglas de *SELinux.*

➲ Al utilizar comandos como setsebool se habilitan o deshabilitan políticas de seguridad, y se pueden manejar alertas de SELinux. Con ello se consigue controlar el comportamiento del sistema, una manera de configurar SELinux para controlar el acceso a distintos recursos. Asimismo, también ayuda a gestionar alertas de seguridad que SELinux genera cuando detecta actividades no permitidas. Por ejemplo, si una política está bloqueando algo que el usuario necesita, se puede usar setsebool para cambiar esa configuración de seguridad.

 **PARA SABER MÁS**

La página oficial del proyecto Netfilter ofrece una visión completa sobre *iptables,* la herramienta clave para la configuración de cortafuegos en sistemas *Linux.* En este sitio, cualquier usuario puede profundizar sobre cómo establecer reglas de filtrado de tráfico, gestionar conexiones y proteger redes mediante ejemplos y casos de uso prácticos.

Accede a la página desde aquí:

Continúa en página siguiente >>

<< Viene de página anterior

https://redirectoronline.com/ifct00500109

Por otra parte, en el sitio oficial del proyecto SELinux se proporciona una guía detallada sobre cómo utilizar *Security-Enhanced Linux* para implementar controles de acceso avanzados en sistemas *Linux*. Los usuarios pueden aprender a configurar y ajustar políticas de seguridad para proteger archivos, procesos y usuarios mediante ejemplos y documentación práctica.

https://redirectoronline.com/ifct00500110

La automatización en *Linux* es posible mediante herramientas como **Ansible,** que permite la implementación automatizada de configuraciones de seguridad en múltiples servidores a la vez, como la aplicación de reglas de cortafuegos o la configuración de políticas de *SELinux.*

Ansible permite automatizar configuraciones sin necesidad de instalar agentes en los servidores. Utiliza archivos **YAML** para definir ***playbooks,*** que contienen instrucciones sobre cómo configurar los servidores. Igualmente, esta herramienta facilita la replicación de configuraciones de seguridad en múltiples servidores. Esto significa que es esencial para entornos empresariales grandes o en crecimiento.

EJEMPLO

Este es un sencillo ejemplo de un *playbook* que aplica una regla de *iptables* o configura *SELinux* en varios servidores:

Playbook básico de Ansible con archivos YAML

- —-
- - hosts: servidores
- tasks:
- - name: Habilitar el tráfico SSH
- iptables:
- chain: INPUT
- protocol: tcp
- dport: 22
- jump: ACCEPT

PARA SABER MÁS

La documentación oficial de *Ansible* es un recurso fundamental para aprender a automatizar tareas en múltiples servidores, incluyendo la seguridad y la administración de sistemas *Linux*. Este sitio ofrece ejemplos detallados y tutoriales que muestran cómo implementar configuraciones de manera eficiente en entornos complejos. Accede al sitio desde aquí:

https://redirectoronline.com/ifct00500111

En *macOS*, aunque menos atacado que *Windows*, las medidas de seguridad abarcan la gestión de perfiles de configuración y el uso de herramientas de automatización como *Jamf Pro,* que permite la gestión centralizada y segura de dispositivos Apple en entornos empresariales (Apple, 2021).

Una herramienta integrada en *macOS* para el análisis y eliminación de *malware* es *XProtect,* el sistema de detección de *malware* nativo de Apple. Aunque *XProtect* funciona en segundo plano y se actualiza automáticamente para detectar y bloquear amenazas conocidas, existe también otra herramienta más accesible para los usuarios llamada **Malwarebytes,** que ofrece una interfaz más directa para escanear y eliminar *malware* de dispositivos *macOS.*

Malwarebytes es sencillo de usar. Proporciona una capa adicional de seguridad para aquellas personas usuarias que desean tener más control sobre la eliminación de *malware* en sus dispositivos *macOS.*

A continuación, se explica cómo descargar, instalar y utilizar *Malwarebytes* en *macOS* para proteger un sistema informático de posibles amenazas:

➲ **Descargar e instalar:** dirígete al sitio oficial de *Malwarebytes* y descarga la versión para *macOS.* La URL es: <https://www.malwarebytes.com/mac>. Accede desde aquí:

https://redirectoronline.com/ifct00500114

Una vez descargado, abre el instalador y sigue las instrucciones para instalar el *software.*
➲ **Iniciar un análisis de *malware*.** Abre la aplicación *Malwarebytes* desde el *launchpad* o la carpeta de aplicaciones.
En la pantalla principal, verás un botón que dice **Escanear.** Haz clic en él para comenzar a analizar tu sistema en busca de *malware.*
➲ **Eliminar *malware* detectado.** Después de completar el análisis, *Malwarebytes* mostrará una lista de cualquier *malware* o *software* potencialmente no deseado que haya encontrado.
Haz clic en **Eliminar** para deshacerte de las amenazas detectadas.
➲ **Activar análisis automático.** En la versión prémium de *Malwarebytes* puedes programar análisis automáticos para garantizar que tu sistema se mantenga protegido de manera regular.

Aplicaciones

Las aplicaciones, tanto web como de escritorio, deben desarrollarse en un marco de seguridad riguroso, para evitar vulnerabilidades críticas. El estándar *OWASP Top Ten* es una guía fundamental para entender y mitigar las vulnerabilidades más comunes en aplicaciones web, tales como la inyección SQL o el *Cross-Site Scripting* (XSS) (OWASP, 2023).

El Proyecto de Seguridad de Aplicaciones Web Abiertas (OWASP) es una organización sin ánimo de lucro que ofrece recomendaciones sobre cómo crear, adquirir y mantener aplicaciones de *software* que sean seguras y confiables.

OWASP Top Ten proporciona una **lista completa de los riesgos cibernéticos más relevantes para las aplicaciones web.** Es muy importante conocer cuáles son estos riesgos, especialmente para los profesionales de desarrollo de *software,* puesto que la información que facilita permite evitar fugas de datos hasta parchear cualquier vulnerabilidad.

A continuación, se explican los **diez riesgos cibernéticos** más importantes en aplicaciones web:

1. **Control de acceso interrumpido (A01:2021).** Este riesgo ha pasado a ser el número 1, es muy común: el 94 % de las aplicaciones presentan alguna forma de control de acceso deficiente. Esto ocurre cuando los usuarios acceden a funciones o datos a los que no deberían tener acceso. Un ejemplo sería si un usuario normal logra acceder a información de administrador por un error en los permisos.
2. **Fallos criptográficos (A02:2021).** Anteriormente conocido como exposición de datos confidenciales, este riesgo sube al puesto número 2 y se enfoca en problemas de criptografía, como el mal uso de algoritmos de cifrado, que llevan a la exposición de información sensible. Un ejemplo es la falta de cifrado en las contraseñas de los usuarios. Esto permite que un atacante las obtenga fácilmente.
3. **Inyección (A03:2021).** Aunque desciende al tercer lugar, la inyección sigue siendo un riesgo crítico. Sucede cuando un atacante introduce código malicioso en una aplicación, como en una inyección SQL, para acceder a datos o modificar información. El 94 % de las aplicaciones también presentan este tipo de vulnerabilidad.
4. **Diseño inseguro (A04:2021).** Este es un nuevo riesgo, que se incorpora en el año 2021. Se refiere a los problemas que surgen cuando las aplicaciones no se diseñan con la seguridad en mente desde el principio. Un ejemplo sería no realizar un modelo de amenazas durante la fase de

diseño. Esto deja la puerta abierta a vulnerabilidades en la estructura de la aplicación.

5. **Configuración de seguridad incorrecta (A05:2021).** Este riesgo ha subido posiciones debido a la cantidad de aplicaciones que se configuran de manera inapropiada, lo cual deja abiertos puntos de acceso no seguros. Un caso típico es la configuración incorrecta de un servidor web, lo que permite que archivos sensibles sean accesibles públicamente.

6. **Componentes vulnerables y obsoletos (A06:2021).** Este riesgo también sube en nivel de importancia. Ocurre cuando una aplicación utiliza bibliotecas o componentes con vulnerabilidades conocidas. Un ejemplo sería usar una versión antigua de una biblioteca de JavaScript que tiene fallos de seguridad.

7. **Errores de identificación y autenticación (A07:2021).** Este riesgo, antes conocido como autenticación interrumpida, está relacionado con fallos en la forma en que las aplicaciones identifican y autentican a los usuarios. Esto posibilita a los ciberatacantes hacerse pasar por otros usuarios. Un ejemplo sería no implementar autenticación multifactor (MFA) en una aplicación sensible.

8. **Fallas de integridad de datos y *software* (A08:2021).** Este es un riesgo nuevo para 2021. Se centra en asegurar la integridad de los datos y el *software* en procesos como actualizaciones y despliegue. Por ejemplo, si no se verifica la autenticidad de las actualizaciones de *software,* un atacante podría inyectar código malicioso durante una actualización.

9. **Errores de registro y monitoreo de seguridad (A09:2021).** Esta categoría ha sido ampliada. Incluye fallas relacionadas con la falta de monitoreo y registro de eventos de seguridad. Si una empresa no detecta incidentes a tiempo porque no tiene sistemas de alerta o monitoreo adecuados, los ataques pueden pasar totalmente desapercibidos. Un ejemplo es no registrar intentos de inicio de sesión fallidos.

10. **Falsificación de solicitudes del lado del servidor (SSRF) (A10:2021).** Esta es una nueva categoría incluida tras la recomendación de la comunidad. Los ataques SSRF permiten a un atacante hacer que el servidor haga solicitudes no autorizadas a otros sistemas. Aunque tiene una tasa de incidencia relativamente baja, puede tener un alto impacto, especialmente en aplicaciones que interactúan con otros servicios.

Servidores, puestos de trabajo, dispositivos móviles

La **seguridad de servidores y dispositivos** es crítica, debido a la cantidad de datos que manejan. Para proteger los servidores, es fundamental implementar un control de acceso y una autenticación multifactor, usando herramientas como **SSH con claves seguras o *Kerberos*.** También se deben aplicar cortafuegos como **ufw** o **firewalld,** para añadir una capa de seguridad.

La automatización de parches garantiza que se resuelvan vulnerabilidades conocidas sin intervención manual.

 **NOTA**

En los dispositivos móviles, la seguridad se gestiona con herramientas MDM como Microsoft Intune o AirWatch, que permiten cifrar datos, controlar configuraciones y borrar dispositivos en caso de pérdida. Estas soluciones facilitan el cumplimiento automatizado de políticas de seguridad (VMware, 2020).

La siguiente tabla recoge toda esa selección de herramientas clave para garantizar la **seguridad de los servidores y los dispositivos móviles.** Cada herramienta se enfoca en áreas específicas, como la gestión de accesos seguros, el uso de cortafuegos y la administración de dispositivos móviles, y proporciona soluciones para proteger infraestructuras empresariales.

Herramientas para la seguridad de los servidores y los dispositivos móviles

HERRAMIENTA	DESCRIPCIÓN	URL
SSH	Acceso seguro a servidores mediante claves seguras	<https://www.openssh.com/>
Kerberos	Sistema de autenticación de red para acceso seguro a servidores	<https://web.mit.edu/kerberos/>
ufw	Cortafuegos simple para sistemas Linux	<https://wiki.ubuntu.com/ UncomplicatedFirewall>
firewall	Cortafuegos dinámico para sistemas Linux	<https://firewalld.org/>
Microsoft Intune	Plataforma *MDM* para gestión de dispositivos móviles en entornos empresariales	<https://learn.microsoft. com/en-us/mem/intune/ fundamentals/what-is-intune>
AirWatch (VMware Workspace ONE)	Plataforma *MDM* para administración de dispositivos móviles y cumplimiento de políticas de seguridad	<https://www.vmware.com/ products/workspace-one.html>

Bases de datos

La protección de bases de datos es clave para asegurar la integridad y confidencialidad de la información. Para minimizar riesgos, se utilizan **controles de acceso con autenticación de dos factores y roles de usuario específicos**. Igualmente, el cifrado de datos, tanto en reposo como en tránsito, mediante herramientas como *TDE* en *SQL Server* o **cifrado nativo de Oracle,** impide que los datos sean leídos si son interceptados. Es importante también automatizar la programación de *backups* **cifrados** para garantizar copias de seguridad seguras.

 **NOTA**

Para automatizar la seguridad, es posible implementar sistemas de auditoría continua que monitoreen los accesos a la base de datos y alerten ante actividades sospechosas o no autorizadas.

A continuación, se desarrollan **aspectos** clave sobre la protección de importantes activos de información como son las bases de datos:

- ⮞ **Confidencialidad de la información.** Se ha de recordar que el concepto *confidencialidad* hace referencia a garantizar que únicamente las personas autorizadas puedan acceder a la información sensible almacenada en las bases de datos. Para ello, se recomienda implementar **autenticación multifactor (MFA)** y gestionar **roles de usuario específicos.**
  Por ejemplo, en MySQL se puede crear un usuario con permisos específicos de esta manera:
  CREATE USER 'usuario_limited'@'localhost' IDENTIFIED BY 'password_seguro';
  GRANT SELECT, INSERT ON base_datos.* TO 'usuario_limited'@'localhost';
  Con ello se está creando un usuario con permisos limitados para solo consultar y añadir datos a la base de datos, sin duda un aspecto importante que mejora la confidencialidad.
- ⮞ **Integridad de los datos.** Igualmente, el concepto integridad significa asegurar que los datos se mantengan completos y sin alteraciones no autorizadas. Esto implica la implementación de controles de acceso y la utilización de auditorías de bases de datos para rastrear las actividades y garantizar que cualquier cambio esté autorizado.

Por ejemplo, en PostgreSQL se puede activar la auditoría mediante la extensión pgAudit, que registra todas las operaciones de modificación de datos:

Con CREATE EXTENSION pgaudit es posible monitorear cualquier intento de modificar datos en tu sistema, lo cual garantiza la integridad de la información.

➲ **Cifrado de los datos.** El cifrado asegura que la información, tanto en reposo (almacenada) como en tránsito (transferida), no pueda ser leída si es interceptada. Herramientas como TDE *(Transparent Data Encryption)* en SQL Server y el cifrado nativo de Oracle son esenciales para garantizar que, incluso si los datos son robados, no se puedan descifrar sin las claves apropiadas.

Por ejemplo, en SQL Server, se puede habilitar TDE para cifrar los datos en reposo con el comando:

USE base_datos;
CREATE DATABASE ENCRYPTION KEY WITH ALGORITHM = AES_256
ENCRYPTION BY SERVER CERTIFICATE MiCertificado;
ALTER DATABASE base_datos SET ENCRYPTION ON;

Este comando habilita el cifrado de toda la base de datos, garantizando que los datos almacenados estén protegidos.

➲ **Automatización en seguridad.** La automatización de la seguridad significa la implementación de procesos automáticos que protejan la base de datos. Esto es:

◉ **auditorías periódicas** para detectar accesos no autorizados
◉ *backups* **automáticos cifrados** para mantener copias seguras de los datos

Por ejemplo, en Oracle se puede programar un *backup* cifrado con el siguiente comando:

RMAN> BACKUP DATABASE PLUS ARCHIVELOG ENCRYPTION ON;

Este comando realiza una copia de seguridad cifrada, lo que garantiza que, en caso de pérdida o robo de la base de datos, los datos estén protegidos.

 IMPORTANTE

Implementar medidas de seguridad como las enumeradas en este apartado no solo protege los datos críticos de una organización, también asegura la conformidad con normativas como GDPR *(General Data Protection Regulation)*, que exige altos niveles de confidencialidad y protección de datos.

La siguiente tabla organiza los principales elementos de seguridad que han de integrarse para proteger una base de datos SQL:

Elemento de seguridad	Descripción	Función en la protección de la base de datos
Base de datos SQL	Sistema central de gestión de datos SQL	Almacena y gestiona los datos de manera estructurada.
Cifrado de datos	Cifrado tanto en reposo como en tránsito usando herramientas como *TDE* o cifrado nativo de Oracle	Protege la confidencialidad de los datos, incluso si son interceptados.
Autenticación de usuarios	Uso de autenticación multifactor y gestión de roles	Controla el acceso autorizado a los datos, garantizando que solo usuarios autorizados accedan.
Cortafuegos	Herramientas como *ufw* o *firewall* configuradas para limitar el acceso externo a la base de datos	Bloquea accesos no autorizados y protege la red donde está conectada la base de datos.
Registro de auditorías	Auditoría continua para monitorear accesos y actividades en la base de datos	Detecta actividades sospechosas o no autorizadas a tiempo, protegiendo la integridad.
Copias de seguridad cifradas	Programación de copias automáticas y cifradas de los datos	Garantiza la disponibilidad de los datos en caso de ataque o pérdida accidental.
Roles de usuario	Asignación de permisos basados en roles específicos según el perfil del usuario	Limita las operaciones que cada usuario puede realizar en la base de datos.
Monitorización de tráfico	Análisis continuo del tráfico de red en busca de posibles amenazas	Identifica y bloquea intentos de ataque en tiempo real.

Para implementar auditorías periódicas en una base de datos SQL, se pueden seguir los siguientes **pasos,** utilizando las herramientas adecuadas según el sistema de bases de datos que se esté empleando:

➲ **Habilitar el registro de actividades:** configurar el sistema de gestión de bases de datos para que registre todas las actividades importantes, como inicios de sesión, cambios en los datos, creación o eliminación de tablas, y modificaciones en las configuraciones de la base de datos:

- En **MySQL,** habilitar el general query log o el audit log plugin para registrar todas las consultas y actividades de los usuarios.
- En **PostgreSQL,** configurar la extensión pgAudit para registrar actividades específicas como SELECT, INSERT, UPDATE, y DELETE.
- En **SQL Server,** configurar SQL Server Audit para capturar eventos específicos como intentos de acceso, cambios en los datos y modificaciones en la estructura de la base de datos.

➲ **Configurar alertas automatizadas:** definir reglas y alertas que notifiquen a los administradores sobre actividades sospechosas o inusuales. Por ejemplo, intentos fallidos de inicio de sesión, accesos a datos sensibles o cambios en las configuraciones de seguridad:

- Usar herramientas de monitorización como *Splunk, ELK Stack (Elasticsearch, Logstash, Kibana)* o soluciones SIEM *(Security Information and Event Management)* para analizar los registros en tiempo real y configurar alertas basadas en patrones de actividad inusuales.
- Configurar alertas de correo electrónico o notificaciones en tiempo real para que los administradores puedan responder rápidamente.

➲ **Análisis periódico de los registros:** realizar análisis periódicos de los registros de auditoría para identificar tendencias, posibles amenazas o comportamientos anómalos:

- Programar revisiones periódicas, ya sean diarias, semanales o mensuales de los registros generados.
- Utilizar scripts automatizados o herramientas de análisis para identificar patrones sospechosos o desviaciones de la actividad normal.

➲ **Automatización de la respuesta a incidentes:** configurar procedimientos automáticos que se activen cuando se detecten actividades sospechosas. Por ejemplo, si se detectan múltiples intentos fallidos de inicio de sesión desde una misma IP, el sistema puede bloquear temporalmente esa IP:

- Utilizar herramientas de automatización de seguridad como Ansible o *scripts* personalizados que se integren con tu sistema de auditoría para realizar acciones automáticamente.
- Implementar políticas de seguridad que incluyan la respuesta automática a incidentes, como la rotación de claves de acceso o el bloqueo de cuentas sospechosas.

Dispositivos de red y sistemas industriales

Los **dispositivos de red,** como *routers, switches* y *firewalls,* son los principales puntos de entrada y salida de información en una red, lo cual los convierte en objetivos atractivos para los ciberataques. Para protegerlos, es vital **configurar contraseñas seguras, desactivar servicios no esenciales** y **segmentar las redes,** de modo que una brecha en una parte no comprometa todo el sistema. En los sistemas industriales, como los **PLC** y **SCADA,** que suelen ser críticos para infraestructuras como fábricas o plantas de energía, es necesario un enfoque de seguridad especializado. Debido a la gravedad de sus vulnerabilidades, la guía **NIST 800-82** proporciona un marco robusto para proteger estos sistemas. Asimismo, se puede automatizar su seguridad mediante el uso de **sistemas IDS/IPS** diseñados para redes industriales, que monitorean el tráfico y responden ante comportamientos sospechosos (NIST, 2020).

 TAREA 4

Innovate S. L. es una empresa que gestiona una infraestructura de servidores Linux para múltiples clientes. La dirección ha decidido automatizar la securización de sus sistemas utilizando herramientas de código abierto como *Ansible* y *SELinux.* Como administrador de sistemas, tu tarea es diseñar un plan para automatizar la implementación de políticas de seguridad, asegurándote de que los servidores se mantengan protegidos contra posibles amenazas.

¿Cuáles serían los pasos clave que seguirías para configurar *Ansible* y *SELinux* para la securización automatizada de los servidores? Explica cada uno de estos pasos y cómo contribuyen a la protección del sistema.

3. Aproximación a los componentes de la seguridad en redes

☞ HILO CONDUCTOR

Mientras revisaba el tráfico de la red, Mario comprendió que no solo debía proteger los servidores, sino también la infraestructura de red que conectaba a toda la empresa. Implementó un *firewall* más robusto para filtrar el tráfico no autorizado y configuró sistemas de detección y prevención de intrusos (IDS/IPS) para identificar cualquier actividad sospechosa en tiempo real. También, comenzó a utilizar una red VPN para asegurar la conexión de los empleados remotos y activó un sistema de monitoreo en la red inalámbrica para bloquear accesos no autorizados.

- -

La **seguridad en redes** es un aspecto fundamental para proteger la información y garantizar la comunicación segura entre sistemas. Para comprender mejor los mecanismos que intervienen en la protección de una red, es importante estudiar los componentes clave que conforman su estructura y funcionamiento.

IMPORTANTE

Los sistemas industriales, como los **SCADA** *(Supervisory Control and Data Acquisition)* y los **PLC** (controladores lógicos programables), están concebidos para supervisar y gestionar con eficacia procesos críticos en entornos industriales. Estos sistemas desempeñan un papel clave en la automatización y el control de operaciones esenciales en sectores como la energía, la manufactura y el transporte. A medida que estos sistemas se integran cada vez más con redes IT y el IoT, la seguridad en redes industriales cobra una importancia fundamental para evitar ataques que puedan comprometer infraestructuras esenciales, como energía, manufactura o transporte.

- -

3.1. Niveles OSI *(Open System Interconnection Model)*

El modelo OSI es un marco conceptual que describe las funciones de un sistema de comunicación en siete capas: física, enlace de datos, red, transporte, sesión, presentación y aplicación. Cada capa tiene sus propias responsabilidades y protocolos de seguridad.

Modelo OSI

CAPA		UNIDAD DE DATOS	EJEMPLO
Host Layer (capa anfitrión)	Capa de aplicación (7)	datos	HTTP, DNS, DHCP, IMAP, MQTT, NTP, OSPF, SMTP
	Capa de presentación (6)		AFP, LPP, NCP, NDR, PAD
	Capa de sesión (5)	datos	PPTP, NetBIOS, PAP, RPC, RTCP, SMMP, SOCKS
	Capa de transporte (4)	segmento datagrama	TCP, UDP, ATP, RDP, FCP
Media Layer (capa de medios)	Capa de red (3)	paquete	IPv4/IPv6, ICMP, IGMP, IPsec, RIP, PIM, OSPF, IPX
	Capa de enlace de datos (2)	trama	802.3 Ethernet, 802.11 Wi-Fi, ATM, Frame Relay, PPP, VLAN
	Capa física (1)	bit, símbolo	Ethernet PHY, USB, IrDA, SATA, Bluetooth

El modelo Open Systems Interconnection (OSI) es un marco que define cómo los sistemas de comunicación intercambian datos a través de diferentes capas, proporcionando una referencia estándar para la interconexión de redes.

3.2. Modelo TCP/IP: protocolos DNS, FTP, IMAP, TCP, IPv4, IPv6, HTTP

El modelo TCP/IP, a menudo comparado con el modelo OSI, es la base de internet y de las redes privadas. Conocer cómo funcionan los protocolos como DNS *(Domain Name System)*, FTP *(File Transfer Protocol)*, IMAP *(Internet Message Access Protocol)*, TCP *(Transmission Control Protocol)*, IPv4, IPv6 y HTTP *(HyperText Transfer Protocol)* es esencial para la seguridad de la red.

A continuación, se muestra una comparación básica entre los modelos OSI y TCP/IP, dos de los marcos conceptuales más importantes utilizados para describir las funciones de los sistemas de comunicación en redes. Mientras que el modelo OSI tiene siete capas, el modelo TCP/IP se simplifica en cuatro. Ambos proporcionan una estructura para entender y gestionar el flujo de datos entre dispositivos conectados.

Modelo OSI	Modelo TCP/IP
- 7. Capa de aplicación - 6. Capa de presentación - 5. Capa de sesión - 4. Capa de transporte - 3. Capa de red - 2. Capa de enlace - 1. Capa física	- 4. Capa de aplicación - 3. Capa de transporte - 2. Capa de internet - 1. Capa de acceso a la red

A continuación, se describe el modelo TCP/IP con sus capas y con ejemplos de protocolos:

Capa de aplicación
- Maneja los protocolos de alto nivel y los formatos de datos utilizados para la comunicación en red, como las transferencias de archivos y la navegación web. Los protocolos son HTTP, DNS, FTP e IMAP.

Capa de transporte
- Garantiza la transferencia confiable de datos, el control de flujo y la segmentación de los mensajes. Los protocolos son TCP y UDP.

Capa de internet
- Se encarga de la dirección lógica y el enrutamiento de los paquetes de datos a través de redes. Los protocolos son IPv4 y IPv6.

Capa de acceso a la red
- Se ocupa de la transmisión física de los datos a través de las interfaces de red y la conexión entre dispositivos. Los protocolos son Ethernet y PPP.

3.3. Encapsulado

El **encapsulado** es el proceso de incluir datos dentro de un paquete que se transmite a través de una red. Este concepto es importante para entender cómo se protegen y se verifican los datos durante la transmisión.

El proceso de encapsulado ocurre en diferentes capas del modelo OSI y TCP/IP, donde los datos pasan por una serie de transformaciones, cada una añadiendo su propia capa de información (cabeceras o encabezados) antes de ser enviados a través de la red.

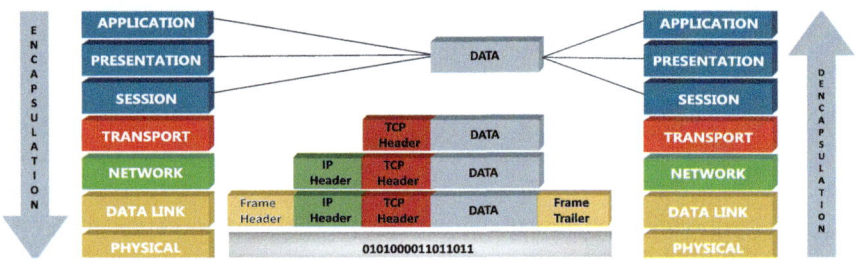

El proceso de encapsulado es fundamental para la comunicación en redes, ya que permite que los datos sean organizados y preparados para su transmisión a través de diferentes medios y dispositivos.

3.4. Componentes de seguridad en redes: *firewall,* IDS/IPS, WIDPS, UTM

La seguridad en redes es un aspecto fundamental para proteger la integridad, la confidencialidad y la disponibilidad de la información transmitida entre dispositivos. A medida que las amenazas a la seguridad cibernética se vuelven más sofisticadas, resulta básico emplear una combinación de tecnologías y enfoques para garantizar la protección de la red.

Entre los componentes clave de seguridad en redes se encierran herramientas como **firewalls,** **sistemas de detección y prevención de intrusos** (**IPS y WIDPS**), y la **gestión unificada de amenazas** (**UTM**). Cada uno de estos elementos desempeña un papel único en la defensa contra posibles ataques. A continuación se exponen:

- ⊃ **Firewall.** Un *firewall* es un dispositivo o *software* que actúa como una barrera entre una red interna confiable y redes externas no confiables, como internet. Su función principal es filtrar el tráfico de red, permitiendo o bloqueando el paso de datos en función de reglas de seguridad predefinidas. Los *firewalls* pueden configurarse para bloquear ciertos tipos de tráfico, como puertos o direcciones IP específicas, y para prevenir accesos no autorizados. Los **firewalls de última generación (NGFW),** además de las funcionalidades básicas, también ofrecen inspección de contenido y detección de amenazas avanzadas.

➲ **Sistemas de detección de intrusos (IDS).** Los sistemas de detección de intrusos (IDS) son herramientas diseñadas para monitorear el tráfico de red en busca de comportamientos sospechosos o no autorizados. El IDS detecta anomalías y genera alertas cuando identifica posibles intrusiones, como intentos de acceder a un sistema o modificar archivos sin autorización. Sin embargo, los IDS no pueden realizar acciones preventivas, sino que solo notifican al administrador de la red sobre las actividades sospechosas. Un ejemplo muy común de IDS es **Snort,** que se utiliza habitualmente para la detección de intrusiones en redes.

➲ **Sistema de prevención de intrusiones (IPS).** A diferencia de los IDS, los sistemas de prevención de intrusos (IPS) no solo detectan actividades sospechosas, sino que también pueden actuar para detenerlas. Los IPS pueden bloquear automáticamente el tráfico malicioso o sospechoso, lo que los convierte en una solución proactiva frente a las amenazas. Funcionan de manera similar a un *firewall* avanzado, con la capacidad de inspeccionar el contenido de los paquetes en tiempo real y tomar decisiones basadas en políticas de seguridad predefinidas.

➲ **Sistema de detección y prevención de intrusiones *wireless* (WIDPS).** Los sistemas de detección y prevención de intrusiones *wireless* (WIDPS) son una extensión de los IDS/IPS, pero diseñados específicamente para redes inalámbricas. Estos sistemas monitorean la red wifi en busca de vulnerabilidades, dispositivos no autorizados o intentos de acceso. Las redes inalámbricas son particularmente vulnerables a ataques como **wardriving** o **fuerza bruta** en las claves de acceso, por lo que un WIDPS es esencial para reforzar la seguridad en entornos inalámbricos.

El proceso de un ataque de fuerza bruta utilizando una **botnet** comienza con un ciberatacante, quien coordina a un *bot* coordinador. Este *bot* coordinador dirige una *botnet,* que es un conjunto de dispositivos infectados con *malware* que pueden ejecutar comandos del atacante. La red *botnet* o dispositivos zombis realiza múltiples intentos de inicio de sesión en un sistema de destino, probando diferentes combinaciones de credenciales. Después de muchos intentos, el ataque tiene éxito cuando encuentra las credenciales correctas y valida el inicio de sesión, permitiendo el acceso no autorizado al sistema.

Este tipo de ataque es muy peligroso porque automatiza los intentos de acceso, lo que permite realizar miles o millones de combinaciones en un corto período.

➲ **Gestión de amenazas unificada (UTM).** La gestión de amenazas unificada (UTM) es una solución integral que combina múltiples funciones de seguridad en una única plataforma, como *firewalls,* antivirus, filtrado de contenido, y sistemas de detección y prevención de intrusiones. Las soluciones UTM simplifican la gestión de la seguridad, permitiendo a los administradores de red gestionar múltiples aspectos de la seguridad desde una sola interfaz. Ejemplos de plataformas UTM escalables utilizadas por organizaciones son:

- **Fortinet FortiGate**
- **Sophos XG Firewall**
- **Palo Alto Networks PA-Series**
- **Check Point UTM Appliances**
- **Cisco Meraki MX**
- **WatchGuard Firebox**
- **SonicWall TZ Series**
- **Untangle NG Firewall**

Estas soluciones combinan funciones de *firewall* de próxima generación, VPN, antivirus, control de aplicaciones, filtrado web, y detección y prevención de intrusiones (IDS/IPS). Las tecnologías sincronizadas de seguridad de estas herramientas permiten una comunicación continua entre el *firewall* y los *endpoints* para mejorar la detección de amenazas y las respuestas automáticas. Al elegir una herramienta UTM, es esencial considerar el tamaño de la red, los recursos de TI disponibles y las necesidades específicas de seguridad de la organización.

 IMPORTANTE

La integración de los componentes de seguridad en redes es esencial para crear un entorno seguro y reducir el riesgo de ciberataques. Estos elementos de seguridad trabajan juntos para proporcionar múltiples capas de defensa. A este sistema de protección se le conoce como defensa en profundidad, asegurando que la red esté protegida contra una amplia gama de amenazas potenciales.

Una red VPN (red privada virtual) es una tecnología que tener en cuenta, ya que permite crear una conexión segura y cifrada a través de una red pública, como internet, para proteger los datos que se transmiten entre dispositivos y garantizar la privacidad del usuario. Se utiliza habitualmente para acceder de forma segura a redes privadas, como las de una empresa, desde ubicaciones remotas.

4. Conocimientos y utilización de medidas de seguridad y defensa en profundidad

☞ HILO CONDUCTOR

Mario sabía que proteger su empresa requería un enfoque integral, así que optó por aplicar una estrategia de defensa en profundidad. Configuró diferentes capas de seguridad, comenzando por los firewalls y los antivirus en el perímetro, hasta el uso de autenticación multifactor para cada empleado. También habilitó la monitorización activa tanto interna como externa para detectar posibles anomalías en tiempo real. La automatización fue clave, ya que configuró políticas que bloquearían automáticamente cualquier intento sospechoso de acceso sin intervención manual.

La seguridad de la información es un aspecto trascendente en la gestión tecnológica de cualquier organización cuya actividad sea o no industrial. Su correcta implementación requiere una estrategia sólida; por este motivo, uno de los conceptos clave en esta área es el de **defensa en profundidad.**

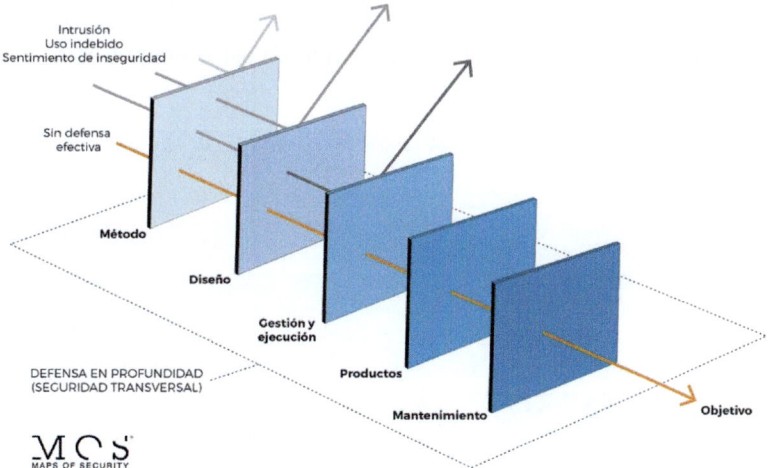

La defensa en profundidad usa una metodología que asegura los sistemas mediante la implementación de múltiples capas de protección. Este enfoque no solo abarca medidas técnicas, como firewalls o sistemas de detección de intrusos, sino también aspectos físicos y organizativos.

4.1. Tipologías de seguridad

En torno al concepto y el significado de la defensa en profundidad, es fundamental comprender las diferentes tipologías de seguridad y cómo integrarlas, para proteger tanto los activos tecnológicos como los físicos y humanos.

Las estrategias de seguridad se dividen en dos grandes **categorías:**

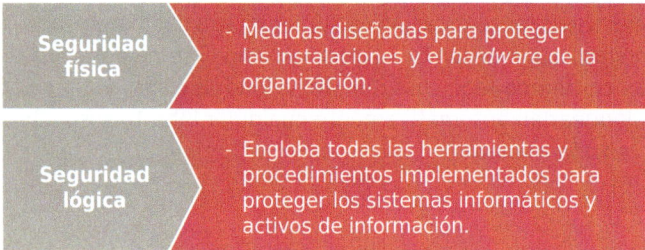

| Seguridad física | - Medidas diseñadas para proteger las instalaciones y el *hardware* de la organización. |
| Seguridad lógica | - Engloba todas las herramientas y procedimientos implementados para proteger los sistemas informáticos y activos de información. |

4.2. Seguridad física: riesgos y medidas

Los riesgos en la seguridad física pueden derivar de múltiples fuentes, desde accesos no autorizados hasta daños por desastres naturales. Algunas medidas típicas que se utilizan para mitigar estos riesgos son:

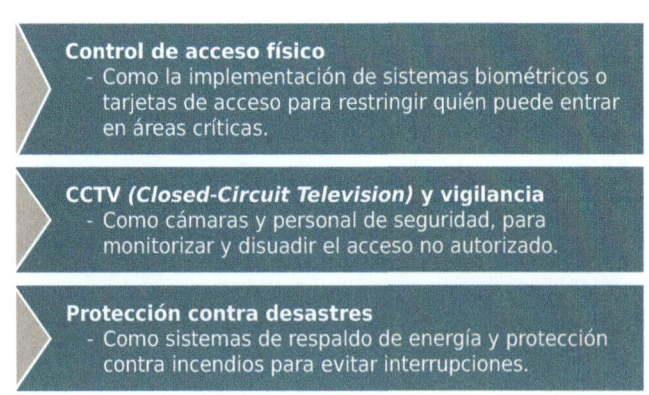

Control de acceso físico
- Como la implementación de sistemas biométricos o tarjetas de acceso para restringir quién puede entrar en áreas críticas.

CCTV *(Closed-Circuit Television)* y vigilancia
- Como cámaras y personal de seguridad, para monitorizar y disuadir el acceso no autorizado.

Protección contra desastres
- Como sistemas de respaldo de energía y protección contra incendios para evitar interrupciones.

NOTA

Las medidas básicas de mitigación de riesgos cibernéticos contemplan el control de acceso físico, las cámaras de vigilancia y la protección frente a desastres naturales, sabotajes o robos. La instalación de cerraduras biométricas o el control de acceso mediante tarjetas inteligentes son formas muy habituales de proteger el acceso físico a servidores y dispositivos críticos.

4.3. Seguridad lógica: defensa en profundidad

La defensa en profundidad se basa en el principio de que no basta con una sola capa de seguridad. En la seguridad lógica, por tanto, deben implementarse múltiples barreras para detener o mitigar los ataques cibernéticos. Algunas de ellas son:

> **Firewalls**
> - Actúan como la primera línea de defensa, controlando y filtrando el tráfico entrante y saliente según reglas predefinidas.

> **Sistemas de detección de intrusos (IDS/IPS)**
> - Sistemas que monitorean la red en busca de comportamientos anómalos que puedan indicar un ataque y, en algunos casos, bloquean automáticamente el acceso sospechoso.

Control de Accesos: identidad, autenticación

El **control de accesos** es fundamental para garantizar que solo las personas autorizadas puedan acceder a los sistemas y los recursos de una organización. Hoy, los métodos de autenticación y verificación de identidad han evolucionado para ofrecer mayores niveles de seguridad frente a las crecientes amenazas. Algunos de estos **métodos** son:

- ⊃ **Contraseñas.** Aunque son el método más común, las contraseñas tienen grandes limitaciones si no se gestionan adecuadamente. Las mejores prácticas en el uso de credenciales de acceso incluyen la aplicación de políticas de contraseñas fuertes (mínimo de caracteres, combinación de letras, números y símbolos), así como la autenticación multifactor (MFA), que añade una capa de seguridad mediante el uso de un segundo factor, como una clave enviada al móvil o un *token* de *hardware*.

➲ **Biometría.** Los sistemas biométricos han ganado terreno, debido a su capacidad para identificar de manera única a un individuo mediante características físicas o de comportamiento. Entre los métodos biométricos más habituales se encuentran los siguientes:

  ➲ **Huellas dactilares:** integradas en dispositivos móviles y sistemas empresariales, ofrecen una capa de seguridad adicional frente a la simple introducción de contraseñas.

  ➲ **Reconocimiento facial:** utilizado en dispositivos móviles y sistemas empresariales, el reconocimiento facial usa puntos específicos del rostro para verificar la identidad.

  ➲ **Escaneo de retina e iris:** este método de autenticación es aún más preciso, aunque menos utilizado por el costo y la infraestructura necesaria. Se emplea especialmente en entornos altamente seguros como instalaciones gubernamentales o de defensa.

➲ **Tarjetas de acceso inteligentes.** Las tarjetas inteligentes o *smart cards* utilizan un chip para almacenar las credenciales de acceso. Se han convertido en una opción popular para entornos empresariales. Estas tarjetas suelen combinarse con autenticación de doble factor para aumentar la seguridad, permitiendo que los usuarios ingresen un pin o utilicen su biometría junto con la tarjeta.

Los **ataques a los sistemas de autenticación biométrica** son cada vez más sofisticados, lo cual subraya la necesidad de implementar contramedidas avanzadas. A través del uso de tecnologías como la **detección de vivacidad,** el **cifrado de datos biométricos** y la **autenticación multifactor,** las organizaciones pueden mitigar los riesgos asociados con estos ataques. Sin embargo, es igualmente importante que las empresas eduquen a sus empleados sobre las mejores prácticas para proteger sus datos biométricos, ya que muchas veces los atacantes recurren a técnicas de ingeniería social para vulnerar estos sistemas.

SABÍAS QUE...

Los sistemas biométricos almacenan plantillas digitales que representan los rasgos biométricos de los usuarios. En los ataques de reversión de plantillas, los atacantes intentan reconstruir el rasgo biométrico original (como la imagen de una huella dactilar o un rostro) a partir de la plantilla almacenada en el sistema. Como contramedidas están:

El cifrado de plantillas biométricas cuando se almacenan o se transmiten. De esta manera, incluso si un atacante accede a ellas, tendrá dificultades para reconstruir el rasgo biométrico original sin la clave de cifrado.

Las transformaciones irreversibles, que consisten en que, en lugar de almacenar las plantillas biométricas en su forma original, se cifran matemáticamente, con el fin de que sea dificultoso para un ciberatacante reconstruir el rasgo biométrico de un usuario a partir de la plantilla.

Protección: *firewall,* protección dispositivos, inteligencia y monitorización

La **protección básica de la infraestructura tecnológica** es esencial para salvaguardar los sistemas frente a amenazas cibernéticas. Esto implica el uso de varios componentes clave que, trabajando juntos, crean un entorno más seguro para las operaciones diarias de una organización. Algunos de estos **componentes** son:

➲ *Firewall.* Filtra el tráfico de red, permitiendo o denegando el acceso según las políticas de seguridad. Un *firewall* es el primer nivel de defensa en cualquier red. Puede ser tanto un dispositivo físico como una aplicación de *software*. Controla el tráfico de entrada y salida basado en políticas de seguridad predefinidas. Los *firewalls* modernos no solo bloquean accesos no autorizados, sino que también inspeccionan el tráfico en cuanto a las aplicaciones para identificar actividades sospechosas. Los *firewalls* de nueva generación (NGFW) cuentan con capacidades avanzadas como la inspección profunda de paquetes y la detección de amenazas en tiempo real.

➲ **Protección de dispositivos.** Implica la instalación de *software* de seguridad en cada dispositivo para prevenir infecciones por códigos maliciosos o accesos no autorizados. Los dispositivos finales (servidores, estaciones de trabajo, dispositivos móviles) deben estar protegidos con *software* de seguridad que prevenga de los peligros de *malware, spyware* y *ransomware*. Las soluciones de *Endpoint Detection and Response* (EDR) permiten detectar, analizar y responder rápidamente a amenazas en dispositivos individuales. Del mismo modo, es esencial mantener todos los sistemas actualizados mediante la instalación de parches de seguridad y actualizaciones periódicas, con idea de reducir el riesgo de explotación de las vulnerabilidades conocidas.

⮑ **Inteligencia de amenazas.** O lo que es lo mismo, recolectar y analizar información sobre nuevas amenazas. Esta inteligencia permite a la organización ir un paso por delante y adaptar todas sus defensas. La inteligencia de amenazas es el proceso de recopilar, analizar y aplicar información sobre las amenazas cibernéticas actuales para anticiparse a futuros ataques. Mediante el uso de sistemas de análisis y servicios de inteligencia como *Threat Intelligence Platforms* (TIP), las organizaciones consiguen identificar las nuevas técnicas que los atacantes estén utilizando. Esto permite a las empresas u organizaciones ajustar sus defensas cibernéticas según el conocimiento que proporciona esta inteligencia. Al mismo tiempo, la automatización juega un papel clave en el uso de la inteligencia de amenazas, ya que los *Security Orchestration, Automation and Response (*SOAR) permiten responder rápidamente a incidentes con acciones predefinidas.

⮑ **Monitorización.** Una estrategia de defensa sólida también requiere un monitoreo constante para identificar y responder rápidamente a las amenazas cibernéticas. Además de implementar medidas de protección, las organizaciones deben realizar un monitoreo continuo de sus sistemas y redes. Los sistemas de detección de intrusos (IDS) y los sistemas de prevención de intrusos (IPS) son herramientas clave que permiten identificar y, en el caso del IPS, bloquear actividades sospechosas en tiempo real. Estas herramientas deben integrarse con sistemas de inteligencia de amenazas para maximizar su efectividad.

Perímetro: pasiva/activa

La seguridad perimetral se refiere a la protección de los límites de la red, es decir, los puntos donde una red interna se conecta con redes externas, como internet. Hay dos enfoques principales para proteger el perímetro: el perímetro pasivo y el activo.

Seguridad perimetral pasiva	Seguridad perimetral activa
- En este enfoque, se revisan los registros y datos de la red de forma periódica, pero sin intervención automática en tiempo real. Los administradores de la red reciben informes que destacan comportamientos inusuales, como intentos de acceso no autorizados, pero es necesario que ellos tomen medidas manuales para responder. Por ejemplo, se podría programar un análisis semanal de los registros del *firewall* para detectar posibles intentos de intrusión.	- A diferencia del pasivo, en un sistema activo hay una vigilancia constante que genera alertas en tiempo real cuando se detecta una actividad sospechosa. Estos sistemas toman medidas automáticas, como bloquear una dirección IP sospechosa o cortar una conexión no autorizada. Un *firewall* de nueva generación es un ejemplo de protección activa, ya que puede analizar el tráfico y actuar de inmediato frente a amenazas.

Interna: pasiva/activa

La **protección interna de una red** es tan importante como la seguridad pe-rimetral, ya que se encarga de monitorear y controlar lo que ocurre dentro de la red. Existen **dos enfoques** principales para gestionar esta seguridad: la **seguridad pasiva** y la **seguridad activa.** Ambos métodos, aunque com-plementarios, se enfocan en diferentes aspectos para detectar y prevenir posibles amenazas internas.

A continuación, se profundizará en cada uno de estos **enfoques** y sus **características:**

Interna pasiva
- Este enfoque implica revisar de forma periódica la actividad de los usuarios y dispositivos dentro de la red. Por ejemplo, un administrador ha de revisar los registros de acceso a bases de datos o los intentos de acceso a áreas restringidas para detectar cualquier comportamiento inusual. Sin embargo, como en el caso del perímetro pasivo, no hay alertas inmediatas, por lo que las acciones correctivas tardan más en implementarse.

Interna activa
- En un sistema de seguridad activa, hay una supervisión constante de la red interna. Esto significa que existe un monitoreo de las acciones del personal, servidores y dispositivos conectados, con el fin de detectar amenazas internas, como accesos no autorizados o movimientos de datos sospechosos. Ya sabemos que un sistema de detección y prevención de intrusos puede detectar en tiempo real cualquier comportamiento anómalo dentro de la red y generar alertas o bloquear la actividad potencialmente maliciosa.

La seguridad activa y la pasiva son dos enfoques esenciales en la protección de los sistemas informáticos:

- ➲ La seguridad pasiva se enfoca en detectar y supervisar posibles amenazas sin interferir directamente.
- ➲ La seguridad activa actúa de forma proactiva para prevenir y mitigar ataques en tiempo real.

 VÍDEO

En este vídeo de Smartformacion (2022) se aclaran las diferencias entre seguridad activa y pasiva en ciberseguridad. Muestra cómo cada enfoque contribuye a la protección de los sistemas informáticos en diversos entornos.

Accede al vídeo desde aquí:

https://redirectoronline.com/ifct00500122

 ACTIVIDAD COMPLEMENTARIA

3. Teniendo en cuenta lo explicado en el vídeo anterior de Smartformacion sobre la seguridad activa y pasiva, reflexiona sobre el tipo de seguridad que consideras más adecuada para una organización que maneja grandes volúmenes de datos sensibles. ¿Crees que una empresa debería priorizar una sobre la otra, o es fundamental un enfoque mixto? Comparte también tu opinión con tus compañeros/as sobre cómo los avances en la automatización pueden influir en la implementación de la seguridad activa y pasiva. ¿Cómo crees que las herramientas actuales, como los sistemas de prevención de intrusiones o las soluciones de monitoreo continuo, pueden facilitar la protección en tiempo real?

Cadena de suministro

La **seguridad en la cadena de suministro** significa garantizar que todos los proveedores y socios comerciales que interactúan con una empresa mantengan altos estándares de seguridad. Hoy en día, muchas empresas dependen de proveedores externos para servicios críticos; en consecuencia, una vulnerabilidad en uno de estos proveedores podría comprometer la seguridad de toda una organización.

NOTA

Si una empresa utiliza *software* de un proveedor externo, debe asegurarse de que sea seguro y cumpla con las normativas de ciberseguridad.

Toda esta información hay que enlazarla con las auditorías de seguridad a los proveedores, revisiones de sus políticas de seguridad o el uso de contratos que exijan que los proveedores mantengan ciertos estándares de seguridad, como el cumplimiento con el GDPR o la implementación de actualizaciones de seguridad periódicas.

En este contexto, las pruebas de penetración o *pentesting* desempeñan un papel clave en las auditorías de seguridad, al permitir simular ataques controlados contra una red o sistema, para identificar vulnerabilidades antes de que puedan ser explotadas por actores maliciosos.

El pentesting ayuda a las organizaciones a evaluar la fortaleza de sus medidas de seguridad, ofreciendo información valiosa sobre qué áreas necesitan ser reforzadas. Asimismo, estas pruebas controladas permiten validar la efectividad de los controles de seguridad implementados y asegurar que los sistemas están protegidos contra amenazas internas y externas.

SABÍAS QUE...

Existen técnicas avanzadas que son clave para ir mejorando la seguridad en las redes y los sistemas, reforzando significativamente la protección en infraestructuras críticas. Son estas:

Segmentación de redes: divide la red en subredes para aplicar políticas de seguridad personalizadas, limitando el impacto de intrusiones.

Arquitectura de confianza cero (ZTA): ningún dispositivo o usuario es confiable de forma predeterminada. El acceso se verifica continuamente.

Inteligencia artificial (IA) y aprendizaje automático o *machine learning* (ML): detecta amenazas en tiempo real, identificando patrones inusuales que los sistemas tradicionales no reconocen.

Análisis de comportamiento (UEBA): monitorea las actividades de usuarios para detectar anomalías que podrían indicar amenazas.

Prevención de pérdida de datos (DLP): protege información sensible mediante políticas que controlan el intercambio de datos.

Monitoreo en la nube o herramientas como CASB permiten supervisar la seguridad de los datos en entornos de nube.

Tecnología *blockchain:* ofrece seguridad para transacciones y registros de datos, gracias a su naturaleza descentralizada y transparente.

Análisis forense: audita la actividad en tiempo real, permitiendo detectar incidentes de seguridad y realizar investigaciones posincidente.

5. Implementación de herramientas de *hacking* ético

👉 HILO CONDUCTOR

Para garantizar que TechSystems fuera capaz de resistir futuros ataques, Mario decidió probar la seguridad de la empresa mediante herramientas de *hacking* ético. Utilizó técnicas de *pentesting* para simular posibles ciberataques y probar la eficacia de las defensas implementadas. Con cada prueba, Mario descubría nuevas formas de reforzar las protecciones y corregir vulnerabilidades antes de que los verdaderos atacantes pudieran explotarlas. Esta proactividad era clave para mantener a TechSystems un paso adelante en el campo de la ciberseguridad.

- -

El concepto **hacking** *ético* describe la práctica de usar habilidades de *hacking* por profesionales expertos en ciberseguridad, para ayudar a organizaciones a encontrar y corregir vulnerabilidades en sistemas informáticos y de información antes de que los ciberdelincuentes las exploten.

Los hackers éticos, también conocidos como hackers de sombrero blanco, realizan pruebas de seguridad de manera legal y con el consentimiento de la organización. Su objetivo es proteger los sistemas y mejorar la seguridad.

La gran diferencia entre el *hacking* **ético y el cibercrimen es la intención y la legalidad:** los cibercriminales o *hackers* de sombrero negro atacan a los sistemas sin permiso, con el fin de robar datos, dañar los sistemas o extorsionar a las víctimas; los *hackers* éticos, en cambio, trabajan para mejorar la seguridad, siguiendo siempre la ley y con la aprobación de las organizaciones.

5.1. Introducción al *hacking*

El *hacking* ético utiliza las pruebas de penetración para simular ataques cibernéticos, a fin de identificar y corregir vulnerabilidades encontradas en los sistemas de información. Además de esta labor tan importante, el trabajo realizado por estos profesionales es mucho más complejo, ya que abarca numerosas actividades.

Son muy variadas las **funciones de un *hacker* ético.** Algunas de ellas son:

Identificación de vulnerabilidades
- Detectar debilidades en sistemas y redes antes de que sean explotadas por atacantes.

Realización de pruebas de penetración
- Simular ataques controlados para evaluar la seguridad de los sistemas.

Análisis de riesgos
- Evaluar los riesgos asociados a las vulnerabilidades encontradas y priorizarlas según su impacto.

Recomendación de soluciones
- Proporcionar recomendaciones para mitigar o eliminar las vulnerabilidades detectadas.

Documentación y reporte
- Elaborar informes detallados sobre las pruebas realizadas y los resultados obtenidos para los equipos de seguridad.

Cumplimiento de normativas
- Asegurarse de que las prácticas de seguridad de una organización cumplan con las normativas legales y estándares del sector.

NOTA

En el *hacking* ético, el *pentesting* juega un papel fundamental, ya que permite a los profesionales de ciberseguridad, conocidos como *hackers* éticos, actuar de forma autorizada para detectar fallos de seguridad y mejorar las defensas de una organización, garantizando así que sus sistemas sean más seguros frente a posibles amenazas.

Las herramientas más habituales para el ejercicio del *hacking* ético son **Kali Linux, Metasploit** y **Wireshark.**

Wireshark es un analizador de protocolos de red de código abierto muy utilizado para capturar y analizar el tráfico de datos en tiempo real. Esta herramienta resulta esencial en la resolución de problemas de red, el análisis de seguridad y el desarrollo de protocolos.

Wireshark permite a los usuarios observar los datos que se intercambian entre dispositivos, con lo que ayuda a comprender cómo funcionan las redes.

Las principales **ventajas** de *Wireshark* son las siguientes:

- ⮑ **Captura de paquetes.** *Wireshark* permite capturar el tráfico de red en cuanto a paquetes, lo cual proporciona una visión detallada de los datos y los protocolos en uso.
- ⮑ **Análisis profundo de protocolos.** *Wireshark* admite cientos de protocolos, facilitando la detección de posibles amenazas de seguridad y problemas de configuración en la red.
- ⮑ **Monitoreo en tiempo real y análisis fuera de línea.** Se puede capturar tráfico de red en tiempo real o analizar archivos de captura de paquetes previamente grabados.
- ⮑ **Potente sistema de filtrado y visualización.** La herramienta ofrece filtros avanzados para enfocarse en tráfico específico y proporciona gráficos de flujo y rendimiento, lo que facilita el análisis del comportamiento de la red.
- ⮑ **Compatibilidad multiplataforma.** Está disponible en *Windows, macOS, Linux* y otros sistemas operativos. Permite ser accesible en distintos entornos.

◉ EJEMPLO

Imagina que estás realizando un análisis de seguridad en una red de tu empresa para verificar si hay alguna vulnerabilidad en el intercambio de datos entre los usuarios y los servidores web. Quieres examinar las solicitudes **GET** y **POST** que se envían entre el navegador de un usuario y un servidor web durante la navegación por una página.

Los pasos que has de seguir son:

1. **Iniciar la captura de tráfico:** abres *Wireshark* en tu equipo y seleccionas la interfaz de red que usas para conectarte a internet (por ejemplo, una conexión Ethernet o wifi). Comienzas a capturar todo el tráfico que pasa por esa interfaz.
2. **Filtrar el tráfico HTTP:** para enfocarte únicamente en el tráfico web, utilizarás un filtro específico. En este caso, usarías el filtro http para capturar solo las solicitudes y respuestas HTTP que estén ocurriendo. Esto reduce el ruido de otros protocolos, que pueden no ser de interés.
3. **Capturar solicitudes GET y POST:** una vez que tienes el tráfico HTTP filtrado, puedes observar las solicitudes GET (solicitudes al servidor para obtener recursos, como imágenes o páginas HTML) y POST (envío de información desde el navegador al servidor, como formularios). Por ejemplo, verías una solicitud GET para cargar la página principal de un sitio web y una solicitud POST si el usuario envía un formulario de inicio de sesión.
4. **Análisis de las solicitudes:** inspeccionas el contenido de las solicitudes GET y POST. En las solicitudes GET, verías las URL que se están solicitando al servidor. En las solicitudes POST, podrías ver los datos enviados al servidor, como un nombre de usuario y contraseña en un formulario (si no están cifrados).
5. **Evaluar la seguridad:** si detectas que las solicitudes GET o POST no están usando cifrado (por ejemplo, a través de HTTPS), sabrías que esos datos están expuestos a posibles ataques de intermediarios *(Man-in-the-Middle)*. También podrías identificar patrones de tráfico sospechoso o potenciales intentos de intrusión.

Este tipo de análisis es fundamental para los administradores de red y profesionales de ciberseguridad, ya que les permite ver en tiempo real cómo se están manejando los datos en la red y si existen riesgos de seguridad que puedan comprometer la privacidad y la integridad de la información transmitida.

ACTIVIDAD COMPLEMENTARIA

4. El *hacking* ético es una práctica fundamental para identificar y solucionar vulnerabilidades antes de que los cibercriminales puedan explotarlas. Las herramientas de *hacking* ético permiten realizar pruebas de penetración controladas, lo cual ayuda a las organizaciones a fortalecer sus sistemas de seguridad de manera proactiva.

En este contexto, se han desarrollado numerosas herramientas de *hacking* ético que permiten simular ataques en entornos seguros. Algunas de las más conocidas son:

Metasploit: utilizada para realizar pruebas de penetración en redes y sistemas.

Nmap: empleada para escanear puertos y descubrir servicios abiertos.

Wireshark: herramienta de análisis de tráfico de red para detectar posibles vulnerabilidades.

Burp Suite: utilizada para la seguridad de aplicaciones web y la identificación de vulnerabilidades en ellas.

Estas herramientas son imprescindibles para que los expertos en ciberseguridad realicen auditorías y mejoren la protección de los sistemas. El *hacking* ético se diferencia del cibercrimen porque sus acciones son legales y autorizadas, y están orientadas a mejorar la seguridad de las organizaciones.

A partir de esta información sobre el papel que juegan las herramientas de *hacking* ético en el fortalecimiento de la seguridad de los sistemas informáticos, ¿crees que es necesario que todas las organizaciones, sea cual sea su tamaño, realicen pruebas de penetración regulares? ¿Qué ventajas ofrece esta práctica en comparación con otras medidas de ciberseguridad más reactivas, como los sistemas de detección de intrusos (IDS)?

También comenta cómo consideras que la automatización influirá, si es qué opinas que va a influir, en el futuro del *hacking* ético. ¿Podrían las herramientas automatizadas reemplazar completamente las pruebas de penetración manuales o seguirán siendo necesarias?

 **TAREA 5**

Como especialista en seguridad de la empresa DataGuard S. L., se te ha pedido que realices un *pentesting* o prueba de penetración en la red interna de la organización utilizando una plataforma de *hacking* ético como *Metasploit.* El objetivo es identificar las principales vulnerabilidades y presentar un informe con recomendaciones de seguridad.

¿Qué pasos seguirías para ejecutar una simulación de ataque con *Metasploit?* ¿Cómo documentarías las vulnerabilidades descubiertas y las recomendaciones para corregirlas?

6. Resumen

En esta unidad, se ha abordado la importancia de asegurar la infraestructura tecnológica a través de múltiples capas de protección, lo que se conoce como **defensa en profundidad.**

Uno de los pilares de esta estrategia es la **automatización de la securización de sistemas.** Esta maniobra implica el uso de herramientas como *firewalls,* IDS/IPS, y *MDM* para proteger redes y dispositivos móviles.

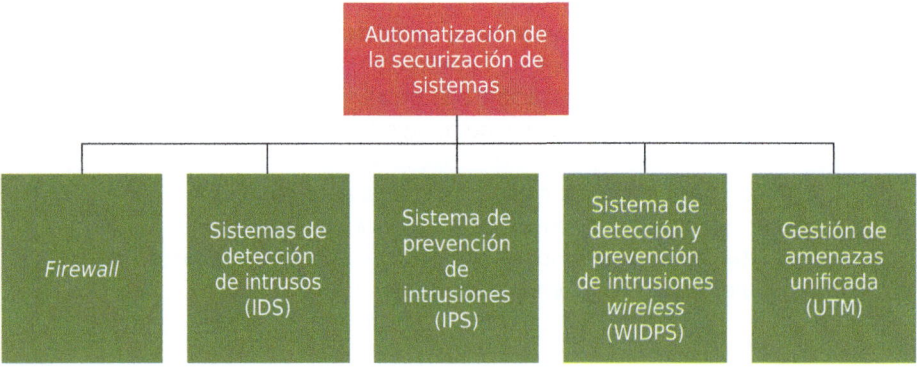

Igualmente, se ha resaltado el papel fundamental del *hardening* en la seguridad de servidores, dispositivos y aplicaciones, mediante la configuración de políticas de acceso restrictivas, el cifrado de datos y la desactivación de servicios innecesarios.

También se han explorado herramientas para la evaluación y escaneo de la seguridad de redes, como **Wireshark,** que permite capturar y analizar el tráfico de red, lo que facilita la identificación de vulnerabilidades o problemas de rendimiento. Los administradores de red y profesionales de ciberseguridad hacen uso de estas herramientas para realizar auditorías y constantes evaluaciones para analizar el estado de la seguridad.

Por último, la unidad introduce técnicas de simulación de ataques, como el *pentesting,* una herramienta clave en el *hacking* ético que permite probar la resistencia de un sistema frente a diferentes tipos de ataques. Este proceso es esencial para anticipar posibles fallos de seguridad y corregirlos con proactividad, para asegurar que los sistemas sean más resistentes frente a las amenazas emergentes.

HACKING ÉTICO

Identificación de vulnerabilidades	Realización de pruebas de penetración	Análisis de riesgos
Recomendación de soluciones	Documentación y reporte	Cumplimiento de normativas

Ejercicios de autoevaluación
Unidad de Aprendizaje 2

1. Indica si las siguientes afirmaciones son verdaderas o falsas.

a. Es fundamental comprender que la gestión de riesgos juega un papel decisivo en la protección de los sistemas de información de cualquier tipo de organización. Este proceso es fundamental para asegurar la resiliencia de la organización ante eventos imprevistos, ayuda a minimizar las pérdidas y aprovechar las oportunidades que puedan surgir.

- Verdadero
- Falso

b. La gestión de riesgos en la seguridad de los sistemas es un proceso puntual que permite identificar posibles vulnerabilidades o amenazas, evaluar el impacto potencial y la probabilidad de que se materialicen, tomando medidas para mitigarlas o gestionarlas adecuadamente.

- Verdadero
- Falso

c. El plan de tratamiento de riesgos permite definir claramente los controles necesarios para mitigar los riesgos y cuáles de estos se van a tratar, pero no define quién será responsable de implementarlos, el tiempo en el que deben cumplirse y los recursos asignados para garantizar una gestión adecuada de los riesgos.

- Verdadero
- Falso

2. ¿Qué proceso implica identificar las posibles amenazas que podrían afectar a una organización?

a. Análisis de riesgos
b. Evaluación de riesgos
c. Identificación de riesgos
d. Monitoreo de riesgos

3. ¿Qué acción busca reducir la probabilidad o el impacto de un riesgo?

    a. Evitar
    b. Mitigar
    c. Transferir
    d. Aceptar

4. ¿Cuál es la función de las auditorías de seguridad?

    a. Detectar amenazas internas.
    b. Revisar periódicamente las políticas de seguridad.
    c. Eliminar amenazas.
    d. Detectar virus.

5. ¿Qué *cmdlet* de *PowerShell* permite automatizar la instalación de actualizaciones en sistemas *Windows?*

    a. Install-WindowsUpdate
    b. Set-ExecutionPolicy
    c. Enable-BitLocker
    d. New-NetFirewallRule

6. En el proceso de gestión de riesgos, ¿qué etapa implica priorizar los riesgos en función de su importancia?

    a. Proteger datos mediante encriptación.
    b. Desactivar servicios innecesarios para reducir la superficie de ataque.
    c. Implementar un cortafuego en la red.
    d. Aceptar los riesgos.

7. ¿Qué herramienta permite automatizar la gestión de dispositivos móviles en entornos empresariales?

    a. Kerberos
    b. *Microsoft Intune*
    c. *Ansible*
    d. *PowerShell*

8. **¿Qué componente de seguridad es responsable de limitar el tráfico no autorizado en una red?**

   a. Antivirus
   b. IDS
   c. *Firewall*
   d. Monitorización

9. **¿Qué significa "cifrado de datos en reposo"?**

   a. Cifrar datos cuando se están utilizando.
   b. Cifrar datos almacenados.
   c. Cifrar datos durante la transmisión.
   d. Cifrar datos al ser eliminados.

10. **¿Qué protocolo es utilizado en la capa de aplicación del modelo OSI para la navegación web?**

    a. FTP
    b. TCP
    c. HTTP
    d. UDP

Introducción a los fundamentos industriales de las tecnologías de la operación en el control de procesos industriales

Contenido

Objetivos

El objetivo general de esta unidad de aprendizaje es:

→ Adquirir los conocimientos básicos de la industria y la transformación digital, incluida la terminología y los dispositivos utilizados en campo, los niveles ISA95, lo relacionado con la llamada Industria 4.0, así como la capacitación práctica para adquirir las habilidades necesarias para programar un PLC.

Los objetivos específicos de esta unidad de aprendizaje son:

→ Conocer las redes industriales y los protocolos que dan soporte a los dispositivos y su conectividad.

→ Adquirir habilidades para el entendimiento de la digitalización de la industria y las tecnologías y componentes que dan soporte a estos procesos de transformación.

→ Adquirir conciencia sobre la importancia del trabajo en equipo colaborando con expertos de otras áreas y en distintos contextos para conseguir aumentar la seguridad de las instalaciones ante ataque informáticos.

1. Introducción

Conocer los fundamentos industriales de las **tecnologías de la operación** (**OT**) en el control de procesos resulta básico, debido al impacto directo que tienen en la eficiencia y seguridad de las infraestructuras críticas. Estas tecnologías gestionan operaciones en industrias esenciales, como son la energética, la manufacturera y el transporte, en las que un fallo en los sistemas de control podría generar interrupciones, pérdidas económicas incalculables o, incluso, riesgos para la seguridad de las personas. Al mismo tiempo, los sistemas de OT suelen ser específicos y realmente complejos, por lo que comprender sus bases ayuda a operar, mantener y proteger adecuadamente estos sistemas.

Por otro lado, la transformación digital en la industria, especialmente con la llegada de la **Industria 4.0,** ha ampliado las capacidades de las tecnologías OT, al integrar dispositivos conectados y sistemas inteligentes. La convergencia entre OT e IT o tecnologías de la información, permite una mayor automatización y recopilación de datos. Esto facilita el monitoreo y optimización en tiempo real de los procesos industriales. Sin embargo, esta integración también plantea grandes desafíos, ya que amplía la superficie de ataque y demanda mayores competencias en torno a la ciberseguridad.

También, no ignorar estos fundamentos es clave para la implementación de medidas de seguridad en entornos industriales, ya que permite anticipar vulnerabilidades y adaptar las defensas a los riesgos específicos de estos sistemas. Por todo ello, comprender cómo funcionan los sistemas de control y la instrumentación de OT permite crear estrategias de protección adecuadas, aplicar medidas de *hardening* y gestionar los riesgos de forma eficaz, garantizando así la continuidad y resiliencia de los procesos industriales ante posibles ciberataques.

En esta unidad se abordarán los conceptos clave de la Industria 4.0, el control de procesos industriales, la instrumentación y las redes industriales. Mario es técnico y se enfrenta a los retos de seguridad en entornos industriales. Él nos ayudará a entender estos y otros conceptos dentro de su contexto profesional.

2. Introducción a los aspectos esenciales de la industria

☞ HILO CONDUCTOR

Mario, nuestro técnico de sistemas, ha sido asignado al área de seguridad de una planta industrial que está en plena transformación digital. Su tarea consistirá en integrar los sistemas actuales en el entorno de la Industria 4.0. Para ello, primero necesita entender los aspectos esenciales de la fabricación industrial y los sistemas históricos y modernos.

Los aspectos esenciales de la industria se centran en los métodos y sistemas que hacen posible la **producción en masa, la eficiencia en el uso de recursos y el aumento de la calidad de los productos.**

Tradicionalmente, las industrias han dependido de sistemas de producción mecánicos y manuales, en los cuales la intervención humana era fundamental. Sin embargo, con el avance de la tecnología, el papel de la automatización ha sido clave para transformar estos procesos, lo cual ha permitido un control más preciso y ha reducido sobre todo los errores humanos.

En la era moderna, la industria se estructura sobre procesos automatizados y controlados electrónicamente, que optimizan la fabricación y aseguran una producción estandarizada y de alta calidad.

A lo largo de las diferentes revoluciones industriales, cada cambio ha traído consigo una mejora en los procesos y ha ampliado la capacidad de las industrias para adaptarse a la demanda del mercado. Desde la mecanización con el uso de máquinas de vapor en la primera revolución hasta la introducción de la informática en la tercera, cada etapa ha impactado significativamente en la productividad.

Actualmente, la **Cuarta Revolución Industrial,** conocida como Industria 4.0, **integra la digitalización completa de los sistemas y permite una comunicación constante entre dispositivos.**

IMPORTANTE

Esta transformación digital facilita un entorno de trabajo donde los procesos productivos pueden monitorearse en tiempo real y ajustarse según las necesidades de producción.

Finalmente, el concepto de **industria inteligente** y **conectada** lleva estos avances un paso más allá, al integrar inteligencia artificial y el internet de las cosas (IoT).

INDUSTRIA 4.0

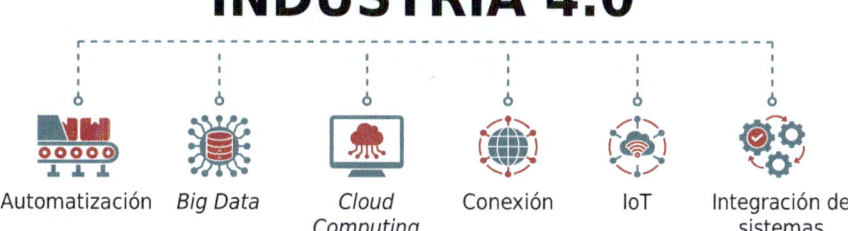

| Automatización | Big Data | Cloud Computing | Conexión | IoT | Integración de sistemas |

Los avances tecnológicos permiten a las industrias no solo optimizar sus procesos, sino también adaptarse de manera proactiva a posibles problemas o cambios en la producción.

Estas tecnologías crean sistemas que aprenden de los datos y son capaces de tomar decisiones y tener iniciativas de forma autónoma, lo que significa que incrementa la seguridad y la eficiencia operativa en la industria. Igualmente, la conectividad avanzada garantiza que las diferentes áreas de una industria estén interconectadas, lo cual fomenta la colaboración entre sistemas y mejora la coordinación en las cadenas de producción.

APLICACIÓN PRÁCTICA

Selecciona la opción que mejor responde al concepto *Industria 4.0.* según tus conocimientos.

- **Dependencia exclusiva de procesos manuales.**
- **Incremento de costes y tiempos de producción.**
- **Conectividad e integración de sistemas en tiempo real.**
- **Limitación de datos para la toma de decisiones.**

Solución

La Industria 4.0 se basa en la implementación de tecnologías avanzadas como el internet de las cosas, entre otras, para integrar y conectar los sistemas de producción en tiempo real. Esto no solo mejora la eficiencia operativa, sino que también permite tomar decisiones más rápidas y precisas.

2.1. Fabricación industrial: sistemas comunes

En el contexto de la fabricación industrial tradicional, es fundamental entender las características que definieron los sistemas de producción antes de la era moderna. Estas características nos permiten apreciar cómo la automatización y el control avanzado han transformado la fabricación en una actividad mucho más eficiente y adaptable.

Cada una de las siguientes secciones abordará aspectos clave de los sistemas de producción tradicionales:

- **Procesos manuales y mecánicos.** Los sistemas tradicionales de fabricación dependían en gran medida del trabajo manual y de maquinaria básica sin automatización avanzada. La mayoría de las tareas precisaban que los trabajadores operaran las máquinas directamente, lo cual aumentaba la dependencia de la intervención de las personas en todas las fases de producción.
- **Producción en masa limitada.** La capacidad de producción en los sistemas tradicionales era bastante restringida, debido a la falta de automatización. Esto significaba que la producción en masa solo era posible en menor escala, limitando la cantidad de productos que podían ser fabricados en un período de tiempo determinado.

- **Intervención humana constante.** Debido a la tecnología disponible, la supervisión y la ejecución de cada proceso requerían una intervención continua por parte de los trabajadores. Esto era necesario tanto para operar las máquinas como para verificar la calidad y resolver problemas en tiempo real.
- **Lentitud y baja eficiencia.** Al estar basado en procesos manuales, el flujo de trabajo era más lento y, en consecuencia, disminuía la eficiencia en general. El transporte de materiales, el ensamblaje y el empaquetado se realizaban manualmente o con ayuda de máquinas básicas, lo que resultaba en un consumo de tiempos de producción más largo y menos flexible.
- **Poca flexibilidad ante cambios en la demanda.** Los sistemas tradicionales tenían una estructura fija, lo cual hacía difícil adaptarse rápidamente a cambios en la demanda del mercado. Las configuraciones de las máquinas y la cadena de producción no se podían modificar fácilmente, limitando así la capacidad de respuesta ante fluctuaciones en el mercado o la personalización de productos.

NOTA

Con el avance de la tecnología, la automatización y los sistemas de control transformaron estos sistemas tradicionales. La introducción de líneas de ensamblaje automatizadas, brazos robóticos y maquinaria controlada por computadora marcó el paso hacia una fabricación mucho más rápida y precisa.

- -

EJEMPLO

Una línea de ensamblaje automatizada permite que productos como automóviles se fabriquen en serie, optimizando el tiempo y reduciendo cualquier posible error.

Continúa en página siguiente >>

<< Viene de página anterior

Los sistemas de control modernos, como los controladores lógicos programables, conocidos como PLC, permiten programar y monitorear estas máquinas, de modo que realicen tareas específicas y se ajusten según las necesidades de producción en tiempo real.

 APLICACIÓN PRÁCTICA

Algunos conceptos describen mejor la convergencia entre OT (tecnologías de la operación) e IT (tecnologías de la información) dentro del contexto de la Industria 4.0. ¿Qué significa la integración de OT e IT en un entorno industrial?

Solución

La integración entre OT e IT permite optimizar la producción y monitorear procesos continuamente. Esto hace que aumente la eficiencia, además de ofrecer la capacidad de toma de decisiones en tiempo real.

2.2. Las revoluciones industriales

Las revoluciones industriales han marcado hitos fundamentales en la historia de la fabricación y la tecnología, transformando la manera en que los bienes se producen y se distribuyen en la sociedad.

Cada revolución ha introducido innovaciones clave, desde la mecanización inicial hasta la automatización avanzada, y ha tenido un impacto significativo en la productividad, la calidad de vida y la economía global.

A continuación, exploraremos las **características y avances** de cada una de estas revoluciones industriales:

- **Primera Revolución Industrial (siglo XVIII) – Mecanización:** comienza en Inglaterra a finales del siglo XVIII. La introducción de la máquina de vapor es la innovación en este periodo. Las máquinas de vapor permitieron mecanizar procesos que antes se realizaban manualmente, como el tejido y la minería. Se pasó de una economía basada en la agricultura y el trabajo manual a una economía industrializada.

- **Segunda Revolución Industrial (siglo XIX y principios del XX) - Producción en masa y electricidad:** siguió a la Primera Revolución Industrial, con avances significativos en Estados Unidos y Europa. La innovación vino de la mano de la electricidad y la creación de líneas de ensamblaje. Se implementaron cadenas de montaje y nuevos métodos de producción en masa, como los utilizados por Henry Ford en la fabricación de automóviles. Hubo una mayor especialización de tareas y productividad, reducción de costes y tiempos de producción.

- **Tercera Revolución Industrial (finales del siglo XX) - Digitalización y automatización:** se inició a mediados del siglo XX con el desarrollo de la electrónica y la informática. Como elementos de innovación representativos de esta revolución fueron la introducción de ordenadores, internet y los sistemas automatizados. La automatización de procesos permitió la producción más rápida y precisa, mientras que la informática mejoró la gestión y el control de la producción. Aparecieron fábricas más inteligentes, donde los sistemas automatizados y los controles digitales reducían la intervención humana.

- **Cuarta Revolución Industrial (actualidad) - Industria 4.0:** surge en el siglo XXI, con avances tecnológicos como la inteligencia artificial, el internet de las cosas y el análisis de datos en tiempo real. Se caracteriza por la conectividad total y los sistemas ciberfísicos que permiten que máquinas y dispositivos se comuniquen entre sí. En cuanto a la industria, la fabricación se vuelve altamente flexible y personalizada, con una toma de decisiones en tiempo real basada en datos. La producción es inteligente y conectada, con fábricas autónomas y con la capacidad de personalizar productos en función de la demanda en tiempo real.

✂️ APLICACIÓN PRÁCTICA

Cada revolución industrial ha introducido innovaciones que han sido clave. ¿Cuál es la innovación principal de la Primera Revolución Industrial de las siguientes opciones?

- **La electricidad**
- **La automatización de sistemas**
- **La inteligencia artificial**
- **La máquina de vapor**

Solución

La Primera Revolución Industrial se caracterizó por la introducción de la máquina de vapor, que permitió mecanizar procesos anteriormente manuales.

2.3. Industria 4.0: digitalización

La **Industria 4.0,** también conocida como Cuarta Revolución Industrial, representa la integración avanzada de tecnologías digitales en el ámbito industrial y es una de las transformaciones más significativas en la historia de la fabricación y la producción. Esta fase ha introducido una conectividad sin precedentes en los sistemas industriales, gracias al uso de tecnologías avanzadas.

A continuación, exploraremos brevemente las tecnologías avanzadas que han transformado la industria en la era de la Industria 4.0. Cada una de estas innovaciones, como el internet de las cosas, el *big data,* la inteligencia artificial, el *machine learning,* la robótica avanzada y los sistemas ciberfísicos, aportan capacidades únicas que, combinadas, permiten una interconexión inteligente y una producción optimizada. A continuación se exponen:

- **Internet de las cosas (IoT).** Permite la conexión y comunicación entre dispositivos y sistemas industriales a través de internet. Los sensores y dispositivos IoT recopilan datos en tiempo real, facilitando un monitoreo continuo y el mantenimiento preventivo de maquinaria y procesos.
- ***Big data.*** Conjunto de tecnologías que recopilan y analizan grandes volúmenes de datos generados en los entornos industriales. El *big data*

permite identificar patrones, optimizar la producción y tomar decisiones basadas en datos para mejorar la eficiencia operativa.

- **Inteligencia artificial (IA).** La IA se utiliza para procesar y analizar datos complejos, realizar predicciones y optimizar procesos. En la industria, ayuda a automatizar tareas y a mejorar la toma de decisiones en tiempo real mediante algoritmos avanzados.
- *Machine learning* **(ML).** Es una rama de la IA. El ML o aprendizaje automático permite a las máquinas aprender de los datos históricos para mejorar su rendimiento y precisión en tareas específicas, como la detección de anomalías y el ajuste automático de procesos de producción.
- **Robótica avanzada.** Los robots industriales realizan tareas repetitivas y precisas, colaborando con los humanos en entornos de trabajo y aumentando la seguridad y la eficiencia en el proceso de fabricación.
- **Sistemas ciberfísicos (CPS).** Combinan componentes físicos y digitales para monitorizar y controlar los procesos industriales de manera integrada. Los CPS permiten que los sistemas físicos y virtuales interactúen en tiempo real, con lo que mejoran la automatización y la adaptabilidad de la industria.

 IMPORTANTE

Estas tecnologías avanzadas permiten una conexión y una comunicación constantes entre los dispositivos, máquinas y sistemas de control, creando redes inteligentes que recogen, analizan y actúan sobre los datos en tiempo real. Además de incrementar la flexibilidad y la personalización en los procesos industriales, también potencian la eficiencia y la seguridad en la industria. Con tecnologías basadas en la nube, como es el *cloud computing,* las empresas pueden almacenar, procesar y acceder a grandes volúmenes de datos en servidores remotos, lo cual reduce la necesidad de infraestructura física y permite una colaboración en tiempo real, optimizando los recursos según la demanda. Por otra parte, la tecnología asociada a la ciberseguridad se vuelve esencial en este entorno tan conectado, protegiendo datos y sistemas industriales frente a las amenazas digitales mediante el uso del cifrado, el monitoreo constante y la autenticación avanzada, asegurando así la integridad de los datos y la continuidad de los procesos industriales.

En la Industria 4.0, la digitalización actúa como núcleo, permitiendo que los procesos se monitoricen, optimicen y personalicen continuamente a través de datos en tiempo real. Esta conectividad permite anticipar problemas, realizar mantenimientos preventivos y adaptar la producción a la demanda actual sin intervención humana directa.

Los datos generados por sensores y dispositivos IoT en las fábricas son almacenados y analizados, a menudo utilizando algoritmos de IA, que permiten identificar patrones, optimizar el flujo de trabajo y prever posibles fallos en el sistema.

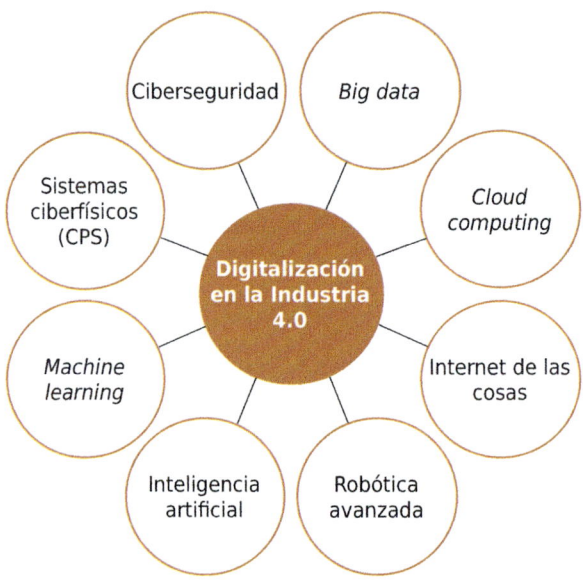

NOTA

La digitalización, por tanto, permite que los sistemas se autogestionen y se adapten, con lo cual mejora considerablemente la eficiencia y se reducen los tiempos de inactividad. Esto no solo beneficia a los fabricantes en términos de eficiencia y ahorro de costes, sino que también mejora la satisfacción del cliente, al ofrecer productos altamente personalizados.

La conectividad avanzada que caracteriza a la Industria 4.0 también trae nuevos retos o desafíos en cuanto a la ciberseguridad.

IMPORTANTE

Al conectar sistemas industriales a redes digitales, aumenta considerablemente el riesgo de ciberataques.

Para hacer frente a estas amenazas, la Industria 4.0 también ha impulsado el desarrollo de protocolos de seguridad más robustos y sistemas de protección de datos específicos para entornos industriales, que protegen la información y garantizan la operatividad ininterrumpida de los sistemas.

 IMPORTANTE

Todos estos avances tecnológicos nos acercan a una era de industria inteligente y conectada, donde los sistemas no solo estarán digitalizados, sino también integrados e interconectados de manera más profunda, lo que permitirá un control casi total sobre la producción y los sistemas logísticos.

 ACTIVIDAD COMPLEMENTARIA

5. Reflexiona sobre el impacto de cada una de las cuatro revoluciones industriales y cómo cada innovación cambió radicalmente los procesos de producción y la vida cotidiana en cada momento. Recapacita sobre estas preguntas:

Continúa en página siguiente >>

<< Viene de página anterior

a. ¿Cuál de las revoluciones consideras que tuvo un mayor impacto en el desarrollo industrial?

b. ¿Cómo crees que la Cuarta Revolución Industrial podría transformar aún más el panorama industrial en el futuro?

2.4. Industria inteligente y conectada

La **industria inteligente y conectada** o *smart industry* es una fase avanzada de la evolución industrial que se centra en la integración de tecnologías autónomas y colaborativas. Aquí los sistemas no solo recopilan datos, sino que también aprenden y adaptan sus procesos en función de esta información, con lo cual mejoran continuamente su rendimiento. Este tipo evolucionado de industria ofrece mejoras significativas, entre las que están el aumento de la eficiencia y la competitividad empresarial.

A continuación, cada sección informa sobre cómo esta interconexión profunda transforma no solo la producción, sino también el mantenimiento, la logística y la gestión de recursos:

Mantenimiento inteligente
- En la industria inteligente, el mantenimiento se vuelve predictivo y proactivo. A través del monitoreo continuo de las máquinas, los sensores detectan e informan de desgastes, fallos o anomalías antes de que causen problemas mayores. Esto permite programar el mantenimiento en el momento preciso, evitando paradas de producción inesperadas y reduciendo los costes asociados.

Logística optimizada
- La logística dentro de la industria inteligente se beneficia de la conectividad, facilita un flujo constante de información entre proveedores, almacenes y clientes. Los sistemas conectados son capaces de prever necesidades de stock, optimizar rutas de distribución y ajustar el suministro en función de la demanda en tiempo real. Así, los productos llegan a su destino con mayor eficiencia y menos retrasos.

Continúa en página siguiente >>

<< Viene de página anterior

Gestión de recursos
- La interconexión de sistemas también permite gestionar de forma optimizada los recursos. A través del análisis de datos, la industria consigue reducir el consumo de energía, minimizar los residuos y optimizar el uso de materiales. Esta gestión eficiente no solo reduce costes operativos, sino que también contribuye a prácticas más sostenibles, algo esencial en el contexto actual.

La **interoperabilidad** es clave en la industria inteligente, ya que diferentes sistemas, plataformas, redes de producción y dispositivos de múltiples fabricantes son capaces de comunicarse y colaborar entre ellos de forma fluida, compartiendo datos y optimizando flujos de trabajo.

La interoperabilidad facilita la toma de decisiones en tiempo real y promueve una operación industrial más eficiente y adaptable al mercado.

En la Industria Inteligente y conectada también se prioriza la **adaptabilidad.** Esto significa que las líneas de producción permiten ser modificadas fácilmente para nuevos productos o cambios de diseño, respondiendo a la demanda actual del mercado, que exige personalización.

 **IMPORTANTE**

Al estar los sistemas interconectados y monitorizados, también se facilita la gestión de los recursos, asegurando que los materiales, la energía y el tiempo se utilicen de la manera más eficiente posible. Esta capacidad de adaptación y respuesta automática posiciona a la Industria Inteligente como una de las estrategias clave para competir en un mercado globalizado y tecnológicamente avanzado.

3. Reconocimiento de los fundamentos del control de procesos industriales

☞ HILO CONDUCTOR

Tras comprender los aspectos básicos de la industria moderna, Mario se prepara para sumergirse en el control de los procesos industriales. Con idea de proteger el sistema, debe conocer los distintos tipos de procesos y los sistemas que los supervisan y regulan.

Sabemos que la industria moderna se basa en la capacidad de controlar y supervisar procesos complejos de producción con precisión y eficacia. Estos procesos industriales involucran una serie de sistemas y dispositivos especializados que gestionan, monitorizan y optimizan el funcionamiento de plantas, fábricas y otras instalaciones productivas.

Los sistemas de control permiten al personal operario y al personal técnico asegurar que los procesos se ejecuten con seguridad, cumplan con los estándares de calidad y se adapten rápidamente a cambios en las condiciones o requerimientos de producción.

A continuación, exploraremos los diferentes tipos de procesos industriales y los sistemas de control que se utilizan para gestionarlos, así como los dispositivos específicos que permiten la automatización y el monitoreo en tiempo real.

3.1. Tipos de procesos industriales

Un **proceso productivo** es el conjunto de actividades y operaciones organizadas y coordinadas para transformar materias primas o insumos en productos finales o bienes que satisfacen una necesidad. A lo largo de este proceso, se utilizan diversos recursos, como son: la mano de obra, la maquinaria y la tecnología. En estos procesos se aplican técnicas específicas que permiten añadir valor a los materiales iniciales.

El siguiente diagrama es una representación simplificada, ideal para visualizar los **pasos fundamentales de un proceso productivo:**

1. **Recepción de materias primas:** se recibe y almacena el material necesario para iniciar el proceso productivo, con un control de calidad inicial.
2. **Preparación de materiales:** se preparan o preprocesan los materiales si es necesario (como cortar, limpiar o mezclar), para dejarlos listos para las etapas de transformación.
3. **Proceso de transformación:** aquí es donde ocurre la modificación de los materiales, utilizando maquinaria específica. Esta fase puede incluir ensamblaje, soldadura, moldeado, etc.
4. **Control de calidad intermedio:** se realiza una inspección de calidad en medio del proceso para detectar posibles defectos o errores, evitando que productos defectuosos avancen en la línea de producción.
5. **Montaje final:** si el producto es complejo, esta etapa reúne todas las piezas individuales para crear el producto final.
6. **Pruebas y control de calidad final:** una inspección final verifica que el producto cumpla con los estándares de calidad y funcione correctamente antes de ser empacado.
7. **Empaque y etiquetado:** el producto final se empaca y etiqueta con la información necesaria, como el número de lote o detalles del producto.
8. **Almacenamiento y distribución:** los productos terminados se almacenan hasta su distribución o envío a clientes.

Hay que entender que en cada fase existen puntos críticos donde es más probable que ocurran problemas de calidad o de eficiencia o de seguridad física y cibernética.

NOTA

Cualquier proceso industrial suele incluir varias etapas (preparación, transformación, ensamblaje y empaque), según el tipo de producto que se quiera obtener. Por ejemplo, en la fabricación de automóviles, el proceso productivo abarca desde el diseño y el ensamblaje de las piezas hasta la prueba final de calidad.

Los procesos productivos varían según el tipo de industria, pero se clasifican principalmente en tres **tipos:**

- **Discretos** (para productos individuales).
- **Continuos** (para productos que fluyen constantemente como el petróleo o el gas).
- **Por lotes** (para productos en cantidades específicas, como en la industria alimentaria).

A continuación, quedarán explicados cada uno de estos procesos y sus características principales:

Procesos discretos	- Este tipo de proceso implica la producción de objetos individuales, como piezas de maquinaria o productos ensamblados. La fabricación de automóviles es un ejemplo típico de un proceso discreto.
Procesos continuos	- Aquí, los materiales o productos fluyen continuamente a través del sistema. Un buen ejemplo es la refinación de petróleo o la producción de químicos, donde la operación no se interrumpe y se mantiene de forma continua.
Procesos por lotes	- Este tipo de proceso produce cantidades específicas de un producto o material en etapas. Un ejemplo sería la fabricación de alimentos o productos farmacéuticos, donde se preparan lotes de acuerdo con una receta o fórmula específica.

En el ámbito de la ciberseguridad, cada tipo de proceso productivo requiere medidas específicas de seguridad cibernética adaptadas a sus características y riesgos particulares. Por ejemplo:

- ⮞ En los **procesos discretos,** cuando la producción se realiza por unidades, es fundamental **proteger los sistemas de control y programación de las máquinas** para evitar alteraciones no autorizadas que puedan afectar a la calidad o el funcionamiento del producto.
- ⮞ Los **procesos continuos,** que operan sin interrupciones, necesitan un **monitoreo constante de redes y dispositivos,** ya que una interrupción o manipulación en el flujo de los datos podría provocar paradas costosas o desastres industriales, especialmente en sectores como el petróleo y el gas.
- ⮞ Los **procesos por lotes** requieren **medidas complementarias para asegurar que los datos sobre fórmulas de elaboración y trazabilidad** estén protegidos, ya que una alteración podría tener consecuencias en la calidad o la seguridad en los productos alimentarios o farmacéuticos.

IMPORTANTE

En todos estos casos, la segmentación de redes, la autenticación estricta y la vigilancia continua de la infraestructura digital son claves para proteger los sistemas industriales.

- -

ACTIVIDAD COMPLEMENTARIA

6. Reflexiona sobre los riesgos principales y las medidas de seguridad más efectivas para cada tipo de proceso productivo (discreto, continuo y por lotes), considerando ejemplos de industrias que puedan verse afectadas.

   ¿Por qué cada proceso necesita medidas únicas de seguridad?

   ¿Qué impacto tendría una vulnerabilidad en la producción y la sociedad?

- -

3.2. Fundamentos y tipos de Sistemas de Control

Para gestionar los distintos tipos de procesos industriales, se emplean sistemas de control, que regulan las variables y condiciones necesarias para que los procesos se mantengan dentro de los parámetros definidos. En términos generales, los sistemas de control se dividen en dos **tipos:**

Sistemas de control manual
- En este método, los operarios controlan los procesos directamente. Esto significa que es el personal quien ajusta de forma manual cualquier tipo de variable. Este tipo de control es menos común en la industria moderna, debido a las grandes limitaciones que presenta en relación con la precisión y velocidad.

Sistemas de control automático
- La automatización permite que los sistemas funcionen de forma independiente una vez que se configuran, controlando variables como la temperatura, la presión y la velocidad de producción. Un sencillo ejemplo de sistemas automáticos podría ser los sistemas de control de temperatura en los hornos industriales.

NOTA

Sigue avanzando para conocer los Sistemas de Control Industrial y la tecnología asociada a estos sistemas.

3.3. ICS: Sistemas de Control Industrial

Los **Sistemas de Control Industrial** o **ICS** son fundamentales para la automatización y gestión segura de procesos en las diversas industrias. Estos sistemas son una categoría especializada de sistemas que supervisan y controlan procesos industriales. Permiten monitorear y regular los procesos productivos y operativos en tiempo real, garantizando la eficiencia, precisión y seguridad en sectores críticos como el sector energético, la industria manufacturera o los procesos industriales para el tratamiento del agua.

La complejidad de los ICS reside en la necesidad de interactuar con múltiples dispositivos y sistemas, gestionando datos y ejecutando acciones de control a través de una red robusta y protegida.

Dentro del **ecosistema ICS** existen tecnologías especializadas que desempeñan funciones específicas para **ajustar, supervisar y coordinar operaciones industriales**. Desde la regulación de variables mediante controladores PID hasta la supervisión remota con RTU y la interacción directa con operarios a través de interfaces HMI, cada componente contribuye a un sistema de control integral. Estas tecnologías ofrecen soluciones flexibles y escalables, capaces de adaptarse a las características de cada industria y sus requisitos específicos de operatividad.

IMPORTANTE

Del mismo modo, los sistemas ICS abarcan tecnologías avanzadas, como los PLC, SCADA y DCS, que proporcionan una estructura de control robusta y distribuida, adecuada tanto para operaciones centralizadas como descentralizadas.

- -

A continuación, explicaremos en detalle estos componentes y su relevancia en la automatización y seguridad de procesos industriales, cada uno con aplicaciones y características únicas que permiten optimizar el flujo de trabajo en el contexto industrial moderno.

PID

El **control PID** *(control proporcional-integral-derivativo)* es una técnica de control muy utilizada en la industria para ajustar variables en función de los errores detectados. Los controladores PID ajustan las variables de un proceso en tiempo real para minimizar las desviaciones respecto a un valor deseado.

 **EJEMPLO**

En un sistema de climatización, el controlador PID ajusta la temperatura continuamente para mantener un ambiente cómodo.

A continuación, se explicarán los tres tipos de ajuste que, de forma combinada, posee un PID:

- ⮑ **Ajuste proporcional.** Este ajuste reacciona directamente al error actual, es decir, la diferencia entre el valor deseado y el valor medido. El ajuste proporcional aplica una corrección proporcional a este error, lo cual significa que, cuanto mayor es el error, mayor es la respuesta. Este tipo de ajuste ayuda a reducir la desviación rápidamente, pero si se usa solo puede dar lugar a un error de estado estacionario.
- ⮑ **Ajuste integral.** Este ajuste considera la acumulación de errores a lo largo del tiempo. Calcula la suma de todos los errores pasados, permitiendo eliminar el error de estado estacionario que podría quedar después del ajuste proporcional. El ajuste integral aumenta la corrección a medida que el error se mantiene en el tiempo, garantizando que se minimice cualquier error persistente. Sin embargo, si se utiliza en exceso, puede provocar una oscilación en la respuesta.
- ⮑ **Ajuste derivativo.** Este ajuste anticipa los cambios futuros del error, al medir su tasa de cambio. Básicamente, responde a la velocidad con la que cambia el error y proporciona una corrección basada en esta tasa de cambio. Esto ayuda a estabilizar el sistema y a evitar sobrecorrecciones. El ajuste derivativo ayuda a mejorar la estabilidad y rapidez de respuesta del sistema, aunque también puede hacerlo más sensible a las interferencias en la señal.

Combinados, estos tres ajustes permiten que el controlador PID mantenga las variables del proceso dentro de los rangos deseados de manera precisa y estable, optimizando así el rendimiento del sistema.

NOTA

Estos tres tipos de ajustes son elementos que permiten que el PID mantenga variables críticas, como puede ser la temperatura, la presión o el flujo. Lo hacen dentro de rangos seguros y óptimos, minimizando fluctuaciones y mejorando la estabilidad operativa en tiempo real.

RTU

Una **RTU** (*Remote Terminal Unit* o **unidad terminal remota**) es un dispositivo que recopila datos de sensores y los envía a un sistema de control central.

Los RTU son puntos de conexión especializados en la recopilación y transmisión de datos desde ubicaciones remotas hacia sistemas de control centralizados. Diseñadas para operar en condiciones extremas, como entornos industriales y de campo, las RTU son capaces de supervisar, controlar y automatizar equipos sin necesidad de intervención constante por parte del personal técnico.

Estos dispositivos son especialmente útiles en operaciones distribuidas, donde la conectividad y la comunicación son clave para el monitoreo continuo. Conjuntamente, suelen estar equipados con protocolos de comunicación específicos para enviar datos a un sistema SCADA o DCS, garantizando la gestión de las instalaciones a distancia y en tiempo real.

◎ EJEMPLO

En una red de distribución de agua, las RTU permiten supervisar y controlar estaciones remotas, como bombas o válvulas, desde un centro de control.

HMI

La **HMI** *(Human-Machine Interface)* es la **interfaz hombre/máquina** a través de la cual los operarios interactúan con los sistemas de control. Estas interfaces suelen ser pantallas táctiles o paneles de control que muestran datos en tiempo real sobre el funcionamiento del sistema.

A través de pantallas táctiles o paneles digitales, el personal operario visualiza datos, recibe alertas, supervisa los procesos y ejecuta comandos necesarios para el funcionamiento del sistema.

Las HMI están diseñadas para ser intuitivas. Muestran datos críticos como gráficos en tiempo real y resúmenes que clarifican el estado del sistema. En una industria en constante cambio, esta herramienta es fundamental, ya que permite a los técnicos identificar problemas de inmediato y tomar decisiones veloces y precisas para evitar interrupciones en la producción.

 **EJEMPLO**

En una planta de energía como es una central eléctrica, la HMI permite que los técnicos monitoricen los niveles de presión y temperatura de las calderas.

PLC

Un **PLC** (*Programmable Logic Controller* o **Controlador Lógico Programable**), es un dispositivo que se programa para realizar tareas específicas de control.

En realidad, los PLC son equipos programables que ejecutan instrucciones lógicas específicas para controlar maquinaria y procesos industriales. Estos dispositivos robustos y versátiles son fundamentales en la automatización, ya que pueden adaptarse a diferentes aplicaciones mediante la programación de instrucciones personalizadas.

Los PLC son esenciales en las líneas de producción. Permiten la automatización de tareas repetitivas y garantizan uniformidad y precisión en cada ciclo de producción. Además, tienen la capacidad de manejar entradas y salidas digitales y analógicas, y se conectan con sensores y actuadores para coordinar todo el proceso de producción de manera segura.

👁 EJEMPLO

En una línea de producción de automóviles, los PLC coordinan los brazos robóticos que ensamblan las diferentes piezas, con lo cual garantizan una precisión constante y repetible.

SCADA

El **SCADA (*Supervisory Control and Data Acquisition* o Control de Supervisión y Adquisición de Datos**), es un sistema que recopila datos en tiempo real de dispositivos de control, como RTU o PLC, y los centraliza en una interfaz de usuario.

Los sistemas SCADA ofrecen una visión general y detallada del funcionamiento de instalaciones y procesos a través de la recopilación y análisis de datos en tiempo real.

Estos sistemas, al integrar múltiples RTU y PLC, pueden obtener información de cada punto de la red industrial y centralizarla en una sola interfaz de supervisión. Sin embargo, a diferencia de otros sistemas de control, SCADA está diseñado para supervisar grandes infraestructuras, como son las redes de distribución de agua o de electricidad, brindando a los operadores una capacidad integral de monitoreo y control que permite la toma de decisiones rápidas, basadas en información de valor, ante posibles incidentes.

👁 EJEMPLO

Los sistemas SCADA se utilizan en la industria para gestionar grandes redes, como plantas de tratamiento de agua, donde los datos de múltiples puntos se monitorean desde una sola ubicación.

DCS

El **DCS** *(Distributed Control System* o **Sistema de Control Distribuido),** es un medio de gobierno y de control en el que las operaciones se distribuyen en diferentes controladores conectados a una red. A diferencia de un sistema SCADA centralizado, el DCS distribuye la inteligencia de control en varias unidades.

En definitiva, un DCS es una red de control totalmente integrada que distribuye el procesamiento y la supervisión de las operaciones en múltiples unidades conectadas entre sí. A diferencia de los sistemas SCADA, el DCS se usa principalmente en procesos continuos y operaciones industriales que requieren una supervisión constante en tiempo real.

Cada controlador en un DCS se encarga de una sección específica del proceso y comunica los datos al sistema central, con lo que permite un alto grado de autonomía y eficiencia operativa.

El diseño modular de un DCS facilita la gestión de complejas instalaciones industriales. Mejoran la resiliencia y reducen la probabilidad de fallos en toda la red.

 **EJEMPLO**

Este tipo de sistema es ideal para plantas de proceso continuo, como refinerías, donde los equipos están repartidos en grandes áreas.

En el siguiente apartado, se abordará la **implementación de instrumentación industrial.** Se analizará cómo los **sensores** y **conversores** facilitan la recolección de datos en los procesos industriales.

4. Implementación de instrumentación industrial

👉 HILO CONDUCTOR

Ahora, y ya con un conocimiento más sólido sobre el control de procesos, Mario se dispone a trabajar con la instrumentación industrial. Esta parte es fundamental para obtener datos precisos de los sistemas y garantizar una supervisión adecuada.

La **instrumentación industrial** es un elemento clave para **controlar** y **monitorear los procesos** en cualquier tipo de industria, con lo que se asegura que los equipos y sistemas funcionen de manera óptima y segura.

La instrumentación industrial posibilita una automatización avanzada, al traducir sus mediciones en acciones controladas y ajustes necesarios en tiempo real, lo que contribuye a la optimización de los recursos y la continuidad operativa en distintos entornos industriales.

La instrumentación permite recopilar **datos críticos,** que luego se utilizan para ajustar y mantener los procesos en los parámetros deseados.

El siguiente listado muestra algunos de estos datos críticos:

⮕ **Temperatura.** Medición del calor en equipos, procesos o materiales. Esencial para evitar sobrecalentamientos o mantener condiciones precisas en procesos sensibles.

- **Presión.** Control de la presión en sistemas de gases o líquidos para prevenir fallos estructurales y mantener la seguridad.
- **Nivel.** Medición del nivel de líquidos o sólidos en tanques y contenedores. Importante para la gestión de inventarios y el control de procesos.
- **Flujo.** Determinación de la velocidad o cantidad de líquido o gas que se mueve a través de un sistema. Esencial para la regulación de suministros y procesos continuos.
- **Velocidad.** Control de la velocidad en cintas transportadoras, motores y otras partes móviles para sincronizar procesos y evitar errores de producción.
- **Vibración.** Detección de vibraciones en maquinaria, lo que puede indicar desgastes o fallas potenciales en componentes mecánicos.
- **Humedad.** Medición de la humedad en el aire o en materiales específicos. Crucial para procesos en los que la humedad puede afectar la calidad del producto.
- **PH.** Control de la acidez o alcalinidad en procesos químicos. Vital en industrias como la alimentaria, la farmacéutica y la química.
- **Composición química.** Análisis de componentes químicos en materiales o productos. Importante para la calidad y seguridad en sectores como el petroquímico o farmacéutico.
- **Concentración de gases.** Medición de gases como el oxígeno, el dióxido de carbono o los gases tóxicos. Fundamental para mantener un ambiente seguro y controlar procesos de combustión.
- **Corriente y voltaje eléctrico.** Monitoreo de parámetros eléctricos en circuitos y equipos. Clave para prevenir sobrecargas y mantener la eficiencia energética.
- **Peso.** Medición precisa de materiales en las líneas de producción para asegurar que se cumplen los estándares de peso en productos empaquetados.
- **Distancia y posición.** Detección de la ubicación exacta de componentes o productos en líneas de ensamblaje automatizadas. Esencial para el control de calidad.

Los dispositivos de instrumentación están formados por elementos como **sensores** y **conversores,** los cuales juegan un rol fundamental en la conversión de las condiciones físicas en señales que pueden ser interpretadas y gestionadas por los sistemas de control.

A continuación, vamos a sondear estos elementos básicos de la instrumentación industrial, para descubrir cómo funcionan y su impacto en la precisión y eficiencia de los sistemas de control.

4.1. Sensores

Los **sensores** son dispositivos que detectan y miden variaciones en el entorno, convirtiendo estas variaciones en señales eléctricas que puedan ser leídas perfectamente e interpretadas por el sistema de control.

IMPORTANTE

Un sensor es el primer componente de un sistema de medición, ya que capta la información directamente desde el proceso.

Ahora bien, existen distintos **tipos de sensores,** los cuales están diseñados para captar distintos parámetros específicos.

A continuación, vamos a ver los diferentes tipos de sensores utilizados en la instrumentación industrial, cada uno diseñado para medir variables concretas como la temperatura, la presión o el flujo, etc., todas variables esenciales para el control de procesos:

- **Sensor de temperatura.** Los sensores de temperatura, como los termopares y los RTD (detectores de temperatura resistivos), son esenciales en sectores en que el control de la temperatura es fundamental, como la industria alimentaria o la farmacéutica. Por ejemplo, en un horno industrial, el termopar es capaz de detectar si la temperatura es adecuada para la cocción o tratamiento de materiales. Envía esta información al sistema de control para que ajuste el calor automáticamente, si la circunstancia lo requiriera.
- **Sensor de presión.** Los sensores de presión miden la fuerza ejercida por un fluido dentro de una tubería o contenedor. En una planta de tratamiento de agua, los sensores de presión detectan si la presión del agua está en el nivel óptimo para la distribución o si hay fugas, permitiendo ajustar válvulas o activar alarmas en caso de que se detecte un fallo.
- **Sensor de flujo.** Estos sensores miden la velocidad o el volumen de un fluido que pasa a través de una tubería. En las refinerías, donde se manipulan grandes volúmenes de líquidos, los sensores de flujo ayudan a controlar la cantidad exacta que debe ser procesada en cada etapa, lo cual permite mantener un flujo continuo y estable.
- **Sensor de nivel.** Mide el nivel de líquido dentro de un tanque o contenedor. En la industria petrolera, estos sensores son fundamentales para medir los niveles de crudo en los tanques de almacenamiento, lo que

ayuda a prevenir el desbordamiento y permite una distribución eficaz de los recursos.

⮞ **Sensor de proximidad.** Estos sensores detectan la presencia de objetos cercanos sin necesidad de contacto físico. Son muy utilizados en las líneas de montaje automatizadas, por ejemplo, para contar productos en una cadena de producción o verificar la presencia de componentes antes del ensamblaje.

Ya sabemos que los sensores desempeñan un papel fundamental en la industria, al monitorear variables clave y enviar esta información a los sistemas de control, con lo cual facilitan la automatización y optimización de los procesos industriales. A continuación, se explica cómo es el proceso de detección y transmisión de datos, que abarca desde la captación inicial hasta la transmisión y ajuste de los sistemas. A continuación, se exponen los **pasos del proceso de detección y transmisión de datos a través de los sensores:**

⮞ **Captación de la variable física.** El proceso comienza cuando el sensor detecta una variable física específica, como la temperatura, la presión o el nivel de un líquido. Este sensor convierte la variable en una señal eléctrica, que varía en función de la magnitud de lo que mide. Por ejemplo, un sensor de temperatura genera un voltaje que aumenta con el calor captado.

⮞ **Transformación en señal eléctrica.** La señal eléctrica generada representa la variable detectada en una forma que puede ser interpretada por el sistema de control. Esta conversión permite que el sensor envíe datos en tiempo real al sistema sin pérdida de precisión, lo que es esencial para la respuesta rápida. En muchos sistemas, la señal suele ser acondicionada o amplificada antes de ser enviada.

⮞ **Transmisión de la señal al sistema de control.** La señal eléctrica se envía a través de cables o redes de comunicación hasta llegar al sistema de control, como un PLC o un sistema SCADA. En este punto, la señal puede ser convertida nuevamente para adecuarla al sistema que la recibe, lo que facilita la integración en una red industrial.

⮞ **Análisis y almacenamiento de datos.** En los sistemas avanzados, los datos capturados se almacenan en una base de datos o en la nube para un análisis histórico. Este análisis permite al sistema identificar patrones que puedan indicar una necesidad de mantenimiento o ajustes operativos, optimizando los recursos y la producción.

⮞ **Ajuste automático del proceso.** A partir de los datos recibidos y analizados, el sistema de control tiene la capacidad de realizar ajustes automáticos en tiempo real. Por ejemplo, si un sensor de presión detecta un nivel alto, el sistema puede abrir una válvula para aliviar la presión. Este ajuste continuo asegura que el proceso se mantenga dentro de los parámetros establecidos y mejora la eficiencia operativa.

NOTA

Los pasos descritos son un proceso integrado que permite a la instrumentación industrial responder de manera precisa y dinámica a las condiciones de la planta, maximizando la seguridad y la productividad.

4.2. Conversores

Por otra parte, los **conversores** son dispositivos que transforman las señales recibidas de los sensores en un formato que pueda ser entendido y gestionado por el sistema de control, de ahí su importancia.

Los conectores son esenciales para la instrumentación, ya que muchas veces las señales que provienen de los sensores no son directamente compatibles con los sistemas de control y necesitan ser previamente adaptadas.

Gracias a los conversores se puede modificar la magnitud o el tipo de señal, por ejemplo, de señal analógica a señal digital, o bien amplificar la señal para que pueda ser transmitida a largas distancias sin pérdidas de calidad. Esto ayuda a facilitar una comunicación eficaz y precisa entre los sensores y el sistema de control.

A continuación, analizaremos los principales **tipos de conversores** utilizados en la industria y cómo cada uno de ellos facilita la transmisión de datos en diferentes contextos:

- **Conversores analógico-digital (A/D).** Convierte señales analógicas de sensores en señales digitales que puedan ser procesadas por un PLC o sistema de control. En un sistema de control de calidad de una planta de alimentos, el conversor A/D permite que los datos de los sensores se transformen en información digital, que puede ser evaluada automáticamente para asegurar que las variables estén en los rangos deseados.
- **Conversores de voltaje a corriente (V/I).** Este tipo de conversor se usa cuando es necesario transmitir señales a largas distancias. La conversión de una señal de voltaje a corriente permite que la señal viaje sin pérdida significativa, asegurando que la información llegue con precisión al sistema de control. Un ejemplo común es la transmisión de datos en plantas de tratamiento de agua, donde los sensores están distribuidos en varias ubicaciones y los datos deben ser transmitidos sin interferencias.
- **Conversores de escalamiento o rango.** Estos conversores adaptan la señal de entrada al rango de señal requerido por el sistema de control. Por ejemplo, si un sensor de presión envía una señal en un rango de 0-10 V y el sistema de control solo acepta señales en el rango de 0-5 V, el conversor escala la señal para que sea compatible.

El **proceso de conversión y transmisión de señales** por medio de los conversores en la instrumentación industrial es en apariencia bien sencillo, aunque tiene su complejidad. Estos reciben la señal de salida del sensor y la transforman en el formato adecuado para que pueda ser utilizada en el sistema de control. Esta adaptación de señales asegura que la información captada llegue correctamente a la interfaz de usuario o al controlador, lo cual es fundamental para la toma de decisiones en tiempo real. La calidad de los conversores impacta directamente en la precisión y velocidad de respuesta del sistema de control, por lo que es importante seleccionarlos adecuadamente según las necesidades de cada proceso.

Veamos a continuación cómo es este proceso de conversión y transmisión de señales. En ellas, se ilustra cómo los conversores trabajan en conjunto con los sensores y el sistema de control para capturar, transformar y transmitir datos con precisión en los procesos industriales. Después, sigue avanzando para ver un sencillo ejemplo:

1. **Recepción de la señal analógica del sensor:**

   - Cuando un sensor mide una variable física (como temperatura, presión o flujo), genera una señal analógica, que es continua y proporcional a la magnitud de la variable medida. Esta señal puede estar en un rango normalmente utilizado en la industria, como 0-10 V o 4-20 mA, dependiendo de la aplicación y del tipo de sensor.

- Esta señal inicial no es apta aún para ser utilizada directamente por el sistema de control, ya que este último generalmente requiere una señal en un formato específico, como digital.

2. **Acondicionamiento de señal:**

   - Antes de la conversión, puede ser necesario realizar un acondicionamiento de la señal. Esta etapa ajusta la señal analógica para mejorar su precisión y reducir posibles interferencias.
   - Las técnicas de acondicionamiento abarcan la amplificación (para incrementar el nivel de la señal cuando es muy débil), el filtrado (para eliminar ruidos no deseados) y el escalado (para ajustar la señal al rango de entrada del conversor).

3. **Conversión de la señal (A/D o V/I, según el sistema):**

   - Conversión analógico-digital (A/D): si el sistema de control es digital (como un PLC), la señal analógica debe transformarse en una señal digital. El conversor A/D muestrea la señal analógica en intervalos de tiempo específicos y genera una secuencia de bits que representa el valor de la señal.

     - La resolución del conversor, medida en bits, determina la precisión de la conversión: una resolución de 12 bits permite 4.096 valores diferentes, mientras que una de 16 bits permite 65.536 valores.

   - Conversión de voltaje a corriente (V/I): si la señal debe transmitirse a largas distancias, se convierte de voltaje a corriente. Este proceso es beneficioso porque las señales de corriente son menos propensas a sufrir pérdidas en la transmisión que las señales de voltaje. La señal convertida a corriente viaja hacia el sistema de control, donde se reconvierte a voltaje si es necesario para la interpretación.

4. **Transmisión de la señal convertida:**

   - Una vez acondicionada y convertida, la señal se envía al sistema de control. Si se trata de una señal digital, esta llega al sistema de control en forma de datos binarios que representan la variable medida.
   - Si la señal es de corriente o de voltaje (dependiendo de la distancia y los requerimientos del sistema), llega como una señal acondicionada lista para ser interpretada en el sistema de control, sin pérdidas significativas.

5. **Interpretación y uso de la señal en el sistema de control:**

   ۵ En el sistema de control, los datos obtenidos de los sensores (ya convertidos y acondicionados) se procesan para realizar tareas de monitoreo, ajuste y optimización del proceso industrial.

   ۵ En sistemas de control avanzados, estos datos pueden ser almacenados para análisis posteriores, con lo cual permite que el sistema de control tome decisiones automatizadas basadas en patrones históricos o en tiempo real.

El siguiente ejemplo, que muestra el proceso de conversión y transmisión de señales, demuestra la importancia de los conversores en la transmisión confiable y precisa de datos, un componente crítico en la automatización industrial y en la toma de decisiones informada en tiempo real.

 **EJEMPLO**

En una planta de tratamiento de agua, un sensor de nivel mide el volumen de agua en un tanque y envía una señal analógica de 0-10 V. Este valor se amplifica y se convierte a una señal digital de 12 bits mediante un conversor A/D. La señal digital se transmite al PLC, que utiliza los datos para ajustar el flujo de entrada y salida de agua, manteniendo los niveles dentro de un rango seguro y optimizando el proceso.

 **NOTA**

Este flujo de las diferentes etapas que se han descrito es fundamental para garantizar:

* **Precisión y calidad de la señal,** minimizando errores y ruidos.
* **Compatibilidad entre los distintos componentes,** ya que cada etapa adapta y acondiciona la señal para que sea comprensible para el sistema final.
* **Optimización del control de procesos,** pues permite decisiones rápidas y efectivas basadas en datos en tiempo real o histórico.

Continúa en página siguiente >>

<< Viene de página anterior

En conjunto, estas etapas técnicas representan el papel central de la instrumentación en la **automatización industrial y en la seguridad de los procesos,** asegurando que los sistemas operen con un alto nivel de eficiencia y control.

 TAREA 6

Una empresa está implementando un sistema de control industrial avanzado en su planta de producción, donde deben integrar diversos dispositivos y sistemas para supervisar y optimizar los procesos productivos. Como ingeniero de automatización, te han asignado la tarea de diseñar la configuración inicial de estos sistemas para garantizar la eficiencia y seguridad de las operaciones. Tu labor consiste en identificar qué tipo de sistema de control (manual o automático) y qué tecnologías de control (PLC, SCADA, DCS, RTU, HMI) son las más adecuadas para las diferentes áreas de la planta. Has de explicar cómo cada componente contribuirá a la optimización de los procesos y cómo se relacionan entre sí en el contexto de la digitalización de la industria.

¿Cuáles serían los sistemas y tecnologías de control que propondrías para integrar en una planta de producción automatizada? ¿Cómo se beneficiarían de cada componente en términos de digitalización y transformación industrial? Explica el rol y la conexión de cada tecnología en el sistema de control.

En el contexto de la ciberseguridad, la instrumentación industrial desempeña un papel fundamental en la protección y control de sistemas de alta criticidad. La instrumentación industrial recopila datos de operación de máquinas y procesos que son clave para la eficiencia, pero esta misma conectividad y dependencia de sistemas digitales introduce nuevos riesgos de seguridad. Los sensores, controladores y otros dispositivos de instrumentación pueden convertirse en objetivos de ciberataques que buscan interrumpir la producción, manipular datos operativos o incluso provocar daños físicos en los equipos.

Los dispositivos de instrumentación conectados están frecuentemente expuestos a redes externas o sistemas de TI. Esto puede abrir puertas a ataques si no se implementan adecuadas medidas de seguridad.

Explora cada uno de estos riesgos para comprender cómo impactan en la seguridad y en el funcionamiento de los sistemas industriales y qué medidas se pueden adoptar para mitigarlos:

- **Manipulación de datos críticos:** los ciberataques pueden alterar los datos de sensores (como la temperatura o la presión), lo que afecta la toma de decisiones operativas y puede llevar a fallos o accidentes.
- **Acceso no autorizado:** si los dispositivos de instrumentación carecen de controles de acceso, un atacante podría manipular la configuración del sistema o desactivar sensores clave, lo que comprometería la seguridad de toda la instalación.
- **Amenazas a la disponibilidad:** la interrupción del flujo de datos entre los dispositivos y los sistemas de control puede detener la producción, resultando en pérdidas financieras significativas.
- **Integridad de la operación:** la falsificación de datos recopilados por la instrumentación puede impactar negativamente la operación y llevar a decisiones incorrectas, lo que afectará a la calidad del producto y la seguridad.

IMPORTANTE

En ciberseguridad es esencial implementar controles de acceso, cifrado de datos en tránsito y medidas de monitoreo y respuesta, para proteger la instrumentación industrial y asegurar que los datos recopilados son confiables y seguros.

Retomemos de nuevo el ejemplo en el que se ilustraba cómo era el proceso de conversión y transmisión de señales en una planta de tratamiento de agua. ¿Qué pasaría si en ese contexto se produce un ataque informático?

Podrían ocurrir varias situaciones críticas que afectarían a la operatividad y a la seguridad de la planta en su actividad para el tratamiento del agua. En un entorno industrial, como el de esta planta, cualquier interrupción o manipulación de las señales de control comprometería gravemente tanto el proceso operativo como la seguridad del sistema. Los ciberataques pueden adoptar diversas formas y afectar desde la integridad de los datos hasta el funcionamiento de los equipos en tiempo real.

A continuación, se describen algunos de los escenarios críticos que podrían derivarse de un ataque a estos sistemas:

- ➲ **Manipulación de los datos de nivel de agua.** Un ciberatacante podría alterar la señal digital enviada al PLC, haciendo que el sistema lea niveles de agua incorrectos. Esto podría causar ajustes erróneos en el flujo de entrada y salida de agua, lo que llevaría a un exceso o deficiencia en el nivel de agua del tanque. Esto no solo afectaría la eficiencia del proceso, sino que podría derivar en desbordamientos, o en el fallo del suministro de agua.

- ➲ **Interrupción de la señal de control.** Un *hacker* no ético podría bloquear la señal entre el sensor y el PLC, dejando al sistema sin información actualizada sobre el nivel de agua. Ante esta falta de datos, el sistema podría entrar en un estado de emergencia o simplemente detenerse, comprometiendo el flujo de agua y el rendimiento de la planta.

- ➲ **Sobrecarga del sistema mediante inyecciones de datos falsas.** En un ataque de tipo *data injection,* el atacante podría enviar una gran cantidad de señales falsas al PLC, lo que provoca que el sistema ejecute continuos ajustes desgastantes innecesarios. Esta sobrecarga podría llevar al sistema al fallo o disminuir su vida útil, además de requerir mantenimientos añadidos.

- ➲ **Desactivación de alarmas o notificaciones de seguridad.** Algunos sistemas están programados para activar alarmas cuando el nivel de agua sale de un rango seguro. Un *cracker* (*hacker* con intenciones maliciosas) podría manipular el sistema para desactivar estas alarmas, dejando al personal sin advertencia ante condiciones peligrosas.

- ➲ **Acceso no autorizado al control de flujo de agua.** Si el atacante obtiene acceso directo al PLC, podría tomar el control total sobre el flujo de entrada y salida de agua, con efectos potencialmente desastrosos como la contaminación o el desabastecimiento en la red de suministro.

NOTA

Para proteger este proceso, es clave conocer e implementar medidas de ciberseguridad específicas. Estas podrían ser múltiples, como la segmentación de la red, el uso de *firewalls* y sistemas de detección de intrusos (IDS), el acceso restringido al PLC y la encriptación de las señales.

5. Identificación de sistemas de comunicaciones industriales

☞ **HILO CONDUCTOR**

Para Mario, el próximo paso es entender las redes industriales que interconectan los dispositivos. Estas redes deben ser seguras y eficaces para transmitir datos críticos entre los dispositivos en tiempo real.

- -

Los **sistemas de comunicaciones industriales** representan la columna vertebral de la conectividad en los entornos de operación y producción. Permiten la transmisión de datos críticos entre máquinas, sensores, controladores y sistemas de monitoreo en tiempo real. Estos sistemas son clave para la gestión eficiente y segura de los procesos industriales, por lo que comprenderlos es esencial para los profesionales de la ciberseguridad en entornos OT (tecnologías de la operación).

5.1. La importancia de los sistemas de comunicación en la industria

A diferencia de las redes de comunicación convencionales, las redes industriales necesitan cumplir con requisitos específicos de velocidad, precisión y alta disponibilidad, ya que una interrupción en el flujo de datos afectaría directamente la seguridad y la continuidad de los procesos industriales. Estas redes se encuentran en sectores esenciales, donde cualquier problema en la comunicación puede derivar fácilmente en fallos operativos e, incluso, en peligros para la seguridad de las personas.

Existen varios tipos de redes que se utilizan en la industria para comunicar equipos y sistemas. Cada una está diseñada con características particulares que se adaptan a las exigencias de diferentes entornos y necesidades de transmisión de datos.

A continuación, indagaremos en los tipos de redes industriales más comunes, sus características y aplicaciones específicas:

- ⮕ **Redes de área local industrial *(Industrial Ethernet)*.** El *Industrial Ethernet* es una variante del Ethernet convencional, adaptada para ambientes industriales. Su fortaleza radica en su capacidad de integración con redes informáticas convencionales y en su compatibilidad con protocolos industriales. Permite la comunicación de alta velocidad entre PLC, sensores y otros dispositivos industriales. Por ejemplo, en una línea de producción de una planta automotriz, el *Industrial Ethernet* conecta diferentes robots y sistemas de control en tiempo real para garantizar la precisión en el ensamblaje.

- **Bus de campo** *(Fieldbus)*. Los buses de campo permiten la conexión de sensores, actuadores y dispositivos de control distribuidos en la planta sin necesidad de una infraestructura de cableado complejo. Algunos ejemplos conocidos son **Profibus, Modbus y CAN bus.** Estos buses de comunicación son muy confiables y están diseñados para operar en condiciones industriales. Por ejemplo, en una planta química, los buses de campo permiten la comunicación entre sensores de temperatura y presión y el sistema de control central, manteniendo un control preciso de las condiciones de los reactores.

- **Redes de área amplia industrial (WAN industrial).** Las WAN industriales conectan ubicaciones industriales a grandes distancias, como varias fábricas o plantas. Utilizan tecnologías como MPLS *(Multiprotocol Label Switching)* o conexiones por satélite para asegurar la conectividad entre diferentes centros. Por ejemplo, en una empresa energética que gestiona varias plantas, la WAN industrial permite el monitoreo y control remoto de instalaciones en ubicaciones geográficas dispersas, consiguiendo optimizar la administración de importantes recursos energéticos.

- ***Wireless* industrial *(Wi-Fi, Bluetooth, Zigbee)*.** Las tecnologías de comunicación inalámbrica son cada vez más habituales en entornos industriales, especialmente en zonas donde el cableado es impracticable. Wifi industrial, *Zigbee* y *Bluetooth LE (Low Energy)* permiten la comunicación sin cables, aunque también deben aplicarse el añadir medidas adicionales de seguridad para prevenir accesos no autorizados. Por ejemplo, en un almacén automatizado, el wifi industrial permite la comunicación en tiempo real entre vehículos autónomos y el sistema de gestión de inventarios, sin necesidad de la presencia de redes físicas.

 ACTIVIDAD COMPLEMENTARIA

7. Las redes industriales *(Industrial Ethernet, Fieldbus, WAN industrial* y *wireless industrial)* son clave para conectar máquinas, sensores y sistemas en tiempo real. Cada red tiene ventajas y limitaciones según el entorno y los requisitos de velocidad, precisión y disponibilidad.

Continúa en página siguiente >>

<< Viene de página anterior

Evalúa:

- Las ventajas y limitaciones de cada red.
- En qué entornos industriales serían más efectivas y por qué.
- Los desafíos y riesgos de seguridad en su implementación.

Selecciona una red, expón sus aplicaciones y analiza cómo tecnologías emergentes, como la inteligencia artificial, podrían mejorar su seguridad y eficiencia.

5.2. Protocolos de comunicación en la industria

Los **protocolos de comunicación industrial** son estándares que permiten a los dispositivos de diferentes fabricantes y tipos comunicarse de manera eficaz y eficiente dentro de un sistema integrado. Estos protocolos actúan como el lenguaje que los dispositivos utilizan para intercambiar datos y pueden adaptarse a los requisitos específicos de seguridad, rendimiento, velocidad y tipo de información que deben transmitir en los entornos OT.

A continuación, descubriremos algunos de los **protocolos** más empleados en los sectores industriales:

- *Profibus* y *Profinet*. Ambos son estándares desarrollados por Siemens. Son ampliamente utilizados en redes de automatización. *Profibus* es común en **buses de campo,** mientras que *Profinet* es un protocolo de Ethernet industrial. Su popularidad en la industria se debe a su flexibilidad y alta capacidad de integración.
Por ejemplo, en una planta de embotellado, *Profibus* conecta los sensores de nivel y de flujo de las máquinas de llenado, mientras que *Profinet* se utiliza para coordinar el sistema de transporte de botellas.
- *Modbus*. *Modbus* es uno de los protocolos industriales más antiguos y ampliamente utilizados. Funciona en modo maestro-esclavo y permite la comunicación entre dispositivos de campo y sistemas de control.
Por ejemplo, en una planta de tratamiento de agua, el protocolo *Modbus* permite que las bombas, válvulas y sensores se comuniquen con el sistema SCADA para gestionar el flujo de agua.
- **OPC UA.** *(Open Platform Communications Unified Architecture)* es un protocolo de comunicación de datos que permite la interoperabilidad entre dispositivos y sistemas de diferentes proveedores en la industria. Su arquitectura segura y estandarizada lo hace ideal para integrar dispositivos IoT y servicios en la nube.

Por ejemplo, en una fábrica de electrónica, *OPC UA* permite que los datos de diferentes máquinas y sistemas se unifiquen y se analicen en una plataforma central de monitoreo.

⊃ **DNP3.** *(Distributed Network Protocol 3)* es un protocolo que se utiliza en infraestructuras críticas, como la energía, para garantizar comunicaciones seguras y robustas en condiciones adversas. Es común en sistemas SCADA y permite un monitoreo confiable de los procesos.

Por ejemplo, en una red de distribución eléctrica, el protocolo *DNP3* conecta las subestaciones con el centro de operaciones para asegurar un flujo de energía estable y monitorizado.

 **APLICACIÓN PRÁCTICA**

Los protocolos son conocidos por su arquitectura segura y estandarizada, que facilita la interoperabilidad entre dispositivos. ¿Qué protocolo de comunicación se destaca en la industria por su capacidad de integrar dispositivos de diferentes fabricantes?

Solución

OPC UA es un protocolo estandarizado y seguro que facilita la interoperabilidad entre dispositivos y sistemas de distintos fabricantes en el sector industrial.

5.3. Seguridad en sistemas de comunicación industrial

De nuevo, la ciberseguridad en esta área de los sistemas de comunicación industrial es fundamental, debido a la sensibilidad de los datos transmitidos y al impacto potencial de una brecha de seguridad. Estos sistemas deben firmemente protegerse de ciberamenazas, como el acceso no autorizado, la manipulación de datos, los ataques de denegación de servicio, etc.

A continuación, abordaremos algunas medidas clave de protección básica que ayudan a mitigar estos riesgos y asegurar que los sistemas industriales operen con la mayor seguridad posible:

⊃ **Autenticación y autorización.** La autenticación se basa en el uso de credenciales seguras (como contraseñas complejas, certificados digitales o autenticación multifactor), lo que asegura que solo los usuarios autorizados accedan a los sistemas. Los sistemas de autorización permiten definir y gestionar permisos específicos para cada usuario, limitando el acceso a funciones y datos críticos solo a personal autorizado.

- **Cifrado de datos.** El cifrado en redes industriales se realiza mediante protocolos como TLS *(Transport Layer Security)* o IPSec, para asegurar que los datos transmitidos estén codificados y sean ilegibles sin la clave de descifrado adecuada. Esto previene que datos sensibles, como instrucciones de control o información de sensores, sean interceptados y utilizados malintencionadamente.
- **Monitorización continua.** Se emplean sistemas de monitoreo basados en tecnologías SIEM *(Security Information and Event Management)*, que registran y analizan actividades en tiempo real. Estas herramientas permiten la identificación temprana de patrones sospechosos, envían alertas automáticas ante posibles amenazas y proporcionan registros detallados para su análisis forense.
- ***Firewalls* y segmentación de redes.** La segmentación se realiza utilizando *firewalls* que filtran el tráfico según reglas definidas y VLAN para crear subredes aisladas dentro de la red industrial. Esta arquitectura limita la propagación de amenazas al separar zonas críticas (como el sistema de control) de otras áreas de la red, conteniendo ataques potenciales en segmentos específicos y reduciendo el impacto en el sistema global.

5.4. Futura labor en la ciberseguridad de comunicaciones industriales

La ciberseguridad en las comunicaciones industriales es un campo en constante evolución, especialmente ante el incremento sostenido de ciberataques a infraestructuras críticas.

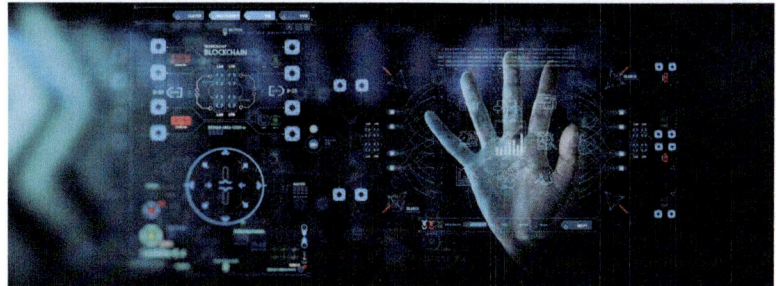

Los sistemas de comunicación industrial en entornos de tecnologías de la operación (OT) están cada vez más expuestos, debido a la integración de dispositivos conectados y el acceso remoto a través de redes industriales y sistemas SCADA.

En este contexto, el papel de los **profesionales de la ciberseguridad** se vuelve esencial para garantizar la protección de estos sistemas frente a ataques que podrían perfectamente interrumpir operaciones críticas, comprometer la integridad de los datos y poner en riesgo la seguridad física de las instalaciones propias y del entorno, además de la integridad del personal y de la ciudadanía.

Según el **Instituto Nacional de Ciberseguridad (INCIBE),** los ataques a sistemas de control industrial han aumentado significativamente en los últimos años, con un incremento del 24 % en incidentes reportados en el sector industrial entre 2019 y 2022 (INCIBE, 2022). Estas cifras reflejan una tendencia alarmante, ya que estos ataques no solo afectan la disponibilidad y funcionalidad de los sistemas, sino que también tienen el potencial de causar pérdidas económicas y daños a la reputación de las organizaciones afectadas.

Los atacantes buscan cada vez más explotar vulnerabilidades en los sistemas de comunicación industrial, ya que su compromiso puede derivar en la paralización de procesos productivos, lo que genera un impacto significativo en la cadena de suministro.

Para enfrentarnos a estos desafíos, los expertos en ciberseguridad OT deben desarrollar competencias avanzadas en la identificación de vulnerabilidades y en el despliegue de herramientas de monitoreo y control que aseguren una supervisión continua del tráfico y la actividad de la red. La labor de anticipar amenazas y establecer protocolos de respuesta inmediata es fundamental para evitar que las intrusiones se transformen en incidentes de mayor escala. Asimismo, la cooperación con equipos multidisciplinarios, que incluyan especialistas en procesos industriales, permite diseñar estrategias de defensa que estén alineadas con los objetivos operativos y de seguridad de la organización. En este sentido, los profesionales deben estar preparados para gestionar incidentes de seguridad de manera rápida y eficaz, limitando el impacto y restaurando la operatividad del sistema en el menor tiempo posible.

PARA SABER MÁS

En el artículo titulado "Las tendencias de ataque en el sector industrial durante 2023" (INCIBE, 2023) se exploran las principales amenazas a las que se enfrenta el sector industrial en la actualidad. El INCIBE detalla cómo el incremento de la digitalización y la conectividad en entornos industriales han ampliado la superficie de ataque, con lo que supone de exposición de los sistemas de control y las redes OT a riesgos como el *ransomware,* los ataques a la cadena de suministro y el acceso no autorizado a infraestructuras críticas. Además, se destacan las medidas de protección recomendadas para mitigar estos riesgos, incluyendo el monitoreo continuo, la implementación de autenticación robusta y la segmentación de redes. Este recurso es ideal para aquellas personas interesadas en conocer las tendencias actuales y en profundizar en estrategias de ciberseguridad específicas para proteger sistemas industriales.

Puedes acceder al artículo desde aquí, para explorar en mayor profundidad estas tendencias y recomendaciones:

https://redirectoronline.com/ifct00500201

 TAREA 7

Aguatecnik es una empresa que ha decidido modernizar sus sistemas de control y automatización en el tratamiento y subestación del agua. Para ello, implementará diversos protocolos de comunicación industrial que permitan la conectividad eficaz y segura entre los dispositivos en sus plantas de producción. Como ingeniero de sistemas de control, tu tarea es proponer un plan de implementación de estos protocolos. Debes considerar los diferentes protocolos disponibles y seleccionar el más adecuado para cada sección de la planta, explicando cómo cada protocolo beneficiará al funcionamiento de cada área.

Continúa en página siguiente >>

<< Viene de página anterior

¿Cuáles serían los protocolos clave que elegirías para integrar en una planta industrial automatizada? ¿Cómo asegurarías cada uno la conectividad y el rendimiento necesarios en cada caso? Explica los pasos de implementación y la funcionalidad de cada protocolo.

6. Resumen

En la era moderna, el uso de **tecnologías avanzadas** como la **robótica,** la **inteligencia artificial** y el **internet de las cosas,** entre otras, permite que los **sistemas de producción** respondan automáticamente a los cambios en el entorno o la demanda del mercado. Un **sistema automatizado** puede ajustar la velocidad de producción o realizar un mantenimiento predictivo cuando detecta posibles fallos, minimizando así el tiempo de inactividad.

La automatización en la fabricación industrial permite hoy en día una mayor capacidad de producción, flexibilidad y calidad en el proceso, con lo que asegura que las empresas puedan satisfacer las demandas del mercado con eficiencia y consistencia.

La **evolución de la tecnología industrial** ha sido impulsada por una serie de revoluciones clave que, a lo largo del tiempo, han transformado profundamente los métodos de producción, la eficiencia operativa y las capacidades tecnológicas de la industria.

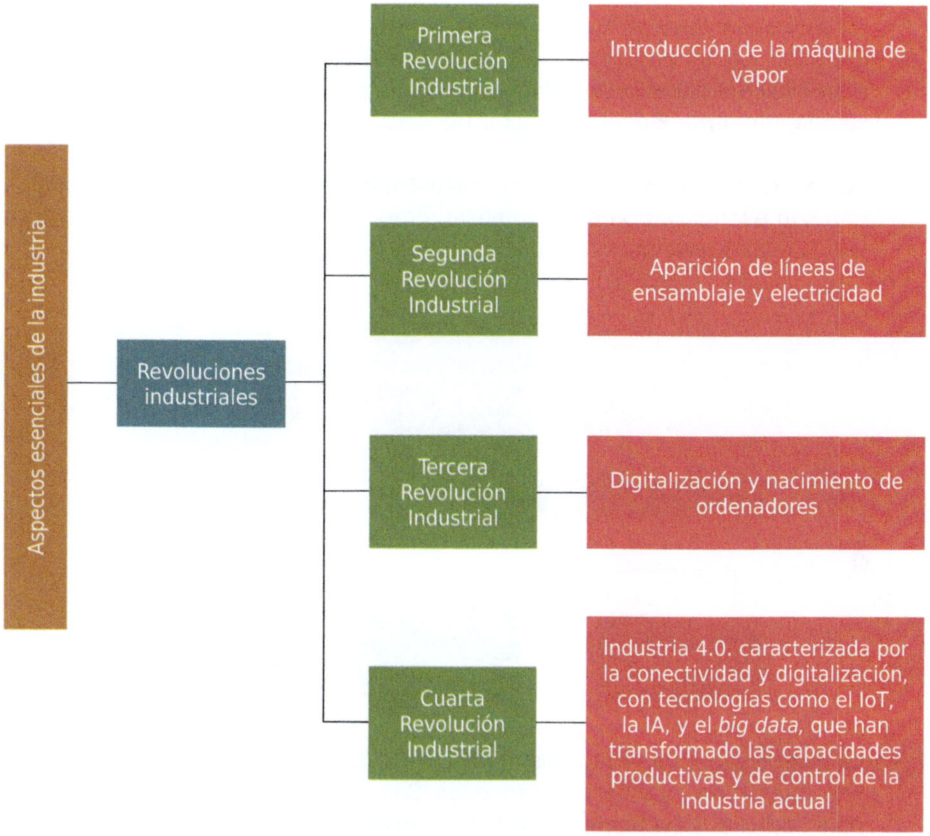

Aspectos esenciales de la industria

Revoluciones industriales

- **Primera Revolución Industrial** → Introducción de la máquina de vapor
- **Segunda Revolución Industrial** → Aparición de líneas de ensamblaje y electricidad
- **Tercera Revolución Industrial** → Digitalización y nacimiento de ordenadores
- **Cuarta Revolución Industrial** → Industria 4.0. caracterizada por la conectividad y digitalización, con tecnologías como el IoT, la IA, y el *big data*, que han transformado las capacidades productivas y de control de la industria actual

La **Industria 4.0** simboliza una revolución digital en el sector industrial, pues introduce tecnologías avanzadas que permiten una interconexión constante entre dispositivos y sistemas.

La digitalización de los procesos mejora la eficiencia, permitiendo decisiones en tiempo real y optimización continua de los recursos.

INDUSTRIA 4.0
- Industria inteligente y conectada

La **industria inteligente y conectada** es un concepto que extiende la Industria 4.0, incorporando la inteligencia y autonomía en los sistemas industriales mediante la IA y el IoT, para generar entornos de producción que se adaptan automáticamente a las necesidades y anticipan problemas.

Los diferentes **tipos de procesos industriales** y los sistemas que los gestionan son esenciales para automatizar y monitorear los procesos en tiempo real, con lo que se garantiza la eficiencia y la seguridad operativa.

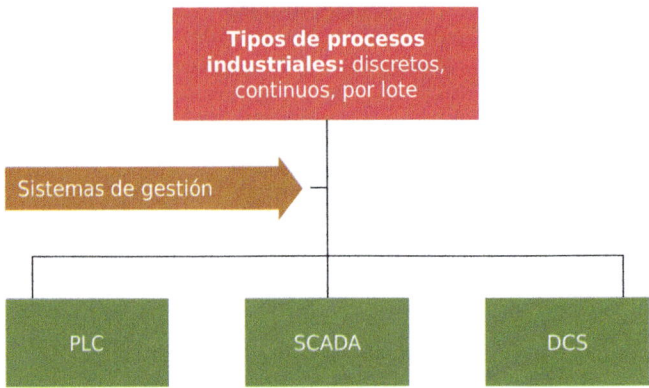

La instrumentación en los sistemas industriales juega un rol esencial en la monitorización y control de procesos. Se utilizan **sensores** y **conversores** para capturar y convertir datos físicos en señales eléctricas que el sistema de control puede interpretar, permitiendo ajustes automáticos en los procesos y optimización continua.

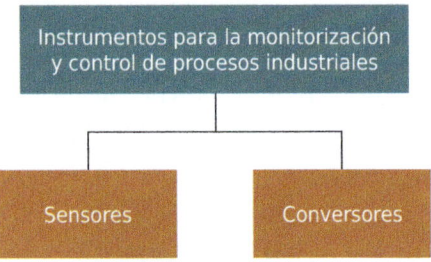

Por otra parte, las redes de comunicación industrial son clave para la conectividad en tiempo real entre los dispositivos. Estos sistemas de comunicación facilitan la transmisión segura y confiable de datos críticos para la operación.

Sin embargo, toda esta comunicación no sería posible sin los conocidos **protocolos de comunicación,** alguno de los cuales destacan por su interoperabilidad y seguridad, soportando comunicaciones robustas en ambientes industriales, esenciales para la integración de dispositivos y sistemas de diferentes fabricantes.

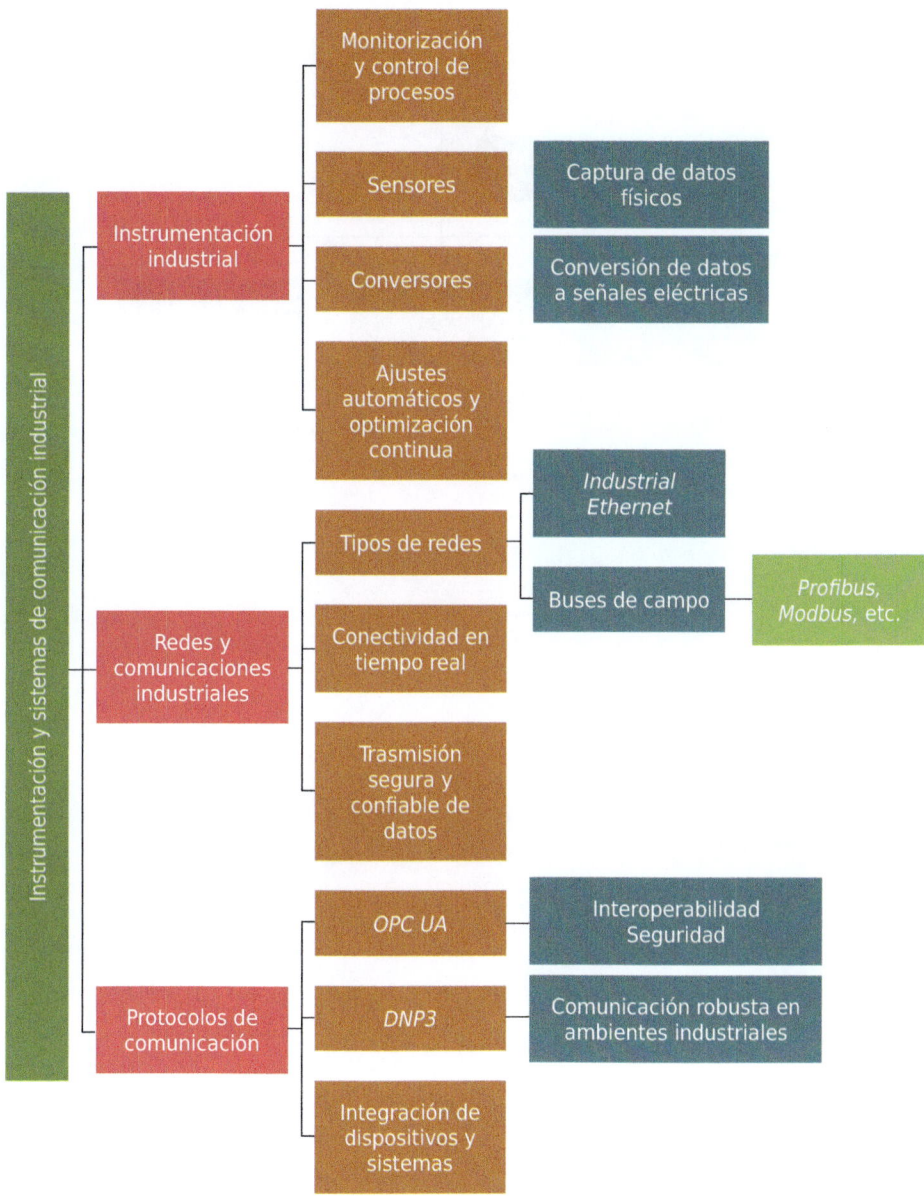

La ciberseguridad en los sistemas de comunicación industrial es crítica, debido a los riesgos que amenazan la integridad y disponibilidad de los datos. Algunas estrategias, como la **autenticación** y **la autorización,** el **cifrado de datos** y el **monitoreo continuo** protegen las redes industriales de amenazas externas, garantizando la continuidad de los procesos industriales.

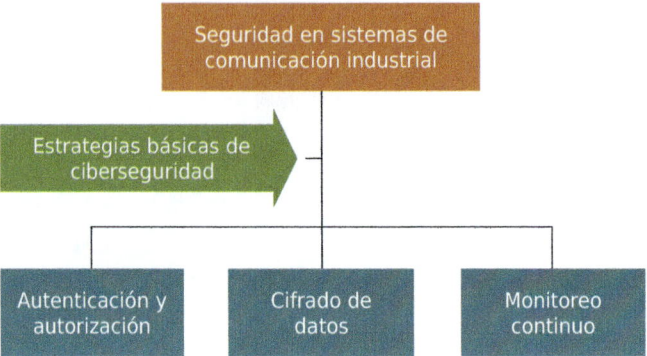

Ejercicios de autoevaluación
Unidad de Aprendizaje 3

1. Indica si las siguientes afirmaciones son verdaderas o falsas.

a. Conocer los fundamentos industriales de las tecnologías de la operación (OT) en el control de procesos resulta básico, debido al impacto directo que tienen en la eficiencia y seguridad de las infraestructuras críticas.

- ■ Verdadero
- ■ Falso

b. La convergencia entre OT e IT permite una mayor automatización y recopilación de datos.

- ■ Verdadero
- ■ Falso

c. No es necesario comprender cómo funcionan los sistemas de control y la instrumentación de OT para crear estrategias de protección adecuadas, aplicar medidas de *hardening* y gestionar los riesgos de forma eficaz, con idea de garantizar la continuidad y resiliencia de los procesos industriales ante posibles ciberataques.

- ■ Verdadero
- ■ Falso

2. ¿Qué caracteriza a los sistemas de control automático?

a. Requieren supervisión constante.
b. Funcionan independientemente una vez configurados.
c. Son poco precisos en el control de temperatura.
d. Son más comunes en la industria tradicional.

3. ¿Qué representa la Cuarta Revolución Industrial?

a. La integración avanzada de tecnologías digitales en la industria.
b. La introducción de los sistemas manuales de control.

c. El desarrollo de la electricidad.
d. El uso de cadenas de montaje en producción.

4. ¿Qué elemento permite a los sistemas de control mantener variables críticas dentro de rangos seguros?

a. Control PID
b. Control SCADA
c. DCS
d. HMI

5. ¿Qué tecnología industrial ayuda a predecir la necesidad de mantenimiento de maquinaria?

a. *Big data*
b. *Fieldbus*
c. *HMI*
d. *Control PID*

6. ¿Qué es una RTU?

a. Unidad terminal remota
b. Un tipo de sensor de presión
c. Un sistema de monitoreo humano
d. Un conversor de voltaje a corriente

7. ¿Cuál es la principal función de un sistema SCADA?

a. Recopilar datos en tiempo real de dispositivos de control.
b. Ejecutar procesos manuales en planta.
c. Controlar redes de área amplia.
d. Realizar pruebas de penetración.

8. ¿En qué consiste la transformación digital en la industria?

a. Crear más sistemas manuales de producción.
b. Aumentar el uso de energía eléctrica.
c. Monitorear y optimizar procesos en tiempo real.
d. Reducir el uso de tecnologías avanzadas.

9. **¿Qué sistema permite la interacción directa entre operarios y máquinas?**

   a. HMI (interfaz hombre-máquina)
   b. DCS
   c. SCADA
   d. RTU

10. **¿Cuál es un ejemplo de un proceso discreto en la industria?**

   a. Fabricación de alimentos en lotes
   b. Refinado de petróleo
   c. Tratamiento de agua
   d. Producción de automóviles

Introducción a los fundamentos industriales de las tecnologías de la operación en sistemas industriales de comunicación y producción

Contenido

Objetivos

El objetivo general de esta unidad de aprendizaje es:

→ Desarrollar una comprensión integral de los fundamentos industriales relacionados con las tecnologías de la operación, con el foco en sistemas avanzados de fabricación, comunicación industrial y producción, así como en la integración de herramientas tecnológicas para optimizar procesos y garantizar la seguridad en entornos industriales modernos.

Los objetivos específicos de esta unidad de aprendizaje son:

→ Comprender las ventajas y aplicaciones prácticas de EtherCAT en la sincronización y comunicación de dispositivos industriales.

→ Identificar tecnologías clave de automatización, robotización y gestión de materiales.

→ Obtener conocimientos para la automatización de la securización de sistemas.

→ Conocer los sistemas y protocolos que soportan la comunicación y producción industrial.

→ Asimilar los conocimientos y habilidades para la ejecución de programación de PLC.

→ Asociar los niveles ISA-95 con la creación de una base estructurada para integrar maquinaria industrial, sistemas MES y PLC, esenciales para la transición de la Industria 4.0 a la Industria X.0.

→ Evaluar y reforzar los conocimientos de ciberseguridad industrial, mediante la ejecución de seis escenarios de ataque y defensa, definidos en la plataforma Cybertix-Cybring para redes industriales, para profundizar en los conocimientos de forma práctica.

1. Introducción

La industria moderna se encuentra en un constante proceso de evolución tecnológica, impulsada por avances que redefinen la producción, la comunicación y la gestión de sistemas en tiempo real. Este contexto ha dado lugar a la **Industria X.0,** una etapa avanzada que supera las fronteras de la **Industria 4.0,** integrando la digitalización y la automatización con enfoques más centrados en la sostenibilidad, la conectividad y la personalización.

La Industria X.0 o industria inteligente se caracteriza por el uso de herramientas innovadoras, como la inteligencia artificial, el internet de las cosas, los gemelos digitales y la robotización colaborativa, tecnologías que transforman no solo los procesos productivos, sino también las formas de interacción entre máquinas, datos y personas. Estos sistemas permiten una toma de decisiones más precisa en tiempo real y abren camino hacia un modelo de fabricación sostenible y flexible.

En esta segunda unidad se profundizará en los fundamentos industriales de las tecnologías de operación, centrándonos en los sistemas avanzados de fabricación, la robotización, la gestión de materiales, la identificación mediante RFID y los pilares de la automatización industrial. Además, se explorarán las herramientas y metodologías que permiten digitalizar operaciones y mejorar la eficiencia en los entornos de producción.

A través del análisis de casos prácticos, como la historia de Mario, se descubrirá cómo estas tecnologías se aplican en escenarios reales y cómo contribuyen a afrontar los desafíos que plantea la modernización industrial. Este enfoque práctico busca reforzar los conceptos teóricos, facilitando la transición hacia un conocimiento aplicable y esencial para los profesionales de la industria.Principio del formularioFinal del formulario

2. *EtherCAT*

 **HILO CONDUCTOR**

Mario ahora es un ingeniero con experiencia en la modernización de sistemas industriales. Se enfrenta a un nuevo reto: optimizar la sincronización y comunicación entre los dispositivos de control y los sensores en una línea de producción

Continúa en página siguiente >>

<< Viene de página anterior

de alta velocidad. Tras analizar varias opciones, descubre *EtherCAT,* un protocolo diseñado para la comunicación en tiempo real. Intrigado por su capacidad de reducir la latencia y aumentar la precisión, Mario decide implementar esta tecnología en una línea de ensamblaje en su planta industrial. Pero antes necesita entender en profundidad cómo funciona *EtherCAT* y cómo aprovechar sus ventajas en un entorno de producción crítico.

EtherCAT *(Ethernet for Control Automation Technology)* es un protocolo de comunicación desarrollado por Beckhoff Automation para entornos industriales que requieren transmisión de datos en tiempo real.

Escriba el nombre del programa, carpeta, documento o recurso de Internet que desea abrir con Windows.

Abrir: mrt

EtherCAT combina la robustez del Ethernet tradicional con características avanzadas diseñadas específicamente para aplicaciones críticas en la industria, como son el control de movimiento, la robotización y la automatización de procesos.

🧠 SABÍAS QUE...

EtherCAT puede procesar hasta 1.000 dispositivos por segmento de red, con un tiempo de ciclo inferior a un milisegundo. Esto lo convierte en una de las tecnologías más rápidas en comunicación industrial.

2.1. Características principales de *EtherCAT*

EtherCAT destaca por ser una solución innovadora que transforma la comunicación en los entornos industriales. Diseñado para responder a las exigencias de precisión, velocidad y flexibilidad, *EtherCAT* permite optimizar procesos críticos con gran eficiencia. Para comprender a fondo por qué es tan revolucionario, se exploran sus características principales.

A continuación se explica cómo *EtherCAT* puede marcar la diferencia en los sistemas industriales, a través de sus características:

- **Arquitectura de paso de datos** *(on-the-fly)*. *EtherCAT* utiliza una innovadora arquitectura de paso de datos. Esto significa que los paquetes de datos viajan a través de los dispositivos sin detenerse para que sean procesados. En lugar de eso, cada dispositivo en la red lee o escribe directamente en los paquetes mientras estos están en tránsito.
  Esta característica reduce drásticamente los tiempos de latencia, haciendo de *EtherCAT* una solución perfecta para aplicaciones en las que la velocidad es crítica.
- **Sincronización precisa.** Con *EtherCAT* la sincronización es impecable, gracias a su sistema de reloj distribuido. Este garantiza que las desviaciones sean menores a un nanosegundo, un nivel de precisión ideal para aplicaciones como la robotización y el control de movimiento.
  En un sistema de robotización, la sincronización precisa asegura que múltiples robots trabajen en perfecta armonía, con lo cual se evitan errores y se mejora la productividad.
- **Compatibilidad.** *EtherCAT* no requiere *hardware* especial para funcionar, ya que es compatible con las interfaces de Ethernet estándar. Esto significa que puede integrar en redes existentes sin tener que hacer inversiones añadidas en infraestructura.
- **Eficiencia en el uso del ancho de banda.** En lugar de enviar múltiples paquetes, *EtherCAT* agrupa todos los datos en uno solo, optimizando el uso del ancho de banda y reduciendo la sobrecarga. Esto no solo mejora el rendimiento, sino que también permite manejar redes complejas sin comprometer la velocidad.
  Esta característica es particularmente útil en entornos en que una gran cantidad de dispositivos necesitan comunicarse simultáneamente.

APLICACIÓN PRÁCTICA

Cristina, una ingeniera encargada de modernizar una planta de producción, está considerando implementar *EtherCAT* en sus sistemas para mejorar la eficiencia y la sincronización de los procesos. Basándote en las características principales de *EtherCAT*, ¿cuál de las siguientes características reduce significativamente los tiempos de latencia, haciendo que sea ideal para aplicaciones donde la velocidad es crítica?

Continúa en página siguiente >>

<< Viene de página anterior

- **Sincronización precisa**
- **Arquitectura de paso de datos *(on-the-fly)***
- **Compatibilidad con Ethernet estándar**
- **Eficiencia en el uso del ancho de banda**

Solución

La arquitectura de paso de datos de *EtherCAT* permite que los paquetes sean procesados directamente por los dispositivos sin detenerse, lo que reduce drásticamente los tiempos de latencia y optimiza la velocidad del sistema. Esta característica es fundamental para aplicaciones que requieren respuestas rápidas y sincronización precisa. Si seleccionaste otra opción, vuelve a repasar las características principales de *EtherCAT* para entender mejor su impacto en los entornos industriales.

2.2. Aplicaciones de *EtherCAT* en la industria

EtherCAT ha revolucionado múltiples sectores industriales, al ofrecer soluciones eficientes para la comunicación en tiempo real. Sus aplicaciones son amplias. Destaca en áreas que demandan precisión, velocidad y sincronización. A continuación, se explora cómo *EtherCAT* transforma industrias clave:

Control de movimiento	Automatización de procesos
- *EtherCAT* sobresale en el control de movimiento gracias a su capacidad para coordinar múltiples motores en tiempo real. Por ejemplo, en fábricas de maquinaria CNC o de control numérico informatizado, como fresadoras, tornos, cortadoras láser o impresoras 3D, garantizan cortes y ensamblajes de alta precisión, decisivos en la fabricación de componentes aeroespaciales, donde los errores son inaceptables.	- En plantas de procesamiento de alimentos, *EtherCAT* asegura la sincronización en tiempo real entre sensores de temperatura, actuadores y sistemas SCADA. Esto permite un control preciso de las condiciones de cocción, lo cual garantiza estándares de calidad y seguridad alimentaria.

Continúa en página siguiente >>

<< Viene de página anterior

Robotización
- En la industria automotriz, *EtherCAT* facilita la comunicación fluida entre robots y controladores en líneas de ensamblaje. Esto se traduce en una mayor productividad y reducción de tiempos de ciclo, factores esenciales para mantenerse competitivo en este sector.

La maquinaria CNC es fundamental en la industria moderna porque combina automatización, precisión y eficiencia, lo que permite fabricar piezas complejas que cumplen con altos estándares de calidad. Esta maquinaria ha revolucionado la industria al combinar diseño, programación y automatización para fabricar piezas con una precisión extraordinaria. Desde pequeñas empresas hasta grandes plantas industriales, se utilizan para optimizar procesos, reducir tiempos y garantizar resultados consistentes.

 **EJEMPLO**

Un ingeniero mecánico puede usar CAD *(Computer-Aided Design,* diseño asistido por computadora) para diseñar un motor con todas sus piezas y simular su funcionamiento antes de fabricarlo, lo que ahorra tiempo y reduce errores.

Pero, ¿cómo logran estas máquinas transformar un diseño en una pieza terminada con tanta exactitud?

Anímate a indagar cada paso esencial en el funcionamiento de una máquina CNC y sus ventajas. A continuación, comprenderás cómo estas herramientas combinan creatividad, tecnología y automatización para alcanzar un nivel de precisión y eficiencia que transforma la producción industrial:

1. **Diseño en CAD.** Los ingenieros y diseñadores utilizan *software* especializado para crear modelos tridimensionales detallados de las piezas.

Se diseña la pieza a través de *software* de diseño asistido por computadora (CAD).

CAD es una tecnología que utiliza *software* especializado para crear, modificar, analizar y optimizar diseños en 2D o 3D. Este tipo de diseño es muy utilizado en ingeniería, arquitectura, fábricas y muchas otras disciplinas que requieren precisión y eficiencia en la planificación y desarrollo de productos.

Las principales características de CAD son:

- **Visualización precisa:** permite a los diseñadores crear modelos tridimensionales detallados antes de la fabricación.
- **Simulación:** se pueden realizar pruebas virtuales para evaluar el comportamiento del diseño en diferentes condiciones.
- **Edición sencilla:** cambiar dimensiones, materiales o formas es más rápido que en los métodos tradicionales.
- **Interconexión con CAM:** los diseños se integran fácilmente con *software* de fabricación asistida por computadora (CAM) para el control de máquinas CNC.

2. **Conversión a CAM.** Existe un proceso que convierte el diseño en CAD en instrucciones prácticas que la máquina CNC puede interpretar. El diseño CAD se convierte en instrucciones específicas mediante un *software* CAM.
3. **Programación con G-code.** El lenguaje especializado traduce las instrucciones en movimientos precisos para la maquinaria. Estas instrucciones se traducen a un código CNC (como G-code), que la máquina interpreta para realizar los movimientos.
4. **Ejecución.** La máquina CNC ejecuta cada paso para convertir el diseño en una pieza real, utilizando herramientas como brocas, cuchillas o láseres.

 SABÍAS QUE...

El G-code, el lenguaje que guía las máquinas CNC, se basa en comandos simples que describen movimientos y operaciones, como "moverse a tal coordenada" o "cortar a esta profundidad".

Las ventajas clave de la maquinaria CNC son:

- Reducción de errores humanos: automatizando procesos, las piezas cumplen con estándares de calidad consistentes.

Continúa en página siguiente >>

<< Viene de página anterior

- Ahorro de tiempo: la programación y ejecución minimizan los tiempos de producción.
- Mayor precisión: ideal para diseños complejos con tolerancias mínimas.
- Flexibilidad: cambiar entre proyectos es tan sencillo como actualizar el programa de la máquina.

2.3. Ventajas de *EtherCAT*

EtherCAT se ha posicionado finalmente como una tecnología revolucionaria en el sector industrial, gracias a sus múltiples beneficios. Estas ventajas lo convierten en la elección preferida para diversas aplicaciones industriales como la manufacturera, la robótica y la automatización de procesos.

Analiza cada uno de los siguientes aspectos para explorar en detalle ciertas **ventajas** de *EtherCAT:*

- **Alta velocidad.** *EtherCAT* procesa miles de entradas y salidas en menos de un milisegundo, con lo cual hace ultrarrápida la comunicación entre dispositivos. Este nivel de velocidad es clave en entornos donde cada segundo cuenta, como por ejemplo en líneas de ensamblaje automatizadas o control de movimiento en maquinaria CNC.
- **Flexibilidad en la topología.** Con configuraciones adaptables en línea, estrella o anillo redundante, *EtherCAT* se ajusta perfectamente a las necesidades específicas de cada industria. Por ejemplo, en una planta automotriz, la topología en anillo asegura comunicación continua incluso en caso de fallos en un segmento.
- **Escalabilidad.** Desde redes pequeñas con pocos dispositivos hasta complejas infraestructuras industriales con miles de equipos, *EtherCAT* es la solución ideal para sistemas en expansión. Su diseño escalable lo convierte en un aliado estratégico para empresas en crecimiento.
- **Reducción de costes.** Al ser compatible con Ethernet estándar, *EtherCAT* elimina la necesidad de adquirir *hardware* costoso y especializado. Esto no solo reduce gastos, sino que también simplifica el proceso de integración en las redes existentes.

TAREA 8

Imagina que estás al frente de una planta de producción industrial donde la sincronización precisa y la eficiencia operativa son críticas para garantizar la productividad. En este entorno, debes gestionar la comunicación perfecta entre 200 dispositivos industriales en tiempo real. *EtherCAT*, con sus características avanzadas, promete ser la solución ideal para este desafío.

¿De qué manera crees que la alta velocidad de *EtherCAT* puede optimizar los tiempos de ciclo en una planta con alta demanda? ¿Por qué la precisión en la sincronización es fundamental para evitar fallos en los procesos industriales? ¿Cómo pueden las configuraciones flexibles de red de *EtherCAT* ayudar a diseñar una infraestructura más eficiente y adaptable? Si tu planta crece y necesitas añadir más dispositivos, ¿cómo consideras que la escalabilidad de *EtherCAT* sería una ventaja estratégica? Proporciona una breve respuesta a cada pregunta.

- -

EtherCAT se diferencia de otros protocolos industriales como *Profibus* o *Modbus* en su capacidad para manejar grandes volúmenes de datos con una latencia mínima. Mientras que *Profibus* requiere tiempos de espera entre dispositivos, *EtherCAT* procesa paquetes en tiempo real, lo cual hace que esta tecnología sea más eficiente en aplicaciones críticas.

 **EJEMPLO**

Lucas decide implementar *EtherCAT* en la línea de producción de su fábrica textil. El sistema coordina motores, sensores de tensión y cortadoras automáticas, lo que mejora la precisión de las operaciones en un 25 % y reduce las paradas por fallos de sincronización en un 40 %. Con *EtherCAT*, Lucas logra optimizar los procesos en su fábrica, demostrando cómo la tecnología avanzada mejora la eficiencia, reduce costes y garantiza una producción de calidad en tiempo real.

- -

PARA SABER MÁS

Si deseas profundizar en los conceptos, características y aplicaciones de *EtherCAT*, puedes visitar la página oficial de Beckhoff Automation en español. Este sitio proporciona una visión completa sobre cómo *EtherCAT* mejora los procesos industriales mediante su alta velocidad, flexibilidad y precisión. Accede a Beckhoff EtherCAT, desde aquí:

https://redirectoronline.com/ifct00500202

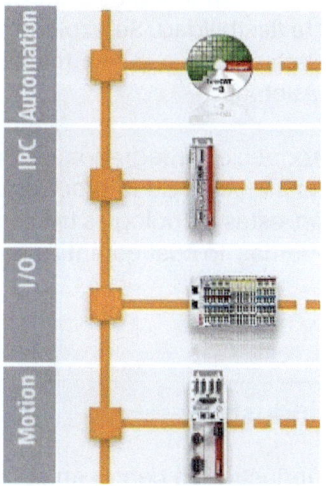

Esquema general del sistema EtherCAT

3. Sistemas de producción integrados

☞ HILO CONDUCTOR

Con la implementación de *EtherCAT* en marcha, Mario comienza a comprender que la comunicación eficiente es solo una parte del rompecabezas. Su siguiente tarea es integrar los sistemas de producción para crear un flujo de trabajo automatizado y eficiente. Desde la automatización de procesos hasta la gestión de materiales y la identificación mediante sistemas RFID, Mario aprende a conectar y sincronizar los diferentes componentes de la planta. Este proceso no solo mejorará la productividad, sino que también permitirá a la planta adaptarse rápidamente a los cambios en la demanda del mercado.

- -

La integración de sistemas de producción es la base sobre la cual se construye la industria moderna. Estos sistemas permiten conectar diferentes procesos, maquinaria y herramientas para optimizar la eficiencia, reducir costos y aumentar la flexibilidad. Se exploran los componentes clave que conforman estos sistemas, cómo se interrelacionan y por qué son vitales en el entorno industrial actual.

Los sistemas de producción integrados permiten una gestión eficiente y precisa de todos los aspectos de la producción. Desde la automatización hasta la robotización, estas tecnologías transforman la manera en que operan las fábricas modernas, lo cual garantiza competitividad en un mercado global.

3.1. Automatización industrial

La automatización industrial se centra en el uso de tecnologías y sistemas para operar maquinaria y procesos sin intervención humana directa, con el objetivo de lograr una mayor precisión y productividad.

Sin duda, la automatización revoluciona la forma en que operan las fábricas modernas. Descúbrelo a través de sus aplicaciones y ventajas:

● **Sistemas SCADA y PLC.** Los sistemas de supervisión y adquisición de datos (SCADA) y los controladores lógicos programables (PLC) son esenciales en la automatización.

- Los SCADA permiten monitorear y controlar procesos industriales en tiempo real.
- Los PLC ejecutan instrucciones específicas para operar con la maquinaria.

➲ **Beneficios de la automatización**

- Reducción de costes operativos.
- Consistencia en la calidad del producto.
- Mayor seguridad, al reducir la exposición humana a condiciones peligrosas.

 EJEMPLO

En una planta de embotellado, un sistema automatizado controla el flujo de botellas, desde el llenado hasta el etiquetado, para que la producción sea uniforme y eficiente.

 SABÍAS QUE...

El primer PLC fue desarrollado en 1968 para la industria automotriz. Eso marcó el inicio de la automatización moderna.

 APLICACIÓN PRÁCTICA

La automatización industrial utiliza sistemas como SCADA y PLC para optimizar los procesos industriales. Según las ventajas que aporta la automatización, ¿cuál es un beneficio clave que asegura la uniformidad en la calidad del producto?

Continúa en página siguiente >>

<< *Viene de página anterior*

Solución

La automatización industrial garantiza la consistencia en la calidad del producto, ya que los sistemas SCADA y PLC eliminan variaciones humanas y mantienen procesos estandarizados. Este beneficio asegura que los productos cumplan con los estándares definidos, con lo cual mejora la eficiencia y se reducen los errores.

3.2. Gestión materiales y sistemas de identificación

La gestión eficiente de materiales es clave para mantener la productividad y minimizar el desperdicio en las líneas de producción. Los **sistemas de identificación,** como los **códigos de barras** y las **etiquetas RFID,** permiten rastrear materiales y productos en tiempo real.

Imagina una fábrica donde cada componente se rastrea automáticamente desde su llegada hasta la entrega del producto terminado. ¿Cómo es posible? A continuación, podrás descubrirlo explorando las tecnologías de identificación:

Códigos de barras

Los **códigos de barras** son una tecnología de identificación basada en un conjunto de líneas y espacios paralelos de diferentes grosores. Cada código representa datos específicos, que pueden ser leídos mediante escáneres ópticos. En la gestión moderna de materiales y productos, los códigos de barras han revolucionado la forma en que se identifican y se rastrean las mercancías. Esta tecnología, que parece simple a primera vista, permite almacenar datos clave sobre un producto, como su identificación única, ubicación y detalles de inventario, en un formato fácil de leer por dispositivos electrónicos.

Descubre a continuación cómo funciona la tecnología de los códigos de barras, desde su estructura hasta el proceso de escaneo que transforma las líneas en datos valiosos:

- **Estructura.** Un código de barras almacena información en un formato visual, lo que se traduce a datos al ser escaneado.
  Los datos codificados suelen incluir información básica del producto, como el número de referencia, el lote, el precio o la ubicación en inventario.
- **Lectura de datos.** Un lector de códigos de barras o escáner óptico emite un láser o luz led sobre el código.
  La luz reflejada se traduce en señales electrónicas, que el escáner convierte en información digital. Este proceso identifica el producto y accede a su información en una base de datos conectada.
- **Trazabilidad.** Aunque el código de barras solo contiene información básica, esta se enlaza a un sistema de gestión que registra su ubicación, historial de movimientos y estado en tiempo real.
  Por ejemplo, al escanear un producto en una línea de producción o en un almacén, el sistema actualiza automáticamente su posición y estatus.

Los códigos de barras han sido durante décadas una solución confiable para la identificación y el rastreo de productos en diferentes industrias. Su implementación económica y su facilidad de uso los han convertido en una herramienta clave en la gestión de inventarios y la logística. Sin embargo, como cualquier tecnología, también presentan algunas limitaciones que es importante considerar.

Interactúa con los apartados a continuación para explorar en detalle las ventajas que ofrecen los códigos de barras y las consideraciones que debes tener en cuenta al utilizarlos.

- **Ventajas:**

  - Es económico y fácil de implementar.
  - Resulta adecuado para aplicaciones simples de identificación y rastreo.

- **Limitaciones:**

  - Requiere contacto visual directo con el lector.
  - La etiqueta debe estar limpia y sin daños para ser leída.

RFID

Por otra parte, a medida que los procesos industriales se vuelven más complejos, la **tecnología RFID** *(Radio Frecuency Identification)* o identificación por radiofrecuencia ofrece una solución avanzada para rastrear y gestionar objetos sin necesidad de contacto físico ni línea de visión directa. Este sistema utiliza etiquetas inteligentes que contienen datos detallados sobre un producto, lo cual facilita la trazabilidad y mejora la eficiencia en la cadena de suministro.

Descubre cómo la tecnología RFID captura, almacena y transmite información de forma eficiente, lo que revoluciona la gestión de materiales en entornos industriales:

⊃ **Componentes principales**

◊ **Etiqueta RFID:** contiene un microchip y una antena. El microchip almacena información, como el número de serie, el lote de fabricación y datos adicionales relevantes para el producto.
◊ **Lector RFID:** emite ondas de radio para activar la etiqueta y recibe los datos transmitidos.
◊ **Sistema de gestión:** integra la información recibida y la actualiza en tiempo real.

⊃ **Tipos de etiquetas RFID**

◊ **Pasivas:** dependen de la energía emitida por el lector para funcionar. Son más económicas y tienen un alcance limitado (de unos pocos centímetros a metros).
◊ **Activas:** incorporan una batería interna que amplía su alcance y capacidad, llegando hasta cientos de metros.

⊃ **Lectura de datos**

◊ Cuando el lector RFID emite una señal, la etiqueta responde transmitiendo la información almacenada en su chip.
◊ Esta comunicación puede ocurrir a distancia y sin requerir alineación directa entre el lector y la etiqueta.

⊃ **Trazabilidad**

◊ Las etiquetas RFID permiten el rastreo continuo y automático de productos a medida que se mueven por la cadena de suministro.
◊ Los datos incluyen información sobre el historial completo del producto: fabricación, transporte, almacenamiento y venta.

La tecnología RFID ha transformado la manera en que las industrias gestionan y controlan sus procesos. Desde el seguimiento de inventarios hasta la optimización de cadenas de suministro, esta tecnología ofrece rapidez, precisión y eficiencia. Sin embargo, como cualquier herramienta innovadora, presenta tanto ventajas destacables como limitaciones, que deben ser comprendidas antes de implementarla en un entorno industrial.

Descubre información básica sobre **ventajas** e **inconvenientes** que ofrece la tecnología RFID:

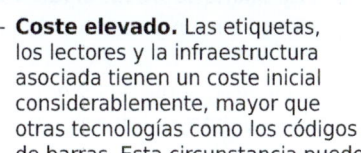

Ventajas de RFID	Inconvenientes de RFID
- **Lectura rápida y sin contacto.** Los sistemas RFID permiten leer múltiples etiquetas simultáneamente, sin necesidad de contacto visual directo. Esto agiliza procesos como el control de inventario y la gestión de activos. - **Alta capacidad de almacenamiento.** Las etiquetas RFID pueden almacenar más datos que un código de barras, incluyendo información dinámica como fechas de caducidad, historial de mantenimiento o rutas de transporte. - **Durabilidad y reutilización.** Las etiquetas RFID son resistentes a condiciones adversas como humedad, polvo y temperaturas extremas, lo que las hace ideales para entornos industriales. Asimismo, algunas son degradables, lo que permite su reutilización. - **Automatización y precisión.** Al integrarse con sistemas de gestión, RFID reduce errores humanos y automatiza tareas como el seguimiento en tiempo real, lo que mejora la eficiencia operativa. - **Mayor alcance de lectura.** A diferencia de los códigos de barras, que requieren proximidad, las etiquetas RFID pueden ser leídas a distancia. Estas varían según la tecnología, desde centímetros hasta varios metros.	- **Coste elevado.** Las etiquetas, los lectores y la infraestructura asociada tienen un coste inicial considerablemente, mayor que otras tecnologías como los códigos de barras. Esta circunstancia puede ser un impedimento para pequeñas empresas. - **Interferencias y limitaciones técnicas.** La lectura de etiquetas puede verse afectada por materiales metálicos, líquidos o interferencias electromagnéticas, lo cual puede limitar su efectividad en ciertos entornos. - **Problemas de seguridad y privacidad.** Al ser legibles a distancia, las etiquetas RFID pueden ser vulnerables a accesos no autorizados o a la clonación de datos, un motivo de preocupación sobre la seguridad importante. - **Compatibilidad limitada.** No todos los sistemas RFID son compatibles entre sí. Esto dificulta la integración con equipos o tecnologías existentes. - **Mantenimiento y actualizaciones.** La infraestructura de RFID requiere mantenimiento regular y actualizaciones para seguir siendo eficiente; en consecuencia, aumentan los costes operativos a largo plazo.

NOTA

La combinación de sistemas RFID con herramientas de análisis de datos permite tomar decisiones basadas en información en tiempo real.

ACTIVIDAD COMPLEMENTARIA

8. Reflexiona sobre las siguientes preguntas relacionadas con los sistemas de identificación y su impacto en la industria.

   ¿Qué tecnología de identificación (códigos de barras o RFID) consideras que tiene un mayor impacto en la gestión de materiales actualmente? ¿Por qué?

   ¿A qué retos crees que se enfrenta la implementación de RFID, en comparación con los códigos de barras, en pequeñas y grandes empresas?

   ¿Cómo podría la combinación de sistemas de identificación con el análisis de datos en tiempo real transformar aún más la gestión de materiales?

   ¿Cuál consideras que es el próximo paso en la evolución de tecnologías de identificación en la industria?

3.3. Robotización industrial

Se llama **robotización industrial** a la integración de sistemas robóticos automatizados en procesos de producción y operaciones industriales. Estos robots están diseñados para realizar tareas específicas, como por ejemplo el ensamblaje, la soldadura, la manipulación de materiales, la gestión inteligente de almacén o las inspecciones de calidad, con una precisión y velocidades superiores a las capacidades humanas.

La robotización es un pilar fundamental tanto de la Industria 4.0 como de la industria inteligente, al impulsar la conexión y el análisis en tiempo real entre robots, sistemas de control y redes de datos.

La robotización está transformando la manera en que operan las fábricas en todo el mundo. Desde tareas repetitivas hasta procesos complejos, los robots no solo aumentan la productividad, sino que también ofrecen soluciones seguras y flexibles para los entornos más exigentes.

Descubre las claves que hacen de la robotización industrial una herramienta esencial para el éxito empresarial y qué impacto puede tener en sus procesos, a través de sus **características:**

- **Automatización avanzada:** los robots son capaces de realizar tareas repetitivas y complejas de manera autónoma, liberando a los trabajadores para enfocarse en actividades más estratégicas.
- **Flexibilidad:** los robots permiten ser programados y adaptados para diferentes aplicaciones y procesos, ofreciendo soluciones personalizadas para cada necesidad.
- **Eficiencia:** gracias a su precisión y rapidez, los robots industriales minimizan los tiempos de ciclo, aumentando significativamente la eficiencia de las líneas de producción.
- **Seguridad:** con robots realizando tareas peligrosas o físicamente exigentes, la seguridad en el lugar de trabajo alcanza un nuevo nivel de protección a tus empleados.

Existe una clasificación general de **tipos de robots industriales.** Por una parte están los **robots articulados** y por otra los reconocidos en la industria como **cobots.**

Seguidamente, aprenderás a distinguir los diferentes tipos de robots:

Robots articulados
- Son flexibles y versátiles. Se utilizan en campos como la soldadura y el ensamblaje, entre muchos otros.
- Por ejemplo, en automoción los robots articulados ensamblan vehículos con alta precisión.

Cobots
- Son robots colaborativos que trabajan junto a los profesionales técnicos realizando tareas compartidas.
- Por ejemplo, en el sector alimentario, los cobots son capaces de empacar productos delicados.

 SABÍAS QUE...

Los primeros robots industriales se implementaron en la década de 1960 para ensamblar coches en la industria automotriz.

Hoy, en una línea de ensamblaje los robots colaborativos trabajan junto a los operarios, para mejorar la productividad y reducir la carga física.

3.4. RFID y otros protocolos de identificación

La integración de la robotización industrial con tecnologías de identificación, como **RFID y otros protocolos avanzados,** está transformando las cadenas de producción hacia un modelo más eficiente, automatizado y preciso. Estas tecnologías se complementan para maximizar el rendimiento industrial y proporcionar soluciones que antes eran impensables.

A continuación, se ve cómo estas tecnologías trabajan juntas para automatizar tareas críticas, mejorar la flexibilidad en los procesos, optimizar la eficiencia y garantizar un mayor control en la cadena de producción:

➲ **Relación clave: automatización y trazabilidad:**

   ◟ **RFID y la precisión de los robots.** Los robots pueden utilizar lectores RFID para identificar y manipular materiales o productos en tiempo real sin necesidad de un contacto físico. Esto garantiza que cada componente sea manejado correctamente según su ubicación, sus especificaciones y su estado en la línea de producción.
   ◟ **Automatización inteligente.** La combinación de robots con protocolos de identificación permite automatizar procesos críticos, como la clasificación, el ensamblaje y el empaquetado, con lo que se asegura que las decisiones sean basadas en datos precisos proporcionados por las etiquetas RFID.

➲ **Flexibilidad y adaptabilidad en procesos personalizados:**

   ◟ **Los robots equipados con lectores de RFID y otros protocolos** tienen la capacidad de adaptarse dinámicamente a diferentes escenarios y tareas en función de la información recibida de las etiquetas. Por ejemplo, al identificar un lote específico de piezas, el robot podría cambiar su configuración para realizar operaciones personalizadas.

➲ **Eficiencia optimizada con datos en tiempo real:**

   ◟ **Sincronización con sistemas de gestión.** La información recogida por RFID se integra en tiempo real con sistemas de gestión (ERP, WMS). Esto permite a los robots actuar con rapidez y precisión, y así evitar retrasos o errores en la producción.

➲ **Seguridad y control en la cadena de producción:**

   ◟ **Evitar errores humanos.** Los robots, guiados por datos de identificación como RFID, minimizan los riesgos de errores humanos en tareas críticas. Esto es especialmente útil en los procesos en que la trazabilidad es vital, como en la industria alimentaria o farmacéutica.
   ◟ **Monitoreo avanzado.** Los protocolos como RFID permiten rastrear el estado de los productos mientras los robots los manipulan, para permitir que cumplan con los estándares de calidad y seguridad.

IMPORTANTE

El uso de robots industriales con protocolos de identificación como RFID marca el futuro de la industria. La automatización y la conectividad son la clave para alcanzar niveles de productividad y precisión sin precedentes.

La robotización industrial y las tecnologías de identificación trabajan juntas para crear un entorno de fabricación verdaderamente inteligente. Esta integración no solo aumenta la eficiencia, sino que también permite a las empresas recopilar datos valiosos, que pueden ser utilizados para la mejora continua y la toma de decisiones estratégicas.

Las tecnologías de identificación, como RFID, se han convertido en un instrumento clave para la gestión eficiente de materiales en el ecosistema industrial y en los distintos sectores productivos. Por ello, es importante conocer otras tecnologías o protocolos de identificación que permitan tener un control completo sobre cada etapa de la producción, para certificar que todo funcione de manera precisa y organizada.

No olvides que, gracias a los sistemas de identificación industrial, es posible:

- **Llevar a cabo un seguimiento continuo.** Los materiales y productos se rastrean automáticamente en tiempo real mientras se mueven a través de las etapas de la cadena de suministro.
- **Optimizar inventarios.** Al identificar la ubicación exacta de los productos, se evita el desabastecimiento o el exceso de *stock*.
- **Automatizar procesos.** Los sistemas RFID y otras tecnologías de identificación pueden perfectamente integrarse en la maquinaria robotizada para automatizar tareas como la clasificación y el ensamblaje, entre otras muchas tareas.

A continuación, se explorará en detalle cómo otros sistemas de identificación distintos a RFID logran este nivel de control:

- **NFC:** el acrónimo NFC hace referencia a *Near Field Communication* o comunicación de campo cercano. Se trata de una tecnología de comunicación inalámbrica de corto alcance que permite el intercambio de datos entre dispositivos compatibles, generalmente a una distancia de hasta 10 centímetros.

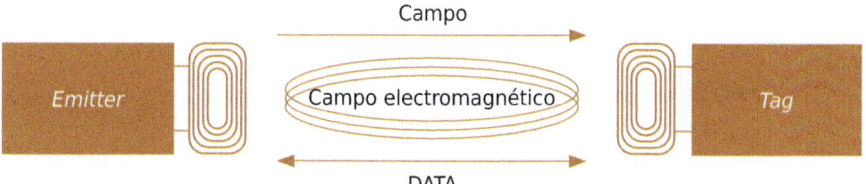

NFC es muy utilizada en aplicaciones como pagos móviles, autenticación de productos, control de acceso y transferencia de datos de manera rápida y segura. Resulta ideal, por tanto, para operaciones de corto alcance.

● **BLE:** *Bluetooth Low Energy*, también conocido como *Bluetooth* de bajo consumo, es una tecnología inalámbrica diseñada para transmitir datos utilizando muy poca energía.

BLE es una versión optimizada del protocolo Bluetooth tradicional enfocada en aplicaciones en que el bajo consumo energético es fundamental, como dispositivos portátiles, sensores y soluciones de rastreo.

Tanto NFC como BLE tienen protocolos robustos para el intercambio de datos, pero también presentan **riesgos** que los hacen puntos de atención para los ciberatacantes. Es esencial utilizar encriptación, autenticación y configuraciones de seguridad adecuadas para minimizar las vulnerabilidades.

Por otra parte, hay que considerar que la elección entre NFC y BLE dependerá de varios factores: el caso de uso, el rango necesario y las medidas de protección que se puedan implementar.

Tanto NFC como BLE utilizan protocolos inalámbricos para el intercambio de datos entre dispositivos, pero tienen diferencias clave en su funcionamiento, lo cual también influye en los riesgos de seguridad y en cómo los atacantes pueden aprovechar vulnerabilidades.

Descubre cuáles son los **factores** diferenciadores de estas tecnologías de intercambio de datos:

● **Comunicación en NFC.** NFC es un protocolo inalámbrico que funciona mediante inducción electromagnética en el rango de radiofrecuencia 13,56 MHz. Es un sistema de comunicación de corto alcance, generalmente hasta 10 cm, y utiliza dos modos de operación:

- **Modos de operación:**

  - **Modos de operación activo:** ambos dispositivos (emisor y receptor) generan su propio campo electromagnético para intercambiar datos. Por ejemplo, dos teléfonos inteligentes que compartan archivos a través de NFC.
  - **Modo de operación pasivo:** solo un dispositivo genera el campo electromagnético (el lector), mientras que el otro (la etiqueta NFC) utiliza esa energía para enviar sus datos. Por ejemplo, una tarjeta de pago NFC que interactúa con un terminal o datáfono.

- **Protocolo de comunicación:**

  - **Intercambio de datos:** los datos se dividen en pequeños paquetes según el protocolo NFCIP-1 (ISO/IEC 18092). Cada paquete está conformado por la cabecera y el cuerpo:

    - **Cabecera:** información de control sobre el tipo y el tamaño del paquete.
    - **Cuerpo:** los datos reales que se transfieren (por ejemplo, detalles de transacciones o archivos).

  - **Transferencia dúplex:** NFC permite la comunicación bidireccional, pero, debido a su corto alcance, los paquetes son transmitidos de forma secuencial y rápida.

- **Riesgos de ciberseguridad:**

  - ***Eavesdropping* (escucha no autorizada):** con esta tecnología, un atacante sería capaz de interceptar los datos si está a menos de 1 m, con equipos especializados.
  - ***Relay attacks* (ataques de retransmisión):** el ciberatacante utiliza un dispositivo intermedio para interceptar y retransmitir los datos entre el emisor y el receptor.
  - **Clonación de etiquetas NFC:** las etiquetas NFC pueden ser copiadas si no están protegidas con una encriptación adecuada.

- **Comunicación en BLE.** BLE es una tecnología basada en el estándar Bluetooth 4.0 o superior. Está diseñada para intercambiar datos a baja energía en rangos de hasta 100 m, dependiendo del entorno. Funciona en la banda de frecuencia 2,4 GHz.
- **Protocolos de comunicación BLE:**

◑ BLE utiliza un modelo basado en GATT *(Generic Attribute Profile)* para el intercambio de datos. Este modelo organiza la comunicación en los siguientes términos:

⇕ **Periférico:** dispositivo que envía datos (por ejemplo, un sensor).
⇕ **Central:** dispositivo que recibe los datos (por ejemplo, un *smartphone).*

El intercambio de datos ocurre a través de los siguientes pasos:

1. **Publicidad *(Advertising).*** El periférico envía mensajes de *broadcast* anunciando su presencia, incluyendo su identificador y las capacidades disponibles.
2. **Conexión.** Cuando un dispositivo central responde al periférico se establece un canal de comunicación seguro utilizando la técnica de *hopping* (salto entre canales de radio).
3. **Intercambio de datos.** BLE divide los datos en paquetes pequeños, de hasta 31 *bytes* para publicidad y 251 *bytes* para datos activos. Los paquetes contienen:

   ⇕ **Cabecera:** indicadores de control (tipo de paquete, tamaño).
   ⇕ **Cuerpo:** los datos transmitidos (por ejemplo, lecturas de sensores o comandos).
   ⇕ **Utiliza el protocolo ATT *(Attribute Protocol)*** para identificar y organizar los datos mediante servicios y características.

➲ **Seguridad BLE.** Para proteger los datos, BLE implementa medidas como el emparejamiento seguro.

◑ **Emparejamiento seguro *(Secure Pairing):*** BLE usa claves de encriptación generadas dinámicamente durante el proceso de emparejamiento. Estos modos son:

   ⇕ *Just Works:* sin autenticación, más vulnerable.
   ⇕ *Passkey Entry:* requiere introducir un pin.
   ⇕ *Out-of-Band* (OOB): utiliza un canal externo para validar la conexión.
   ⇕ **Encriptación AES-CCM:** después del emparejamiento, los datos se cifran con el estándar AES-128 para garantizar la privacidad.

➲ **Riesgos de ciberseguridad:**

◑ *Sniffing* **(interceptación):** un atacante puede capturar paquetes si no están cifrados.

  ◑ *Man-in-the-Middle* (**MITM**): un ciberdelincuente puede insertar un dispositivo para interceptar y manipular datos si el emparejamiento no es seguro.
  ◑ *Replay attacks:* un *cracker* o *hacker* no ético puede reutilizar paquetes de datos válidos si no se implementan medidas como contadores o marcas de tiempo.

 TAREA 9

Imagina que trabajas como especialista en ciberseguridad para una empresa que está evaluando integrar tecnologías inalámbricas para la comunicación entre dispositivos en sus procesos industriales. Debes ayudar al equipo técnico a elegir entre NFC y BLE, considerando factores como el rango de alcance, la seguridad y la vulnerabilidad a ataques.

Reflexiona sobre las siguientes preguntas:

1. ¿Cómo influye el rango de alcance en la seguridad de cada tecnología?
2. ¿Por qué es importante la encriptación nativa en BLE para proteger los datos transmitidos?
3. Considerando las aplicaciones industriales, ¿en qué escenarios recomendarías NFC y en cuáles BLE?

Después de tu reflexión, crea una tabla comparativa entre ambas tecnologías que contenga las siguientes características: rango, vulnerabilidad, encriptación nativa y ataques comunes. La tabla ha de permitir conocer los sistemas y protocolos que soportan la comunicación y la producción industrial, comparando las características y riesgos de las tecnologías NFC y BLE.

Finalmente, propón algunas posibles medidas para mitigar estos riesgos.

----

4. Implementación de sistemas avanzados de fabricación

☞ HILO CONDUCTOR

Mario, ahora familiarizado con los sistemas integrados, recibe la misión de liderar la transición hacia tecnologías más avanzadas. Desde la clasificación de maquinaria industrial hasta la introducción de sistemas MES *(Manufacturing Execution Systems)*, Mario debe garantizar que los sistemas actuales sean capaces de adaptarse a un modelo de producción más inteligente y digitalizado. Además, aprende cómo herramientas como la fabricación asistida y la digitalización de operaciones industriales pueden revolucionar la eficiencia y la precisión en la planta, posicionándola a la vanguardia del sector.

La implementación de sistemas avanzados de fabricación es esencial para optimizar los procesos productivos en la industria moderna. Estos sistemas permiten integrar tecnología de punta para maximizar la eficiencia, mejorar la calidad y reducir los costes en toda la cadena de producción.

Seguidamente, se explora cómo se clasifican las máquinas industriales, qué papel desempeñan los **sistemas MES** y cómo las operaciones digitalizadas están revolucionando la fabricación.

Los sistemas MES (Manufacturing Execution Systems) o sistemas de ejecución de manufactura son plataformas de software diseñadas para gestionar, monitorizar y controlar los procesos de producción en tiempo real en entornos industriales. Su función principal es garantizar que las operaciones de fabricación se ejecuten con eficiencia, que se cumpla con los estándares de calidad y los plazos establecidos, y que se optimicen recursos.

4.1. Clasificación maquinaria industrial

La **maquinaria industrial** abarca una amplia gama de equipos diseñados para realizar tareas específicas en los procesos de fabricación, tratamiento, automatización, ensamblaje, trazabilidad, logística, etc. Conocer su clasificación es fundamental para seleccionar las herramientas adecuadas según las necesidades productivas.

SABÍAS QUE...

¿Sabías que cada tipo de maquinaria tiene un impacto directo en la productividad y la calidad del producto final? Así es, cada tipo de máquina no solo influye en la velocidad y precisión de los procesos, sino que también define cómo se transforma, ensambla y manipula un producto en la línea de producción.

La clasificación de la maquinaria industrial puede darse por diferentes **criterios:**

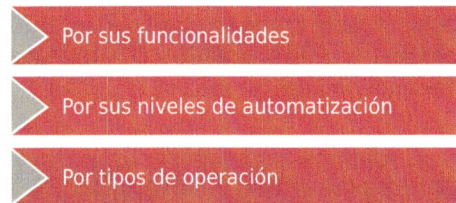

Por sus funcionalidades

Por sus niveles de automatización

Por tipos de operación

A continuación, se exploran estas **clasificaciones de maquinaria industrial** con más detalle:

⊃ **Por su función:**

◊ **Maquinaria de producción.** Diseñada para transformar materias primas en productos finales mediante procesos como corte, moldeado o prensado. Algunos ejemplos:

  ⇕ Tornos CNC para dar forma cilíndrica a piezas metálicas.
  ⇕ Fresadoras para realizar cortes precisos en materiales como la madera o el metal.
  ⇕ Prensas hidráulicas para moldear materiales a alta presión, como las piezas metálicas de los automóviles.

◖ **Maquinaria de ensamblaje.** Utilizada para unir componentes con rapidez y precisión, para mejorar la calidad del ensamblaje final. Estos son algunos ejemplos:

⇕ Robots de soldadura usados en la industria automotriz para soldar carrocerías.
⇕ Sistemas de atornillado automatizado comunes en la fabricación de electrodomésticos.
⇕ Máquinas de remachado para ensamblajes permanentes en estructuras metálicas.

◖ **Maquinaría de manipulación.** Diseñada para mover materiales o productos dentro de la planta de producción, para reducir tiempos y riesgos laborales. Algunos ejemplos:

⇕ Grúas puente para levantar y trasladar cargas pesadas en fábricas de acero.
⇕ Transportadores de banda para mover productos en líneas de producción.
⇕ Robots de *picking* usados en almacenes para seleccionar y preparar pedidos con alta precisión.

➲ **Por su nivel de automatización:**

◖ **Manual.** Totalmente operadas por personas, son ideales para tareas artesanales, personalizadas o de bajo volumen. Algunos ejemplos:

⇕ Las máquinas de corte manual, como las sierras de banco en las carpinterías.

◖ **Semiautomática.** Requieren intervención humana para configurar o iniciar procesos, pero automatizan pasos intermedios. Por ejemplo:

⇕ Las máquinas de corte por plasma semiautomáticas, en las que el operador posiciona la pieza y la máquina realiza el corte.

◖ **Automática.** Operan de forma autónoma y son controladas por sistemas computarizados. Ejemplo de esta maquinaria:

⇕ Las líneas de producción automatizadas, como en la industria de embotellado (los recipientes se llenan, se sellan y se etiquetan sin intervención de mano de obra humana).

⮞ **Por tipo de operación:**

○ **Corte y mecanizado.** Equipos que moldean y dan forma a materiales mediante procesos de corte, perforación o torneado. Por ejemplo:

- Fresadoras CNC para cortar y perforar metales con alta precisión.
- Máquinas láser de corte usadas en la fabricación de chapas metálicas personalizadas.
- Máquinas de torneado para fabricar piezas rotativas como ejes.

○ **Montaje.** Maquinaria diseñada para unir piezas o componentes. Ejemplos:

- Brazos robóticos propios en líneas automotrices para ensamblar puertas o parabrisas.
- Sistemas de prensado y sellado utilizados para ensamblar piezas plásticas o metálicas.

○ **Inspección y calidad.** Máquinas que verifican los estándares de calidad en los productos terminados. Por ejemplo:

- Máquinas de visión artificial para detectar defectos en los productos electrónicos.
- Sistemas de rayos X usados en la industria alimentaria para identificar contaminantes en los productos.
- Sensores de precisión para medir las dimensiones y las tolerancias de las piezas fabricadas.

 **APLICACIÓN PRÁCTICA**

Cada tipo de maquinaria tiene un impacto único en la productividad y la calidad de los procesos industriales. Según su clasificación, ¿cómo se denomina el grupo de máquinas diseñadas para mover materiales o productos dentro de una planta de producción?

Solución

La maquinaria de manipulación se compone de equipos diseñados específicamente para mover materiales o productos dentro de la planta, para reducir

Continúa en página siguiente >>

<< *Viene de página anterior*

tiempos y riesgos laborales. Ejemplos de este tipo de maquinaria son las grúas-puente, los transportadores de banda y los robots de *picking,* que optimizan la logística interna de la producción.

- -

4.2. Sistemas MES de fabricación asistida

Los **Sistemas MES** *(Manufacturing Execution Systems)* son plataformas digitales que conectan, monitorizan y optimizan los procesos de fabricación en tiempo real. Su integración permite a las empresas alcanzar altos niveles de eficiencia y calidad.

Sus **funciones** son las siguientes:

- **Monitoreo de la producción.** Permite visualizar el estado de cada proceso en tiempo real, desde la llegada de los materiales hasta el producto final, identificando rápidamente los problemas o las desviaciones.
- **Gestión de recursos.** Asigna materiales y personal para maximizar la eficiencia. Estos sistemas coordinan y programan las órdenes de trabajo, asegurando que los recursos (equipos, materiales, personal, etc.) estén disponibles y optimizados. Proveen datos sobre la disponibilidad y el rendimiento de las máquinas, las herramientas y el personal, ayudando a maximizar la productividad y minimizar los tiempos muertos.
- **Control de calidad.** Detecta defectos durante la producción y registra los datos críticos. Los sistemas MES tienen integradas herramientas para verificar y documentar la calidad en cada etapa del proceso, para garantizar que los productos cumplan con las especificaciones establecidas.
- **Trazabilidad.** Garantiza el seguimiento completo desde las materias primas hasta el producto final. Los MES registran y rastrean toda la información relacionada con cada producto, lote o pedido, incluyendo materiales, procesos y tiempos. Es clave para industrias reguladas como la alimentaria o la farmacéutica.

◎ EJEMPLO

En una fábrica de alimentos, un sistema MES es capaz de rastrear la trazabilidad de los ingredientes, desde el proveedor hasta el consumidor, y asegurar con ello estándares de calidad y que se cumpla con la normativa.

- -

 **SABÍAS QUE...**

Los sistemas MES no solo optimizan la producción, sino que también generan informes clave para tomar decisiones estratégicas.

Tecnología colaborativa

Las máquinas industriales y los Sistemas MES trabajan con eficiente sinergia para optimizar la producción industrial.

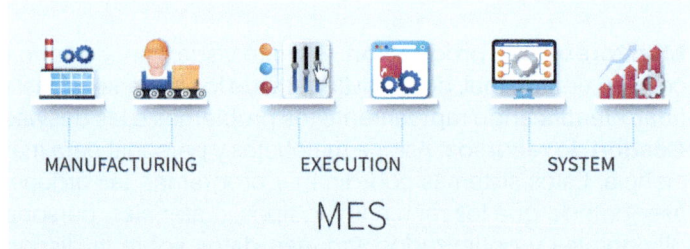

MANUFACTURING   EXECUTION   SYSTEM

MES

Mientras que las máquinas se encargan de ejecutar tareas específicas, como el corte, el ensamblaje, la inspección, etc., los sistemas MES actúan como un cerebro central que monitoriza, controla y coordina todas las operaciones en tiempo real.

Los MES recopilan datos directamente de las máquinas mediante sensores y protocolos de comunicación, con lo que permiten una supervisión detallada del rendimiento, la trazabilidad de los productos y la detección temprana de fallos.

Esta integración no solo mejora la eficiencia operativa, sino que también asegura una mayor calidad del producto final y una mejor toma de decisiones basada en datos precisos.

Funcionamiento de los Sistemas MES

Para comprender mejor el funcionamiento de los MES, imagina poder rastrear cada etapa de producción de un producto en tiempo real. Estos sistemas siguen cada fase de producción en directo mediante la integración de diversas tecnologías y procesos que capturan, procesan y analizan datos de las operaciones en curso.

A continuación, se describe cómo funciona este proceso de manera más precisa:

- **Conexión con máquinas y dispositivos.** Los MES se integran con máquinas industriales, sensores y dispositivos IoT para recopilar datos automáticamente de cada etapa del proceso. Estas conexiones utilizan protocolos estándar como *OPC UA* o *Modbus* para garantizar la comunicación entre sistemas.
- **Captura de datos en tiempo real.** Los sensores y los sistemas de identificación, como el RFID, los códigos de barras o la visión artificial, registran información relevante en cada punto del proceso. Por ejemplo:

  - Cuándo un material entra en una máquina
  - Qué operaciones se realizan sobre ese material
  - Qué anomalías o errores se detectan durante la producción

- **Asignación de identificadores únicos.** Cada lote o producto recibe un identificador único (como un código de barras o etiqueta RFID), lo que permite vincularlo con toda su información asociada, desde las materias primas utilizadas hasta las operaciones realizadas.
- **Actualización del estado en tiempo real.** A medida que el producto avanza en la línea de producción, los datos recopilados son enviados al sistema MES, que actualiza el estado de cada unidad o lote de forma inmediata y en tiempo real. Esta actualización contiene información, por ejemplo:

  - La etapa exacta en la que se encuentra
  - Los tiempos de procesamiento
  - Los resultados de las inspecciones de calidad

- **Integración con bases de datos y ERP.** Los MES almacenan toda la información en bases de datos centralizadas, que suelen estar conectadas con sistemas ERP *(Enterprise Resource Planning)*. Esto permite una visión global de la producción, desde la planificación hasta la entrega final.
- **Alertas y visualización.** Los operadores monitorean el avance de la producción a través de paneles de control o *dashboards,* que muestran gráficas, tablas y alertas en tiempo real. Si se detecta un problema, el sistema rápidamente genera notificaciones automáticas para que las personas responsables tomen medidas correctivas de inmediato basadas en información de valor.

Beneficios de los Sistemas MES

Una vez conocido el funcionamiento de los Sistemas MES y su trabajo colaborativo junto con las maquinaria industrial, es posible resumir brevemente cuáles son los beneficios que reportan.

Descubre a continuación la importante labor de MES en el sector industrial:

Eficiencia operativa
- Ayudan a reducir los desperdicios, los tiempos muertos y los costos asociados al manejo ineficiente de los recursos.

Toma de decisiones basadas en información de valor
- Proporcionan análisis en tiempo real que permiten a la gerencia tomar decisiones informadas y ágiles. Estos sistemas consiguen transformar los datos en información y la información en conocimiento.

Mejora de la calidad
- Garantizan el cumplimiento de estándares mediante controles en cada etapa de producción.

Cumplimiento normativo
- Al registrar y documentar procesos, facilitan el cumplimiento de regulaciones específicas en industrias como la automotriz, la alimentaria o la farmacéutica, entre otras.

Aplicaciones de los Sistemas MES

Los MES son utilizados en una amplia variedad de campos en el sector industrial. Descubre el impacto de estos sistemas en diversos tipos de industrias:

➲ **Sector de la automoción.** Para optimizar líneas de ensamblaje y garantizar la trazabilidad de componentes:

　◊ **Problema:** la falta de un sistema MES podría generar errores en las líneas de ensamblaje, como ensamblajes incorrectos o desajustes entre piezas y modelos de vehículos. La trazabilidad insuficiente de componentes dificultaría identificar defectos o rastrear el origen de un fallo, lo cual podría derivar en costosos retiros masivos de vehículos del mercado o denuncias colectivas.

◔ **Consecuencia:** pérdida de productividad, aumento de los costes de producción y riesgos para la seguridad de los usuarios debido a los posibles defectos no detectados.

➲ **Sector farmacéutico.** Para registrar cada fase del proceso de fabricación de medicamentos y cumplir con las regulaciones estrictas:

◔ **Problema:** sin un MES no habría un registro preciso y automatizado de cada fase del proceso de fabricación, lo cual dificultaría el poder garantizar la calidad y seguridad de los medicamentos. No cumplir con las regulaciones estrictas (como GMP o FDA) podría acarrear sanciones legales, multas y prohibiciones de comercialización.

◔ **Consecuencia:** riesgos para la salud de los pacientes por medicamentos de baja calidad y pérdida de credibilidad para la empresa farmacéutica y riesgos de salud pública.

➲ **Sector alimentario.** Para garantizar la calidad y la trazabilidad de los productos de consumo:

◔ **Problema:** sin un sistema MES, sería complejo garantizar la trazabilidad de los productos, lo cual dificultaría identificar rápidamente lotes contaminados en caso de alerta sanitaria. La calidad de los productos podría verse comprometida por falta de controles automatizados durante la producción.

◔ **Consecuencia:** riesgos para la salud pública, costes elevados por retiros de productos del mercado y daño a la reputación de la marca, y riesgos de salud pública.

➲ **Sector de la electrónica.** Para gestionar operaciones complejas en la producción de dispositivos tecnológicos:

◔ **Problema:** sin un MES, gestionar las operaciones complejas de producción de dispositivos tecnológicos se volvería propenso a errores humanos, retrasos y fallos en la calidad. La falta de trazabilidad dificultaría localizar problemas en los componentes, lo que afectaría a la eficiencia de los procesos de reparación o soporte técnico.

◔ **Consecuencia:** productos defectuosos en el mercado, aumento de devoluciones y pérdida de competitividad frente a empresas con procesos optimizados.

APLICACIÓN PRÁCTICA

En el sector alimentario, ¿qué problema crítico podría surgir si no se implementa un Sistema MES para gestionar la calidad y trazabilidad de los productos de consumo?

Solución

En el sector alimentario, la falta de un sistema MES dificulta la trazabilidad de los productos, lo que puede generar demoras para identificar y retirar lotes contaminados en caso de darse una alerta sanitaria. Esto no solo afecta a la seguridad pública, sino también a la reputación de la marca. El problema puede derivar en significativas pérdidas económicas. Implementar un MES garantiza controles automatizados y una respuesta ágil ante cualquier incidente.

Con el siguiente ejemplo se podrá explorar cómo los sistemas MES no solo optimizan la producción y garantizan el cumplimiento normativo, sino que también fortalecen la ciberseguridad de una empresa. Se verá cómo MES protege datos críticos, registra actividades en tiempo real y asegura que los procesos productivos cumplan con estándares de seguridad. El objetivo es advertir cómo se puede evitar asumir riesgos que puedan comprometer tanto la calidad de los productos como la integridad de la infraestructura digital utilizando tecnología MES. En definitiva, podrás comprobar fácilmente cómo **un sistema MES puede convertirse en una herramienta clave para la seguridad y eficiencia de las empresas.**

EJEMPLO

Una empresa del sector alimentario que implementa un sistema MES asegura el cumplimiento de estándares como el ISO 22000 (gestión de seguridad alimentaria) y también protege su infraestructura digital frente a ciberataques. MES registra, en un ecosistema digital controlado, cada fase del proceso productivo, documentando digitalmente datos críticos, usuarios autorizados, etc.

Continúa en página siguiente >>

<< Viene de página anterior

En cuanto a la optimización de la ciberseguridad, MES integra estas medidas tipo:

1. Control de accesos: significa que solamente el personal autorizado puede realizar modificaciones en los procesos o acceder a datos sensibles.
2. Registro de auditoría: permite que cada acción sea documentada, identificando actividades sospechosas o no autorizadas.
3. Protección de datos en tiempo real: los datos extractados y analizados se almacenan en servidores seguros con protocolos de encriptación, lo que minimiza el riesgo de manipulación o sustracción.
4. Configuraciones de ciberseguridad automatizadas: evitan interrupciones en la producción por amenazas digitales. A esto se le llama eficiencia operativa.
5. Alertas inmediatas al equipo de TI, si ocurre una posible vulnerabilidad: esto permite una rápida toma de decisiones para contener el riesgo, por lo que esta empresa basa estas decisiones en información de valor.
6. Trazabilidad y controles integrados del MES: garantizan que los productos sean seguros, incluso frente a riesgos cibernéticos que podrían comprometer su integridad.

En este ejemplo, el uso de sistemas MES no solo asegura el cumplimiento de normativas operativas, sino que también se convierte en una herramienta esencial para cumplir con estándares de ciberseguridad, protegiendo tanto los procesos como los propios datos que gestiona la empresa.

4.3. Operaciones industriales digitalizadas: herramientas, evolución e implementación

Dentro del contexto de la **maquinaria industrial** y los **Sistemas MES,** los **PLC** *(Programable Logic Controller)* o **controladores lógicos programables** tienen un papel relevante. Funcionan como el puente entre el *hardware* de las máquinas y los sistemas de gestión avanzados. En este marco, los PLC son fundamentales para habilitar las **operaciones industriales digitalizadas,** un concepto central en la evolución de la industria moderna.

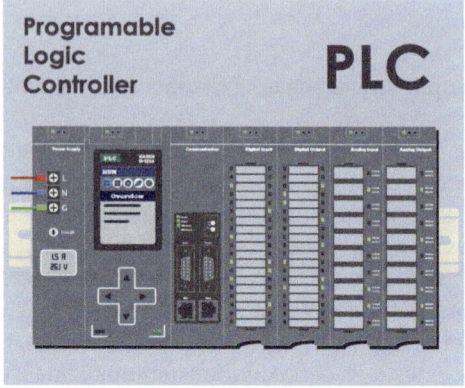

Los PLC permiten automatizar y controlar procesos industriales de forma precisa, al facilitar la integración de diferentes equipos y garantizar la conectividad con sistemas MES para la supervisión en tiempo real.

Contar con conocimientos y habilidades para programar PLC no solo mejora la eficiencia operativa de las máquinas, sino que también asegura que los procesos estén alineados con estándares de calidad, trazabilidad y seguridad en la industria moderna.

A continuación, se explora cómo asimilar estas competencias, a fin de aprovechar al máximo las ventajas de la automatización:

⊃ **Conocimiento sobre conceptos básicos**

    ʊ Conocer qué es un PLC, cómo funciona y cuál es su rol en la automatización.

    ʊ Conocer los lenguajes de programación más utilizados, como Ladder Logic, FBD *(Functional Block Diagram)* o Structured Text.

⊃ **Conocimiento del *hardware* del PLC**

    ʊ Identificar las entradas (sensores) y salidas (actuadores) que interactúan con el PLC.

    ʊ Entender los módulos del PLC, como fuentes de alimentación, módulos de entrada/salida y comunicaciones.

⊃ **Programación de procesos**

    ʊ Diseñar programas que controlen tareas específicas, como secuencias de encendido/apagado de motores, control de transportadores o monitoreo de sensores.

> Usar *software* específico (como Siemens TIA Portal, Allen-Bradley RS-Logix) para desarrollar y probar programas.

⮑ **Simulación y prueba de programas**

> Implementar programas en entornos simulados antes de transferirlos a equipos reales para asegurar su correcto funcionamiento.
> Identificar y resolver errores durante las pruebas.

⮑ **Habilidades prácticas en integración**

> Aplicar el conocimiento teórico para configurar sistemas industriales completos.
> Garantizar que el PLC se comunique eficazmente con otros dispositivos, como sistemas SCADA o HMI.

⮑ **Seguridad en programación**

> Aplicar medidas para proteger los programas del PLC contra fallos o accesos no autorizados.
> Incorporar paradas de emergencia y protocolos de seguridad en los sistemas automatizados.

 IMPORTANTE

La automatización industrial avanzada requiere profesionales de la programación que comprendan tanto las capacidades del *hardware* y *software* de los PLC como los riesgos asociados a su uso. **Integrar ciberseguridad desde el diseño y la programación** no es solo una recomendación, sino una necesidad, para garantizar la continuidad operativa, la seguridad de los trabajadores y la protección de los datos industriales frente a amenazas externas e internas. Solo así se podrán aprovechar plenamente las ventajas de la automatización en un entorno seguro y confiable.

La transformación hacia operaciones digitalizadas implica el uso de herramientas, como son los sensores IoT, los sistemas SCADA, el HMI y el análisis de datos en tiempo real. Estos instrumentos trabajan de forma integrada con los PLC para optimizar cualquier tipo de proceso industrial.

La evolución de estas operaciones ha llevado a la creación de fábricas inteligentes, donde la interoperabilidad y la automatización avanzada son la norma.

 **DEFINICIÓN**

Interoperabilidad

Capacidad de diferentes sistemas, dispositivos o aplicaciones para comunicarse, intercambiar información y trabajar de forma conjunta con eficiencia y eficacia, sin necesidad de modificaciones añadidas. En un entorno industrial, garantiza que tecnologías como PLC, sistemas MES, SCADA y dispositivos IoT puedan integrarse y operar como un ecosistema cohesivo, facilitando la automatización y la toma de decisiones en tiempo real.

Sin embargo, implementar la digitalización de operaciones requiere un enfoque integral, considerando aspectos tan importantes como la **ciberseguridad**, la **capacitación en nuevas tecnologías** y el **diseño de procesos resilientes frente a interrupciones.** Así pues, los PLC se convierten en una pequeña pieza pero clave para conectar las herramientas digitales con las necesidades prácticas de la producción, lo que asegura que la industria pueda aprovechar las ventajas de la automatización en un entorno seguro y eficiente.

 **IMPORTANTE**

En este vínculo entre PLC y las operaciones industriales digitalizadas destaca la importancia de evolucionar desde sistemas tradicionales hacia entornos

Continúa en página siguiente >>

<< Viene de página anterior

plenamente conectados y automatizados, donde cada componente, desde el *hardware* hasta los sistemas de gestión, esté alineado con los objetivos de eficiencia y sostenibilidad de la Industria 4.0.

---

5. Aproximación a la Industria X.0

👉 HILO CONDUCTOR

En su recorrido, Mario descubre un concepto nuevo y ambicioso: la Industria X.0, una evolución de la conocida Industria 4.0. Este concepto abarca no solo la conectividad y la digitalización, sino también la integración de tecnologías emergentes como la inteligencia artificial, el *blockchain* y realidad aumentada en entornos industriales. Mario se encuentra con el reto de comprender cómo estas tecnologías pueden aplicarse a su planta, haciendo posible una producción personalizada, en tiempo real y totalmente conectada. A medida que avanza, se da cuenta de que está participando en el futuro de la industria, donde las máquinas y los sistemas son cada vez más inteligentes y autónomos.

La **Industria X.0, industria inteligente** o *Smart Industry* representa la evolución natural de la **Industria 4.0** hacia un entorno aún más conectado, autónomo y centrado en la integración total de tecnologías avanzadas y datos.

El concepto de Industria X.0 engloba no solo la digitalización de los procesos, sino también su transformación mediante la personalización masiva, la hiperconectividad y el uso intensivo de la inteligencia artificial y el aprendizaje automático o machine learning.

Antes de profundizar en el ambicioso concepto de la Industria X.0, es fundamental comprender su base: la **Industria 4.0.** Este modelo revolucionó los procesos industriales tradicionales al incorporar tecnologías emergentes, transformando las plantas industriales en ecosistemas inteligentes.

Explorar la Industria 4.0 nos permitirá comprender cómo estas tecnologías disruptivas sentaron las bases para la evolución exponencial hacia la Industria X.0, donde la conectividad, la autonomía y la hiperpersonalización llevan la digitalización a un nivel completamente nuevo.

A continuación, se analizan los pilares y las características de la Industria 4.0 para establecer un contexto sólido antes de avanzar hacia su siguiente versión.

5.1. Introducción a la Industria 4.0 y siguientes versiones

Ya se ha visto que diversas herramientas tecnológicas trabajan de forma conjunta para transformar las plantas de producción tradicionales en ecosistemas industriales inteligentes. Esta gran orquesta de tecnología, equipos y componentes son instrumentos clave que permiten mejorar la eficiencia, la trazabilidad y la calidad en todas las operaciones industriales. Su integración con otras **tecnologías disruptivas** las posiciona como un elemento fundamental de la **Industria 4.0.**

 **DEFINICIÓN**

Tecnologías disruptivas
Son innovaciones que transforman radicalmente un sector, alterando modelos tradicionales y creando nuevas formas de operar, competir o interactuar. Estas tecnologías generan un cambio significativo, al introducir soluciones más eficientes, accesibles o avanzadas, desplazando métodos establecidos y redefiniendo estándares en diversas industrias.

La digitalización en la industria ha transformado las operaciones tradicionales mediante el uso de tecnologías avanzadas, como son los **gemelos digitales,** el **IoT industrial,** el *big data* y la **inteligencia artificial.** Estas herramientas permiten monitorizar, analizar y optimizar procesos con gran eficacia y eficiencia.

Seguidamente se descubren algunas **tecnologías disruptivas** que están redefiniendo cómo operan las fábricas modernas:

- **Gemelos digitales.** Llamados también digital *twins.* Son réplicas virtuales de procesos, máquinas o sistemas que permiten realizar pruebas, simulaciones y optimización sin intervenir directamente en el entorno físico. Estas herramientas son clave para predecir el rendimiento, identificar fallos potenciales y mejorar la eficiencia operativa.
- **IoT industrial.** Red de sensores y dispositivos conectados que recopilan y transmiten datos en tiempo real desde equipos y procesos. Estos datos se integran con sistemas de gestión para monitorear, analizar y optimizar operaciones, lo que facilita la toma de decisiones basada en información de valor precisa.
- ***Big data.*** Conjunto de tecnologías que permite recopilar, almacenar y analizar grandes volúmenes de datos generados por sensores, sistemas y operaciones. Su capacidad para identificar patrones y tendencias ayuda a prever problemas, reducir costes y mejorar la productividad en las plantas industriales.
- **Inteligencia artificial.** Herramientas avanzadas que automatizan tareas complejas, como los análisis predictivos, el mantenimiento preventivo o la detección de anomalías. La IA mejora la precisión, optimiza procesos y permite prever problemas antes de que ocurran, lo que aumenta la resiliencia de las operaciones.
- ***Cloud computing.*** Plataforma basada en la nube que permite almacenar, gestionar y procesar datos en servidores remotos, accesibles desde cualquier ubicación. En operaciones digitalizadas, el *cloud computing* facilita la colaboración en tiempo real, reduce grandes costes de infraestructura local y asegura escalabilidad para el crecimiento de los sistemas industriales.
- ***Blockchain.*** Tecnología de registro distribuido que permite almacenar información de manera segura, transparente e inmutable a través de una red de nodos descentralizados. Cada transacción o dato registrado se organiza en bloques encadenados cronológicamente, lo cual garantiza la integridad y la trazabilidad. En el ámbito industrial, *blockchain* se utiliza para mejorar la trazabilidad de productos, asegurar la autenticidad de datos y optimizar cadenas de suministro mediante contratos inteligentes y registros auditables.

PARA SABER MÁS

Accede al artículo de Fernández y Pajares (2022): "La digitalización del mundo industrial", que aborda la transformación que la Industria 4.0 está generando en los procesos productivos. En él se destaca la importancia de integrar tecnologías como el internet de las cosas (IoT), la analítica en tiempo real y la convergencia entre las operaciones de planta y los procesos de gestión. Además, se resalta cómo la digitalización industrial mejora la eficiencia y abre nuevas oportunidades para modelos de negocio innovadores. Accede al artículo desde aquí:

https://redirectoronline.com/ifct00500203

 ACTIVIDAD COMPLEMENTARIA

9. Reflexiona sobre las siguientes preguntas relacionadas con las tecnologías disruptivas en las operaciones digitalizadas de la Industria 4.0.

¿Cuál de las tecnologías disruptivas (gemelos digitales, IoT industrial, *big data*, IA, *cloud computing* o *blockchain)* consideras que tiene el mayor impacto en la optimización de procesos industriales? ¿Por qué?

¿Qué desafíos crees que implica la implementación del *blockchain* en comparación con tecnologías como el IoT o *big data* en las plantas industriales?

¿Cómo podría la integración de tecnologías como la IA con los gemelos digitales transformar la predicción de fallos y la mejora operativa?

Según tu perspectiva, ¿cuál será la próxima tecnología disruptiva que emergerá en la Industria 4.0? ¿Cómo crees que afectará a las operaciones digitales actuales?

Al igual que en la Industria 4.0, algunas tecnologías, como los gemelos digitales, el IoT industrial y el *big data,* son fundamentales, pero en la Industria X.0 se integran con nuevas herramientas, como la **computación cuántica, la realidad extendida** y los **sistemas autónomos avanzados.** Estas incorporaciones permiten un nivel de eficiencia y personalización sin precedentes.

A continuación, una breve explicación de estos **nuevos actores tecnológicos:**

⮞ **Computación cuántica.** La computación cuántica es una tecnología emergente basada en los principios de la mecánica cuántica, como la superposición y el entrelazamiento. A diferencia de los ordenadores clásicos, que procesan información en bits (0 o 1), los ordenadores cuánticos utilizan cúbits, lo que les permite realizar cálculos exponencialmente más rápidos para problemas complejos.
Papel relevante en la transición hacia la Industria X.0

- ☽ **Optimización avanzada.** Resuelve problemas de optimización en tiempo real, como la planificación de rutas logísticas o la asignación eficiente de recursos en las cadenas de suministro.
- ☽ **Modelado y simulación.** Permite simular materiales, procesos químicos o interacciones físicas a niveles sin precedentes, acelerando la innovación en los nuevos productos.
- ☽ **Ciberseguridad.** Fortalece la protección de datos mediante algoritmos cuánticos resistentes a ataques, asegurando la integridad de sistemas industriales hiperconectados.

⮞ **Realidad extendida.** La realidad extendida (XR) engloba tecnologías como la realidad virtual (VR), la realidad aumentada (AR) y la realidad mixta (MR), que combinan entornos físicos y digitales para crear experiencias inmersivas e interactivas.
Papel relevante en la transición hacia la Industria X.0

- ☽ **Capacitación y simulación.** Facilita la formación inmersiva de empleados, mediante entornos virtuales que replican procesos industriales, con lo que se reducen riesgos y costes.
- ☽ **Mantenimiento predictivo.** Los técnicos pueden usar AR para visualizar datos en tiempo real de máquinas y equipos, para hacer las reparaciones rápidas y precisas.
- ☽ **Diseño y prototipado.** Permite a los ingenieros interactuar con prototipos digitales en 3D antes de fabricar productos, con lo que se optimiza el diseño y se reduce el tiempo de lanzamiento al mercado.

⊃ **Sistemas autónomos avanzados.** Los sistemas autónomos avanzados combinan inteligencia artificial, robótica y sensores para realizar tareas complejas sin la intervención humana. Estos sistemas toman decisiones basadas en datos en tiempo real y aprendizaje automático o *machine learning*. **Papel relevante en la transición hacia la Industria X.0**

◑ **Producción flexible.** Los robots autónomos pueden adaptarse dinámicamente a los cambios en la producción, lo que permite una personalización masiva eficiente.

◑ **Logística inteligente.** Los vehículos autónomos y los drones optimizan la entrega de materiales y productos en las cadenas de suministro automatizadas.

◑ **Monitoreo ambiental.** Los sistemas autónomos detectan y responden a condiciones adversas en entornos industriales, lo que garantiza que las operaciones sean seguras y sostenibles.

 IMPORTANTE

A diferencia de su predecesora, la Industria X.0 enfatiza la colaboración entre humanos y máquinas mediante interfaces intuitivas y procesos centrados en el cliente. Esto significa que las operaciones no solo se optimizan para la productividad, sino que también se adaptan a las demandas específicas del mercado en tiempo real. Las tecnologías disruptivas, como *blockchain*, combinadas con análisis predictivos basados en la inteligencia artificial, aseguran transparencia y confianza en toda la cadena de suministro, lo cual facilita la creación de ecosistemas industriales dinámicos y resilientes. En este contexto, la Industria X.0 redefine el concepto de fábrica inteligente, posicionándola como un sistema adaptativo y orientado al futuro, alineado con las necesidades del entorno digital global.

5.2. Los niveles ISA-95 y la transición de la Industria 4.0 a la Industria X.0

Los **niveles ISA-95** y las **Industrias 4.0 y X.0** están estrechamente relacionados, ya que todos abordan la organización, la integración y la optimización de los sistemas industriales.

Los **niveles ISA-95** son un estándar internacional desarrollado para ayudar a las empresas a organizar, integrar y optimizar sus sistemas industriales. Este modelo establece una estructura jerárquica que divide las operaciones industriales en niveles, desde las máquinas y sensores en la planta hasta los sistemas de gestión empresarial. Su objetivo principal es garantizar que todos los sistemas de una fábrica puedan comunicarse entre sí de manera eficiente y sin problemas.

Niveles ISA-95

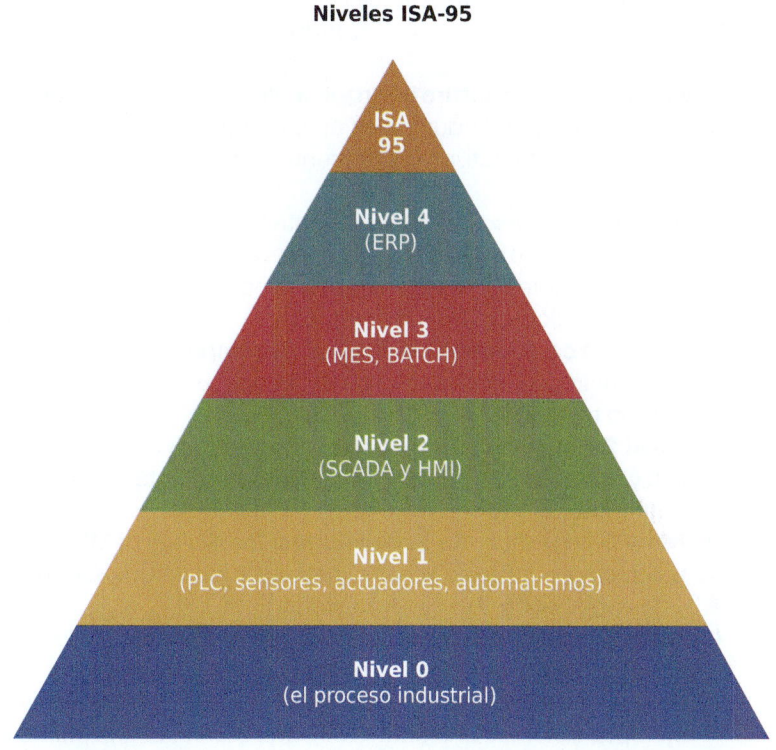

 **IMPORTANTE**

Mientras que la Industria 4.0 busca digitalizar y conectar todos los aspectos de la manufactura para crear fábricas inteligentes, la Industria X.0 amplía este enfoque integrando tecnologías emergentes y sistemas avanzados de fabricación que permiten a las empresas maximizar la productividad y minimizar errores,

Continúa en página siguiente >>

<< Viene de página anterior

redefiniendo la industria moderna. Los niveles ISA-95 son una hoja de ruta que organiza las operaciones industriales, conectando máquinas, sistemas y personas para lograr una fábrica más eficiente, conectada y preparada para el futuro.

A continuación, descubrirás la relación que se establece entre ISA-95, PLC, maquinaria industrial, sistemas MES, Industria 4.0 e Industria X.0.

- **Niveles ISA-95: estructura jerárquica de integración.** Los niveles ISA-95 dividen los sistemas industriales en cinco niveles, lo que permite comprender cómo interactúan los diferentes componentes y tecnologías:

  - **Nivel 0 o proceso físico:** representa las máquinas, los sensores y los actuadores que realizan tareas físicas en la producción, como robots, transportadores y sistemas autónomos. Una cortadora láser o un brazo robótico son buenos ejemplos.
  - **Nivel 1 o control básico:** los PLC desempeñan un papel esencial al ejecutar instrucciones para controlar máquinas y recolectar datos en tiempo real.
  - **Nivel 2 o supervisión y control:** los sistemas SCADA y HMI supervisan y controlan los procesos de manera eficiente, reduciendo errores humanos.
  - **Nivel 3 o gestión de operaciones:** los Sistemas MES gestionan la producción, la trazabilidad, la calidad y los recursos, conectando niveles operativos con niveles estratégicos.
  - **Nivel 4 o gestión empresarial:** los sistemas ERP *(Enterprise Resource Planning)* planifican la producción y gestionan los inventarios, basándose en los datos proporcionados por los niveles inferiores. Por ejemplo, sistemas ERP como SAP, que conectan una planta industrial con el área administrativa.

- **Industria 4.0: digitalización y conectividad.** La Industria 4.0 elimina barreras entre estos niveles por medio de los siguientes elementos:

  - La conectividad total, que integra dispositivos desde el nivel 0 al nivel 4 mediante IoT y sistemas de análisis en tiempo real.
  - El análisis avanzado, que usa el big data y la inteligencia artificial para procesar datos y optimizar los procesos industriales.
  - La automatización inteligente, que permite decidir en tiempo real sin intervención humana, con lo que se mejora la eficiencia operativa.

⊃ **Industria X.0: hacia la autonomía y personalización.** La Industria X.0 se construye sobre los cimientos de la Industria 4.0, pero incorpora sistemas avanzados de fabricación y tecnologías transformadoras, como la computación cuántica, la realidad extendida y los sistemas autónomos avanzados. La combinación de estas tecnologías con herramientas digitales redefine la industria moderna, pues mejora la competitividad de las empresas en un entorno cada vez más volátil, incierto, complejo y ambiguo, a la par que exigente.

TAREA 10

Imagina que diriges una planta industrial. Necesitas conectar y optimizar todos los niveles de producción, desde las máquinas y los sensores hasta los sistemas de gestión empresarial. Para alcanzar una transición exitosa hacia la Industria X.0 es fundamental construir una base sólida, utilizando los niveles ISA-95 como hoja de ruta.

Basándote en esto, explica a través de un ejemplo práctico la asociación de los niveles ISA-95 con la creación de una base estructurada que integra maquinaria industrial, sistemas MES y PLC, esenciales para avanzar de la Industria 4.0 hacia la Industria X.0.

- -

La **ciberseguridad industrial** es clave para proteger los sistemas críticos de las plantas de producción frente a amenazas modernas. A través de **seis escenarios prácticos de ataque y defensa,** podrás explorar situaciones reales, como *malware* en sistemas SCADA, ataques DDoS o manipulación de datos en sensores, para aprender estrategias efectivas para mitigar estos riesgos:

⊃ **Escenario 1: ataque por *malware* en sistemas SCADA.** Un atacante introduce *malware* en un sistema SCADA, lo que afecta a la capacidad de monitoreo y control de la planta industrial.
Objetivo de defensa:

  ⟁ Identificar y aislar el sistema infectado.
  ⟁ Restaurar las operaciones seguras mediante un *backup* limpio.

Resolución:

- Implementar monitoreo en tiempo real con herramientas de detección de *malware*.
- Utilizar segmentación de redes para contener la propagación.
- Restaurar el sistema desde un *backup* verificado y actualizado.

○ **Escenario 2: intercepción de datos mediante ataque *Man-in-the-Middle* (MITM).** Un atacante se posiciona entre dos dispositivos de una red industrial y captura datos sensibles transmitidos sin cifrado.
Objetivo de defensa:

- Proteger la comunicación mediante cifrado y autenticación.

Resolución:

- Activar cifrado robusto, como TLS, para proteger los datos en tránsito.
- Implementar la autenticación entre los dispositivos.
- Configurar el monitoreo continuo para detectar cualquier actividad anómala en la red.

○ **Escenario 3: sobrecarga de red mediante ataque DDoS.** Un ataque de denegación de servicio distribuido sobrecarga los sistemas de comunicación industrial e interrumpe las operaciones.
Objetivo de defensa:

- Mitigar el ataque y mantener la continuidad operativa.

Resolución:

- Usar *firewalls* industriales con capacidad de filtrado de tráfico DDoS.
- Implementar balanceadores de carga para evitar puntos de saturación.
- Activar un plan de respuesta que priorice las operaciones críticas.

○ **Escenario 4: acceso no autorizado mediante credenciales robadas.** Un atacante obtiene credenciales válidas y accede a un sistema industrial para alterar las configuraciones críticas.
Objetivo de defensa:

- Prevenir los accesos no autorizados y detectar las intrusiones.

Resolución:

- Implementar la autenticación multifactor (MFA) para sistemas críticos.
- Configurar alertas de accesos inusuales o fuera de horario.
- Cambiar inmediatamente las credenciales comprometidas y auditar los accesos previos.

- **Escenario 5: modificación de datos en sensores mediante *spoofing*.** El atacante manipula los datos enviados por un sensor, lo cual provoca decisiones incorrectas en el control del sistema.
  Objetivo de defensa:

  - Detectar y mitigar las manipulaciones en los datos.

  Resolución:

  - Validar la autenticidad de los datos con protocolos seguros (por ejemplo, autenticación de dispositivos).
  - Implementar la redundancia de sensores para verificar las inconsistencias.
  - Utilizar algoritmos de detección de anomalías basados en la inteligencia artificial.

- **Escenario 6: intrusión mediante dispositivos externos no autorizados.** Un empleado conecta un dispositivo USB infectado en el sistema, lo que permite al atacante un punto de entrada a la red.
  Objetivo de defensa:

  - Controlar el uso de dispositivos externos en los sistemas industriales.

  Resolución:

  - Deshabilitar puertos USB en las estaciones críticas o utilizar *software* de control de dispositivos.
  - Escanear automáticamente cualquier dispositivo conectado antes de autorizar su uso.
  - Capacitar al personal en las políticas de ciberseguridad para minimizar los errores humanos.

⊕ PARA SABER MÁS

La ejecución de estos casos en plataformas como *Cybertix-Cybring* proporciona una experiencia interactiva y directa, lo cual mejora la capacidad para identificar vulnerabilidades, mitigar riesgos y responder de manera eficaz ante incidentes en las redes industriales.

Accede a la plataforma desde aquí:

https://redirectoronline.com/ifct00500204

6. Resumen

Como guía para identificar los elementos fundamentales que integran la automatización y digitalización industrial, la información esquematizada resume y refuerza cómo las herramientas tecnológicas permiten a las empresas avanzar hacia un modelo más inteligente y conectado propio de la Industria 4.0 y el modelo de industria inteligente que le sigue, la Industria X.0.

Esquema de los fundamentos básicos industriales de las tecnologías de la operación en los sistemas industriales de comunicación y producción

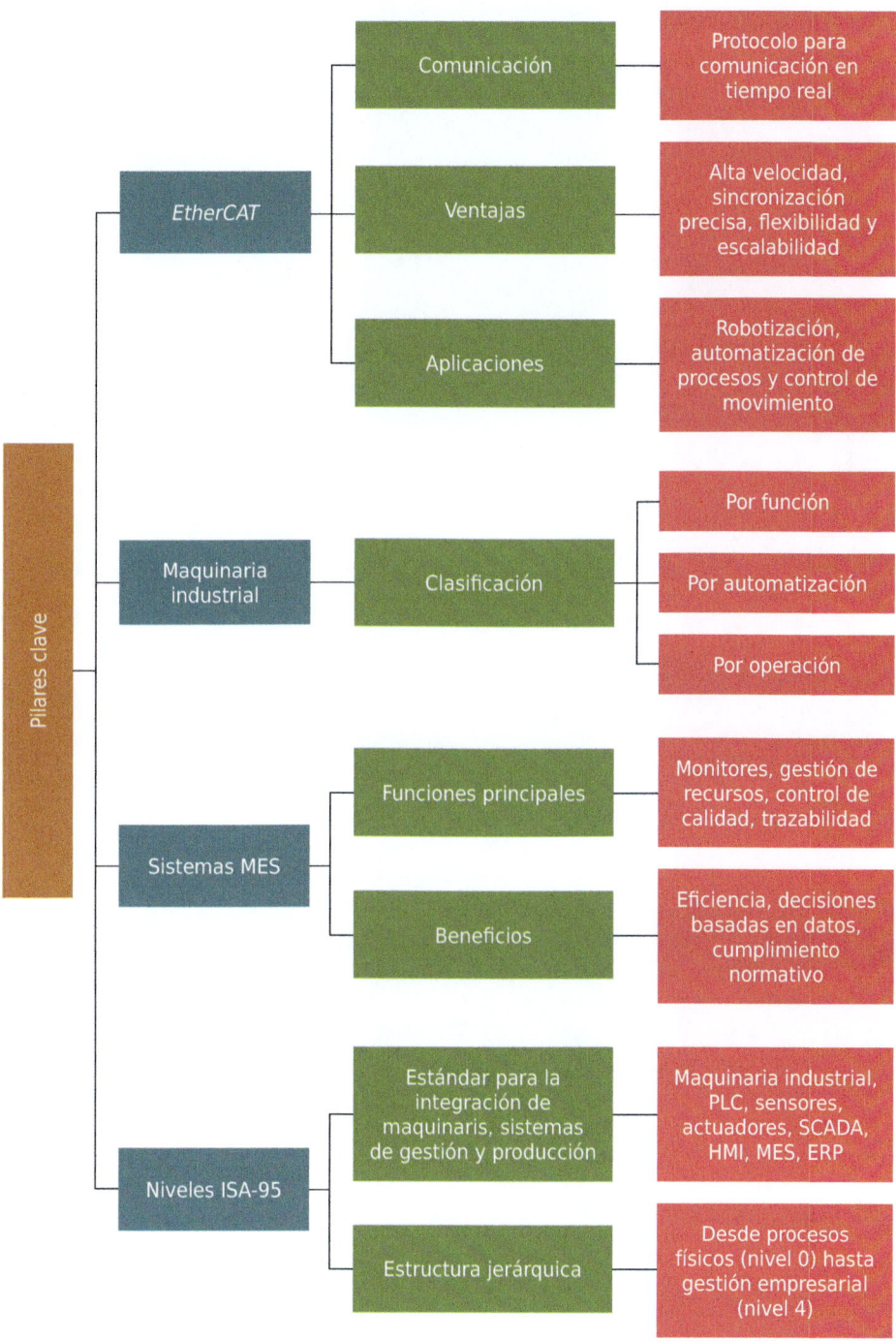

Ejercicios de autoevaluación
Unidad de Aprendizaje 4

1. Indica si las siguientes afirmaciones son verdaderas o falsas.

a. La Industria X.0 o industria inteligente se caracteriza por el uso de herramientas innovadoras como la inteligencia artificial, el internet de las cosas, los gemelos digitales y la robotización colaborativa, tecnologías que transforman no solo los procesos productivos, sino también las formas de interacción entre máquinas, datos y personas.

- Verdadero
- Falso

b. *EtherCAT (Ethernet for Control Automation Technology)* es un protocolo de comunicación desarrollado por Beckhoff Automation para entornos industriales que requieren transmisión de datos en tiempo real.

- Verdadero
- Falso

c. Aunque está diseñado para responder a las exigencias de precisión, velocidad y flexibilidad, *EtherCAT* no consigue optimizar procesos críticos con la eficiencia deseada.

- Verdadero
- Falso

2. ¿Qué estándar internacional organiza e integra los sistemas industriales?

a. ISO 9001
b. GMP
c. ISA-95
d. FDA

3. ¿Qué nivel de ISA-95 interactúa directamente con los sensores y los actuadores?

    a. Nivel 4
    b. Nivel 2
    c. Nivel 0
    d. Nivel 1

4. ¿Qué nivel de ISA-95 corresponde a la gestión empresarial?

    a. Nivel 1
    b. Nivel 3
    c. Nivel 0
    d. Nivel 4

5. ¿Qué función cumplen los sistemas MES en una fábrica?

    a. Supervisan las tareas administrativas.
    b. Controlan las redes industriales.
    c. Gestionan, monitorizan y optimizan los procesos de fabricación en tiempo real.
    d. Conectan los dispositivos IoT en la nube.

6. ¿Qué tipo de maquinaria está diseñada para transformar las materias primas en productos finales?

    a. Maquinaria de manipulación
    b. Maquinaria de producción
    c. Maquinaria de inspección
    d. Robots articulados

7. ¿Qué nivel de automatización tiene una máquina que requiere intervención humana para iniciar procesos?

    a. Automática
    b. Semiautomática
    c. Manual
    d. Computerizada

8. ¿Qué nivel de ISA-95 usa ERP para coordinar inventarios?

    a. Nivel 1
    b. Nivel 2
    c. Nivel 3
    d. Nivel 4

9. ¿Qué protocolo estándar utilizan los sistemas MES para conectarse con las máquinas industriales?

    a. HTTP
    b. *OPC UA*
    c. *Bluetooth*
    d. *Ethernet*

10. ¿Qué tecnología permite rastrear y gestionar objetos sin contacto físico?

    a. Códigos de barras
    b. RFID
    c. *Bluetooth* clásico
    d. *Ethernet*

Introducción a la ciberseguridad industrial avanzada. Redes y protocolos industriales

Contenido

Objetivos

El objetivo general de esta Unidad de Aprendizaje es:

→ Introducción a los aspectos específicos relacionados con la ciberseguridad en el entorno industrial, como sistemas ICS-SCADA, redes industriales, amenazas y estándares, para comprender todos los componentes que pueden comprometer la ciberseguridad industrial y la relación entre ellos.

Los objetivos específicos de esta Unidad de Aprendizaje son:

→ Conocer las normas de seguridad y salud laboral, así como de las instrucciones técnicas de instalación.

→ Analizar los conceptos de seguridad y sus riesgos asociados en plantas industriales.

→ Conocer la seguridad de la información y la tecnología aplicada a procesos industriales.

1. Introducción

La **ciberseguridad industrial** se ha convertido en un pilar esencial en las plantas industriales modernas, donde la digitalización y la interconectividad traen consigo tanto oportunidades como importantes riesgos.

En este entorno, el cumplimiento de las normas de seguridad y salud laboral, junto con las instrucciones técnicas de instalación, no solo protege a los trabajadores y las operaciones, sino que también garantiza la integridad de los sistemas críticos. Por ello es fundamental despertar el interés por la seguridad de la información y la tecnología aplicada a procesos industriales, promoviendo una actitud proactiva frente a las amenazas emergentes.

Conocer los conceptos de seguridad y los riesgos asociados en las instalaciones industriales permite al personal cualificado identificar y mitigar vulnerabilidades antes de que se traduzcan en fallos catastróficos. En este contexto, Mario, un ingeniero comprometido con la seguridad de TechSystems, nos guiará a través de su experiencia, ayudándonos a comprender y aplicar estos principios en situaciones reales.

2. Identificación de los componentes ICS/SCADA

☞ HILO CONDUCTOR

En su primer día en la planta, Mario se encuentra con un ecosistema complejo compuesto por sistemas ICS y SCADA, esenciales para la supervisión y el control de procesos industriales. Mientras realiza un recorrido inicial, recuerda que las diferencias entre la ciberseguridad IT y OT son clave para proteger estos entornos críticos. Observa cómo cada componente, desde los controladores lógicos programables (PLC) hasta las estaciones HMI *(Human-Machine Interface)*, interactúan para mantener la producción en marcha, y empiezan a mapear los puntos vulnerables que podrían comprometer la seguridad del sistema.

En las plantas industriales más innovadoras, los **sistemas ICS** *(Industrial Control Systems)* y **SCADA** *(Supervisory Control and Data Acquisition)* son el núcleo de las operaciones. Permiten el monitoreo y control de procesos críticos, como la producción de productos, el suministro de energía o incluso la distribución del agua. Para proteger estos sistemas, es fundamental entender cómo funcionan, qué los compone y por qué son diferentes de los sistemas informáticos tradicionales conocidos como *Information Technology* o **IT**.

Los sistemas IT son aquellos diseñados para gestionar, procesar, almacenar y transmitir información dentro de una organización. Su objetivo principal es facilitar la toma de decisiones, optimizar los procesos administrativos y mejorar la comunicación y colaboración entre las personas.

 **NOTA**

Los sistemas IT están presentes de alguna manera en todas las empresas y negocios. Son esenciales para tareas como la gestión de datos de la clientela, la comunicación por correo electrónico, el uso de aplicaciones empresariales o la protección de información sensible.

2.1. Diferencias entre la ciberseguridad IT y OT

El primer paso para comprender la **ciberseguridad industrial** es distinguir entre los **entornos IT** y **OT**. Aunque ambos gestionan sistemas informáticos, sus objetivos, prioridades y riesgos son muy diferentes. Exploremos estas **diferencias:**

⊃ **Diferencias por objetivos principales:**

 ◑ **IT:** se centra en el manejo de datos, como correos electrónicos, bases de datos y sistemas empresariales. La prioridad es garantizar la confidencialidad, integridad y disponibilidad de la información.

◗ **OT:** su enfoque está en el control y monitoreo de procesos físicos, como líneas de producción o sistemas de energía. La prioridad es la disponibilidad y seguridad de los procesos.
Por ejemplo, evitar que una línea de ensamblaje se detenga debido a un ataque cibernético.

➲ **Diferencias por impacto de las ciberamenazas:**

◗ **IT:** la materialización de un ataque cibernético puede derivar en pérdida de datos, interrupciones en la comunicación o violaciones de privacidad.
◗ **OT:** un ciberataque puede poner en peligro la vida humana, causar daños físicos en equipos o incluso interrumpir servicios críticos.
Por ejemplo, una intrusión en la red IT podía provocar filtraciones de datos, pero un ataque en OT podría detener la producción de toda la planta.

➲ **Diferencias por sistemas y tiempos de respuesta:**

◗ **IT:** las actualizaciones y los parches regulares son habituales. Los tiempos de inactividad son tolerables si se programan.
◗ **OT:** los sistemas suelen ser más antiguos y no pueden apagarse fácilmente, ya que cualquier interrupción puede ser catastrófica.
Por ejemplo, planificar una actualización en OT fuera del horario de producción para evitar riesgos.

 ACTIVIDAD COMPLEMENTARIA

10. Reflexiona sobre la siguiente pregunta relacionada con los sistemas informáticos IT y OT. ¿Puedes identificar en tu entorno ejemplos de IT y OT? Piensa en una oficina llena de equipos informáticos frente a una planta industrial con robots en una línea de producción.

Los sistemas IT y OT presentan necesidades de ciberseguridad únicas, derivadas de sus diferencias en objetivos, estructuras y prioridades funcionales. Cada sistema demanda estrategias específicas y medidas técnicas diseñadas para abordar sus particularidades:

● Por un lado, la ciberseguridad IT se enfoca en la protección de datos y la comunicación.
● Mientras que la ciberseguridad OT prioriza la seguridad y continuidad de los procesos físicos críticos.

IMPORTANTE

La integración efectiva de ambos sistemas es fundamental para lograr operaciones seguras, resilientes y adaptadas a las exigencias del entorno digital actual.

Observa la siguiente tabla, que detalla las **diferencias clave que presentan los entornos IT y OT en cuanto a ciberseguridad** se refiere:

Aspecto	Ciberseguridad IT	Ciberseguridad OT
Prioridad	Confidencialidad e integridad	Disponibilidad y seguridad de las operaciones
Parcheo	Frecuente y automatizado	Planificado y con interrupciones mínimas
Redes	Alta conectividad y acceso a internet	Redes aisladas y segmentadas
Sistemas	Sistemas modernos y actualizados	Infraestructuras heredadas y críticas
Impacto de un ataque	Pérdida de datos, reputación	Daños físicos, riesgo humano, interrupciones

A continuación, podrás explorar medidas específicas para asegurar ambos tipos de sistemas, desde la protección de redes en IT hasta la defensa en profundidad en OT. Además, se te mostrarán dos ejemplos que ilustran cómo estas medidas se aplican en la práctica.

Cada apartado está diseñado para ayudarte a comprender mejor los conceptos y estrategias de ciberseguridad en entornos tecnológicos distintos, pero perfectamente integrados, como el IT y OT. A medida que avances, piensa en cómo podrías aplicar estas medidas en tu propio ecosistema industrial.

Descubre cómo los sistemas IT y OT se interconectan y qué estrategias de ciberseguridad se deben aplicar para protegerlos:

⮑ **Ciberseguridad en sistemas IT.** Los sistemas IT manejan datos críticos y sensibles, como información financiera, datos personales de clientes y comunicaciones empresariales. El enfoque de seguridad en IT se centra en proteger los principios de la seguridad de la información: la confidencialidad, la integridad y la disponibilidad de los datos.

   ↻ **Protección de redes y perímetros:**

      ⇕ Uso de *firewalls* **avanzados** para filtrar el tráfico entrante y saliente.
      ⇕ Implementación de **sistemas de detección y prevención de intrusos (IDS/IPS)** para identificar y bloquear actividades maliciosas.
      ⇕ Segmentación de redes mediante VLAN para reducir el impacto de intrusiones.

   ↻ **Gestión de accesos:**

      ⇕ Implementación de **autenticación multifactor (MFA)** para usuarios y sistemas críticos.
      ⇕ Uso de soluciones IAM *(Identity and Access Management)* para administrar permisos basados en roles (RBAC).

   ↻ **Cifrado de datos:**

      ⇕ Cifrado de datos en tránsito mediante protocolos como **TLS 1.2/1.3.**
      ⇕ Cifrado de datos en reposo con **AES-256,** especialmente en bases de datos y sistemas de almacenamiento.

   ↻ **Gestión de vulnerabilidades:**

      ⇕ Aplicación regular de **parches de seguridad** para sistemas operativos y aplicaciones.
      ⇕ Escaneos periódicos con herramientas como *Nessus* o *Qualys* para detectar vulnerabilidades.

   ↻ **Resiliencia ante ataques:**

      ⇕ Realización de copias de seguridad automáticas y pruebas regulares de recuperación.
      ⇕ Implementación de soluciones EDR *(Endpoint Detection and Response)* para responder a ataques en dispositivos finales.

<©> **EJEMPLO**

Una empresa de comercio electrónico protege su sistema IT de la siguiente manera:

1. Usa *firewalls* de nueva generación para segmentar la red interna y evitar ataques de movimiento lateral.
2. Cifra las transacciones con protocolos TLS 1.3, protegiendo los datos financieros de los clientes.
3. Realiza auditorías semanales para verificar que todos los sistemas operativos están actualizados.

➲ **Ciberseguridad en Sistemas OT.** Los sistemas OT controlan procesos físicos críticos, como líneas de producción, generación de energía o transporte. Aquí, la disponibilidad y seguridad de las operaciones son las prioridades principales, ya que una interrupción puede causar daños materiales o humanos.

  ☉ **Segmentación de redes:**

    ⇕ Separación estricta entre redes IT y OT mediante *firewalls* y zonas DMZ *(Demilitarized Zone)*.
    ⇕ Uso de protocolos seguros para la comunicación OT, como **OPC UA** en lugar de protocolos antiguos no cifrados, por ejemplo, Modbus.

  ☉ **Actualización y parches:**

    ⇕ Realización de pruebas extensivas antes de aplicar parches (debido a la naturaleza crítica de OT, es esencial).
    ⇕ Uso de herramientas como ***SCADAfence*** para identificar sistemas OT desactualizados.

  ☉ **Monitorización continua:**

    ⇕ Implementación de soluciones especializadas como ***Nozomi Networks*** o ***CyberX*** para monitorear el tráfico de red OT y detectar anomalías.
    ⇕ Utilización de sistemas SIEM *(Security Information and Event Management)* adaptados a entornos OT.

◔ Gestión de accesos:

⇕ Uso de **accesos remotos seguros** mediante redes VPN y autenticación multifactor.

⇕ Implementación de políticas de acceso estricto: solo el personal autorizado puede interactuar con los sistemas OT.

◔ Defensa en profundidad:

⇕ Protección de equipos físicos con controles de acceso, cámaras de vigilancia y sensores.

⇕ Uso de *firewalls* específicos para OT, como ***TDi ICS-Defender,*** para proteger los dispositivos ICS.

 **EJEMPLO**

En una fábrica, se protege el sistema OT de la siguiente manera:

1. Las redes IT y OT están separadas por una zona DMZ para evitar la propagación de ataques entre ambas.
2. Los PLC se monitorizan en tiempo real con herramientas como *Nozomi Networks* para detectar anomalías en los comandos.
3. Todos los accesos remotos a los sistemas SCADA requieren autenticación multifactor y un túnel VPN cifrado.

 SABÍAS QUE...

Nozomi Networks es una plataforma líder en ciberseguridad industrial, especializada en la supervisión y protección de sistemas de control industrial (ICS) y redes OT. Aunque existen alternativas comerciales, como *Wiz.io, Scrut.io* y *eset PROTECTPLATFORM,* las opciones de código abierto con funcionalidades similares son limitadas.

Una alternativa *open source* que considerar es *Security Onion,* una plataforma de detección y respuesta ante amenazas que integra múltiples herramientas para la

Continúa en página siguiente >>

<< Viene de página anterior

monitorización de redes y análisis de seguridad. Aunque no está específicamente diseñada para entornos OT, puede adaptarse para supervisar redes industriales.

Otra opción es *Snort,* un sistema de detección de intrusiones (IDS) de código abierto que analiza el tráfico de red en tiempo real. Si bien *Snort* no está orientado exclusivamente a entornos industriales, su flexibilidad permite configurarlo para detectar amenazas en redes OT.

Es importante destacar que, aunque estas herramientas ofrecen capacidades de monitoreo y detección, es posible que no proporcionen el mismo nivel de especialización y características avanzadas que soluciones comerciales como *Nozomi Networks.* La elección de una herramienta u otra dependerá siempre de las necesidades específicas del entorno industrial y de los recursos disponibles para su implementación y mantenimiento.

APLICACIÓN PRÁCTICA

Cada sistema tecnológico requiere de estrategias específicas de ciberseguridad, debido a sus prioridades y características únicas. ¿Cuál de las siguientes opciones representa una medida adecuada para proteger los sistemas OT en una planta industrial?

- **Implementación de autenticación multifactor (MFA) para usuarios.**
- **Separación estricta entre redes IT y OT mediante *firewalls* y zonas DMZ.**
- **Cifrado de datos en reposo con AES-256 para bases de datos.**
- **Uso de soluciones IAM *(Identity and Access Management)* para administrar permisos.**

Solución

La separación entre redes IT y OT utilizando *firewalls* y zonas DMZ es una medida fundamental para proteger sistemas OT. Esto asegura que las amenazas provenientes de la red IT no afecten los procesos físicos críticos que dependen de los sistemas OT. Como ejemplo está aislar los PLC de accesos externos y segmentar las redes industriales para limitar la propagación de ataques.

2.2. Componentes ICS

Ahora que ya entendemos las diferencias entre IT y OT, es momento de profundizar en los componentes que hacen posible el funcionamiento de los **sistemas ICS**. Estos elementos trabajan en conjunto para controlar procesos industriales y garantizar que las operaciones sean eficientes y seguras.

Los **sistemas ICS** o **sistemas de control industrial** son el corazón de muchas operaciones industriales. Permiten supervisar y controlar procesos clave con garantía de eficiencia y seguridad. Entender sus **principales componentes** no solo es necesario para garantizar un funcionamiento óptimo, sino también para diseñar estrategias de protección frente a posibles amenazas.

En la siguiente sección, conocerás los **componentes** más importantes de un sistema ICS, desde los PLC que ejecutan tareas específicas hasta los sensores que recogen datos del entorno:

- **Controladores lógicos programables (PLC).** Los PLC son pequeños ordenadores que ejecutan tareas específicas, como encender o apagar una máquina en un momento preciso.
  Por ejemplo, configurar un PLC para controlar la temperatura de un horno industrial. Si la temperatura sube demasiado, el PLC apaga automáticamente el sistema de calefacción.
- **Unidades terminales remotas (RTU).** Las RTU recolectan datos de sensores remotos y los transmiten al sistema central.
  Por ejemplo, al implementar una RTU para monitorear los niveles de agua en un tanque remoto, se envían alertas al sistema SCADA si existen riesgos de desbordamiento.
- **Interfaces hombre-máquina (HMI).** Estas interfaces permiten que los operadores visualicen y controlen los procesos industriales.
  Por ejemplo, utilizar una HMI para mostrar gráficos en tiempo real del rendimiento de una línea de ensamblaje facilita la toma de decisiones rápidas y debidamente informadas basadas en datos.
- **Sistemas de supervisión SCADA.** Los sistemas SCADA recopilan y analizan datos en tiempo real, permitiendo monitorear múltiples procesos desde un solo lugar.
  Por ejemplo, usar el sistema SCADA para detectar anomalías en una turbina eólica antes de que se produzca un fallo crítico.
- **Sensores y actuadores:**

  - **Sensores:** recogen datos del entorno, como temperatura, presión o flujo.
    Por ejemplo, instalar sensores para medir la presión en una tubería de gas.

↻ **Actuadores:** ejecutan acciones basadas en las órdenes de los controladores, como abrir o cerrar una válvula.

Por ejemplo, un actuador en una planta cierra automáticamente una válvula cuando un sensor detecta una fuga.

2.3. Normas de seguridad y salud laboral

En los entornos industriales, la seguridad de los trabajadores y la protección de los equipos son prioridades esenciales. Para garantizar operaciones seguras y eficientes, **los sistemas de control industrial han de cumplir con una serie de normativas internacionales.** Estas regulaciones no solo establecen estándares técnicos, sino que también ayudan a prevenir riesgos laborales y a minimizar el impacto de posibles incidentes.

Entre las principales normativas que deben seguirse se encuentran la **ISO 45001,** que aborda la seguridad y la salud laboral; la **IEC 61511,** que regula los sistemas instrumentados de seguridad en procesos industriales, y la **NFPA 70E,** centrada en la seguridad eléctrica en los lugares de trabajo. Cada una de estas normativas juega un papel clave en la creación de un ecosistema industrial seguro y en la mejora de la gestión de los riesgos.

A continuación, conoce y explora las principales normativas que garantizan la seguridad en entornos industriales:

ISO 45001
- Normativa sobre gestión de seguridad y salud laboral. Esta norma ISO 45001 asegura que las empresas identifiquen riesgos laborales asociados a los sistemas industriales y desarrollen estrategias para mitigarlos.
- Ejemplo: en una planta industrial, un análisis de riesgos identifica que los operadores están expuestos a posibles accidentes al trabajar cerca de maquinaria en movimiento. Como medida preventiva, la empresa implementa barreras físicas y procedimientos de bloqueo/etiquetado *(lockout/tagout)* para evitar el encendido accidental de las máquinas durante las tareas de mantenimiento. Al mismo tiempo, los operadores reciben formación específica sobre cómo trabajar de manera segura en estas áreas.

Continúa en página siguiente >>

<< Viene de página anterior

IEC 61511
- Normativa sobre seguridad en sistemas instrumentados. Esta normativa IEC 61511, como lo es también la IEC 61508, es clave para los procesos industriales, asegura que los sistemas de seguridad como sensores y actuadores funcionen de manera confiable.
- Ejemplo: en una refinería, un sensor mide la presión que hay dentro de un tanque de almacenamiento de gases inflamables. Si la presión supera un límite predefinido, el sensor activa un sistema de seguridad instrumentado que ordena a un actuador abrir una válvula de alivio. Este mecanismo permite liberar el exceso de presión, lo que evita una explosión. La refinería realiza pruebas periódicas para garantizar que tanto los sensores como los actuadores funcionen correctamente.

NFPA 70E
- Normativa sobre seguridad eléctrica. NFPA 70E establece estándares para prevenir riesgos eléctricos en el lugar de trabajo, como arcos eléctricos o descargas.
- Ejemplo: en una instalación eléctrica industrial, los técnicos realizan trabajos en un panel de control de alto voltaje. Según la NFPA 70E, se requiere que usen equipos de protección personal (EPP), como son los guantes y ropa resistente a arcos eléctricos. Igualmente, la instalación adopta procedimientos de desconexión total de la energía (energización cero) antes de comenzar cualquier trabajo, para evitar el riesgo de descargas accidentales.

Protocolo de instalación segura en sistemas ICS

La instalación de un sistema ICS no solo debe garantizar su operatividad, sino también priorizar la seguridad en cada etapa. Uno de los aspectos fundamentales es la **supervisión de conexiones eléctricas,** ya que una instalación incorrecta o desorganizada podría generar fallos operativos, riesgos eléctricos o incluso accidentes muy graves.

A través de prácticas rigurosas, como la documentación adecuada, el etiquetado de cables y la implementación de barreras físicas, es posible asegurar que el sistema sea accesible, seguro y fácil de mantener. Estamos haciendo referencia a los **protocolos de instalación segura.**

Descubre los pasos fundamentales para garantizar la supervisión adecuada de las conexiones eléctricas, incluyendo el cumplimiento de estándares locales, la implementación de sistemas de protección, el etiquetado claro de cables y la instalación de barreras físicas para que el acceso sea seguro y controlado:

‒ **Supervisión de conexiones eléctricas.** La correcta supervisión de las conexiones eléctricas es clave para garantizar que todos los dispositivos del sistema ICS, desde los RTU hasta los actuadores, operen dentro de los parámetros establecidos por las normativas eléctricas tanto locales como internacionales. Esto no solo asegura la eficiencia del sistema, sino que protege a los trabajadores y equipos de posibles fallos eléctricos.

  ‒ **Cumplir con los estándares eléctricos a nivel local:**

    ‒ Verificar que los componentes utilizados estén certificados por organismos reguladores reconocidos, como IEC (organización internacional que desarrolla y publica estándares globales para todas las tecnologías eléctricas, electrónicas y relacionadas, incluyendo sistemas de control industrial o ICS) o UL (organización global dedicada a la seguridad de productos y a la certificación cuya misión es evaluar productos para garantizar que cumplen con los requisitos de seguridad eléctrica, fuego y otros riesgos potenciales).
    ‒ Verificar que las conexiones eléctricas sean compatibles con la carga de trabajo de los dispositivos.

  ‒ **Realizar inspecciones visuales y funcionales:**

    ‒ Comprobar la calidad de las conexiones, como evitar el cableado suelto, terminales corroídos o conexiones inestables.
    ‒ Usar herramientas como multímetros para medir voltajes y corrientes.

  ‒ **Implementar sistemas de protección:**

    ‒ Instalar dispositivos de protección contra sobretensiones o DPS.
    ‒ Incorporar fusibles y disyuntores adecuados al sistema.

‒ **Documentación y etiquetado.** Una buena documentación y etiquetado de cables y conexiones permite identificar rápidamente cualquier componente dentro del sistema. Esto reduce los tiempos de mantenimiento, mejora la trazabilidad y evita errores humanos durante las intervenciones.

Etiquetado claro y duradero:

- Usar etiquetas resistentes al calor, humedad y otros factores ambientales.
- Numerar o codificar cables según un esquema lógico que refleje su función o destino.

Elaborar diagramas eléctricos detallados:

- Crear un mapa completo de las conexiones y los dispositivos del sistema.
- Actualizar los diagramas cada vez que se realicen modificaciones en el sistema.

Registrar historial de intervenciones:

- Mantener un registro de cada ajuste o reparación realizada.
- Incluir detalles como fechas, responsables y componentes reemplazados.

➲ **Barreras físicas y acceso controlado.** La instalación de barreras físicas y el control de acceso son medidas fundamentales para evitar manipulaciones indebidas y proteger tanto los dispositivos como a las personas. Estas barreras restringen el acceso únicamente al personal autorizado, lo cual previene riesgos y mantiene la integridad del sistema.

Instalar cajas de seguridad:

- Proteger componentes sensibles como los PLC y los RTU dentro de gabinetes cerrados con llave.
- Usar materiales resistentes al fuego y al impacto.

Implementar sensores de proximidad:

- Configurar sensores que detecten la presencia de personas en áreas restringidas.
- Conectar estos sensores a sistemas de alarma o notificación en tiempo real.

Establecer controles de acceso:

- Usar sistemas de autenticación, como tarjetas magnéticas o biometría, para permitir el acceso a zonas críticas.
- Registrar quién accede y cuándo mediante sistemas de monitoreo.

SABÍAS QUE...

Un DPS o dispositivo de protección contra sobretensiones, es un componente diseñado para proteger equipos eléctricos y electrónicos contra sobretensiones transitorias causadas por rayos, fallos eléctricos o maniobras en la red eléctrica. Funciona desviando el exceso de energía hacia la tierra, evitando que dañe los dispositivos conectados. Por ejemplo, en una planta industrial, un DPS instalado en el sistema de alimentación protege los PLC y SCADA contra daños provocados por picos de voltaje.

Prevención de riesgos laborales en sistemas ICS

Los **sensores** y **actuadores** en los sistemas ICS desempeñan un papel fundamental no solo en la optimización de los procesos industriales, sino también en la protección de los trabajadores. Al integrarse en entornos industriales, estos dispositivos son capaces de identificar riesgos en tiempo real y tomar medidas automáticas para prevenir accidentes, con lo que garantizan un entorno de trabajo más seguro.

A continuación se muestra cómo los sensores y actuadores trabajan juntos para detectar riesgos, actuar automáticamente y prevenir accidentes:

- **Sensores y su papel en la seguridad laboral.** Los sensores recopilan datos clave, temperatura, presión, niveles de gases tóxicos o vibraciones, y envían esta información a los sistemas de control PLC o SCADA. A partir de estos datos, es posible tomar decisiones inmediatas para mitigar riesgos emergentes.

  - **Detección de condiciones peligrosas:** los sensores de temperatura en un horno industrial detectan sobrecalentamientos. Si la temperatura supera el límite seguro, el sistema detiene automáticamente el equipo para evitar incendios.
  - **Control de atmósferas peligrosas:** los sensores de gases en una planta química detectan niveles elevados de monóxido de carbono. Una alarma se activa y permite la evacuación inmediata de los trabajadores.
  - **Monitoreo de vibraciones y fallos estructurales:** los sensores en una turbina detectan vibraciones anómalas que indican un fallo mecánico. El sistema alerta al personal y detiene el equipo antes de sufrir un accidente.

⊃ **Actuadores.** Los actuadores son dispositivos que ejecutan acciones físicas en respuesta a las señales generadas por los sensores. Esto permite mitigar riesgos en tiempo real.

   ◑ **Activación de válvulas de alivio:** si un sensor detecta alta presión en una tubería de gas, un actuador abre automáticamente una válvula de alivio para prevenir explosiones.
   ◑ **Accionamiento de sistemas de parada de emergencia:** en una línea de ensamblaje, si un sensor detecta la presencia de un operador en una zona de peligro, un actuador detiene la máquina de inmediato para evitar lesiones.
   ◑ **Cierre automático de sistemas:** si un sensor detecta una fuga de gas en una planta petroquímica, los actuadores cierran automáticamente las válvulas principales para limitar la propagación del gas.

ACTIVIDAD COMPLEMENTARIA

11. Reflexiona sobre las siguientes preguntas relacionadas con el uso de sensores y actuadores en entornos industriales.

¿Cómo podrían los sensores prevenir un accidente en una instalación industrial? ¿Qué acción podría ejecutar un actuador para mitigar ese riesgo?

---

3. Descripción de redes y protocolos industriales

 HILO CONDUCTOR

A medida que Mario profundiza en el entorno de la planta, se da cuenta de que las redes industriales son la columna vertebral de todas las operaciones. Durante una inspección del tráfico de datos, detecta un protocolo desconocido que le llama la atención. Decidido a comprender mejor las arquitecturas de red y los protocolos ICS, investiga cómo estas tecnologías permiten la comunicación entre dispositivos, desde sensores hasta servidores centrales. Al mismo tiempo, Mario empieza a identificar posibles amenazas en las redes industriales, como

Continúa en página siguiente >>

<< Viene de página anterior

ataques de denegación de servicio o intentos de interceptación, reconociendo que la protección de estas conexiones será fundamental para garantizar la estabilidad de las operaciones.

En las fábricas de hoy en día, las redes y los protocolos industriales son instrumentos esenciales para interconectar sistemas y dispositivos que controlan los procesos críticos. Estas **redes** son distintas de las redes informáticas tradicionales que conocemos como IT, ya que están **diseñadas para garantizar la confiabilidad, disponibilidad y seguridad de los sistemas OT o sistemas operativos industriales.**

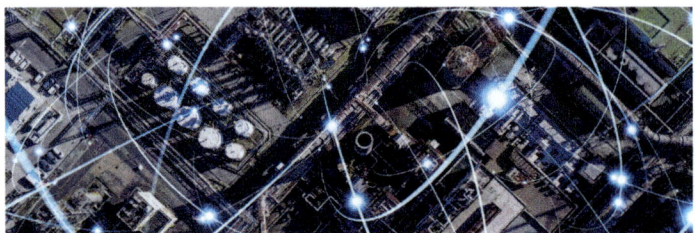

Las redes de comunicación industrial son sistemas de transmisión de datos diseñados específicamente para ambientes industriales. Su propósito es garantizar la comunicación fluida y confiable entre los distintos dispositivos que controlan y supervisan los procesos de producción.

NOTA

Las redes de comunicación industrial son la estructura física y lógica que conecta dispositivos y sistemas en un entorno industrial. Estas redes se clasifican según su alcance, propósito y tecnología utilizada.

3.1. Características de las redes de comunicación industrial

Las redes de comunicación industrial tienen **características específicas** que las diferencian de las redes utilizadas en otros entornos, como las redes empresariales. Estas características están diseñadas para cumplir con los estrictos requisitos de confiabilidad, sincronización y resistencia necesarios en los procesos industriales críticos.

A continuación, analizaremos las principales características de las redes industriales: **fiabilidad, determinismo y resistencia a condiciones adversas:**

Fiabilidad	- Las redes industriales deben garantizar un funcionamiento continuo y estable, ya que cualquier interrupción podría tener como consecuencia pérdidas económicas y mermas en la productividad realmente significativas. Por ejemplo, en una planta de ensamblaje automotriz una interrupción en la red podría detener la sincronización entre robots en la línea de producción, lo que causaría retrasos y afectaría a la entrega de vehículos.
Determinismo	- Se llama determinismo a la capacidad de las redes industriales de garantizar que la información llegue al destino correcto en el momento exacto. Esto es clave para procesos sincronizados, en los cuales incluso un pequeño retraso puede provocar errores. Por ejemplo, en una línea de embotellado, las señales para activar y detener las máquinas deben ejecutarse con precisión milimétrica, con idea de evitar que se desperdicie producto o que se produzcan fallos en el empaquetado.
Resistencia a condiciones adversas	- Las redes industriales están diseñadas para operar en ambientes desafiantes, como son aquellas fábricas cuyas instalaciones tienen altas temperaturas, vibraciones, polvo, humedad o interferencias electromagnéticas. Esto asegura que los datos se transmitan de forma confiable incluso en estas condiciones más extremas. Por ejemplo, en una planta siderúrgica los sensores instalados en hornos envían datos de temperatura y presión de forma continuada, a pesar del calor extremo y las vibraciones que se producen por la propia actividad productiva.

 **RECUERDA**

Particularidades como la fiabilidad, el determinismo y la resistencia hacen que las redes de comunicación industrial sean esenciales para garantizar procesos productivos eficientes y seguros. Sin ellas, muchas operaciones críticas no serían posibles.

3.2. Tipos de redes de comunicación industrial

Hay que entender que las **redes de comunicación** industrial cumplen una serie de **funciones:**

- Permiten una supervisión y control centralizado, mejorando la eficiencia operativa y reduciendo costes.
- Detectan errores o fallos rápidamente en la transmisión de datos en tiempo real, evitando productos defectuosos.
- Permiten la implementación de sistemas completamente automatizados gracias a la comunicación entre dispositivos.

Existen diferentes **tipos de redes** diseñadas para cubrir necesidades específicas del sector industrial. A continuación, descubrirás algunas de las **redes** más comunes:

- **Redes de área local (LAN) industriales.** Son redes que operan dentro de una planta o fábrica, conectando dispositivos cercanos entre sí. Se caracterizan por:

  - Alta velocidad de transmisión
  - Uso de cables Ethernet o fibra óptica

  Por ejemplo, una red LAN conecta PLC, sensores y actuadores dentro de una línea de producción.
- **Redes de área amplia (WAN) industriales.** Son redes que conectan múltiples plantas o instalaciones industriales a largas distancias. Se caracterizan por:

  - Interconexión de diferentes ubicaciones.
  - Uso de tecnologías como **MPLS** *(Multiprotocol Label Switching)* o **VPN** *(Virtual Private Network)*, ambas son esenciales para garantizar

una conectividad confiable y segura en entornos industriales, especialmente en las plantas distribuidas o con necesidad de acceso remoto.

Por ejemplo, una empresa con fábricas en diferentes ciudades usa una WAN para compartir datos en tiempo real entre sus plantas.

➲ **Redes de campo.** Son redes diseñadas para conectar dispositivos a nivel de campo, como sensores y actuadores, con controladores centrales. Se caracterizan por:

○ Los protocolos habituales son Profibus, Modbus, CAN.
○ La comunicación es determinista para procesos en tiempo real.

Por ejemplo, los sensores en una planta química transmiten datos de presión y temperatura a través de una red de campo hacia un sistema SCADA.

➲ **Redes inalámbricas industriales.** Estas redes eliminan la necesidad de cables. Son ideales para áreas donde el cableado es difícil. Se caracterizan por:

○ Flexibilidad y fácil instalación
○ Uso de tecnologías como wifi industrial o ZigBee.

Por ejemplo, en un almacén automatizado, los robots móviles utilizan redes inalámbricas para comunicarse con el sistema de gestión.

 **APLICACIÓN PRÁCTICA**

Las redes de comunicación industrial se clasifican según su propósito y alcance, cada una diseñada para satisfacer unas necesidades específicas. ¿Cuál es el tipo de red más adecuado para conectar múltiples plantas industriales geográficamente dispersas?

Solución

Las redes de área amplia (WAN) son ideales para conectar múltiples plantas industriales que se encuentran en diferentes ubicaciones. Usan tecnologías como MPLS o VPN para garantizar una comunicación confiable, rápida y segura entre las instalaciones. Por ejemplo, una compañía energética utiliza una red WAN para conectar sus plantas de generación eléctrica distribuidas en diferentes

Continúa en página siguiente >>

<< Viene de página anterior

regiones. A través de esta red, los datos de rendimiento de cada planta se envían en tiempo real a una central de monitoreo, lo cual permite a los operadores supervisar y optimizar la producción energética de forma centralizada y segura.

3.3. Arquitecturas y protocolos ICS

La **organización interna y jerárquica de los dispositivos y sistemas dentro de la red industrial se denomina arquitectura,** o lo que es lo mismo, con la arquitectura ICS se consigue estructurar las conexiones y hacer fluir la información en la red.

 IMPORTANTE

Los tipos de redes describen la clasificación general según su alcance o función, mientras que las arquitecturas detallan cómo se estructuran internamente las conexiones y los dispositivos.

Por otro lado, **los protocolos industriales ICS permiten la comunicación entre dispositivos como PLC, RTU, sensores y sistemas SCADA,** asegurando que las operaciones sean coordinadas y eficientes.

Para proteger las redes y protocolos industriales, es vital comprender sus arquitecturas, sus características específicas y los riesgos asociados.

 SABÍAS QUE...

Las redes ICS *(Industrial Control Systems)* se diseñan en capas, con una estructura que prioriza la seguridad y la comunicación eficiente entre los dispositivos.

Dependiendo de las necesidades específicas del entorno, las arquitecturas pueden organizarse de diferentes maneras, cada una con ventajas y aplicaciones únicas. Estas configuraciones aseguran que los datos críticos viajen de manera confiable desde sensores y actuadores hasta sistemas de supervisión y gestión.

A continuación, exploraremos diferentes tipos de **arquitecturas de redes industriales: jerárquica, en estrella, en anillo y en bus.** Cada apartado incluirá ejemplos prácticos y explicaciones claras de cómo estas arquitecturas se aplican en el ámbito industrial:

Arquitectura en árbol
- Organiza la red en niveles funcionales para garantizar un flujo de datos estructurado y eficiente.

Arquitectura en estrella
- Conecta todos los dispositivos a un único nodo central que gestiona la comunicación.

Arquitectura en anillo
- Forma un circuito cerrado entre los dispositivos para proporcionar redundancia y continuidad.

Arquitectura doble anillo
- Amplía la redundancia conectando los dispositivos en dos circuitos cerrados independientes para garantizar la continuidad incluso si ambos anillos fallan parcialmente.

Arquitectura en malla
- Crea múltiples rutas de conexión entre dispositivos, asegurando máxima redundancia y flexibilidad en el flujo de datos.

Arquitectura en bus
- Utiliza un canal compartido para conectar múltiples dispositivos de manera sencilla y económica.

Arquitectura mixta
- Combina elementos de diferentes arquitecturas (estrella, anillo, bus, etc.) para adaptarse a necesidades específicas de la red industrial.

Arquitectura de árbol

Es una red con arquitectura de árbol o jerárquica que combina característi-cas de las arquitecturas en estrella y en bus. Se organiza como una estruc-tura de árbol, en la que un nodo raíz se conecta a varios nodos secundarios, y cada uno de ellos puede estar conectado a otros nodos adicionales. Esto crea una red escalable y modular. Algunas de sus **características** son:

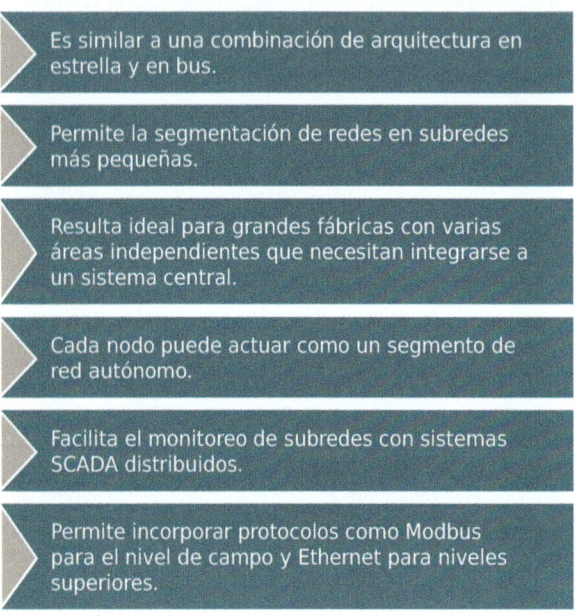

Es similar a una combinación de arquitectura en estrella y en bus.

Permite la segmentación de redes en subredes más pequeñas.

Resulta ideal para grandes fábricas con varias áreas independientes que necesitan integrarse a un sistema central.

Cada nodo puede actuar como un segmento de red autónomo.

Facilita el monitoreo de subredes con sistemas SCADA distribuidos.

Permite incorporar protocolos como Modbus para el nivel de campo y Ethernet para niveles superiores.

 **EJEMPLO**

Una planta de automoción organiza la red en un árbol, donde cada línea de producción es un nodo secundario que se comunica con el sistema central.

Su ventaja y desventaja principal son:

⊃ **Ventaja:** permite una fácil expansión añadiendo nuevos nodos secun-darios.
⊃ **Desventaja:** si el nodo principal falla, las subredes pierden comunicación.

Arquitectura en estrella

En esta arquitectura, todos los dispositivos están conectados a un nodo central, que puede ser un *switch,* un *router* o un sistema SCADA. Es común en redes locales (LAN) debido a su simplicidad y eficiencia en entornos de planta. Algunas de sus **características** son:

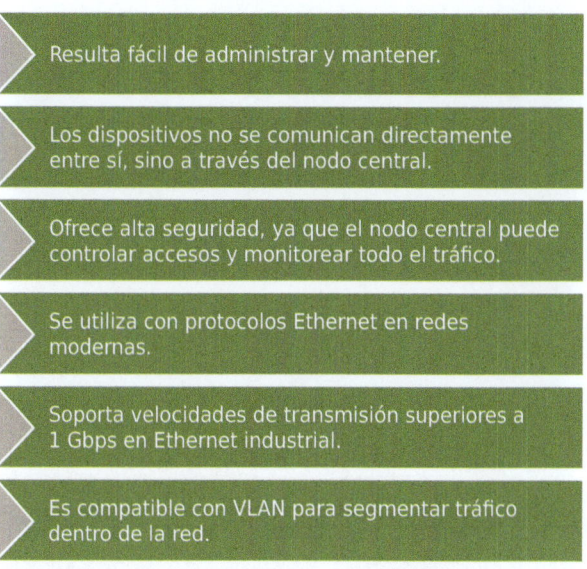

Resulta fácil de administrar y mantener.

Los dispositivos no se comunican directamente entre sí, sino a través del nodo central.

Ofrece alta seguridad, ya que el nodo central puede controlar accesos y monitorear todo el tráfico.

Se utiliza con protocolos Ethernet en redes modernas.

Soporta velocidades de transmisión superiores a 1 Gbps en Ethernet industrial.

Es compatible con VLAN para segmentar tráfico dentro de la red.

 **EJEMPLO**

En una refinería, un SCADA centralizado supervisa sensores de temperatura y flujo conectados en una arquitectura en estrella para que el control sea eficiente.

Su ventaja y desventaja principal son:

- ➲ **Ventaja:** localización rápida de fallos, ya que solo afecta al dispositivo conectado directamente.
- ➲ **Desventaja:** si el nodo central falla, toda la red queda inutilizable.

Arquitectura en anillo

Los dispositivos están conectados en un circuito cerrado, formando un anillo. Los datos pueden viajar en ambas direcciones, lo que garantiza redundancia y tolerancia a fallos en caso de que una conexión se interrumpa. Algunas de sus **características** son:

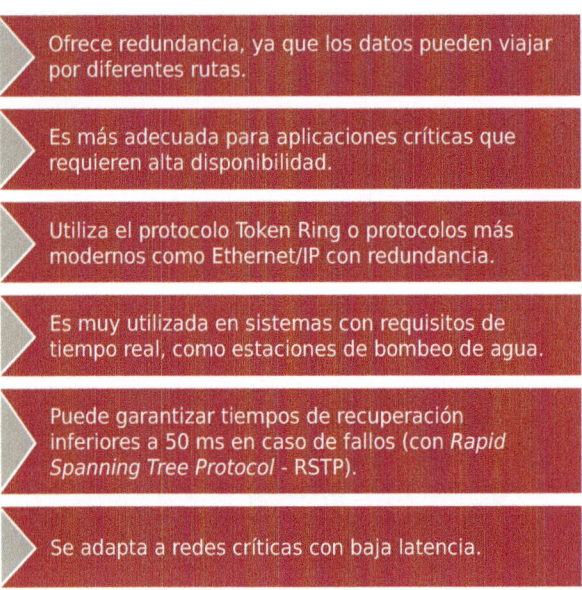

Ofrece redundancia, ya que los datos pueden viajar por diferentes rutas.

Es más adecuada para aplicaciones críticas que requieren alta disponibilidad.

Utiliza el protocolo Token Ring o protocolos más modernos como Ethernet/IP con redundancia.

Es muy utilizada en sistemas con requisitos de tiempo real, como estaciones de bombeo de agua.

Puede garantizar tiempos de recuperación inferiores a 50 ms en caso de fallos (con *Rapid Spanning Tree Protocol* - RSTP).

Se adapta a redes críticas con baja latencia.

 **EJEMPLO**

Una planta de energía eólica usa un anillo para conectar turbinas y garantizar que los datos de rendimiento se transmitan constantemente.

- -

Su ventaja y desventaja principal son:

- ⮩ **Ventaja:** continuidad operativa incluso si una conexión falla.
- ⮩ **Desventaja:** mayor latencia si los datos deben recorrer todo el anillo.

Arquitectura doble anillo

Extiende la arquitectura en anillo añadiendo un segundo circuito, lo que proporciona rutas redundantes adicionales para la transmisión de datos, asegurando mayor confiabilidad en entornos críticos. Algunas de sus **características** son:

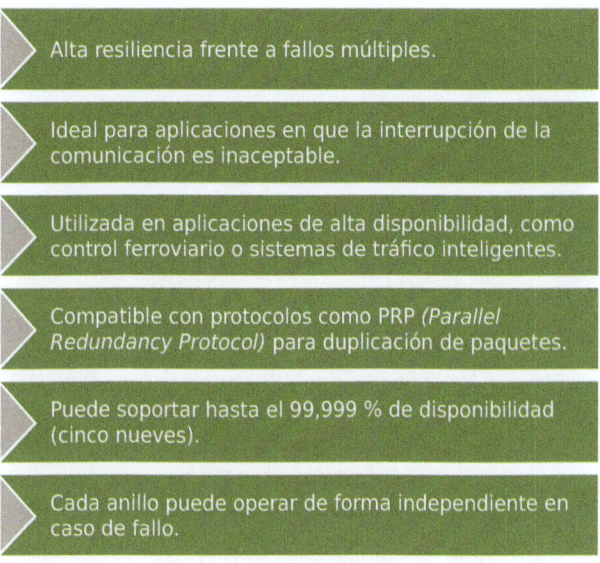

Alta resiliencia frente a fallos múltiples.

Ideal para aplicaciones en que la interrupción de la comunicación es inaceptable.

Utilizada en aplicaciones de alta disponibilidad, como control ferroviario o sistemas de tráfico inteligentes.

Compatible con protocolos como PRP *(Parallel Redundancy Protocol)* para duplicación de paquetes.

Puede soportar hasta el 99,999 % de disponibilidad (cinco nueves).

Cada anillo puede operar de forma independiente en caso de fallo.

👁 **EJEMPLO**

Un sistema de monitoreo de oleoductos utiliza doble anillo para asegurar la supervisión continua de las estaciones de bombeo.

Su ventaja y desventaja principal son:

- **Ventaja:** máxima redundancia y confiabilidad.
- **Desventaja:** requiere más inversión en infraestructura.

Arquitectura malla

En esta arquitectura, todos los dispositivos están interconectados, creando múltiples rutas para la transmisión de datos. Esto permite que la red siga operativa incluso si varias conexiones fallan. Algunas de sus **características** son:

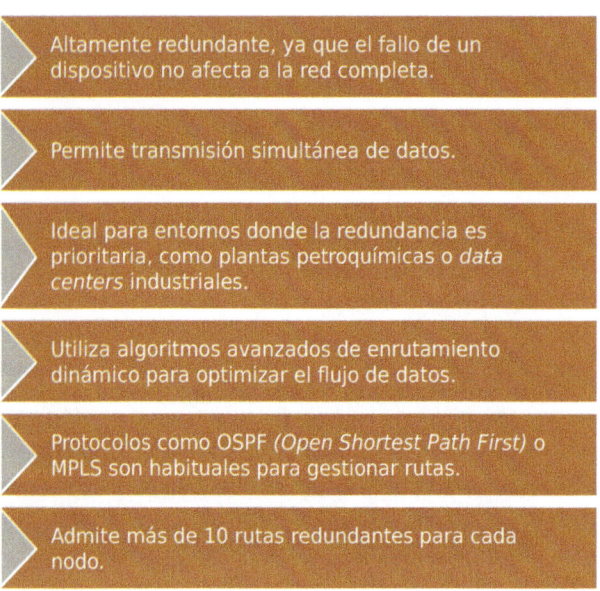

Altamente redundante, ya que el fallo de un dispositivo no afecta a la red completa.

Permite transmisión simultánea de datos.

Ideal para entornos donde la redundancia es prioritaria, como plantas petroquímicas o *data centers* industriales.

Utiliza algoritmos avanzados de enrutamiento dinámico para optimizar el flujo de datos.

Protocolos como OSPF *(Open Shortest Path First)* o MPLS son habituales para gestionar rutas.

Admite más de 10 rutas redundantes para cada nodo.

 **EJEMPLO**

Una red en malla en una mina subterránea conecta sensores de gas y humedad, garantizando comunicación incluso en áreas remotas.

Su ventaja y desventaja principal son:

- ⊃ **Ventaja:** la fiabilidad extrema frente a fallos de conexión.
- ⊃ **Desventaja:** que se trata de una arquitectura compleja y costosa de implementar.

Arquitectura en bus

Todos los dispositivos están conectados a un único canal de comunicación compartido (el bus). Los datos viajan a lo largo de este canal y los dispositivos los capturan según corresponda. Algunas de sus **características** son:

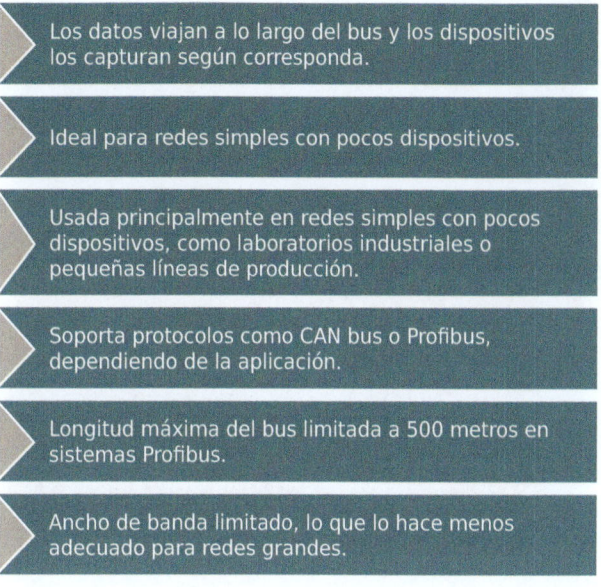

Los datos viajan a lo largo del bus y los dispositivos los capturan según corresponda.

Ideal para redes simples con pocos dispositivos.

Usada principalmente en redes simples con pocos dispositivos, como laboratorios industriales o pequeñas líneas de producción.

Soporta protocolos como CAN bus o Profibus, dependiendo de la aplicación.

Longitud máxima del bus limitada a 500 metros en sistemas Profibus.

Ancho de banda limitado, lo que lo hace menos adecuado para redes grandes.

 **EJEMPLO**

Una línea de ensamblaje en una fábrica textil conecta sensores y actuadores mediante un Profibus en arquitectura de bus.

Su ventaja y desventaja principal son:

- **Ventaja:** bajo coste y simplicidad de instalación.
- **Desventaja:** hay que tener en cuenta que un fallo en el bus afecta a toda la red.

Arquitectura mixta

Combina elementos de varias arquitecturas (estrella, anillo, árbol, etc.) para adaptarse a necesidades específicas y maximizar el rendimiento de la red. Algunas de sus **características** son:

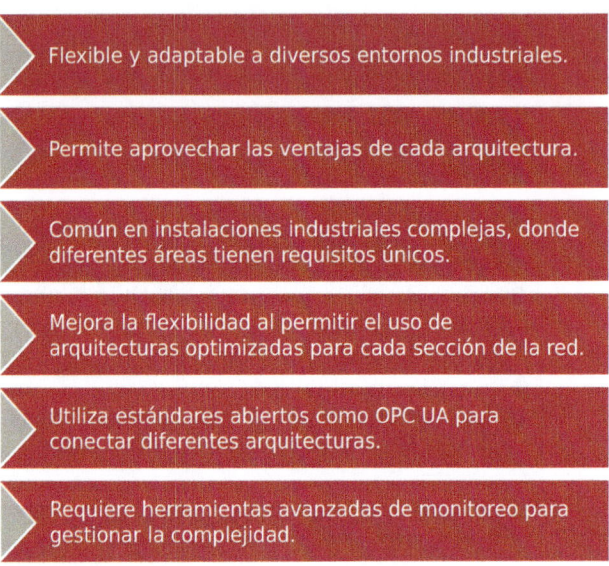

Flexible y adaptable a diversos entornos industriales.

Permite aprovechar las ventajas de cada arquitectura.

Común en instalaciones industriales complejas, donde diferentes áreas tienen requisitos únicos.

Mejora la flexibilidad al permitir el uso de arquitecturas optimizadas para cada sección de la red.

Utiliza estándares abiertos como OPC UA para conectar diferentes arquitecturas.

Requiere herramientas avanzadas de monitoreo para gestionar la complejidad.

 **EJEMPLO**

Una red en una planta de producción automotriz combina una arquitectura en estrella para líneas de producción con un anillo redundante para sistemas SCADA y servidores centrales.

Su ventaja y desventaja principal son:

- ◗ **Ventaja:** personalización máxima según las necesidades de la red.
- ◗ **Desventaja:** se trata de una arquitectura con mayor complejidad en diseño y mantenimiento.

Tipos de protocolos industriales

Los protocolos industriales son estándares de comunicación diseñados específicamente para entornos OT.

Algunos de los protocolos más utilizados en el amplio sector de la industria son los siguientes:

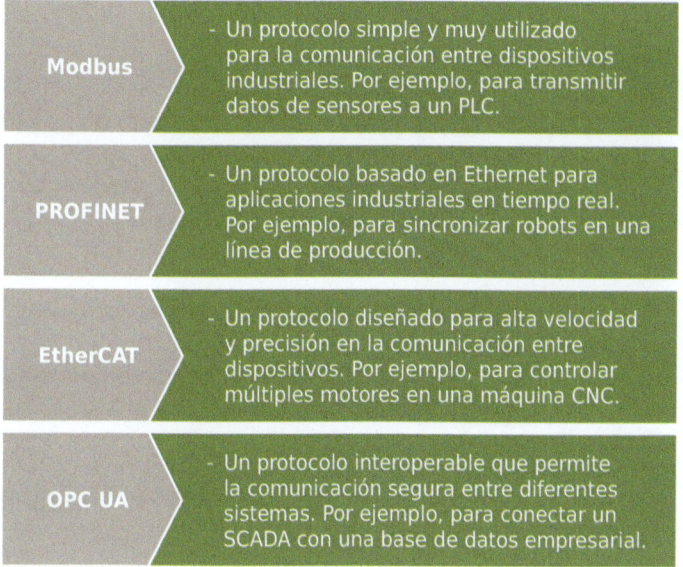

Modbus - Un protocolo simple y muy utilizado para la comunicación entre dispositivos industriales. Por ejemplo, para transmitir datos de sensores a un PLC.

PROFINET - Un protocolo basado en Ethernet para aplicaciones industriales en tiempo real. Por ejemplo, para sincronizar robots en una línea de producción.

EtherCAT - Un protocolo diseñado para alta velocidad y precisión en la comunicación entre dispositivos. Por ejemplo, para controlar múltiples motores en una máquina CNC.

OPC UA - Un protocolo interoperable que permite la comunicación segura entre diferentes sistemas. Por ejemplo, para conectar un SCADA con una base de datos empresarial.

 **IMPORTANTE**

Estos protocolos varían en su nivel de seguridad, lo que significa que deben implementarse con medidas adicionales, como cifrado y autenticación, para proteger las redes industriales.

- -

A continuación, se presenta un ejemplo bien detallado de cómo podría estructurarse una arquitectura de red en una planta de energía solar. En este ejemplo, se puede observar cada uno de los niveles que conforman la arquitectura, el papel que juegan los protocolos industriales para la comunicación entre dispositivos, y los beneficios que esta configuración aporta al desempeño y gestión de la planta.

Descubre cómo se organizan las redes y cómo cada nivel interactúa para maximizar la eficiencia energética y operativa de una planta solar:

⮞ **Nivel de campo:**

  ◗ Contiene sensores y actuadores que recogen datos y ejecutan acciones. Estos dispositivos están conectados directamente a los controladores.
  ◗ El protocolo común es **HART** (para sensores inteligentes).

⮞ **Nivel de control:**

  ◗ Está compuesto por PLC y RTU que procesan datos y toman decisiones basadas en la programación.
  ◗ El protocolo común es **Modbus RTU** (protocolo serial).

⮞ **Nivel de supervisión:**

  ◗ Contiene sistemas SCADA y HMI que supervisan y controlan los procesos en tiempo real.
  ◗ El protocolo común es **OPC UA** (comunicación entre sistemas).

⮞ **Nivel empresarial:**

  ◗ Conecta los sistemas ICS con redes IT para analizar datos y tomar decisiones administrativas.
  ◗ El protocolo común es **Ethernet/IP.**

3.4. Amenazas a las redes industriales

Las redes industriales están expuestas a una variedad de amenazas que pueden comprometer la seguridad, la integridad de los datos y la disponibilidad de los sistemas. Estas amenazas se clasificarse en internas y externas.

Averigua en qué consiste esta clasificación de amenazas que sirven de herramienta para llevar a cabo ciberataques a los sistemas industriales:

Amenazas internas:

⮞ **Errores humanos.** Configuración incorrecta de dispositivos o protocolos (por ejemplo, un técnico cambia un parámetro en un PLC, lo cual genera un fallo en la línea de producción).

- **Accesos no autorizados.** Personal no capacitado que accede a sistemas críticos (a este respecto, y como medida de mitigación, se han de implementar políticas de acceso basadas en roles).

Amenazas externas:

- *Malware* **específico para ICS.** Por ejemplo, Stuxnet, un *malware* que atacó sistemas SCADA y PLC. La monitorización de redes con sistemas IDS/IPS adaptados a entornos industriales es una buena medida de mitigación de estos riesgos.
- **Ataques de denegación de servicio (DoS).** Inundan la red con tráfico, interrumpiendo la comunicación entre los dispositivos. Es importante en este sentido configurar *firewalls* para bloquear el tráfico no autorizado.
- **Intercepción de datos.** Uso de dispositivos no autorizados para capturar datos transmitidos por protocolos no cifrados. Como medida preventiva, se han de implementar protocolos con cifrado, como son: OPC UA o TLS.
- **Ataques de *ransomware*.** Bloquean sistemas críticos a fin de obtener un beneficio económico a través de un rescate. Es importante realizar copias de seguridad periódicas y segmentar redes IT y OT.

 CONSEJO

De cara de mitigar riesgos en los sistemas industriales, como práctica general de ciberseguridad, se han de segmentar redes, dividiendo las redes en zonas separadas por *firewalls*, para minimizar el impacto de un ataque. También se debe realizar un monitoreo continuo, utilizando herramientas como Security Onion o Nozomi Networks para detectar posibles anomalías. Finalmente, es igualmente importante capacitar al personal operativo y técnico en buenas prácticas de ciberseguridad, ya que el eslabón más débil de la cadena de seguridad es el factor humano, por ello siempre hay que reforzarlo con formación.

TAREA 11

Piensa por un momento que trabajas en una planta industrial donde las redes ICS juegan un papel fundamental para garantizar la comunicación entre sensores,

Continúa en página siguiente >>

<< *Viene de página anterior*

actuadores, sistemas SCADA y bases de datos empresariales. Durante una auditoría de ciberseguridad, detectas las siguientes vulnerabilidades:

1. Uso de protocolos no cifrados como Modbus para la comunicación entre PLC y sensores.
2. Conexión directa entre las redes IT y OT sin una zona DMZ.
3. Falta de autenticación multifactor (MFA) en el acceso remoto a sistemas SCADA.
4. Actualizaciones de *software* pendientes en dispositivos RTU.

Partiendo de esta situación, responde a las siguientes preguntas:

- ¿Qué medidas específicas implementarías para mitigar los riesgos detectados?
- ¿Por qué la segmentación de redes es esencial para proteger la comunicación entre IT y OT?
- ¿Cómo podrían los protocolos con cifrado como OPC UA mejorar la seguridad de esta planta?
- ¿Qué ventajas ofrece la implementación de MFA en el acceso remoto para reducir los riesgos?

3.5. Impulsar el compromiso con la seguridad de la información y las tecnologías industriales

La seguridad de la información y la tecnología aplicada a los procesos industriales es fundamental en un mundo altamente digitalizado. Sin embargo, para garantizar su correcta implementación es necesario despertar y mantener el interés de todas las partes involucradas, desde el personal técnico y los ingenieros hasta los administradores y el personal directivo. Este interés debe basarse en una comprensión clara de los riesgos, los beneficios y las herramientas disponibles para proteger los datos y los sistemas.

Descubre cómo la importancia de la seguridad de la información y la tecnología está fundamentada en el conocimiento de la **protección de activos críticos**, las **normas y su cumplimiento**, entender la **innovación tecnológica como ventaja competitiva** que lleva asociada riesgos cibernéticos.

Protección de activos críticos
- La información y la tecnología son activos esenciales en cualquier organización. Su compromiso puede llevar a pérdidas económicas, interrupciones operativas y daños reputacionales. Por ejemplo, un ciberataque a un sistema SCADA podría paralizar una planta industrial, ocasionando un trastorno logístico significativo y en consecuencia pérdidas importantes económicas.

Cumplimiento normativo
- Muchas normativas internacionales, como el GDPR (Reglamento General de Protección de Datos) o la ISO 27001, exigen medidas de seguridad robustas. Implementar sistemas de gestión de seguridad de la información garantiza el cumplimiento y reduce el riesgo de sanciones.

Innovación tecnológica como ventaja competitiva
- Integrar la tecnología con enfoque en la seguridad permite a las empresas liderar sus sectores

SABÍAS QUE...

Utilizar la inteligencia artificial para detectar amenazas en tiempo real mejora tanto la seguridad como la eficiencia operativa en los sistemas industriales, también para detectar anomalías del sistema en tiempo real. Igualmente, la tecnología *blockchain* aplicada a la base de datos industrial asegura la integridad de los datos utilizando las cadenas de bloques.

IMPORTANTE

Fomentar el interés por la seguridad de la información y la tecnología es clave para proteger los sistemas críticos y mantener la competitividad en el mercado. A través de la formación, la concienciación sobre riesgos, el uso de herramientas innovadoras y el reconocimiento, las organizaciones pueden lograr que todos sus miembros se conviertan en defensores activos de la seguridad.

4. Resumen

La ciberseguridad en el entorno industrial abarca un conjunto de estrategias, herramientas y estándares diseñados para proteger los sistemas críticos, como **ICS (sistemas de control Industrial)** y los **SCADA (supervisión, control y adquisición de datos)**, de amenazas que puedan comprometer la seguridad de las operaciones. Estos sistemas son fundamentales para monitorear y controlar procesos industriales clave, desde la producción de bienes hasta la distribución de la energía. De ahí la importancia de aplicar normas de seguridad y salud laboral, así como las instrucciones técnicas para prevenir riesgos, comprender y mitigar riesgos mediante el uso de tecnologías y protocolos robustos en las redes industriales, así como despertar el interés en la seguridad de la información aplicada a procesos industriales, promoviendo una cultura de protección proactiva.

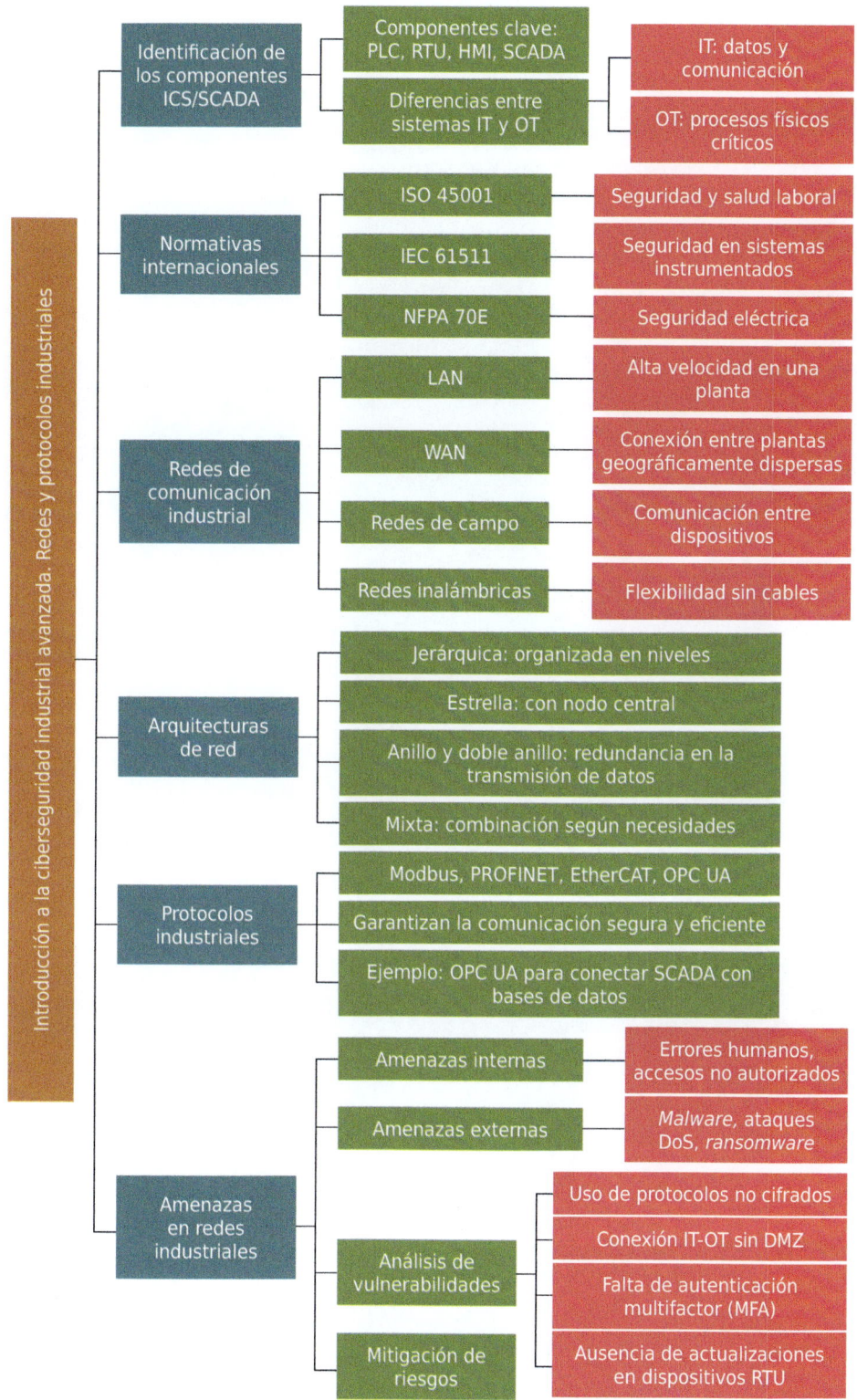

Ejercicios de autoevaluación
Unidad de Aprendizaje 5

1. Indica si las siguientes afirmaciones son verdaderas o falsas.

a. La ciberseguridad industrial se ha convertido en un pilar esencial en las plantas industriales modernas, donde la digitalización y la interconectividad traen consigo tanto oportunidades como importantes riesgos.

- Verdadero
- Falso

b. En un entorno industrial, el cumplimiento de las normas de seguridad y salud laboral, junto con las instrucciones técnicas de instalación, no solo protege a los trabajadores y las operaciones, sino que también garantiza la integridad de los sistemas críticos.

- Verdadero
- Falso

c. Conocer los conceptos de seguridad y los riesgos asociados en las instalaciones industriales permite al personal cualificado identificar y mitigar vulnerabilidades antes de que se traduzcan en fallos catastróficos.

- Verdadero
- Falso

2. ¿Qué significa SCADA en el contexto industrial?

a. Supervisión de sistemas avanzados
b. Supervisión, control y adquisición de datos
c. Sistema de control automatizado
d. Supervisión y control de aparatos

3. ¿Cuál es la función principal de los PLC en un sistema ICS?

a. Supervisar sistemas IT.
b. Ejecutar tareas específicas, como encender o apagar máquinas.

   c. Monitorizar redes de comunicación.
   d. Procesar datos empresariales.

4. En un sistema ICS, las RTU:

   a. Procesan datos financieros.
   b. Ejecutan acciones físicas.
   c. Transmiten datos de sensores al sistema central.
   d. Gestionan redes inalámbricas.

5. La ciberseguridad IT se enfoca principalmente en:

   a. Seguridad y continuidad de procesos físicos
   b. Supervisión de redes industriales
   c. Protocolo de gestión de energía
   d. Confidencialidad, integridad y disponibilidad de datos

6. ¿Qué prioridad tiene la ciberseguridad OT?

   a. Confidencialidad de datos
   b. Optimización de redes
   c. Disponibilidad y seguridad de procesos físicos
   d. Monitoreo en tiempo real

7. ¿Qué diferencia clave hay entre los sistemas IT y OT?

   a. IT gestiona datos, mientras OT controla procesos físicos.
   b. Los sistemas IT operan en tiempo real, mientras que los OT no.
   c. OT utiliza redes inalámbricas, mientras IT usa redes cableadas.
   d. IT se enfoca en sensores, mientras OT usa actuadores.

8. La ISO 45001 está relacionada con:

   a. Salud y seguridad laboral
   b. Seguridad eléctrica
   c. Gestión de datos empresariales
   d. Normas de diseño de redes

9. ¿Qué normativa regula los sistemas instrumentados de seguridad?

    a. NFPA 70E
    b. IEC 61511
    c. ISO 45001
    d. OPC UA

10. ¿Qué característica se destaca en una red LAN industrial?

    a. Comunicación entre plantas
    b. Uso exclusivo de Wi-Fi
    c. Conexión entre servidores empresariales
    d. Alta velocidad de transmisión

Introducción a la ciberseguridad industrial avanzada. Amenazas y vulnerabilidades industriales

Contenido

Objetivos

El objetivo general de esta Unidad de Aprendizaje es:

→ Desarrollar habilidades para mejorar la capacidad de reconocer, prevenir y mitigar las amenazas y vulnerabilidades en entornos industriales, aplicando estándares, adoptando buenas prácticas y utilizando herramientas de ciberseguridad para proteger los sistemas de control y los activos industriales críticos.

Los objetivos específicos de esta Unidad de Aprendizaje son:

→ Implementar la seguridad de redes industriales y sus controles asociados.

→ Utilizar herramientas de evaluación/escaneo de los niveles de seguridad de redes industriales.

→ Aplicar herramientas de simulación de ataques OT/IoT.

1. Introducción

La transformación digital en la industria ha permitido la automatización de procesos y la conexión de sistemas industriales con la tecnología de la información y otras tecnologías emergentes. Esta convergencia trae consigo beneficios de eficiencia, pero también expone a las organizaciones a nuevas amenazas y vulnerabilidades.

En esta unidad nos sumergiremos en el mundo de la ciberseguridad industrial. Conoceremos los fundamentos, las amenazas más relevantes y los estándares internacionales para proteger sus sistemas críticos.

A través del caso de Mario, un ingeniero de sistemas enfrentado a una posible intrusión en la red de su empresa, se explorarán escenarios reales de ciberseguridad industrial, sus riesgos y las medidas preventivas necesarias para garantizar la protección de los activos industriales.

2. Reconocimiento de las amenazas y las vulnerabilidades industriales

 HILO CONDUCTOR

En la empresa TechSystems la tarde se iba desarrollando con tranquilidad. Mario, ingeniero de sistemas, observaba la actividad de la red desde su estación de trabajo. Entonces notó un comportamiento inusual en uno de los servidores. Aunque todo parecía funcionar correctamente, las señales indicaban una posible intrusión. Mario, quien recientemente había recibido formación en ciberseguridad, comenzó a aplicar los conocimientos adquiridos para identificar la fuente del problema a fin de proteger los activos de su empresa.

En la actualidad, la digitalización de los sistemas industriales ha permitido una mejora significativa en la eficiencia operativa y la automatización de procesos. Sin embargo, esta interconexión ha traído consigo un aumento en la exposición a las amenazas cibernéticas. Los entornos industriales, a diferencia de los sistemas de TI tradicionales, deben garantizar la continuidad operativa y la seguridad de los procesos físicos. Esta doble exigencia convierte a la ciberseguridad industrial en una disciplina fundamental para proteger tanto la tecnología operativa (OT) como los sistemas de control industrial (ICS).

Seguidamente se explorarán las principales amenazas, riesgos y puntos de vulnerabilidad que afectan a los entornos industriales. Desde la clasificación del modelo Purdue, hasta el análisis de los protocolos, la historia de ciberataques y el uso de herramientas de *hacking* ético, toda esta información permitirá identificar, mitigar y prevenir riesgos en sistemas industriales y contar con preparación para cualquier tipo de contingencia.

2.1. ISA 95: modelo Purdue. Clasificación

En la era de la **Industria desarrollada 4.0,** en la que los sistemas industriales están cada vez más interconectados con redes corporativas y entornos en la nube, la necesidad de proteger estos entornos críticos se ha vuelto totalmente indispensable. Para lograr una protección efectiva, se requiere una **segmentación adecuada de la red industrial** que permita controlar, aislar y proteger los diferentes niveles de los sistemas de control. En este contexto, el **modelo Purdue de ISA-95** (Microsoft, 2024) surge como una referencia esencial y proporciona una estructura jerárquica que organiza y segmenta las redes industriales en niveles específicos.

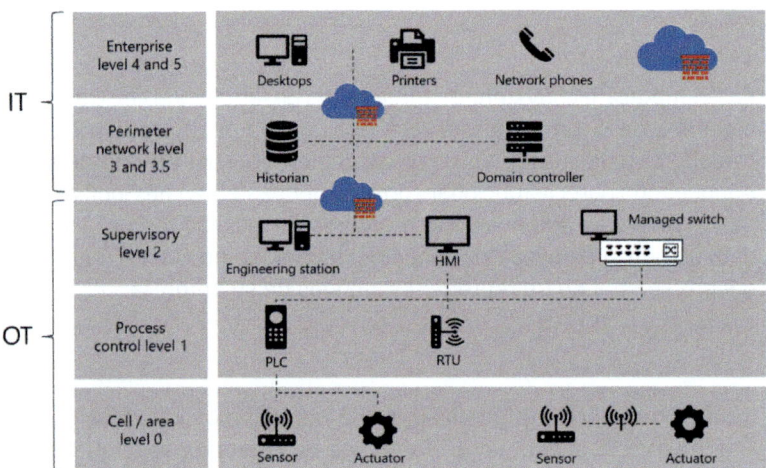

El modelo Purdue esquematizado por Microsoft (2024) se basa en la segmentación de redes. Los dispositivos de cada capa solo se comunican con otros dispositivos dentro de la misma capa o con los de la capa inmediatamente superior. La arquitectura de red IP y OT combina redes TI y OT para garantizar la comunicación segura y eficiente entre sistemas operativos industriales y corporativos. Se basa en segmentación, firewalls y monitoreo continuo para proteger dispositivos críticos y minimizar los riesgos de ciberseguridad.

SABÍAS QUE...

Una segmentación adecuada puede ser la clave para proteger los sistemas industriales y mantener su eficiencia. El **modelo Purdue** no solo organiza las redes industriales, sino que también ofrece un enfoque que fortalece la seguridad y mejora la supervisión de las operaciones.

El enfoque proporcionado por el modelo Purdue ofrece **dos importantes beneficios:**

Beneficio 1
- Por un lado, facilita la implementación de *firewalls* simples, pero con gran robustez, que aíslan cada capa y brindan un alto nivel de protección frente a los temidos ciberataques.

Beneficio 2
- Por otro lado, simplifica y hace predecible el tráfico entre capas, lo cual mejora la capacidad para analizar la red y detectar anomalías de forma más optimizada.

El **modelo Purdue de ISA-95** surge como un estándar totalmente democratizado para la organización de las redes industriales. Este modelo establece una **jerarquía de 6 niveles,** cada uno con funciones y responsabilidades específicas. Desde los dispositivos de campo (sensores y actuadores) hasta la nube y los accesos remotos, cada nivel tiene sus propios **riesgos y superficies de ataque,** que deben ser abordados con medidas de seguridad adecuadas.

A lo largo de esta sección, se explorarán los diferentes niveles de la arquitectura Purdue, sus funciones principales y los puntos de ataque más relevantes en cada uno de ellos:

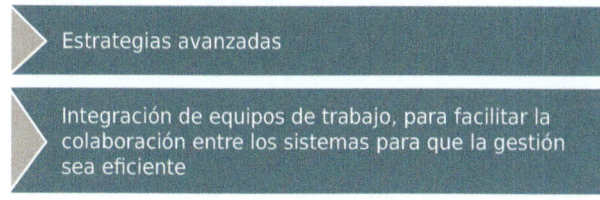

Estrategias avanzadas

Integración de equipos de trabajo, para facilitar la colaboración entre los sistemas para que la gestión sea eficiente

Continúa en página siguiente >>

<< Viene de página anterior

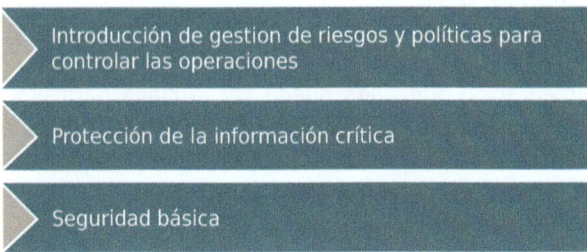

Introducción de gestion de riesgos y políticas para controlar las operaciones

Protección de la información crítica

Seguridad básica

Sabiendo esto, los profesionales de la ciberseguridad podrán implementar una defensa en profundidad y reducir el riesgo de interrupciones o manipulaciones no autorizadas en los sistemas industriales.

NOTA

El modelo Purdue es una referencia fundamental para la segmentación de redes industriales. Se basa en una jerarquía de niveles que permiten controlar y proteger los sistemas de una planta industrial.

Niveles jerárquicos del modelo Purdue

Ya hemos contado que el modelo Purdue es una referencia clave para la segmentación de redes industriales. Este modelo estructura los sistemas en **seis niveles jerárquicos, desde el nivel 0 al 5.** Cada nivel tiene un rol específico, que abarca desde los dispositivos físicos que interactúan con el entorno hasta los accesos remotos y la nube, que conectan los sistemas con el mundo exterior.

A continuación, descubrirás cada nivel jerárquico del modelo Purdue para conocer **qué lo hace único**, y **qué dispositivos y sistemas lo componen**, además de **cómo contribuye a la seguridad y la operatividad de la red industrial:**

- ➲ **Nivel 0.** Este nivel lo constituyen sensores, actuadores, motores y otros dispositivos físicos que interactúan directamente con el entorno físico

(temperatura, presión, movimiento, etc.). Es el punto de contacto entre los procesos físicos y los sistemas de control.
El modelo Purdue a este nivel:

◑ Garantiza la recopilación precisa de datos en tiempo real, esenciales para las operaciones.

Representa la primera línea de defensa. La manipulación física de estos dispositivos podría causar interrupciones significativas, por lo que requiere medidas como acceso físico restringido y comunicación cifrada con los niveles superiores.

➲ **Nivel 1.** Los PLC y las unidades de control automatizan procesos al interpretar los datos de los sensores (nivel 0) y activar los actuadores según las configuraciones programadas.
El modelo Purdue a este nivel:

◑ Actúa como el cerebro del sistema industrial, asegurando que los procesos se ejecuten de forma eficiente y automática.

Su protección mediante autenticación multifactor y actualizaciones regulares de *firmware* es clave para evitar manipulaciones o errores en las operaciones.

➲ **Nivel 2.** Este nivel proporciona herramientas visuales e interactivas para supervisar y controlar los procesos industriales. Los sistemas SCADA recopilan y procesan datos, mientras que las interfaces HMI permiten que los operadores interactúen con los procesos.
El modelo Purdue a este nivel:

◑ Mejora la visibilidad y el control de las operaciones en tiempo real.

Este nivel puede ser un objetivo crítico para los ciberatacantes, por lo que requiere contraseñas seguras, segmentación de red, y monitoreo continuo para prevenir accesos no autorizados.

➲ **Nivel 3.** Este nivel gestiona la producción y la logística. Incluye sistemas MES que optimizan la eficiencia, rastrean el progreso de las operaciones y conectan las necesidades del negocio con las operaciones de la planta.
El modelo Purdue a este nivel:

◑ Facilita la toma de decisiones basadas en información de valor mediante el análisis de datos operativos.

Su integración segura con los niveles inferiores (SCADA y PLC) y superiores (ERP) requiere segmentación de red estricta y control de acceso basado en roles.

● **Nivel 4.** Conecta la planta industrial con los sistemas corporativos, como el ERP *(Enterprise Resource Planning),* que administra aspectos como la logística, los inventarios y las finanzas.
El modelo Purdue a este nivel:

◑ Permite que las decisiones estratégicas de la empresa se basen en datos de producción reales.

Es un punto crítico para los ataques de *ransomware* y fugas de datos, por lo que se requiere cifrado de datos, segmentación y *firewalls* que limiten el acceso entre las redes corporativas y las industriales.
● **Nivel 5.** Este nivel permite el acceso remoto a los sistemas industriales a través de la nube, lo cual facilita la supervisión y el control desde ubicaciones externas.
El modelo Purdue a este nivel:

◑ Habilita la conectividad global y la supervisión remota en tiempo real, lo cual es esencial para la Industria 4.0.

Requiere el uso de VPN seguras, autenticación multifactor y monitorización activa para prevenir accesos no autorizados y proteger la red industrial de posibles ataques externos.

 **NOTA**

Cada nivel jerárquico del modelo Purdue es único por su propósito y los sistemas que engloba, pero trabajan en conjunto para garantizar una operatividad fluida y segura de la planta industrial. La segmentación jerárquica ayuda a contener amenazas, implementar controles específicos y proteger cada capa de la red, minimizando el impacto de posibles fallos o ataques. Este modelo no solo organiza los sistemas industriales, sino que también actúa como una estrategia defensiva donde cada nivel contribuye a proteger y optimizar los procesos industriales de forma integral.

APLICACIÓN PRÁCTICA

Cada nivel jerárquico del modelo Purdue tiene un rol único dentro de la arquitectura industrial y requiere estrategias de ciberseguridad específicas para garantizar que funciona correctamente. ¿Cuál de las siguientes opciones representa una medida adecuada para proteger el nivel 1 (PLC y unidades de control) del modelo Purdue?

- **Uso de VPN seguras para acceso remoto.**
- **Cifrado de datos en reposo con AES-256.**
- **Autenticación multifactor y actualizaciones regulares de *firmware*.**
- **Implementación de *firewalls* para separar redes IT y OT.**

Solución

El nivel 1 del modelo Purdue incluye los controladores lógicos programables (PLC) y las unidades de control, que son esenciales para automatizar los procesos industriales al interpretar datos y activar los actuadores.

- La autenticación multifactor (MFA) garantiza que solo usuarios autorizados puedan acceder a estos dispositivos, protegiéndolos contra accesos no autorizados.
- Las actualizaciones regulares de *firmware* son esenciales para corregir vulnerabilidades y evitar manipulaciones o errores operativos.

Medidas como el uso de VPN seguras o *firewalls* son importantes en otros niveles del modelo Purdue, pero no abordan directamente los riesgos específicos del nivel 1.

Niveles de la arquitectura y sus funciones

El modelo Purdue no solo segmenta los sistemas industriales en una jerarquía clara, sino que también **define las funciones específicas de cada nivel dentro de la arquitectura.** Estas funciones garantizan la comunicación fluida, el control eficiente y la gestión operativa y administrativa de los sistemas industriales, que van desde la operación en tiempo real de los dispositivos físicos hasta la gestión remota y corporativa. En este sentido, no hay que olvidar que cada nivel cumple con un propósito esencial en el ecosistema industrial.

A diferencia de otros enfoques, esta perspectiva se centra en las funciones operativas de los distintos niveles, proporcionando una visión específica de cómo trabajan en conjunto para mantener la eficiencia, la seguridad y la continuidad de los procesos.

A continuación, conocerás cómo funcionan estos niveles del modelo Purdue y qué papel juegan en la arquitectura industrial. Con ello podrás descubrir cómo operan los sensores y actuadores en tiempo real, cómo aprender sobre los sistemas SCADA y HMI que supervisan la planta, y entender cómo los sistemas corporativos y la nube se integran con la planta industrial. Los diferentes **niveles** son:

⊃ **Nivel de operación en tiempo real:**

    ʊ **Nivel 0:** los sensores recopilan datos físicos (como la temperatura, la presión, el flujo, etc.), mientras los actuadores ejecutan acciones físicas (abrir válvulas, mover motores).

    ʊ **Nivel 1:** los controladores lógicos programables (PLC) interpretan los datos enviados por los sensores y envían comandos a los actuadores para realizar las acciones necesarias.
    El rol del nivel 1 dentro de la arquitectura industrial asegura que los procesos físicos de la planta se ejecuten de forma eficiente y oportuna. Actúan como el corazón de la operación industrial.

◉ EJEMPLO

En una línea de producción de bebidas, un sensor detecta que una botella está en posición y el PLC activa un actuador para llenar la botella con el líquido.

- -

⊃ **Nivel de supervisión y control de operaciones:**

    ʊ **Nivel 2:** los sistemas SCADA recopilan datos de los sensores y PLC, proporcionando una visión general del estado de la planta. Las interfaces HMI *(Human Machine Interface)* permiten a los operadores interactuar con los sistemas, monitorear procesos en tiempo real y tomar decisiones rápidas si algo sale mal.
    El rol del nivel 2, en cuanto a la arquitectura industrial, es conectar a los operadores humanos con los procesos industriales, permitiendo un control eficiente y supervisión constante.

 **EJEMPLO**

En una planta de energía, el sistema SCADA muestra que la temperatura de una turbina está aumentando. El operador usa la HMI para ajustar los parámetros del sistema y evitar un sobrecalentamiento.

➲ **Nivel de gestión de la producción y logística:**

○ **Nivel 3:** este nivel administra los procesos de producción, asegurando que las operaciones sean eficientes y cumplan con las demandas. Los sistemas MES *(Manufacturing Execution Systems)* rastrean el progreso de la producción, optimizan los horarios y gestionan los inventarios.
El rol del nivel 3 en la arquitectura industrial actúa como el puente entre los niveles operativos (0-2) y los niveles corporativos (4-5), asegurando que la producción esté alineada con los objetivos del negocio.

 **EJEMPLO**

Un sistema MES identifica un retraso en la producción de un producto y ajusta automáticamente los horarios de las máquinas para evitar interrupciones.

➲ **Nivel de conexión con sistemas corporativos:**

○ **Nivel 4:** los sistemas ERP *(Enterprise Resource Planning)* y las bases de datos corporativas procesan información relacionada con la gestión empresarial, como inventarios, finanzas y recursos humanos.
Desde la perspectiva de la arquitectura industrial, este cuarto nivel conecta las operaciones de la planta con el mundo corporativo, permitiendo que las decisiones empresariales se basen en datos de producción en tiempo real.

 **EJEMPLO**

El ERP muestra que la demanda de un producto ha aumentado. Con esta información, el nivel 3 ajusta la programación de las máquinas para aumentar la producción.

⊃ **Nivel de acceso remoto y conectividad en la nube:**

    ◊ **Nivel 5:** proporciona acceso remoto a los sistemas industriales y facilita el almacenamiento y análisis de datos en la nube. Este nivel permite que operadores y gerentes supervisen las operaciones desde ubicaciones remotas.
En cuanto a arquitectura industrial, el rol desempeñado por este nivel 5 permite habilitar la conectividad global y el control remoto, un componente clave de la Industria 4.0. Permite un análisis avanzado de los datos recopilados en la planta, ayudando a identificar patrones y optimizar procesos.

 EJEMPLO

La gerencia revisa desde su dispositivo móvil el rendimiento de una planta ubicada en otro país, detecta una caída en la eficiencia y contacta con el operador para tomar medidas correctivas.

 IMPORTANTE

Al comprender el propósito y funcionamiento de cada nivel, es más fácil vislumbrar cómo colaboran para crear un sistema industrial seguro, eficiente y escalable, de ahí la importancia de percibir la relación entre los niveles y su integración:

- Operación en tiempo real (niveles 0-1): proporciona datos y ejecuta acciones físicas en la planta.

Continúa en página siguiente >>

<< Viene de página anterior

- Supervisión y control (nivel 2): ofrece visibilidad y control de los procesos.
- Gestión de producción (nivel 3): optimiza y organiza las operaciones industriales.
- Conexión corporativa (nivel 4): alinea las operaciones con los objetivos empresariales.
- Acceso remoto y análisis (nivel 5): permite la conectividad global y el análisis avanzado de datos.

Puntos de control y superficies de ataque en cada nivel

En un ecosistema industrial, cada nivel no solo cumple un propósito funcional, sino que también presenta vulnerabilidades específicas que los ciberatacantes pueden explotar. Por ejemplo, desde la manipulación física de sensores en los niveles más operativos hasta el acceso remoto no autorizado en los niveles superiores. **Identificar y proteger estas superficies de ataque** es prioritario para garantizar la continuidad y seguridad de los procesos.

Tras explorar los niveles jerárquicos del modelo Purdue y comprender su papel clave en la arquitectura industrial, el siguiente paso es profundizar en los **puntos de control y las superficies de ataque** que podrían comprometer la seguridad de cada nivel.

En esta sección comprenderás cómo cada nivel está expuesto a diferentes tipos de riesgo y cuáles son las medidas de seguridad más efectivas para mitigarlos. Este conocimiento es fundamental para desarrollar un enfoque de **ciberseguridad industrial integral,** basado en controles específicos, segmentación de redes y autenticación segura.

- **Nivel 0 - 1.** Exposición a ataques de denegación de servicio (DoS) o manipulación física:

  - **Amenazas:**

    - Exposición a DoS que podría interrumpir los procesos en tiempo real.
    - Manipulación física de sensores, actuadores o PLC.

  - **Medidas de protección:**

    - Seguridad física:

- Control de acceso a áreas críticas mediante tarjetas, biometría o cerraduras electrónicas.
- Supervisión mediante cámaras de seguridad.

⇕ Segmentación de red:

- Aislar los dispositivos en redes separadas de los sistemas externos.

⇕ *Hardening* de dispositivos:

- Deshabilitar puertos no utilizados en los PLC y sensores.
- Configurar listas blancas de comunicaciones permitidas.

⇕ Monitorización en tiempo real:

- Implementar sistemas de detección de anomalías para identificar intentos de DoS.

⇕ Autenticación robusta:

- Usar autenticación multifactor (MFA) para acceder a los PLC y los sensores.

➲ **Nivel 2.** La HMI puede ser vulnerada mediante acceso remoto o contraseñas débiles:

◒ **Amenazas:**

⇕ Accesos no autorizados a sistemas SCADA o HMI mediante contraseñas vulnerables.
⇕ Ataques remotos que aprovechan configuraciones débiles.

◒ **Medidas de protección:**

⇕ Contraseñas seguras:

- Implementar políticas de contraseñas robustas con caducidad periódica.
- Usar la autenticación multifactor (MFA) para el acceso a HMI y SCADA.

⇕ Segmentación de red:

- Configurar zonas DMZ entre redes operativas y externas.

⇕ Cifrado de comunicaciones:

- Usar protocolos seguros (como TLS o VPN) para las conexiones remotas.

⇕ Actualización de *software:*

- Mantener SCADA y HMI actualizados con parches de seguridad.

⇕ Monitoreo continuo:

- Usar herramientas de detección de intrusiones (IDS) para identificar intentos de acceso no autorizado.

➲ **Nivel 3**. La manipulación de los registros de producción puede causar interrupciones significativas:

◡ **Amenazas:**

⇕ Alteración o eliminación de registros que afectan a la producción y la logística.
⇕ Accesos no autorizados a sistemas MES.

◡ **Medidas de protección:**

⇕ Control de acceso basado en roles (RBAC):

- Asignar permisos específicos a usuarios según sus responsabilidades.

⇕ Segmentación estricta:

- Aislar los sistemas MES en subredes protegidas y sin acceso directo a internet.

⇕ Respaldo de datos:

- Realizar copias de seguridad periódicas de los registros de producción.

⇕ Auditoría y registro de actividades:

- Implementar sistemas de auditoría para rastrear cambios en los datos.

⇕ Cifrado de datos:

    ○ Proteger los registros mediante cifrado en reposo y en tránsito.

➲ **Nivel 4.** Acceso a las bases de datos corporativas puede permitir ataques de *ransomware:*

    ◐ **Amenazas:**

      ⇕ Acceso no autorizado a sistemas ERP y bases de datos corporativas.
      ⇕ Cifrado malicioso de datos mediante *ransomware.*

    ◐ **Medidas de protección:**

      ⇕ Cifrado de datos sensibles:

        ○ Usar estándares como AES-256 para proteger información crítica.

      ⇕ *Firewalls* y segmentación:

        ○ Limitar la conectividad entre redes corporativas y operativas.

      ⇕ Copias de seguridad inmutables:

        ○ Realizar respaldos periódicos almacenados en ubicaciones *offline* o inmutables.

      ⇕ Control de acceso:

        ○ Uso de soluciones IAM *(Identity and Access Management)* para gestionar permisos.

      ⇕ Protección contra *malware:*

        ○ Implementar soluciones de antivirus y *antimalware* actualizadas.

➲ **Nivel 5.** Accesos remotos no controlados pueden introducir *malware* o permitir accesos no autorizados:

    ◐ **Amenazas:**

      ⇕ Introducción de *malware* mediante accesos no autorizados.
      ⇕ Explotación de conexiones remotas inseguras.

Medidas de protección:

◊ Uso de VPN seguras:

○ Configurar redes privadas virtuales (VPN) para todas las conexiones remotas.

◊ Autenticación multifactor (MFA):

○ Exigir MFA para todos los accesos remotos a la planta industrial.

◊ Monitoreo y alertas:

○ Implementar sistemas SIEM *(Security Information and Event Management)* para detectar anomalías.

◊ Control de dispositivos:

○ Permitir acceso remoto solo desde dispositivos aprobados y protegidos.

◊ Actualización y parches:

○ Asegurar que los sistemas remotos estén siempre actualizados con parches de seguridad.

IMPORTANTE

Comprender la estructura que proporciona el modelo Purdue es fundamental para aplicar medidas de ciberseguridad efectivas en entornos industriales. La correcta identificación de los puntos de control y la aplicación de controles de acceso, segmentación de la red y autenticación segura son esenciales para proteger los sistemas de control industrial (ICS) y la tecnología operativa (OT) contra amenazas externas e internas.

 **PARA SABER MÁS**

Si quieres profundizar en el modelo Purdue y su aplicación en ciberseguridad industrial, explora el artículo siguiente del INCIBE-CERT (2020): "Ciberseguridad en el modelo Purdue: dispositivos de nivel 1".

Accede al artículo desde aquí:

https://redirectoronline.com/ifct00500304

 ACTIVIDAD COMPLEMENTARIA

12. El modelo Purdue segmenta los sistemas industriales en seis niveles jerárquicos, cada uno con funciones específicas y riesgos asociados. Observa a tu alrededor o piensa en entornos que conozcas, como plantas industriales, fábricas o incluso sistemas corporativos conectados. ¿Puedes identificar ejemplos prácticos que correspondan a cada nivel del modelo Purdue?

2.2. Escenario de riesgos industriales

El análisis de riesgos en ciberseguridad industrial implica la **identificación de amenazas** y la **evaluación de su impacto y probabilidad:**

Probabilidad	- La probabilidad es la posibilidad de que una amenaza específica se materialice y cause un incidente en un entorno industrial. Evalúa lo probable que es que un ataque, una vulnerabilidad o un error ocurran dentro de un período determinado.
Impacto	- Se denomina impacto a las consecuencias o daños potenciales que un incidente de ciberseguridad podría causar a los sistemas industriales. Esto podría implicar interrupciones en la producción, daños económicos, riesgos para la seguridad humana o el medioambiente, y pérdida de datos críticos.

Para gestionar eficazmente los riesgos en las organizaciones, es fundamental apoyarse en metodologías estructuradas que permitan identificar, evaluar y priorizar amenazas potenciales. Algunas herramientas, como el **análisis de impacto de negocio (BIA)** y la **matriz de riesgos de probabilidad e impacto,** son esenciales para comprender las vulnerabilidades y tomar decisiones informadas para mitigar los riesgos.

DEFINICIÓN

Riesgos

Posibilidad de que una amenaza comprometa la seguridad de los sistemas de información, redes o dispositivos digitales y afecte a la confidencialidad, integridad o disponibilidad de los datos. Estos riesgos se traducen en ataques externos empleando algún tipo de código malicioso o técnicas de *hacking*, aprovechando descuidos o fallos de *hardware* o vulnerabilidades no corregidas en el *software*.

A continuación, vamos a explorar la herramienta BIA y la matriz de riesgos de probabilidad e impacto:

➲ **Análisis de impacto de negocio (BIA).** El BIA permite identificar los procesos críticos de una empresa y evaluar el impacto de su interrupción en **operaciones, finanzas, reputación y seguridad.** En una fábrica, se identifican sistemas esenciales, como **ICS o servidores de logística,** y se determinan medidas de mitigación, como la **segmentación de red o las copias de seguridad en tiempo real.**

El proceso BIA es el siguiente:

1. Identificación de procesos críticos, determinando las funciones esenciales para la continuidad operativa.
2. Evaluación de impacto (se analiza el impacto económico, operativo, reputacional y de seguridad de su interrupción).
3. Priorización, clasificando los procesos según su nivel crítico.
4. Definición de RTO, estableciendo el tiempo objetivo de recuperación.
5. Definición de estrategias de mitigación, desarrollando planes de acción, como *firewalls,* segmentación de red y capacitación en ciberseguridad.

BIA prioriza la protección de los sistemas clave, minimiza los daños mediante medidas preventivas, asigna recursos de forma eficiente, facilita la creación de un plan de recuperación ante desastres y un plan de continuidad del negocio, y proporciona información de valor para decisiones estratégicas.

⇒ **Matriz de riesgos de probabilidad e impacto.** La **matriz de riesgos** clasifica las amenazas en función de su probabilidad (evalúan cuánto de probable) e impacto (determina magnitud de consecuencias), ayudando a priorizar los riesgos más críticos. Se construye una cuadrícula donde cada riesgo se clasifica como bajo, moderado o alto, para facilitar la toma de decisiones.

El proceso de la matriz es el siguiente:

1. Identificación de riesgos listando amenazas potenciales (ciberataques, fallos de *hardware,* errores humanos).
2. Evaluación de probabilidad, asignando una puntuación de 1 a 5 según la probabilidad de ocurrencia.
3. Construcción de la matriz, cruzando probabilidad e impacto, clasificando los riesgos en baja, moderada o alta prioridad.
4. Definición de acciones, priorizando los riesgos más graves y definiendo las medidas de mitigación.

MATRIZ DE GESTIÓN DE RIESGOS, PROBABILIDAD E IMPACTO

Probabilidad

	IMPACTO	CASI CIERTO	PROBABLE	POSIBLE	IMPROBABLE	RARO
1	Insignificante	Riesgo bajo	Riesgo mínimo	Riesgo mínimo	Riesgo mínimo	Riesgo mínimo
2	Marginal	Riesgo moderado	Riesgo bajo	Riesgo bajo	Riesgo bajo	Riesgo mínimo
3	Moderado	Riesgo alto	Riesgo moderado	Riesgo moderado	Riesgo bajo	Riesgo bajo
4	Crítico	Riesgo extremo	Riesgo alto	Riesgo alto	Riesgo moderado	Riesgo moderado
5	Catastrófico	Riesgo extremo	Riesgo extremo	Riesgo alto	Riesgo alto	Riesgo alto

Impacto (etiqueta vertical izquierda)

Tanto la probabilidad como el impacto quedan representados en una matriz de doble entrada. Se crea una cuadrícula que clasifica los riesgos en baja, moderada o alta prioridad.

La matriz enfoca los recursos en las amenazas más críticas, facilita decisiones rápidas con una representación gráfica clara y permite tomar medidas preventivas antes de que ocurran los riesgos. Estos riesgos se actualizan para adaptarse a los nuevos escenarios y, finalmente, la matriz prioriza la protección de las áreas más vulnerables.

2.3. Introducción a *Shodan*

Tras conocer las herramientas clave para la gestión de riesgos, como son el análisis de impacto de negocio y la matriz de riesgos de probabilidad e impacto, es momento de profundizar en tecnologías que ayudan a identificar vulnerabilidades específicas en los sistemas industriales. En este sentido **Shodan** es una herramienta clave en el ámbito de la ciberseguridad industrial. Este motor de búsqueda especializado en dispositivos IoT y sistemas industriales permite identificar equipos conectados y evaluar sus niveles de exposición en internet.

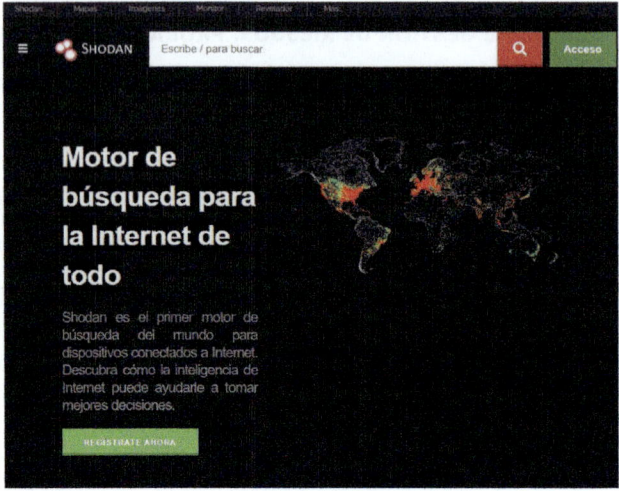

Shodan permite identificar dispositivos accesibles de forma remota, como cámaras de seguridad, PLC y sistemas SCADA.

 IMPORTANTE

Shodan es más que un buscador: no solo se limita a sitios web, permite explorar una amplia gama de dispositivos conectados a internet, como plantas de energía, teléfonos móviles, refrigeradores e incluso servidores de videojuegos. También ofrece herramientas para monitorizar la exposición de su red, al proporcionar una visión completa de los servicios accesibles desde internet y ayudar a mantener la seguridad de los dispositivos. Del mismo modo, proporciona inteligencia sobre internet, ofreciendo datos sobre el uso de diferentes tecnologías y cómo evolucionan con el tiempo, lo que permite comprender mejor el ecosistema conectado.

VÍDEO

El video titulado: "Qué es y cómo usar Shodan [tutorial Español Kali Linux, 2024]", de Contando Bits (2024), ofrece una interesante guía sobre el uso de *Shodan*, el motor de búsqueda especializado en dispositivos conectados a internet. A través de este tutorial, podrás explorar las funcionalidades de *Shodan* y seguir

Continúa en página siguiente >>

[322]

<< Viene de página anterior

instrucciones para poner en práctica los conocimientos adquiridos dentro del entorno de *Kali Linux*.

Accede al vídeo desde aquí:

https://redirectoronline.com/ifct00500305

2.4. Protocolos y superficie de ataque

Después de aprender a identificar dispositivos conectados y vulnerabilidades a través de herramientas como *Shodan*, es fundamental comprender los riesgos asociados a los **protocolos industriales** que operan en estos dispositivos y su **superficie de ataque.**

En este apartado, aprenderás sobre los principales protocolos utilizados en sistemas industriales, como **Modbus**, **DNP3** y **OPC-UA,** junto con las vulnerabilidades específicas que presentan. También se mostrarán estrategias para proteger la superficie de ataque, como la segmentación de redes, la autenticación segura y el monitoreo constante con *firewalls* e IDS/IPS.

Descubre cómo estos protocolos pueden ser el eslabón más fuerte o más débil en la seguridad industrial:

⊃ **Principales protocolos industriales:**

  ◍ **Modbus.** Protocolo de comunicación industrial de tipo maestro-esclavo. Esto significa que el dispositivo maestro controla y se comunica con múltiples dispositivos esclavos. Se utiliza en sistemas SCADA, controladores lógicos programables PLC y dispositivos de automatización. Son puntos de atención:

⇕ La falta de seguridad nativa, puesto que no tiene cifrado ni autenticación, lo cual lo hace vulnerable a interceptaciones y manipulaciones de datos.

⇕ El riesgo de manipulación, ya que un atacante podría enviar comandos no autorizados, interrumpir el proceso o modificar configuraciones críticas.

◔ **DNP3.** Protocolo utilizado en la distribución de energía eléctrica. Se emplea para la comunicación entre sistemas de control maestro y dispositivos remotos (RTU y IED). Sus puntos débiles son:

⇕ La intercepción de comandos, pues los atacantes pueden interceptar comandos o manipular la comunicación, lo que afecta el flujo de energía.

⇕ El acceso no autorizado, ya que sin medidas de autenticación adecuadas los atacantes podrían alterar la lógica de los sistemas de control remoto.

◔ **OPC-UA.** Es una versión mejorada de OPC que permite la comunicación segura y estandarizada entre sistemas de control industrial y aplicaciones de TI. A diferencia de Modbus y DNP3, OPC-UA incorpora cifrado, autenticación y control de acceso. Se utiliza para conectar sistemas de control industriales con plataformas de *software* de TI, como bases de datos y sistemas ERP. Cuenta con algunas debilidades como:

⇕ Errores de configuración (aunque tiene medidas de seguridad avanzadas, estos errores pueden exponer la red a ataques).

⇕ Acceso remoto no controlado, que, al estar mal gestionados, pueden comprometer la seguridad.

⊃ **Análisis de la superficie de ataque:**

◔ **Modbus.** Sin autenticación ni cifrado, fácil de interceptar o manipular:

⇕ **Superficie de ataque.** Modbus no tiene autenticación ni cifrado, lo que permite a los atacantes interceptar y modificar la comunicación entre el maestro y los esclavos. Un atacante podría enviar comandos maliciosos para controlar dispositivos o alterar los datos operativos.

⇕ **Impacto:**

○ Manipulación de procesos operativos.
○ Interrupciones en la producción industrial.

○ **DNP3.** Expuesto a ataques de interceptación y manipulación de comandos.

⇕ **Superficie de ataque.** Los comandos que viajan entre el sistema maestro y los dispositivos remotos pueden ser interceptados y modificados si no se utiliza cifrado.
⇕ **Impacto:**

● Desconexión de subestaciones eléctricas.
● Manipulación del flujo de energía, con riesgo de apagones generalizados.

○ **OPC-UA.** Mejor seguridad, pero sigue siendo vulnerable a errores de configuración:

⇕ **Superficie de ataque.** Aunque OPC-UA cuenta con medidas de seguridad avanzadas, como el cifrado y la autenticación, los errores de configuración o la falta de actualización de las bibliotecas pueden abrir puertas a ataques.
⇕ **Impacto:**

● Acceso no autorizado a sistemas críticos.
● Fugas de información confidencial a través de la red.

➲ **Estrategias para la protección de la superficie de ataque:**

○ **Segmentación de la red.** La segmentación de la red separa las diferentes partes del sistema industrial en zonas aisladas. Esto evita que un atacante que logre entrar en una parte de la red pueda moverse lateralmente hacia otras zonas. Se aplica de la siguiente manera:

⇕ Creando zonas de seguridad (zonas industriales, zonas de TI, zonas DMZ).
⇕ Usando *firewalls* para controlar y filtrar el tráfico entre las zonas.
⇕ Implementando un modelo de acceso mínimo (*Zero Trust*) para que cada dispositivo solo pueda comunicarse con aquellos con los que esté estrictamente autorizado.

Como principales beneficios, el aislamiento de sistemas críticos y la reducción de la superficie de ataque y la propagación de *malware*.

○ **Autenticación y cifrado de las comunicaciones.** Se trata de garantizar que solo los usuarios o sistemas autorizados puedan acceder a la red y que las comunicaciones estén protegidas frente a la interceptación de terceros. Se aplica de esta forma:

⇕ Implementando una autenticación multifactor (MFA) para el acceso de usuarios.
⇕ Utilizando certificados digitales para autenticar dispositivos y sistemas.
⇕ Imponiendo el cifrado de extremo a extremo en los protocolos de comunicación (TLS/SSL).

Como principales beneficios están la protección de la confidencialidad e integridad de la información y la mitigación de ataques de interceptación de comunicaciones *(Man-in-the-Middle)*.

◑ **Aplicación de *firewalls* e IDS/IPS.** Los *firewalls* controlan el tráfico entrante y saliente de la red, permitiendo solo el tráfico autorizado. Los IDS (sistemas de detección de intrusos) y los IPS (sistemas de prevención de intrusos) detectan y previenen amenazas con total proactividad. Se implementan de la siguiente manera:

⇕ Configurando *firewalls* para restringir el acceso entre las redes OT e IT.
⇕ Implementando zonas DMZ para proteger los servicios de acceso remoto y minimizar la exposición.
⇕ Usando IDS/IPS para detectar actividad sospechosa y bloquear automáticamente ataques en curso.

Como principales beneficios están el monitoreo continuo de la red en busca de actividad anómala, y la detección y respuesta proactiva frente a ataques cibernéticos.

2.5. Historia de los ataques a redes industriales: modelos

Como se intuye, los sistemas industriales no están exentos de ciberamenazas; de hecho, han sido y están siendo el blanco de cibertataques. Algunos de estos **incidentes de ciberseguridad históricos** son:

⊃ *Stuxnet,* un *malware* que manipuló PLC para dañar centrifugadoras de uranio en Irán.
⊃ *BlackEnergy,* responsable de apagones masivos al atacar la red eléctrica de Ucrania.
⊃ *Triton/Trisis,* diseñado para manipular sistemas de seguridad industrial en plantas petroquímicas.

Cabe destacar que entre las principales amenazas existentes se encuentran las **amenazas internas,** como los errores humanos y la posible acción de empleados descontentos, quienes, ante la posibilidad de ser despedidos, podrían poner en riesgo los activos de información de la organización. Igualmente están los famosos **códigos maliciosos o *malware*,** cada vez más sofisticados, que aprovechan vulnerabilidades específicas de los sistemas informáticos y de información. También técnicas como los **ataques de denegación de servicio (DoS),** que son capaces de interrumpir operaciones críticas. Tampoco hay que olvidar los **accesos no autorizados a sistemas SCADA/HMI,** que comprometen el control y la supervisión.

 IMPORTANTE

Los modelos de ataque a redes industriales permiten entender cómo los ciberatacantes son capaces de comprometer los sistemas de control industrial. *Stuxnet, BlackEnergy* y *Triton/Trisis* son ejemplos reales que demuestran que los atacantes siguen ciertos patrones de comportamiento. Esta información facilita la detección temprana y la aplicación de defensas específicas.

Conocer estos modelos permite a las empresas aplicar medidas de ciberseguridad más efectivas, como la segmentación de la red, la autenticación multifactor y el uso de IDS/IPS para detectar ataques en tiempo real.

- La necesidad de cifrar las comunicaciones entre PLC y HMI.
- La importancia de la segmentación de la red para proteger los niveles 0 y 1.
- Actualización de *firmware* y parches de seguridad en PLC y SCADA.

Esta información de valor no solo mejora la seguridad, sino que minimiza el impacto de los ataques en la producción y la disponibilidad de los sistemas. Conocer en profundidad todos estos casos y tipos de riesgos es clave para poder seguir fortaleciendo la ciberseguridad industrial.

- -

 SABÍAS QUE...

El **modelo *Kill Chain*** es una metodología que describe las fases que sigue un ciberatacante para comprometer un sistema. Este modelo se divide en varias etapas, desde el reconocimiento inicial hasta la exfiltración de datos, lo que permite a las organizaciones identificar y detener a los atacantes en cada fase

Continúa en página siguiente >>

<< Viene de página anterior

del proceso. La *Kill Chain* se utiliza habitualmente en ciberseguridad para anticipar ataques, diseñar defensas proactivas y mitigar los riesgos de forma eficaz.

2.6. *Hacking* industrial

El ***hacking* industrial** sigue el esquema de fases de la ***Kill Chain,*** un modelo que describe cada paso que un ciberatacante sigue para comprometer un sistema. Desde la identificación de vulnerabilidades iniciales hasta la manipulación de los procesos industriales, este enfoque permite entender cómo se producen los ataques y, más importante aún, cómo **detenerlos antes de que lleguen a la fase de ejecución final,** puesto que suelen seguir las fases descritas en la ***Kill Chain,*** lo que permite a los ciberatacantes avanzar progresivamente desde la identificación de vulnerabilidades hasta la manipulación de los procesos operativos.

 **DEFINICIÓN**

Hacking industrial

Son las técnicas utilizadas por los atacantes para comprometer los sistemas de control industrial (ICS), como SCADA, PLC y otros dispositivos críticos en las plantas de producción, de energía o las infraestructuras esenciales.

El ***hacking* industrial** no solo explota las vulnerabilidades técnicas, sino que se aprovecha factores **humanos** y **amenazas internas,** como empleados descontentos o configuraciones incorrectas de los dispositivos críticos. Esta metodología se ha visto en ataques icónicos como ***Stuxnet, BlackEnergy*** y ***Triton,*** donde los atacantes lograron alterar procesos industriales, interrumpir la producción e incluso comprometer la seguridad física.

NOTA

Mientras que el *hacking* industrial se enfoca en atacar o defender sistemas de control industrial (ICS) y dispositivos de tecnología operativa (OT), el *hacking* de TI se enfoca en la información digital.

En el contexto del modelo *Kill Chain,* el *hacking* industrial se desarrolla de la siguiente forma:

Fase de reconocimiento
- Los ciberatacantes identifican los dispositivos industriales expuestos, utilizando herramientas como *Shodan* para localizar sistemas SCADA, HMI o PLC conectados a la red.

Fase de preparación de recursos o *weaponization*
- Creación de *malware* especializado, como *Stuxnet,* diseñado específicamente para manipular controladores lógicos programables (PLC).

Fase de entrega
- Los atacantes introducen el *malware* a través de dispositivos USB, *phishing* o ataques de intermediarios (MITM) en la red.

Fase de explotación
- Se aprovechan vulnerabilidades de protocolos como *Modbus, DNP3* u *OPC-UA,* que carecen de cifrado o autenticación.

Fase de instalación
- El atacante establece un punto de control persistente, por ejemplo mediante la instalación de puertas traseras en sistemas SCADA.

Fase de comando y control
- A partir de aquí, el atacante toma el control remoto del sistema para manipular los procesos industriales.

Fase de acción sobre el objetivo
- Finalmente, se altera la producción, se detiene la maquinaria o se manipulan los sistemas de control para provocar daños físicos o interrupciones operativas.

SABÍAS QUE...

El *hacking* industrial utiliza técnicas avanzadas para identificar y explotar vulnerabilidades en los sistemas de control industrial (ICS). Entre las técnicas más comunes se encuentran el *fuzzing*, que provoca fallos mediante el envío de datos aleatorios; el *sniffing* de redes industriales, que intercepta comunicaciones de protocolos no cifrados como *Modbus* y OPC-UA; y la explotación de vulnerabilidades conocidas en SCADA, HMI y PLC. Para prevenir estos ataques, se realizan pruebas de penetración controladas, como intentos de acceso remoto a HMI, simulaciones de interceptación de tráfico *Modbus* y análisis de sistemas OT no segmentados. Estas pruebas permiten detectar y corregir debilidades antes de que los atacantes reales las exploten, lo que fortalece la ciberseguridad industrial.

3. Definición de los estándares y conocimiento de las mejores prácticas de ciberseguridad industrial

👉 **HILO CONDUCTOR**

Mario, al notar el comportamiento inusual en el servidor, recordó los principios fundamentales de la ciberseguridad que había aprendido. Sabía que debía actuar con rapidez, comenzando por identificar las posibles amenazas que podían estar comprometiendo la red de TechSystems. Inmediatamente revisó los registros de actividad para buscar señales de un ataque de denegación de servicio o intentos de acceso no autorizado.

En un ecosistema global cada vez más interconectado, la ciberseguridad industrial se ha convertido en una necesidad prioritaria para proteger los sistemas de control industrial (ICS) y la tecnología operativa (OT). Estos sistemas, a diferencia de los entornos de TI, operan en tiempo real y controlan procesos físicos críticos que, de ser atacados, pueden afectar a la seguridad humana, la producción y la continuidad del negocio.

Para ayudar a afrontar con éxito esta situación, se han desarrollado normas y marcos de referencia internacionales que proporcionan las mejores prácticas para la protección de los entornos industriales. Destacan el **NIST SP 800-82,** el **NIST SP 800-53,** la **IEC 62443** y la **NERC CIP,** cada uno de los cuales aborda diferentes aspectos de la ciberseguridad industrial.

3.1. NIST SP 800-82. Securización de sistemas de control industrial

Después de comprender las técnicas de *hacking* **industrial** y en qué consisten las pruebas de penetración, es necesario conocer cómo **prevenir estos ataques.** Aquí es donde entra en juego la guía **NIST SP 800-82,** un estándar de referencia para la **protección de los sistemas de control industrial (ICS)** en entornos de **tecnología operacional (OT).**

El **NIST SP 800-82 es la guía de seguridad de la OT o tecnología operativa.** Proporciona recomendaciones clave para proteger dispositivos críticos como son los **controladores (PLC)** y **sistemas SCADA y HMI,** así como la infraestructura de red asociada. Este marco de seguridad establece políticas, procedimientos y controles técnicos específicos para mitigar las amenazas detectadas en las pruebas de penetración, como los ataques de *sniffing,* la explotación de vulnerabilidades o la falta de segmentación de la red.

 **PARA SABER MÁS**

Descubre cómo aplicar el NIST SP 800-82 para fortalecer la seguridad de los ICS y reducir la exposición al *hacking* industrial:

- **Aplicación de controles de seguridad específicos para sistemas de control industrial.**
- **Autenticación de usuarios y dispositivos:** verificación de la identidad de los usuarios y dispositivos antes de permitir el acceso.
- **Segmentación de la red:** separación de las redes ICS de las redes corporativas.
- **Monitoreo continuo:** vigilancia en tiempo real de los sistemas ICS para identificar anomalías.
- **Controles de acceso físico y lógico:** implementación de sistemas de acceso con tarjetas, claves de acceso y autenticación multifactor.

Continúa en página siguiente >>

<< Viene de página anterior

Accede a la web desde aquí:

https://redirectoronline.com/ifct00500307

Además de los controles básicos, existen medidas de seguridad avanzadas que refuerzan la protección de los sistemas industriales frente a ataques de *hacking* industrial. Están en el siguiente listado:

Medidas de seguridad avanzadas para la defensa integral para la ciberseguridad industrial

El control de integridad de *firmware* y *software*, que verifica la autenticidad del *firmware* y el *software* mediante firmas digitales y códigos hash para evitar la instalación de versiones maliciosas, como sucedió con *Stuxnet*.

La protección contra *ransomware* en ICS incluye la segmentación de red, el uso de listas blancas de aplicaciones y copias de seguridad inmutables para evitar interrupciones críticas.

El cifrado de la comunicación en protocolos ICS, como Modbus o OPC-UA, asegura la privacidad de las comunicaciones mediante cifrado TLS y VPN industriales.

La detección de anomalías con IA y *machine learning* permite identificar comportamientos anómalos en los sistemas de control, detectando ataques de día cero en tiempo real.

La seguridad de la cadena de suministro de dispositivos ICS garantiza que los componentes y dispositivos provengan de fuentes seguras, evitando puertas traseras de *hardware*.

Continúa en página siguiente >>

<< Viene de página anterior

El control de acceso basado en identidad (IAM) aplica la autenticación multifactor y la asignación de roles (RBAC) para permitir solo accesos autorizados a SCADA, HMI y PLC.

La supervisión y auditoría de eventos de seguridad (SIEM para ICS) centraliza la actividad de los sistemas ICS y permite correlacionar eventos de ciberseguridad para detectar patrones maliciosos.

El uso de listas blancas de aplicaciones asegura que solo el *software* validado se pueda ejecutar en controladores SCADA y HMI, bloqueando archivos no autorizados.

El análisis de comportamiento de red (NBA) detecta comportamientos inusuales en el tráfico de red, lo que permite aislar dispositivos comprometidos.

Por último, la protección contra ataques *Man-in-the-Middle* (MITM) garantiza la autenticación y el cifrado de extremo a extremo mediante TLS, VPN seguras y certificados digitales, evitando la interceptación de las comunicaciones.

 IMPORTANTE

Todas estas medidas avanzadas forman una defensa integral para la ciberseguridad industrial que protege los sistemas de control crítico frente a amenazas cada vez más sofisticadas.

3.2. NIST SP 800-53. Estrategia de gestión de riesgos

La gestión de riesgos en ciberseguridad industrial consiste en identificar, evaluar y mitigar los riesgos que puedan afectar a la continuidad operativa de los sistemas. **NIST SP 800-53** establece controles para reducir la probabilidad de ciberataques y mitigar el impacto de posibles fallos de seguridad.

Descubre cómo se aplica la metodología NIST SP 800-53 para la evaluación de riesgos:

⮞ **Identificación de activos crítico.** Identificar los componentes esenciales para la operación industrial. Por ejemplo, se identifican los dispositivos, sistemas, aplicaciones y datos esenciales para la continuidad operativa de la planta industrial. Los activos se clasifican por su nivel crítico, estableciendo cuáles son los más relevantes para la operación.
Consejos:

  ۩ Usar herramientas de Asset Discovery (descubrimiento de activos) para automatizar la detección de PLC, SCADA, HMI y dispositivos IoT industriales.
  ۩ Crear una base de datos centralizada de los activos críticos que incluya información sobre su ubicación, versión de *firmware* y fecha de última actualización.

⮞ **Análisis de amenazas.** Determinar posibles ataques, como *malware,* intrusión de red, etc. Por ejemplo, identificar las posibles amenazas que podrían afectar la operativa, como ataques de *malware,* intrusión de red, ataques de denegación de servicio o amenazas internas por fallos o implicaciones humanas.
Consejos:

  ۩ Implementar sistemas de *Threat Intelligence* (inteligencia de amenazas) para recibir información actualizada sobre nuevas amenazas.
  ۩ Emplear soluciones de SIEM *(Security Information and Event Management)* para centralizar los registros de eventos y detectar patrones de ataques en la red.

⮞ **Identificación de vulnerabilidades.** Localizar puntos débiles en los sistemas de control. Por ejemplo, localizar errores en los sistemas, protocolos y dispositivos industriales que pudieran ser explotados por los ciberatacantes, e identificar puntos de acceso no seguros, puertos abiertos o configuraciones incorrectas en los controladores de la planta.
Consejos:

  ۩ Realizar escaneos de vulnerabilidades periódicos con herramientas como *Nessus, OpenVAS* o *Tenable* para detectar debilidades en la red.
  ۩ Usar análisis de *firmware* para detectar puertas traseras o versiones vulnerables de *firmware* en PLC y dispositivos IoT.
  ۩ Identificar vulnerabilidades en los protocolos industriales, como Modbus, DNP3 o OPC-UA, que a menudo carecen de cifrado.

⮞ **Evaluación del impacto.** Analizar el impacto que un ataque tendría en la operación industrial. Por ejemplo, determinar el grado de daño o interrupción que se produciría si una amenaza llegara a explotar una vulnerabilidad y evaluar el impacto económico, operativo y reputacional de los ataques.

Consejos:

◊ Usar herramientas de análisis de impacto de negocio (BIA) para calcular el tiempo de inactividad *(downtime)* que un ataque podría causar.
◊ Evaluar el Impacto en la producción *(Loss of Productivity - LOP)* y el impacto financiero *(Loss of Revenue - LOR)* causado por la interrupción de la planta industrial.
◊ Crear simulaciones de ciberataques para predecir el impacto en los sistemas críticos.

➲ **Implementación de controles de seguridad.** Aplicar las medidas de seguridad para mitigar los riesgos detectados. Por ejemplo, emplear medidas técnicas, operativas y administrativas para mitigar los riesgos identificados e implementar controles de seguridad que puedan servir de prevención, detección y respuesta.

Consejos:

◊ Implementar autenticación multifactor (MFA) para los sistemas SCADA, HMI y estaciones de trabajo críticas.
◊ Dividir la red en zonas y *conduits* según el modelo Purdue, separando la red IT (corporativa) de la red OT (operativa).
◊ Aplicar parches de seguridad para evitar la explotación de vulnerabilidades conocidas.
◊ Implementar sistemas de IDS/IPS (detección y prevención de intrusos) y EDR *(Endpoint Detection and Response)* para monitorear la red en busca de actividad sospechosa.
◊ Implementar herramientas de NBA para detectar tráfico anómalo en la red OT.

 PARA SABER MÁS

Como medidas básicas de seguridad para reducir riesgos en sistemas industriales incluidas en NIST SP 800-53 se podrían aplicar las siguientes:

• El cifrado de datos, para proteger la información sensible transmitida entre sistemas.
• El acceso basado en roles, conocido como RBAC, para definir qué usuarios pueden acceder a qué partes del sistema.

Continúa en página siguiente >>

<< Viene de página anterior

- Las copias periódicas y automáticas de seguridad, para asegurar la recuperación de sistemas ante posibles incidentes.
- La actualización de *firmware* y parches de seguridad, para corregir vulnerabilidades conocidas.

Puedes conocer aquí cuáles son las últimas vulnerabilidades de seguridad conocidas y publicadas (INCIBE, 2024) que son conocidas y documentadas.

Accede a la web desde aquí:

https://redirectoronline.com/ifct00500308

3.3. IEC 62443. Procesos, personas y tecnología

La **Norma IEC 62443** proporciona un enfoque integral para proteger la tecnología operativa (OT) de las plantas industriales. Es una norma parecida a la conocida ISO 27001. Se basa en la creación de controles de seguridad que abarcan los procesos, las personas y la tecnología. Este estándar permite la certificación de empresas y sistemas industriales, garantizando la seguridad de sus operaciones.

 SABÍAS QUE...

Aunque la norma puede desglosarse en cuatro aspectos fundamentales, como son información general, políticas, sistema y componentes, los controles de seguridad clave para procesos, personas y tecnologías industriales sugeridas en IEC 62443 se resumen de la siguiente forma:

Continúa en página siguiente >>

<< Viene de página anterior

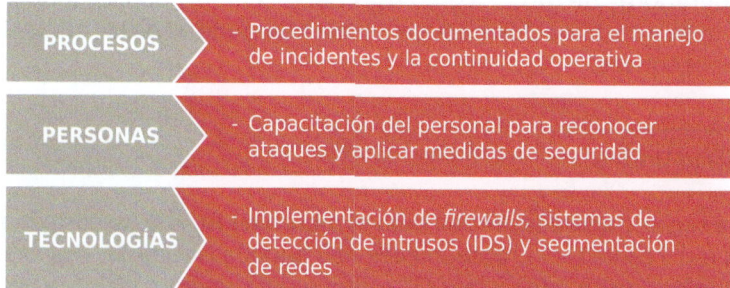

Además, se propone el análisis de los requisitos de conformidad y su aplicación en entornos reales a través de:

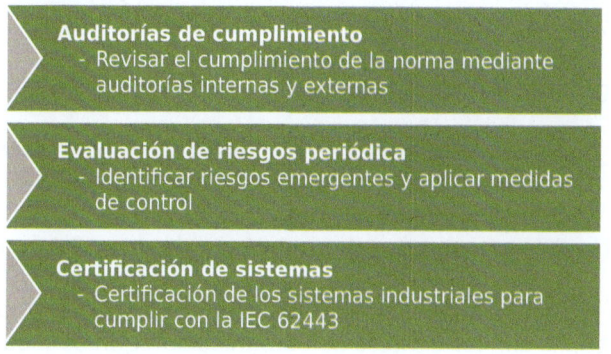

3.4. NERC CIP. Infraestructuras criticas de energía (USA)

El **NERC CIP** (Critical Infrastructure Protection. North American Electric Reliability Corporation Critical Infrastructure Protection) es un conjunto de **normas de ciberseguridad obligatorias diseñadas para proteger las infraestructuras críticas de energía en Estados Unidos.** Su objetivo principal es garantizar la disponibilidad, integridad y confiabilidad de los sistemas de energía eléctrica, protegiendo los sistemas de control industrial (ICS) utilizados en la generación, transmisión y distribución de electricidad.

El NERC CIP establece un marco que incluye una serie de requisitos y controles específicos aplicados a los **sistemas críticos de energía**. Estas normas están dirigidas a entidades operadoras de energía, entre las que están las **plantas de generación de energía, las subestaciones eléctricas y los operadores de red.** Las empresas deben cumplir con los requisitos de **auditoría y certificación** para garantizar la seguridad de las operaciones eléctricas críticas.

Seguridad Redes

La seguridad de las redes bajo el marco NERC CIP se basa en segmentar la red y proteger las comunicaciones entre las redes de TI o tecnología de la información y las redes OT o tecnología operacional que controlan las operaciones de las plantas de energía.

A continuación, accederás a detalles técnicos sobre cómo implementar la **segmentación de red,** utilizar *firewalls* **avanzados,** configurar sistemas de **detección y prevención de intrusos (IDS/IPS)** y aplicar **autenticación de red y cifrado** para proteger las comunicaciones críticas:

⇨ **Segmentación de la red:**

- ♦ Dividir la red en zonas de seguridad (control de acceso por zonas) y *conduits* que limiten la interconexión entre la red IT y la red OT.
- ♦ Implementar el modelo Purdue para establecer zonas diferenciadas (red corporativa, red de control, red de supervisión, etc.).

En el contexto de ciberseguridad industrial y del modelo Purdue, los *conduits* son los canales de comunicación que conectan diferentes zonas de seguridad o niveles dentro de una red segmentada. Sirven como puentes controlados para permitir el intercambio de datos entre zonas mientras aplican medidas de seguridad específicas para proteger la comunicación.

⇨ *Firewalls* **y controles de acceso:**

- ♦ Los *firewalls* industriales separan las redes OT e IT, filtrando el tráfico basado en reglas predefinidas.
- ♦ Se utilizan *firewalls* de próxima generación como los NGFW, que pueden identificar y bloquear tráfico malicioso en tiempo real.

Los NGFW (*firewalls* de próxima generación) son dispositivos de seguridad de red avanzados que van más allá de las capacidades de un *firewall* tradicional. No solo filtran el tráfico basado en direcciones IP y puertos, sino que también inspeccionan el contenido del tráfico en tiempo real, analizan aplicaciones y detectan amenazas avanzadas utilizando tecnologías como detección de intrusos (IDS/IPS), inspección profunda de paquetes (DPI) y control granular de aplicaciones.

➲ **Detección y prevención de intrusos (IDS/IPS):**

   ۞ Los sistemas IDS (sistemas de detección de intrusos) supervisan la red y generan alertas ante actividad sospechosa.
   ۞ Los IPS (sistemas de prevención de intrusos) no solo detectan anomalías, sino que también bloquean automáticamente el tráfico malicioso.

Combinar IDS e IPS ofrece una protección integral, clave en las redes industriales para proteger sistemas SCADA, HMI y PLC frente a ataques y movimientos laterales. Hay que destacar que el movimiento lateral es una técnica usada por los atacantes para desplazarse dentro de una red tras haber comprometido un punto inicial, explorando otros sistemas o dispositivos con el objetivo de ampliar su acceso y atacar activos más críticos.

➲ **Autenticación de red y cifrado:**

   ۞ Uso de VPN industriales y cifrado TLS para proteger la comunicación entre dispositivos críticos.
   ۞ Implementación de 802.1X para controlar el acceso a la red basado en la identidad de los dispositivos y usuarios.

La autenticación de red mediante estándares como 802.1X asegura que solamente los dispositivos y los usuarios autorizados puedan acceder a la red, añadiendo una capa de control necesaria para evitar accesos no deseados. Por otro lado, el cifrado TLS y las VPN industriales garantizan que las comunicaciones entre los dispositivos críticos sean seguras y no puedan ser interceptadas, para proteger la confidencialidad e integridad de los datos frente a ataques como el *Man-in-the-Middle* (MITM).

Seguridad Activos/Dispositivos

La seguridad de los dispositivos bajo el estándar NERC CIP se centra en proteger los **activos físicos y lógicos** que participan en la producción y distribución de energía. En este sentido, aquí se incluyen los **controladores lógicos programables (PLC), las interfaces HMI, los sistemas SCADA y los dispositivos de campo.**

Veamos a continuación qué abarcan los controles técnicos más importantes en torno a la seguridad de los activos y los dispositivos:

➲ **Inventario y clasificación de activos:**

◑ Se deben identificar, clasificar y documentar todos los activos físicos y lógicos, desde dispositivos de control hasta estaciones de trabajo.

◑ Se debe usar una base de datos de activos centralizada que incluya los detalles del dispositivo, el estado del *firmware* y la fecha de la última actualización.

➲ **Control de acceso a dispositivos:**

◑ Implementación de sistemas de control de acceso físico, como tarjetas de acceso RFID, cerraduras inteligentes o sistemas biométricos para acceder a las salas de control.

◑ Control de acceso lógico mediante autenticación multifactor (MFA) para acceder a los sistemas HMI, SCADA y estaciones de ingeniería.

➲ **Endurecimiento de dispositivos** *(hardening)***:**

◑ Eliminación de servicios no esenciales y deshabilitación de puertos que no se utilicen.

◑ Actualización de *firmware* para corregir vulnerabilidades conocidas.

◑ Configuración de listas blancas de aplicaciones para permitir solo la ejecución de *software* autorizado.

➲ **Monitoreo de dispositivos:**

◑ Uso de sistemas de detección de intrusos (IDS) de dispositivos para supervisar la actividad de dispositivos críticos.

◑ Supervisión en tiempo real de cambios no autorizados en la configuración de controladores PLC, SCADA y HMI.

Seguridad datos y aplicaciones

La seguridad de los datos y aplicaciones bajo NERC CIP se centra en proteger la **integridad, confidencialidad** y **disponibilidad** de los datos críticos que se utilizan para controlar la red de energía eléctrica. Esto implica la protección de las bases de datos, las aplicaciones de control, los registros de eventos de seguridad y la información operativa, o lo que es lo mismo:

➲ Protección de los controladores lógicos programables (PLC), SCADA y HMI.

- Aplicación de técnicas de endurecimiento de dispositivos industriales *(hardening)*.
- Uso de listas blancas, actualizaciones de *firmware* y autenticación fuerte.

Una **herramienta** destacada para la **simulación de ataques en entornos OT/IoT** es *Caldera,* desarrollada por MITRE en colaboración con la Agencia de Seguridad de Infraestructura y Ciberseguridad de EE. UU. (CISA).

CALDERA (Mitre, 2024) es una plataforma de código abierto que permite emular ciberataques en sistemas de tecnología operativa, facilitando la evaluación y mejora de la seguridad en dispositivos industriales como ICS, SCADA y PLC. Es especialmente útil para analizar vulnerabilidades y probar estrategias de mitigación en entornos seguros.

 **PARA SABER MÁS**

Para aprender a utilizar *Caldera,* el INCIBE-CERT (2024) ofrece una guía detallada en español que incluye desde la instalación hasta ejemplos prácticos de uso. Además, se puede complementar el aprendizaje con tutoriales en vídeo como *Caldera en acción* (Mitre, 2024), que aborda los primeros pasos en el uso de herramientas de simulación de ataques, o bien acceder a guías tutoriales como la creada por NATASEC (2020), Mitre Caldera: primeros pasos.

Accede a los tutoriales desde aquí:

Continúa en página siguiente >>

<< Viene de página anterior

https://redirectoronline.com/ifct00500310

https://redirectoronline.com/ifct00500311

 TAREA 12

Formas parte del equipo de ciberseguridad de una planta industrial. Se te ha asignado la tarea de evaluar la seguridad de los sistemas de control industrial (ICS) mediante la herramienta de simulación CALDERA. El objetivo es identificar vulnerabilidades y proponer medidas de mitigación.

Tu misión es realizar las siguientes simulaciones de ataque controlado, como el movimiento lateral para identificar el acceso no autorizado a dispositivos PLC, el ataque de denegación de servicio (DoS) para comprobar la resistencia de los PLC y SCADA y la explotación de vulnerabilidades de protocolo para interceptar y manipular la comunicación mediante el protocolo Modbus.

Una vez que completaste las simulaciones, tienes que identificar en una tabla al menos tres vulnerabilidades críticas, describir sus causas, posibles impactos, y proponer las medidas de mitigación adecuadas.

---

4. Resumen

La **ciberseguridad industrial** se ha convertido en una prioridad para las organizaciones que buscan proteger sus sistemas de control y activos industriales de ciberataques.

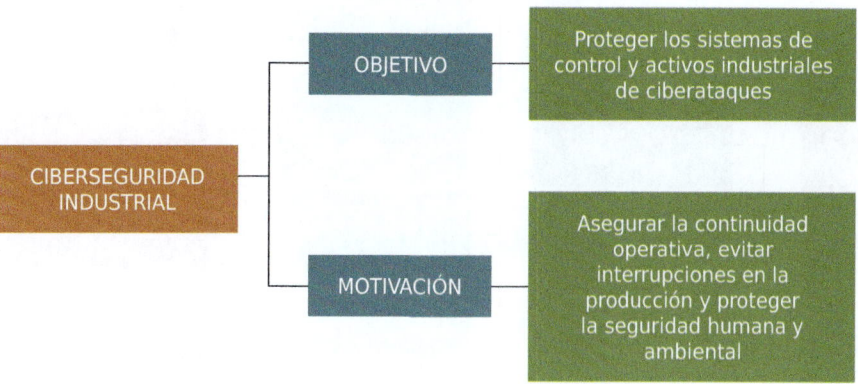

Para ello, conocer las amenazas más comunes, los modelos de ataque y las herramientas disponibles para mitigar riesgos es fundamental.

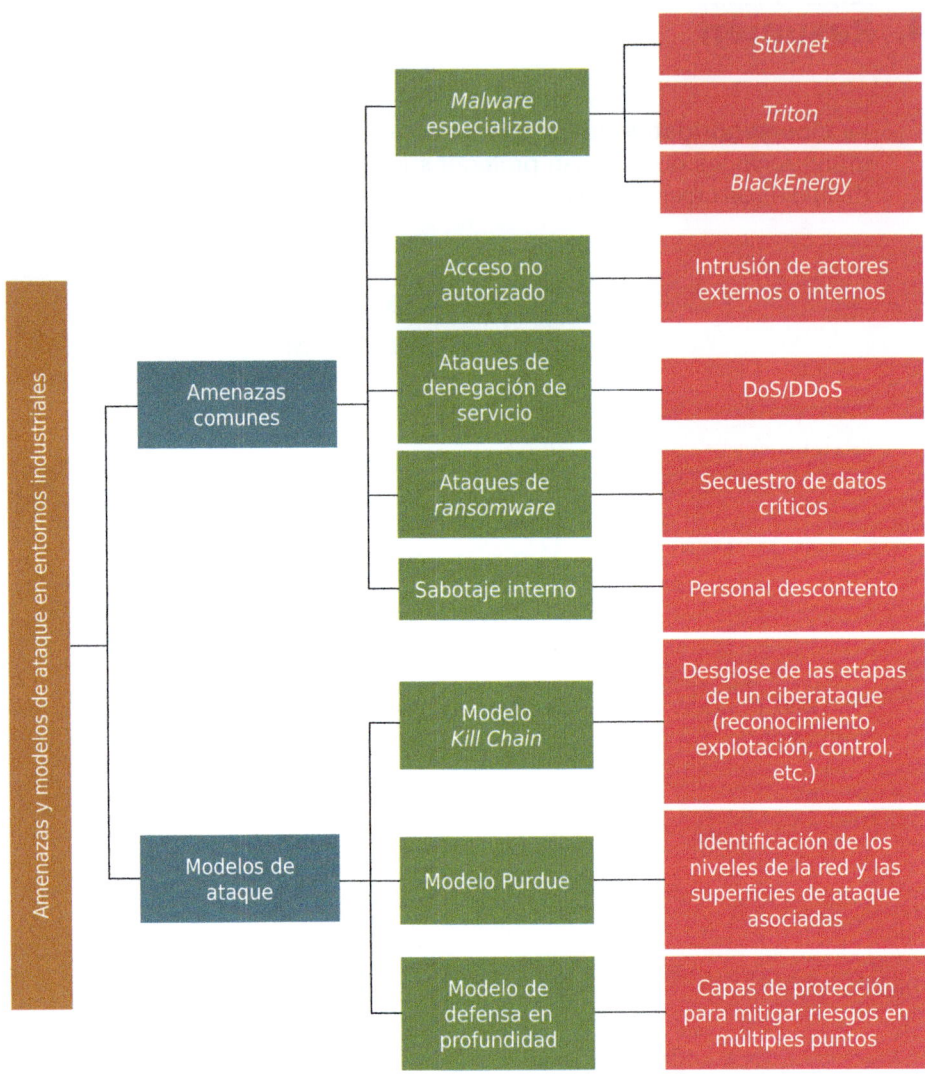

HERRAMIENTAS PARA MITIGAR LOS RIESGOS DE CIBERSEGURIDAD INDUSTRIAL

Herramientas de detección y monitorización	Herramientas de evaluación y simulación
- **IDS/IPS** (sistemas de detección y prevención de intrusiones) - **SIEM** (monitorización y correlación de eventos de seguridad) - **Sistemas de monitoreo SCADA** (para supervisar y alertar sobre cambios anómalos en el sistema)	- **Shodan** (búsqueda de dispositivos industriales expuestos) - **Fuzzing Tools** (envío de datos aleatorios para detectar fallos de seguridad) - **Pentesting Tools** (pruebas de penetración para identificar vulnerabilidades)

Herramientas de protección y control

- **Firewalls industriales** (protección de la red y control de tráfico)
- **VPN seguras** (acceso remoto protegido)
- **Sistemas de control de acceso** (RBAC, listas blancas)

También es imprescindible estar al tanto de los **principales estándares internacionales (NIST, IEC 62443 y NERC CIP),** así como las técnicas de protección de redes, dispositivos y datos industriales.

NIST SP 800-82 (securización de sistemas de control industrial - ICS)	Recomendaciones para la protección de PLC, HMI, SCADA y otros sistemas de control	Aplicación de controles de acceso, segmentación de red y autenticación
NIST SP 800-53 (estrategia de gestión de riesgos)	Identificación de activos críticos, amenazas, vulnerabilidades y evaluación del impacto	Aplicación de controles para reducir los riesgos, como autenticación multifactor, cifrado y control de acceso
IEC 62443 (seguridad de OT: procesos, personas y tecnología)	Controles de seguridad específicos para tecnología operativa (OT)	Requisitos de conformidad y certificación para garantizar la seguridad en los sistemas de control industrial
NERC CIP (protección de infraestructuras críticas de energía)	Controles específicos para el sector de energía en EE. UU.	Seguridad de redes, activos/dispositivos y datos

En este contexto, es importante también aplicar las buenas prácticas de ciberseguridad industrial, adoptando una **defensa en profundidad** y empleando **herramientas de simulación** para poder anticipar posibles ataques, a fin de que, como profesionales de la seguridad cibernética, se cuente con una base necesaria de conocimientos para implementar **medidas de seguridad robustas para la protección de operaciones críticas.**

Técnicas de protección de redes, dispositivos y datos industriales

PROTECCIÓN DE REDES
- **Segmentación de la red:** separación de redes industriales y redes de TI.
- *Firewalls* **industriales:** creación de "zonas de confianza" y control de tráfico de red.
- **Uso de IDS/IPS:** detección y prevención de intrusiones en la red.

PROTECCIÓN DE DISPOSITIVOS
- **Endurecimiento *(hardening)* de dispositivos:** configuración segura de PLC, SCADA y HMI.
- **Actualización de *firmware:*** aplicación de parches de seguridad y corrección de vulnerabilidades.
- **Listas blancas de aplicaciones:** control de los programas y procesos permitidos en los dispositivos.

PROTECCIÓN DE DATOS
- **Cifrado de datos:** protección de datos en tránsito y en reposo mediante técnicas de cifrado.
- **Control de acceso basado en roles (RBAC):** definición de accesos según el rol de cada usuario.
- **Política de control de versiones:** control de cambios en archivos críticos para evitar modificaciones no autorizadas.

Buenas prácticas de ciberseguridad industrial

APLICAR LA DEFENSA EN PROFUNDIDAD
- Protección en **múltiples capas** *(firewalls,* IDS, autenticación multifactor, etc.)
- Aplicación de controles de acceso y monitoreo en cada nivel del modelo Purdue

GESTIÓN DE LA SEGURIDAD OPERATIVA
- **Capacitación continua** de los empleados para detectar amenazas
- **Auditorías de seguridad periódicas** para revisar la conformidad con normas y marcos internacionales

IMPLEMENTACIÓN DE LA RESPUESTA A INCIDENTES
- **Plan de respuesta a incidentes (IRP)** para detectar, contener y recuperar sistemas en caso de un ataque
- **Pruebas de simulación de ataques** (ciberjuegos) para identificar brechas de seguridad

MONITOREO Y EVALUACIÓN DE LA SEGURIDAD
- **Monitoreo continuo** con SIEM para detectar patrones de ataque
- **Gestión de parches** para aplicar actualizaciones de seguridad de forma proactiva

Herramientas de simulación y pruebas de seguridad

SIMULACIÓN DE ATAQUES
- Simulación de ciberataques para evaluar la eficacia de las defensas de la red
- Pruebas de penetración *(pentesting):* pruebas controladas para identificar vulnerabilidades explotables
- Pruebas de *fuzzing:* envío de datos aleatorios a sistemas industriales para identificar posibles fallos

Ejercicios de autoevaluación
Unidad de Aprendizaje 6

1. Indica si las siguientes afirmaciones son verdaderas o falsas.

a. La transformación digital en la industria ha permitido la automatización de procesos y la conexión de sistemas industriales con la tecnología de la información y otras tecnologías emergentes.

- ■ Verdadero
- ■ Falso

b. Los entornos industriales, a diferencia de los sistemas de TI tradicionales, deben garantizar la continuidad operativa y la seguridad de los procesos físicos.

- ■ Verdadero
- ■ Falso

c. Para lograr una protección efectiva, se requiere una segmentación adecuada de la red industrial que permita controlar, aislar y proteger los diferentes niveles de los sistemas de control.

- ■ Verdadero
- ■ Falso

2. ¿Cuál es el objetivo principal de la ciberseguridad industrial?

a. Proteger los sistemas de información de la empresa.
b. Asegurar la continuidad operativa y la seguridad de los sistemas de control industrial (ICS).
c. Incrementar la eficiencia operativa mediante la automatización.
d. Reducir los costos de producción de la planta industrial.

3. ¿Qué diferencia la ciberseguridad de los sistemas de TI de la ciberseguridad de los sistemas OT?

a. La ciberseguridad OT prioriza la disponibilidad y la seguridad física.
b. La ciberseguridad de TI prioriza la disponibilidad y la seguridad física.

c. La ciberseguridad de TI no utiliza herramientas de *hacking* ético.

d. La ciberseguridad OT solo se aplica en entornos de la nube.

4. ¿Cuál de las siguientes afirmaciones sobre la transformación digital en la industria es correcta?

a. La automatización de procesos reduce la exposición a ciberamenazas.

b. La transformación digital elimina la necesidad de controladores lógicos programables.

c. La transformación digital se aplica solo en la red corporativa.

d. La transformación digital expone los sistemas industriales a nuevas amenazas cibernéticas.

5. ¿Cuántos niveles conforman el modelo Purdue?

a. 5

b. 6

c. 7

d. 4

6. ¿Cuál es la amenaza principal a la que se enfrenta el nivel 0 del modelo Purdue?

a. Acceso no autorizado a sistemas de control.

b. *Ransomware* dirigido a servidores de bases de datos.

c. Manipulación física de sensores y actuadores.

d. Acceso remoto no controlado a sistemas SCADA.

7. ¿Cuál de las siguientes técnicas de ataque permite interceptar la comunicación de protocolos industriales no cifrados?

a. *Sniffing*

b. *Fuzzing*

c. Explotación de vulnerabilidades

d. Análisis de riesgos

8. **¿Cuál de los siguientes estándares está enfocado a la protección de la energía eléctrica en Estados Unidos?**

    a. NIST SP 800-82
    b. IEC 62443
    c. NERC CIP
    d. ISO 27001

9. **¿Qué herramienta de simulación de ataques es utilizada para entrenar la ciberseguridad en entornos OT/IT?**

    a. *Nmap*
    b. *Wireshark*
    c. *Nessus*
    d. *CALDERA*

10. **¿Cuál de las siguientes medidas es esencial para proteger los sistemas SCADA?**

    a. Cifrado TLS para la comunicación
    b. Uso de Modbus sin autenticación
    c. Acceso remoto no controlado
    d. Exposición pública de sistemas SCADA

Simulación de ataques en la plataforma *Cybertrix-Cybring*

Contenido

1. Introducción
2. Identificación de las vulnerabilidades ICS
3. Simulación de ataques en redes industriales OT a través de *cyber range*
4. Identificación e implementación de ataques DDOS
5. Resumen

Objetivos

El objetivo general de esta Unidad de Aprendizaje es:

→ Evaluar y reforzar los conocimientos de ciberseguridad industrial mediante la ejecución de seis escenarios de ataque y defensa, definidos en la plataforma *Cybertix-Cybring* para redes industriales, para profundizar en los conocimientos de forma práctica.

Los objetivos específicos de esta Unidad de Aprendizaje son:

→ Aprender a trabajar en equipo en escenarios virtuales de redes tecnológicas e infraestructuras industriales en situación de ataques y vulnerabilidades aplicables a entornos reales en tiempo real.

→ Resolver incidencias que impidan el buen funcionamiento de las máquinas virtuales, buscando soluciones relacionadas con la configuración.

→ Evaluar las capacidades de anticipación y liderazgo en situaciones de riesgo en instalaciones industriales.

→ Apropiarse de la cultura de la ciberseguridad industrial de aplicación inmediata en procesos de digitalización en entornos operacionales.

1. Introducción

En un ecosistema industrial cada vez más interconectado, la seguridad de los sistemas de control industrial y las redes de tecnología operativa se ha convertido en una prioridad para las empresas, que desean proteger al máximo sus operaciones críticas. Estos sistemas, tan necesarios, están expuestos a riesgos cibernéticos que pueden comprometer su disponibilidad, integridad y confidencialidad. Por ello, comprender y abordar las vulnerabilidades de estos entornos es clave para salvaguardar la producción y la continuidad del negocio.

Sabemos que el proceso de identificación de vulnerabilidades en los sistemas ICS es imprescindible para prevenir accesos no autorizados y reducir la superficie de ataque. Con la aplicación de técnicas de análisis de riesgos y evaluaciones de seguridad, las fábricas y las empresas son capaces de descubrir debilidades en componentes clave, como pueden ser controladores lógicos programables (PLC), estaciones HMI (interfaz hombre-máquina) y redes de comunicación. La aplicación de medidas correctivas oportunas garantiza que los sistemas estén mejor preparados para resistir posibles ciberincidentes.

Otro elemento fundamental en esta unidad es la simulación de ataques en redes OT mediante entornos de *cyber range*. Estas plataformas permiten recrear situaciones reales de ataque, como accesos no autorizados y ataques de intermediario (MITM), brindando a los equipos de seguridad la oportunidad de fortalecer sus defensas y de capacitarse en la respuesta a incidentes. Las pruebas en entornos controlados permiten detectar brechas, mejorar la segmentación de la red y optimizar las estrategias de detección y prevención.

Para ilustrar estos conceptos, seguiremos la historia de Mario, un ingeniero de sistemas que afronta diariamente al desafío de proteger la red ICS de *TechSystems,* empresa para la que trabaja. A través de su experiencia, exploraremos de manera práctica la identificación de vulnerabilidades, la simulación de ataques en entornos OT y la implementación de medidas contra ataques de denegación de servicio distribuido (DDoS). Su recorrido nos servirá de guía para comprender cómo enfrentarnos a los riesgos de ciberseguridad en los entornos industriales más críticos.

2. Identificación de las vulnerabilidades ICS

 **HILO CONDUCTOR**

Mario identificó vulnerabilidades críticas en los sistemas de control industrial (ICS), centrándose en PLC, HMI y redes de comunicación. Detectó configuraciones por defecto, puertos abiertos y autenticación insuficiente. Para mitigarlas, aplicó parches de seguridad, cerró servicios no esenciales y reforzó el control de acceso. Además, propuso el uso de listas blancas de aplicaciones autorizadas.

Las **vulnerabilidades en los sistemas ICS** representan un riesgo significativo para la seguridad de la operativa industrial. La identificación de estos puntos débiles implica el análisis de configuraciones, el escaneo de puertos y la revisión de componentes críticos como PLC, estaciones HMI y redes de comunicación. Estas acciones permiten detectar configuraciones por defecto, servicios innecesarios o expuestos y brechas en las políticas de acceso.

NOTA

Trabajar en equipo para abordar estas vulnerabilidades en tiempo real mejora la capacidad colectiva para poder enfrentarse a los ciberriesgos con ciertas garantías de éxito. La colaboración entre diferentes roles y especialidades asegura una evaluación más exhaustiva de las debilidades del sistema y fortalece la preparación de los profesionales frente a incidentes potenciales.

2.1. Detección y prevención de las mismas

La detección de vulnerabilidades se lleva a cabo mediante herramientas especializadas que identifican puertos abiertos, configuraciones erróneas y puntos de entrada susceptibles a ciberataques. Una vez identificadas, las vulnerabilidades se mitigan cerrando servicios no esenciales, aplicando parches de seguridad y reforzando los controles de acceso. Estas medidas garantizan que los sistemas sean más resilientes frente a amenazas potenciales.

IMPORTANTE

En este contexto, la capacidad de anticipación y liderazgo es fundamental. Evaluar rápidamente las amenazas y decidir sobre las mejores medidas de mitigación permite minimizar el impacto de los riesgos en las instalaciones industriales.

La **plataforma *Cybertrix-Cybring*** es una herramienta avanzada diseñada para la simulación y evaluación de ataques y vulnerabilidades en redes industriales. Este entorno virtual permite recrear situaciones reales en infraestructuras críticas, ofreciendo un espacio seguro donde los equipos pueden identificar fallos, probar estrategias de defensa y mejorar sus habilidades en ciberseguridad.

Con una visión global, *Cybring* busca fortalecer la cultura de la ciberseguridad en las organizaciones, ayudándolas a estar preparadas frente a amenazas presentes y futuras mediante una capacitación sólida y orientada a la misión (*Cybring Labs,* 2023).

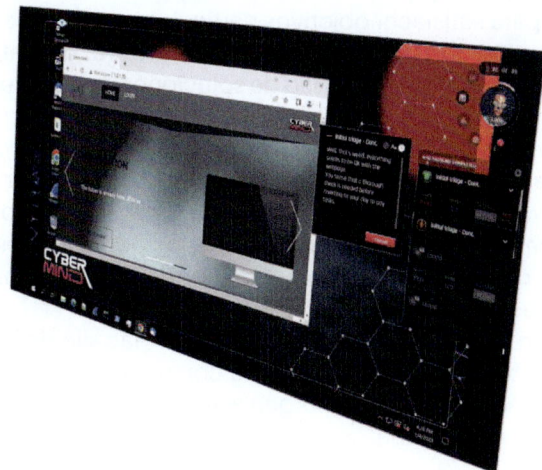

Cybring, fundada en 2017 por expertos con amplia trayectoria en ciberseguridad, defensa y seguridad nacional, se centra en la importancia de una formación efectiva para alcanzar y mantener la excelencia en ciberseguridad. La organización destaca que la combinación de motivación y entrenamiento práctico, continuo y basado en situaciones reales es esencial para el aprendizaje significativo, tanto a nivel individual como en equipo. Fuente: cybringlabs.com

Cybring es una plataforma innovadora diseñada para transformar el aprendizaje y la preparación de profesionales en ciberseguridad. Con un enfoque en la capacitación práctica y realista, esta herramienta ofrece soluciones avanzadas para usuarios y equipos que buscan mejorar sus competencias frente a las crecientes amenazas digitales.

A continuación, se presentan las **principales características** que hacen de *Cybring* una opción destacada en el ámbito de la formación en ciberseguridad:

- **Capacitación práctica y personalizada.** *Cybring* ofrece laboratorios, o *labs,* y escenarios diseñados para replicar situaciones reales de ciberseguridad. Los usuarios pueden trabajar en entornos personalizados que simulan redes IT, OT y SCADA, lo que permite una experiencia de aprendizaje adaptada a sus necesidades específicas.
- **Variedad de modalidades de entrenamiento.** La plataforma incluye opciones para entrenamientos individuales, grupales o con instructores, fomentando tanto el autoaprendizaje como la colaboración en equipo. Estas modalidades permiten flexibilidad y adaptabilidad a diferentes niveles de experiencia.
- **Escenarios preconfigurados y personalizables.** Los usuarios tienen acceso a una extensa biblioteca de escenarios preconfigurados, que abordan desde problemas básicos hasta complejos ataques avanzados. Además, *Cybring* permite la creación y personalización de nuevos escenarios para satisfacer objetivos particulares de formación.
- **Integración con herramientas de seguridad.** La plataforma es compatible con una amplia variedad de soluciones de ciberseguridad utilizadas en la industria. Esto permite a las organizaciones integrar sus propias herramientas y maximizar la efectividad de las sesiones de entrenamiento.
- **Evaluación basada en inteligencia artificial.** *Cybring* utiliza mecanismos avanzados de retroalimentación impulsados por inteligencia artificial para evaluar el desempeño de los participantes, identificar áreas de mejora y ofrecer recomendaciones prácticas para optimizar sus habilidades.
- **Foco en la cultura de ciberseguridad.** Más allá de la capacitación técnica, *Cybring* está comprometida con el fomento de una sólida cultura de ciberseguridad en las organizaciones, y prepara a los equipos para enfrentarse a amenazas presentes y futuras con total confianza y competencia.

 **APLICACIÓN PRÁCTICA**

La plataforma *Cybring* ofrece diversas funcionalidades que permiten fortalecer las competencias en ciberseguridad. ¿Cuál de las siguientes opciones representa una característica clave para personalizar los escenarios de entrenamiento y adaptarlos a las necesidades específicas de una organización?

- **Evaluación automática basada en inteligencia artificial para identificar áreas de mejora.**
- **Biblioteca de escenarios preconfigurados con opciones de personalización.**
- **Integración con herramientas de seguridad utilizadas en la industria.**
- **Modalidades de entrenamiento individual y en equipo.**

Solución

La biblioteca de escenarios preconfigurados y personalizables es una característica central de *Cybring* que permite a los usuarios adaptar los entrenamientos a las necesidades específicas de su organización. Esto es especialmente útil para simular entornos reales y practicar estrategias de defensa ante amenazas relevantes. Un ejemplo sería crear un escenario que replique una planta industrial con redes OT para evaluar medidas de segmentación de red.

La **plataforma *Cybertrix-Cybring*** es una herramienta clave para aplicar los conocimientos teóricos en un contexto práctico, ayudando a los profesionales a anticiparse a las amenazas y fortalecer la seguridad en sus entornos operacionales. Para aprovechar al máximo su potencial, es esencial seguir un proceso estructurado que permita **configurar el entorno, seleccionar los escenarios adecuados y analizar los resultados.** A continuación, se describen los **pasos** principales que se deben seguir para comenzar a utilizar *Cybring* y simular ataques o escenarios de ciberseguridad en redes industriales con total efectividad:

Registro y acceso
- Visita el sitio web oficial de *Cybring* y crea una cuenta proporcionando tus datos personales y/o profesionales. Una vez realizado el registro, inicia sesión en la plataforma.

Selección del modo de entrenamiento
- *Cybring* ofrece diversas modalidades de entrenamiento, incluyendo sesiones individuales en las que podrás ir a tu propio ritmo, o sesiones grupales o de entrenamientos en equipo con o sin instructor. Puedes elegir la modalidad de entrenamiento que mejor se adapte a tus necesidades.

Exploración de la biblioteca de escenarios
- Accede a la extensa biblioteca de laboratorios y escenarios de ataque disponibles en la plataforma. Estos escenarios están diseñados para desafiar diferentes niveles de habilidades; también para cubrir una amplia gama de situaciones en redes IT, OT y SCADA.

Personalización de contenidos
- Si lo prefieres, puedes personalizar los laboratorios y escenarios existentes o crear los tuyos propios utilizando las herramientas de construcción de redes que ofrece la plataforma. Esto te permite adaptar el contenido a tus objetivos específicos de entrenamiento.

Integración de herramientas de seguridad
- *Cybring* es compatible con diversas soluciones de ciberseguridad líderes en la industria. Puedes integrar las aplicaciones específicas de tu organización para enriquecer la experiencia de entrenamiento.

Gestión del entrenamiento
- Utiliza las funciones integradas de la plataforma para programar y planificar futuras sesiones de laboratorio o escenarios. La plataforma proporciona mecanismos de retroalimentación impulsados por inteligencia artificial que evalúan tu desempeño y ofrecen recomendaciones para mejorar tus habilidades.

 **PARA SABER MÁS**

Para obtener información más detallada y totalmente actualizada, visita el sitio web oficial de *Cybring*. Además, puedes solicitar una demostración personalizada para comprender mejor las funcionalidades de la plataforma y cómo estas pueden adaptarse a tus necesidades específicas. Accede a la web desde aquí:

https://redirectoronline.com/ifct00500401

3. Simulación de ataques en redes industriales OT a través de *cyber range*

☞ **HILO CONDUCTOR**

Utilizando un *cyber range* para simular ataques en redes OT, como accesos no autorizados y ataques MITM, Mario identificó la necesidad de segmentar la red con VLAN, implementar sistemas de detección de intrusos (IDS/IPS) y aplicar autenticación de doble factor (2FA). Estas simulaciones también permitieron capacitar al personal para una respuesta rápida a incidentes.

Los entornos de **cyber range,** término genérico que hace referencia a entornos simulados diseñados para entrenar y probar habilidades de ciberseguridad, permiten replicar ataques en redes OT, como accesos no autorizados y ataques de intermediario (MITM). Estas simulaciones reproducen escenarios reales, permitiendo identificar fallos en la segmentación de la red, evaluar la eficacia de las estrategias de detección y mejorar las capacidades de respuesta. La segmentación mediante VLAN y la implementación de sistemas IDS/IPS son medidas clave que se derivan de estas pruebas.

Cyber range incluye diversas plataformas y herramientas que permiten replicar escenarios de ataques en redes empresariales, industriales y más. También puede ser desarrollado por diferentes proveedores, ya que no se trata de una marca o producto único. La **plataforma *Cybertrix-Cybring*** puede considerarse un **tipo de *cyber range*** especializado en entornos de redes industriales (ICS/OT); es decir, forma parte de esta categoría, pero con un enfoque particular en infraestructura industrial y procesos de digitalización.

NOTA

A través de actividades relacionadas con la simulación de ataques, también se fomenta la adopción de una cultura de la ciberseguridad industrial. Este enfoque permite que los equipos adopten buenas prácticas aplicables de forma inmediata en procesos de digitalización en entornos operacionales.

3.1. Plataforma *KYPO Cyber Range*

A continuación, profundizamos en las capacidades de la **plataforma *KYPO Cyber Range*,** una herramienta avanzada diseñada para recrear entornos virtuales que permiten simular ataques cibernéticos en redes industriales (ICS/OT). Gracias a su enfoque en la formación práctica y a su compatibilidad con sistemas OT, *KYPO* se posiciona como un recurso clave para identificar vulnerabilidades, probar estrategias de defensa y capacitar equipos en entornos controlados. Este análisis complementa las actividades mencionadas anteriormente, mostrando cómo aprovechar estas tecnologías para fortalecer la seguridad en procesos industriales críticos.

Para trabajar en un entorno virtual aislado y controlado, se utiliza un **sandbox,** que permite ejecutar, probar o analizar programas, aplicaciones o archivos sin que estos interfieran con el sistema operativo principal ni con otros recursos externos. Este tipo de entorno es esencial para garantizar la seguridad y minimizar riesgos al trabajar con contenido potencialmente peligroso o desconocido.

Un *sandbox* es un espacio virtual o máquina virtual aislada diseñada para mantener todo lo que ocurre en su interior completamente confinado. Esto significa que cualquier actividad realizada dentro del *sandbox* no afectará al sistema principal ni se propagará a otros entornos. Es como un laboratorio donde se puede experimentar sin temor a dañar el exterior, por lo que es una herramienta fundamental para mantener la seguridad y el control al trabajar con programas, datos o escenarios potencialmente peligrosos. Su capacidad para aislar procesos lo convierte en un aliado imprescindible en ciberseguridad.

Con un enfoque en la seguridad y la flexibilidad, el *sandbox* no solo protege los sistemas principales, sino que también facilita la innovación y el cumplimiento normativo. A continuación, exploraremos sus principales **características:**

- **Aislamiento completo.** Lo que sucede en el *sandbox* se queda en el *sandbox.* Los procesos y cambios están totalmente separados del resto del sistema.
- **Entorno controlado.** Ofrece un espacio preconfigurado donde se ejecutan aplicaciones o se analizan archivos en un ambiente totalmente seguro. Este escenario ficticio permite simular ataques para estudiar vulnerabilidades y sus estrategias de defensa.
- **Reversibilidad.** Todo lo que se haga dentro del *sandbox* se elimina al cerrarlo, devolviendo el entorno a su estado original.
- **Flexibilidad.** Permite probar diferentes configuraciones, simular ataques o realizar experimentos con total seguridad.
- **Protección de la red.** El *sandbox* actúa como una barrera que evita que actividades maliciosas dentro del entorno puedan propagarse a la red principal, proporcionando un nivel añadido de seguridad.
- **Análisis forense.** Permite estudiar a fondo el comportamiento de *malware,* aplicaciones sospechosas o incidentes de seguridad dentro de un entorno seguro, sin riesgo para el sistema anfitrión.
- **Compatibilidad de aplicaciones.** Facilita la ejecución de aplicaciones en un entorno específico para verificar su funcionalidad en diferentes configuraciones antes de su implementación en producción.
- **Cumplimiento normativo y de políticas de seguridad.** Ayuda a garantizar que las aplicaciones y procesos cumplan con las normativas legales y las políticas de seguridad de las organizaciones, al permitir su evaluación en un entorno seguro antes de ser desplegados.

IMPORTANTE

En un ecosistema de pruebas generado a través de una máquina virtual, los usuarios pueden entender el funcionamiento de un código malicioso y comprender cómo actuar para poder detener el *malware* a fin de evitar su propagación por el sistema, e intentar hacer desaparecer este programa malicioso en los sistemas que ya han sido infectados.

Tipos de máquinas virtuales

En el mundo de la virtualización, es esencial comprender que existen dos tipos principales de máquinas virtuales, cada una diseñada para cumplir funciones específicas: **máquina virtual de sistemas** y **máquina virtual de procesos.** Estas categorías se diferencian por su funcionalidad y por cómo interactúan con el *hardware* y el *software* anfitrión:

Máquina virtual de sistemas	Máquina virtual de procesos
- Máquina virtual que emula ser un ordenador en todos los sentidos. Este tipo de *software* se hace pasar por un dispositivo informático, de tal manera que con este programa es posible ejecutar otro sistema operativo en su interior.	- Máquina virtual más comedida que la anterior. En vez de emular ser un PC en todos los sentidos, se reconoce como, por ejemplo, una aplicación específica, generando un entorno de ejecución. Recibe el nombre de máquina virtual de proceso porque ejecuta un proceso determinado.

Máquinas virtuales de sistemas

A continuación, se muestran con más nivel de detalle las diferencias entre una máquina virtual de sistema y otra de proceso.

Presta atención a esta primera figura, que representa una **máquina virtual de sistema.**

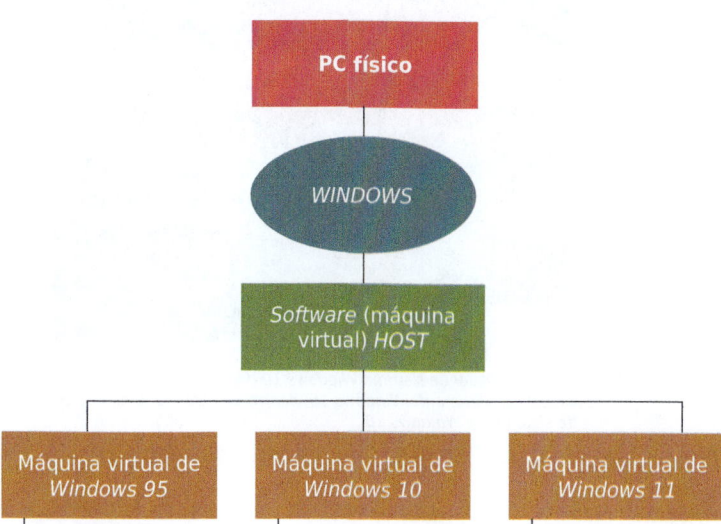

Representación de máquinas virtuales de sistemas

El despliegue del sistema operativo que es ejecutado dentro de la máquina virtual funciona exactamente igual a como se ejecutaría en un ordenador físico, con la diferencia de que este es un entorno simulado. Esto hace que la máquina virtual desconozca que está dentro de otro sistema operativo y se ejecute de forma totalmente normal.

IMPORTANTE

Es posible crear una nueva máquina virtual dentro de otra.

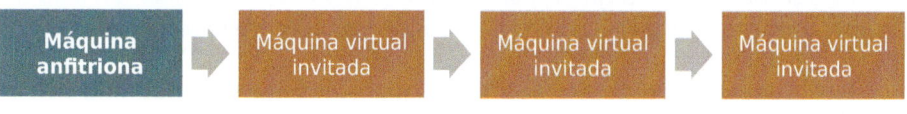

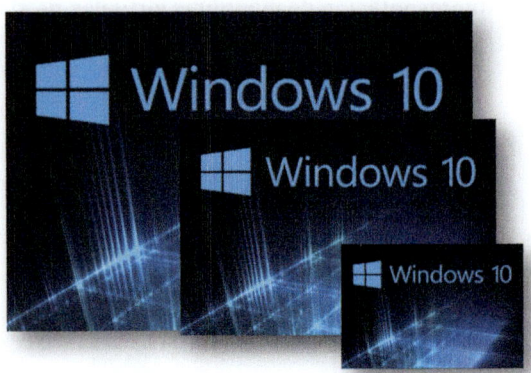

Máquina virtual de sistema Windows 10 dentro de otra máquina virtual de sistema de Windows 10, dentro de otra máquina virtual de sistema de Windows 10.

NOTA

Aunque incluyas una máquina virtual de sistemas dentro de tu ordenador, o bien la insertes dentro de otra máquina virtual de sistema, los datos de la máquina principal (anfitrión) jamás serán accesibles para esas máquinas invitadas *(guest)*, aunque estas estén funcionando dentro del ordenador. Este funcionamiento aislado no es obstáculo para facilitar acciones que impliquen la utilización de archivos entre máquinas, ya que es posible acceder a ellos mediante aplicaciones específicas incluidas en algunas máquinas virtuales que facilitan ciertos atajos.

Máquinas virtuales de procesos

Por el contrario, el mecanismo de una máquina virtual de proceso es mucho más sencillo, puesto que no emula a un ordenador físico sino tan solo un proceso determinado, como puede ser la ejecución de una aplicación.

Presta atención a esta segunda figura, que representa una **máquina virtual de proceso.**

Representación de máquinas virtuales de procesos

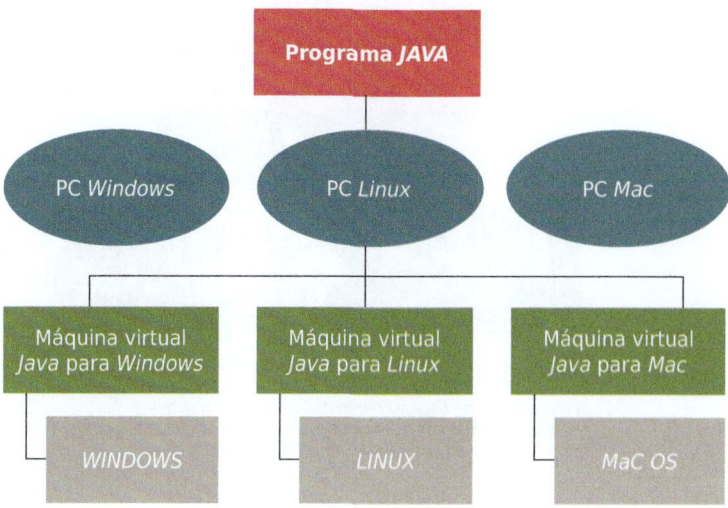

 **IMPORTANTE**

Todos los sistemas operativos de cada máquina virtual mostrados en la imagen experimentarán las mismas funciones del programa informático *Java*, a pesar de ejecutarse en plataformas tan diferentes entre ellas como son las de *Linux*, *Mac* y *Windows*.

En esta unidad se abordará exclusivamente la construcción de máquinas virtuales de sistema.

Funcionamiento y uso de las máquinas virtuales

El hecho de que una máquina virtual pueda quedar integrada dentro de otra es posible gracias a un proceso en el que los sistemas de cada máquina virtual quedan encapsulados unos dentro de otros.

El mecanismo de encapsulamiento implica que muchos de los recursos informáticos del ordenador real serán requeridos por las máquinas virtuales para poder funcionar de forma correcta.

 **APLICACIÓN PRÁCTICA**

Ana va a poner a prueba el sistema de información de su empresa. Para ello, va a emplear una máquina virtual a través de la cual, y empleando técnicas de *hacking,* podrá atacar el sistema operativo dentro de un entorno virtual. Además, la máquina virtual ofrecerá la posibilidad de realizar muchas otras tareas. ¿Podrías indicar cuál de las siguientes acciones no es posible realizar por medio de una MV?

- Experimentar con diferentes configuraciones de sistemas.
- Experimentar con configuraciones de redes.
- Aumentar los recursos del PC anfitrión.
- Ejecutar algún viejo *software* incompatible con el sistema operativo actual.

Solución

Ninguna máquina virtual podrá aumentar los recursos del equipo anfitrión, ya que, para poder funcionar en un entorno virtual, utiliza los propios componentes del ordenador físico o real, llegando a limitar la capacidad computacional de esos recursos.

ACTIVIDAD COMPLEMENTARIA

13. Después de analizar la utilidad de las máquinas virtuales como plataformas de entrenamiento en ciberseguridad mediante la creación de ecosistemas ficticios, es normal tener dudas sobre qué *software* utilizar.

Para ampliar tu perspectiva sobre las herramientas disponibles, realiza una búsqueda en internet y elige un *software* específico que permita crear y gestionar máquinas virtuales.

Instalación de *VirtualBox*

Es el momento de aprender a instalar el *software* **VirtualBox,** que permitirá crear y gestionar una plataforma de entrenamiento basada en máquinas virtuales. Esta herramienta será fundamental para simular y analizar ciberataques de manera profesional. Para construir y administrar esta plataforma de forma eficiente, se utilizará un conocido *software* gratuito y ampliamente reconocido en el ámbito de la virtualización.

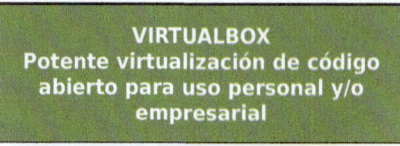

- VirtualBox es un programa de descarga gratuita desarrollado por Oracle. Cuenta con numerosas funcionalidades que hacen de él un instrumento realmente atractivo para quienes quieren practicar en un laboratorio virtual sin tener que pagar por la compra de algún otro *software* comercial. Fuente: www.virtualbox.org

Una vez seleccionada **VirtualBox** como una de las plataformas más recomendadas en el ámbito de la virtualización, es importante seguir atentamente los pasos indicados a continuación para completar su instalación en
el equipo informático.

El primer paso es muy sencillo: acceder al sitio web oficial de *VirtualBox*, disponible en www.virtualbox.org, y descargar el instalador correspondiente.

Accede a la web desde aquí:

https://redirectoronline.com/ifct00500402

 **NOTA**

Es posible encontrar nuevas versiones actualizadas de esta máquina virtual.

Download
VirtualBox **6.1**

*Pestaña de descarga del instalador del
programa VirtualBox*

Al clicar sobre el botón **Descarga,** aparecerán varias opciones. En ese momento, se debe seleccionar el tipo de instalador de *VirtualBox* en función
del sistema operativo del equipo anfitrión y pulsar **Descargar.**

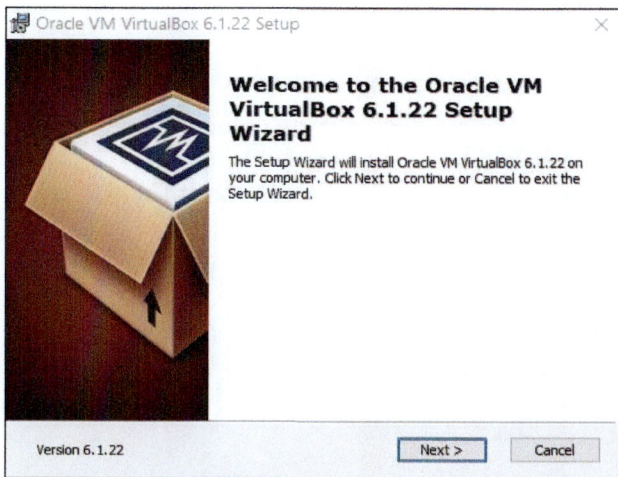

Inicio de instalación de VirtualBox

Una vez iniciada la descarga del instalador, se mostrará una pantalla que dará la opción de modificar los parámetros predeterminados que se informan en esa ventana. Se puede avanzar sin miedo sin realizar ningún cambio si no es necesario.

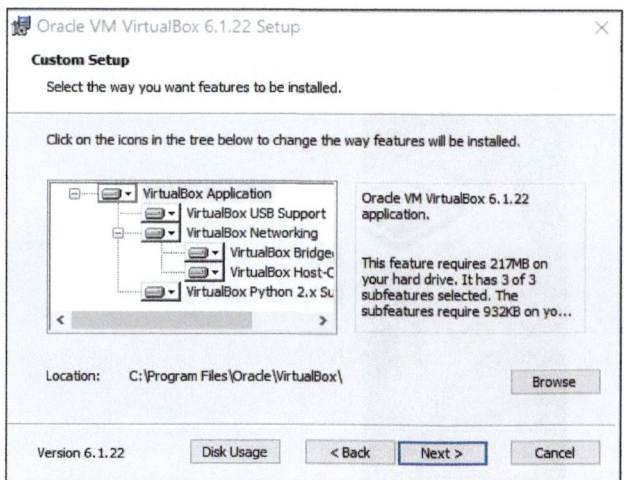

Opciones de la aplicación VirtualBox

Posteriormente, aparecerá una pantalla en la que se indica de nuevo otras opciones. Se trata de crear —o no— el acceso directo a la aplicación, así como también de la posibilidad de establecer una asociación de extensiones entre distintas máquinas virtuales para que se puedan abrir todas ellas desde este mismo programa.

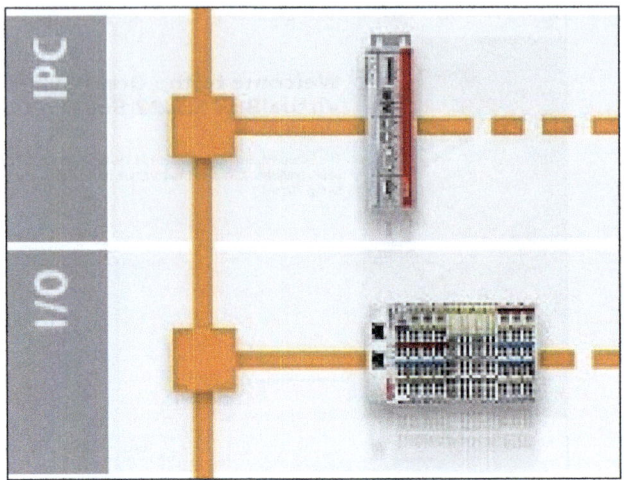

*Ventana de permisos de acceso y asociación de extensiones entre
máquinas virtuales*

Después de pulsar el botón **Next,** emergerá una nueva ventana que mostrará el siguiente mensaje: "La instalación de la función *Oracle VM VirtualBox 6.1.22 Networking* restablecerá su conexión de red y la temporalidad lo desconectará de la red". Esto significa que durante un intervalo de tiempo las interfaces de red van a perder la conexión al aceptar esta opción.

Mensaje de aviso de desconexión

El proceso de instalación de *VirtualBox* comenzará en cuanto aparezca una pantalla que permita revisar la configuración previa.

NOTA

Si consideras que no es necesario realizar cambios, simplemente procede haciendo clic en el botón de instalación para continuar.

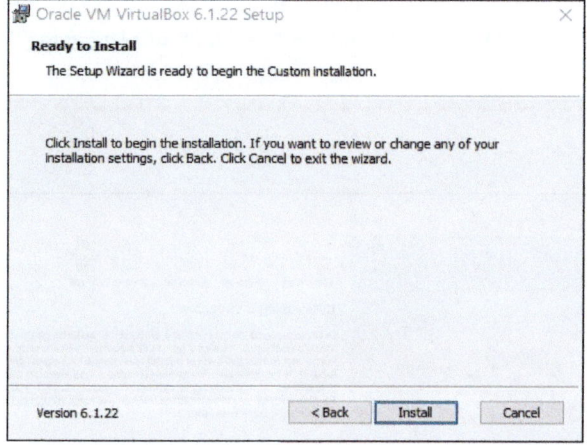

Inicio de instalación del programa

La última ventana indicará que la instalación ha sido satisfactoria y, justamente al clicar sobre el botón **Finish,** se ejecutará la aplicación *VirtualBox.*

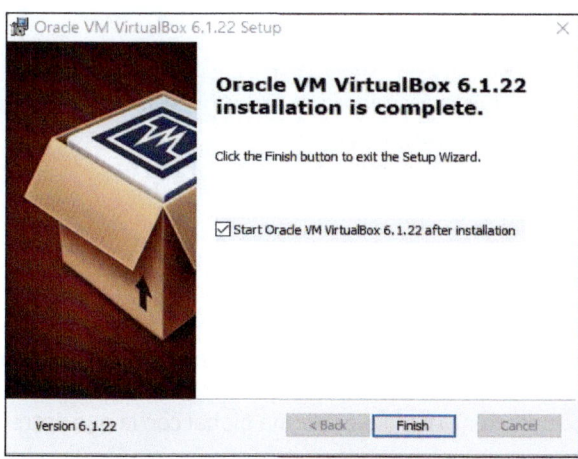

Última ventana antes de la ejecución de la aplicación

A partir de este momento ya es posible abrir la plataforma *VirtualBox* en el ordenador, e indagar todo lo que se quiera sobre esta máquina virtual.

NOTA

Justo en la ventana principal se muestra un mensaje aclaratorio en el que aparece un compendio de herramientas ubicadas en la columna de la izquierda, más una pestaña que, al pulsar sobre ella, listará todas las máquinas virtuales que se hayan podido crear.

Ventana principal de la aplicación VirtualBox

Ya con *VirtualBox* instalado en el equipo, llega el momento de crear tantas máquinas virtuales como se desee.

CONSEJO

No olvides que cada máquina virtual demandará del sistema real un porcentaje de recursos computacionales, que quedarán reservados a fin de garantizar el buen funcionamiento de la plataforma global con la que entrenarás tus primeros

Continúa en página siguiente >>

<< Viene de página anterior

ataques entre máquinas. Esto significa que podrás crear muchas máquinas virtuales pero no podrás activarlas todas al mismo tiempo, ya que tu sistema carecerá de todos los recursos necesarios.

En seguida es posible iniciar el proceso de creación de una máquina virtual para instalar cualquier sistema operativo. Esto significa que, si se tiene el sistema operativo *Windows* en el equipo, es posible utilizar *VirtualBox* para instalar y ejecutar otro sistema operativo en una máquina virtual. Esto se logra gracias a la capacidad de *VirtualBox* para emular un entorno completamente independiente del sistema operativo principal, conocido como anfitrión.

Por ejemplo, es posible instalar y utilizar sistemas operativos como *Linux, macOS* (con ciertas configuraciones específicas), o incluso otras versiones de *Windows,* todo dentro de una máquina virtual, sin afectar el sistema operativo instalado en el equipo físico.

El proceso de instalación de un sistema operativo en una máquina virtual es exactamente el mismo, con independencia del tipo de sistema que se pretenda instalar.

Sistemas operativos en máquinas virtuales

 **ACTIVIDAD COMPLEMENTARIA**

14. En la comunidad *hacker*, es común instalar sistemas operativos antiguos como *Windows XP, Windows XP SP2, Windows Server 2008, Ubuntu Mate*, o *Kali Linux* en máquinas virtuales. ¿Por qué crees que sucede esto?

Continúa en página siguiente >>

<< Viene de página anterior

Reflexiona sobre esta cuestión y elabora una breve explicación de tus ideas en el espacio colaborativo. Considera en tu respuesta factores relacionados con la seguridad, el soporte técnico y las vulnerabilidades de estos sistemas.

La elección de *Kali Linux* para crear la primera máquina virtual para lanzar ciberataques no es casual. Se trata de un sistema muy utilizado por los *hackers* para este propósito, ya que dispone de una variedad de instrumentos de **pentesting** que vienen ya instaladas en el sistema. Por este motivo, a continuación se explicarán detalladamente todos los **pasos** necesarios para crear una máquina virtual con *Kali Linux*, desde la descarga del sistema operativo hasta su configuración en *VirtualBox*. Este proceso te permitirá aprovechar al máximo las herramientas de *pentesting* incluidas en este sistema. A continuación, se exponen los pasos:

⮑ **Paso 1:**

◔ Inicia la ejecución de *VirtualBox*.
◔ En la ventana principal, haz clic sobre el botón **Nueva** señalado en la imagen.

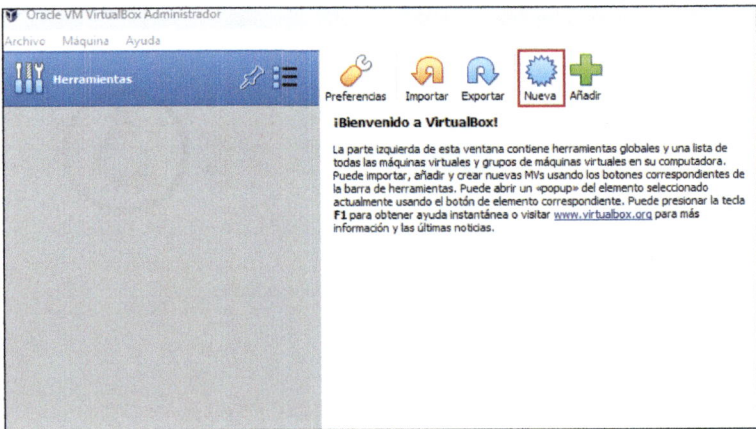

Primer paso para crear MV con Kali Linux

⊃ **Paso 2.** Una vez pulsado el botón **Nueva,** emergerá una ventana en la que se pedirán una serie de datos.

Los datos a rellenar son los siguientes:

⊃ Nombre que le asignarás a la máquina. Puedes cambiar el nombre que viene por defecto y poner el nombre del sistema operativo que estés instalando; para este ejemplo, es *KaliLinux.*

  ➊ En el apartado **Tipo,** deberás seleccionar el sistema operativo dentro del desplegable.
  ➊ En el campo **Versión,** elegirás Debian (32-bit) o (64-bit), según el caso.
  ➊ Pulsa **Next.**

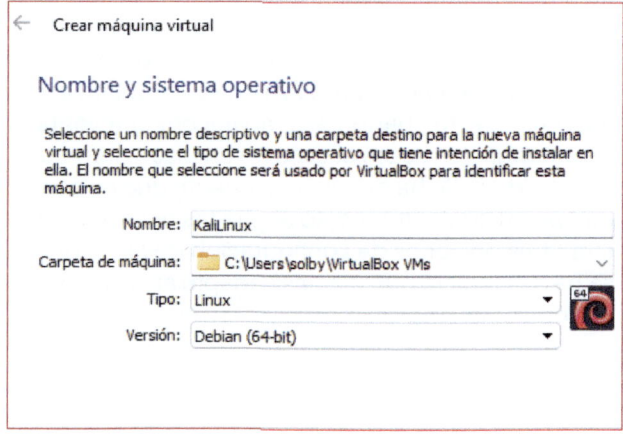

Segundo paso para crear MV con Kali Linux

⊃ **Paso 3.** Con el paso anterior se ha indicado el sistema operativo y la versión que se va a instalar en la máquina virtual de ataque. También se ha asignado el nombre con el que se podrá reconocer a esta primera máquina. Ahora, y tras pulsar **Next,** aparecerá una ventana en la que se ha de indicar cuánta memoria RAM se reservará para esta MV. Una vez decidida la cantidad de memoria que se guardará, hay que pulsar en el botón **Next** para avanzar.

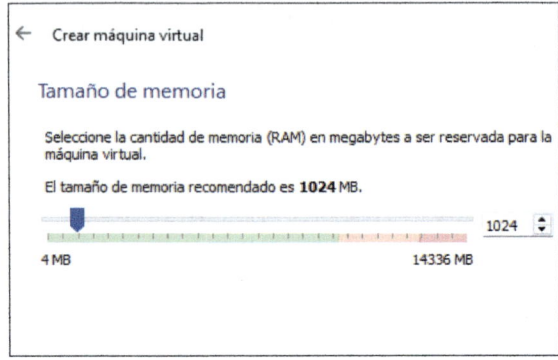

Tercer paso para crear MV con Kali Linux

Por defecto, el programa sugerirá la cantidad de memoria RAM recomendada para la máquina virtual. Sin embargo, es posible personalizar la cantidad de RAM asignada, siempre considerando dos factores clave: **los requisitos específicos del sistema operativo que se desea instalar** y **la cantidad de memoria RAM disponible en el equipo anfitrión.**

➲ **Paso 4.** En este cuarto paso, aparecerá una ventana que mostrará una recomendación sobre el espacio en disco duro que se asignará a la máquina virtual. Se ha de tener en cuenta que es posible ajustar esta cantidad en cualquier momento según las necesidades. Además, se presentarán tres opciones de configuración de almacenamiento, de las cuales se ha de elegir la que mejor se adapte al proyecto.

Las opciones son:

1. No agregar un disco duro virtual.
2. Crear un disco duro virtual.
3. Usar un archivo de disco duro virtual existente.

Cuarto paso para crear MV con Kali Linux

Como estás observando, la máquina virtual va requiriendo recursos al equipo anfitrión, que serán consumidos cuando dicha máquina esté activa y comiences a utilizarla.

⊃ **Paso 5.** Al optar por crear un disco duro virtual, se abrirá una ventana donde se pedirá seleccionar el tipo de archivo de disco duro que se utilizará. Para este caso, se elige la primera opción:

○ **VDI (*VirtualBox disk image*):** esta selección se realiza porque, en este ejemplo, el *software VirtualBox* será el único utilizado para gestionar la máquina virtual.

← Crear de disco duro virtual

Tipo de archivo de disco duro

Seleccione el tipo de archivo que quiere usar para el nuevo disco duro virtual. Si no necesita usarlo con otro software de virtualización puede dejar esta configuración sin cambiar.

● VDI (VirtualBox Disk Image)
○ VHD (Virtual Hard Disk)
○ VMDK (Virtual Machine Disk)

Quinto paso para crear MV con Kali Linux

⊃ **Paso 6.** Este paso resulta crucial, ya que consiste en configurar el disco duro virtual de manera eficiente para maximizar el uso de los recursos disponibles y evitar desperdicios.
Existen dos opciones para elegir:

○ **Opción 1: reservado dinámicamente.** Seleccionar esta opción permite que el tamaño del disco duro crezca de forma progresiva según las necesidades, utilizando únicamente el espacio requerido en cada momento.

○ **Opción 2: tamaño fijo.** Con esta opción, se reserva de antemano un espacio fijo en el disco duro, lo cual garantiza una mejor estabilidad y rendimiento, aunque utilice más recursos desde el principio.

IMPORTANTE

Si planeas utilizar varias máquinas virtuales como laboratorio de entrenamiento y deseas optimizar el uso del espacio en el disco físico del equipo anfitrión, se recomienda elegir la opción de almacenamiento dinámico. Sin embargo, es importante tener en cuenta que la opción de tamaño fijo puede ofrecer un rendimiento más rápido en el momento de utilizar la máquina virtual. La elección dependerá de tus prioridades entre eficiencia de espacio y velocidad.

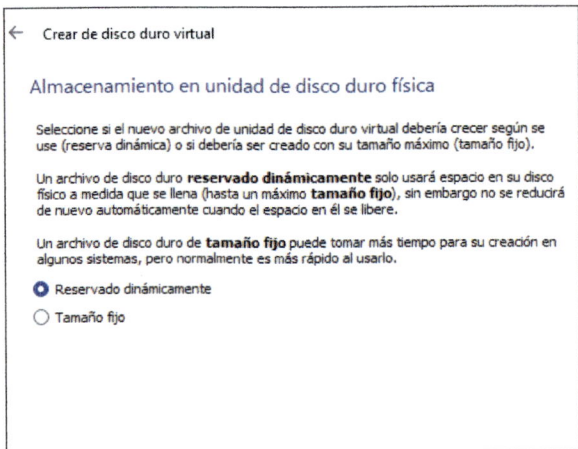

⬭ **Paso 7.** Después de seleccionar el tipo de almacenamiento para el disco duro de la máquina virtual, se accede a la ventana final. En este paso, se tiene la oportunidad de realizar ajustes antes de pulsar el botón **Crear** para completar el proceso.
Las opciones disponibles en este último paso son:

◔ Modificar el nombre asignado al archivo de la máquina virtual.
◔ Cambiar la ubicación de la carpeta donde se guardará la máquina virtual.
◔ Ajustar el tamaño del disco duro reservado previamente.

Este séptimo paso permite asegurarnos de que todas las configuraciones sean correctas antes de proceder con la creación definitiva de la máquina virtual. Luego, tras pulsar el botón **Crear,** se mostrará la máquina creada desde la ventana principal de *VirtualBox.* Llegado este momento, ya es posible comenzar a utilizar la máquina virtual para trabajar en un escenario ficticio que parecerá muy real. Sin embargo, aún faltará realizar algún paso más.

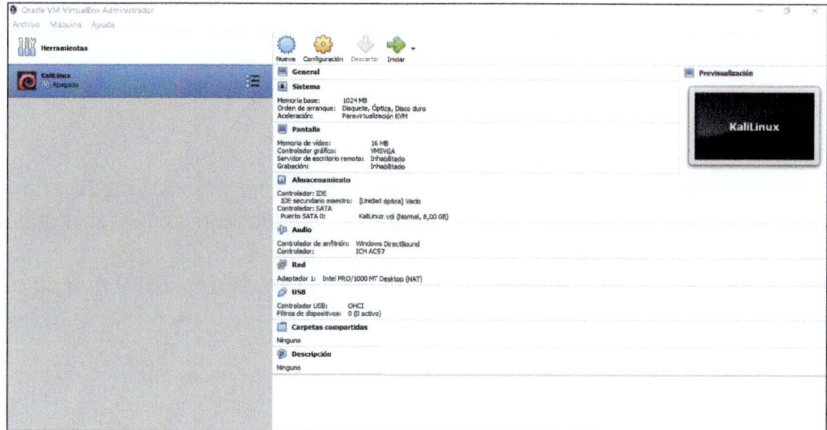

Pantalla inicial de la aplicación VirtualBox en la que aparece la máquina virtual KaliLinux

⮞ **Paso 8.** Después de crear la máquina virtual, podrás acceder a su configuración desde el panel de **VirtualBox** para ajustar algunos parámetros clave que aseguren su correcto funcionamiento. Para realizar estos ajustes, simplemente haz clic en el botón **Configuración,** ubicado en la parte superior de la interfaz, como se muestra en la imagen.

Este paso es fundamental para optimizar la máquina virtual según las necesidades específicas del sistema operativo que hayas instalado.

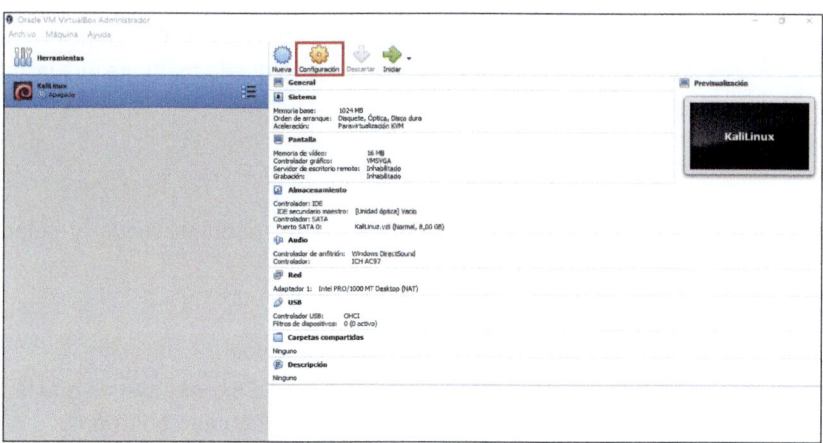

Configuración de opciones de archivo de VirtualBox

SABÍAS QUE...

Los parámetros que puedes ajustar en la configuración de la máquina virtual desde *VirtualBox* son clave para optimizar su funcionamiento. Algunos de los más importantes son:

- Sistema

  - Memoria RAM: ajusta la cantidad de memoria asignada a la máquina virtual para asegurar un rendimiento adecuado, según los requerimientos del sistema operativo.
  - Procesador: define la cantidad de núcleos de la CPU que se dedicarán a la máquina virtual.

- Pantalla

  - Memoria de vídeo: aumenta o disminuye la memoria dedicada a la tarjeta gráfica virtual.
  - Aceleración 3D/2D: habilita o deshabilita la aceleración gráfica según lo necesites.

- Almacenamiento

  - Asocia un archivo ISO como unidad óptica virtual para instalar sistemas operativos o añadir más discos duros virtuales.

- Red

  - Configura el tipo de conexión de red, como NAT, puente o adaptador interno, dependiendo de cómo desees que la máquina virtual interactúe con la red anfitriona o externa.

- Audio

  - Habilita o deshabilita el audio en la máquina virtual y selecciona el controlador de sonido.

- Puertos USB

  - Configura el soporte para dispositivos USB, permitiendo que la máquina virtual acceda a *hardware* conectado al equipo anfitrión.

Continúa en página siguiente >>

<< Viene de página anterior

- Carpetas compartidas

  · Habilita carpetas compartidas entre el equipo anfitrión y la máquina virtual para transferir archivos fácilmente.

Antes de trastear en las opciones, es importante que compruebes que no tienes ninguna incompatibilidad de configuración. En caso de existir, ante cualquier cambio aparecerá un mensaje de error de configuración. Si te topas con esta incidencia, tendrás que acceder a la BIOS de tu PC. Normalmente se accede apagando el ordenador y manteniendo pulsada la tecla [F10] en el encendido. Una vez hayas accedido, en el apartado de configuración BIOS verás, probablemente, que tienes desactivada la tecnología de virtualización. Basta con dar al botón **Activar** y el problema quedará resuelto.

Llegado a este punto, has aprendido a crear tu primera máquina virtual y a instalarla en tu propio ordenador, utilizando el *software* de creación y gestión de máquinas virtuales *VirtualBox*. Ahora, te dirigirás a la pestaña **Sistema** con idea de clicar dentro de ella y dirigirte a la opción **Procesador.**

Con la configuración del sistema se pretende que puedas manejar con facilidad la reserva de procesador que le proporcionarás a tu máquina virtual, tanto en número de núcleos que le otorgarás como en el porcentaje de capacidad del procesador sobre el total.

Activando el *check* **Habilitar PAE/NX** estarás confirmando, si es el caso, que los procesadores de 32 bits accedan a los 4GB —e incluso más— de memoria RAM. La configuración debe hacerse así porque muchos sistemas operativos que vas a utilizar en las diferentes máquinas virtuales pueden necesitar más recursos para funcionar correctamente, por lo que este *check* debe estar habilitado.

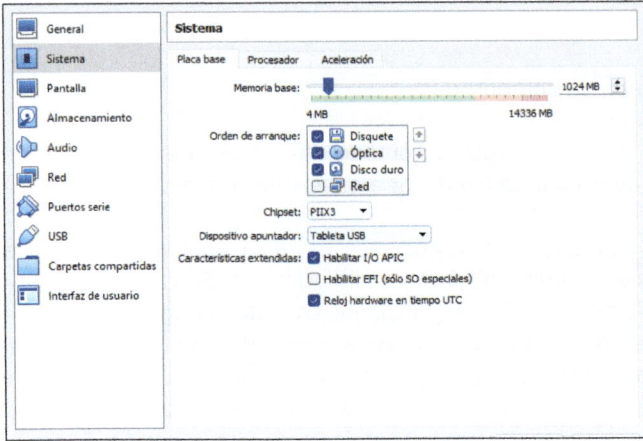

Configuración Sistema

Posteriormente, te dirigirás a la configuración de la pestaña **Red.** Una vez accedas, lo que vas a encontrar son las interfaces de red que estarán disponibles en tu máquina virtual.

Comprobarás que existen varios adaptadores. Sigue primero esta pauta de actuación con el **Adaptador 1.** Este adaptador está conectado a la red interna (si despliegas la pestaña **NAT** lo podrás comprobar), viene así por definición. Aquí puedes modificar el nombre de la red que sale por defecto y seleccionar **Permitir todo** en el apartado **Modo promiscuo.**

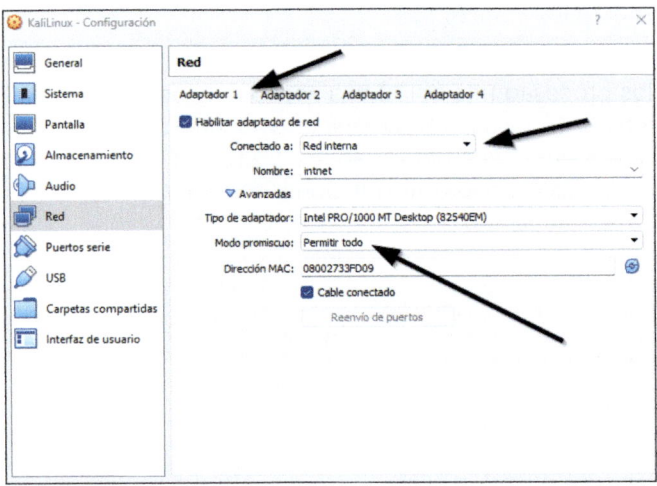

Configuración Red adaptador 1

NOTA

La configuración NAT permite el tráfico de paquetes de información, pues proporciona conexión a internet y facilita que la máquina virtual pueda conectarse con el exterior. Esto será viable siempre que el ordenador anfitrión esté conectado a internet.

APLICACIÓN PRÁCTICA

Manuel ha creado por primera vez máquinas virtuales utilizando el *software VirtualBox.* Al ingresar a la plataforma, puede visualizar cada máquina creada. Sin embargo, antes de continuar, debe configurarlas adecuadamente para garantizar su correcto funcionamiento. Manuel está entusiasmado con esta práctica, ya que pronto podrá realizar sus primeros ciberataques en un entorno seguro y controlado de entrenamiento.

¿Cuáles de las siguientes áreas de configuración de cada máquina virtual debería mantener sin cambios para garantizar su óptimo rendimiento?

- **General -> Avanzado**
- **Sistema -> Procesador**
- **Red -> Adaptador 1**
- **Interfaz de usuario -> Barra de herramientas**

Solución

El área de configuración Red -> Adaptador 1, permite el flujo de paquetes de datos, ya que proporciona conexión a internet, lo cual facilita que la máquina virtual pueda interactuar con redes externas. Esto será posible siempre que el equipo anfitrión esté conectado a internet.

El adaptador 1 está correctamente configurado por defecto, al conectarse automáticamente a la red interna que habilita todo el proceso de conexión. Por este motivo, no es necesario modificar sus parámetros. Sin embargo, si se desea, es posible personalizar el nombre de la red interna sin afectar el funcionamiento.

Inmediatamente después de hacer los pequeños cambios descritos en el apartado anterior, pulsamos en la pestaña **Adaptador 2.** Este adaptador permitirá crear una red interna que conectará todas las máquinas virtuales del laboratorio de entrenamiento, facilitando la comunicación entre ellas. Para garantizar que la máquina que se está configurando también pueda conectarse con el sistema anfitrión, será necesario configurar un adaptador en modo puente en la opción **Conectado a.**

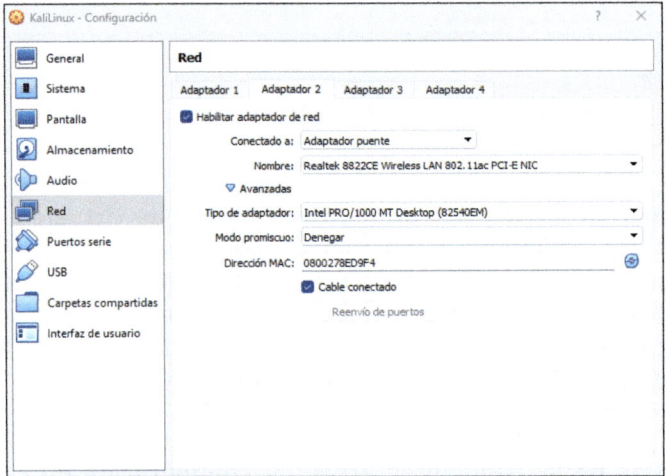

Configuración Red adaptador 2

 **NOTA**

El adaptador puente es el componente que se encarga de establecer la conexión red entre la máquina virtual y el ordenador anfitrión.

Para concluir con las configuraciones iniciales de la MV, te dirigirás al apartado **Interfaz de usuario.** En esta ocasión tan solo has de fijarte en un pequeño detalle para conseguir una correcta configuración de la interfaz de usuario. Basta con que te fijes en el *check* que aparece en la barra de herramientas; este *check* deberá estar siempre habilitado. En caso de confirmar que no lo estuviera, solo has de clicar en la casilla para activarlo.

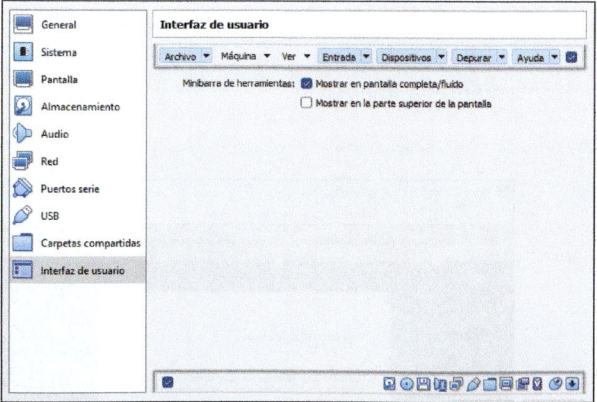

Configuración Interfaz de usuario

Una vez llegado a este punto, estaremos preparados para instalar el sistema operativo en la máquina virtual. El proceso es sencillo y consta de tres pasos que nos guiarán hacia la configuración final del entorno de entrenamiento. Avanza en este ejemplo, en el que utilizaremos **Kali Linux** como sistema operativo. Los principales pasos a seguir para instalar el sistema operativo en MV son:

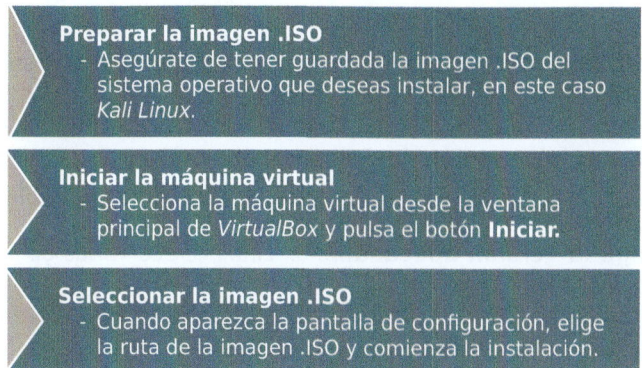

PARA SABER MÁS

Es probable que, llegado a este punto, no tengas descargada la imagen ISO de los sistemas operativos a instalar en cada máquina virtual. Si es el caso, te aparecerá el siguiente mensaje en esta ventana final.

Continúa en página siguiente >>

<< Viene de página anterior

Observa atentamente la imagen:

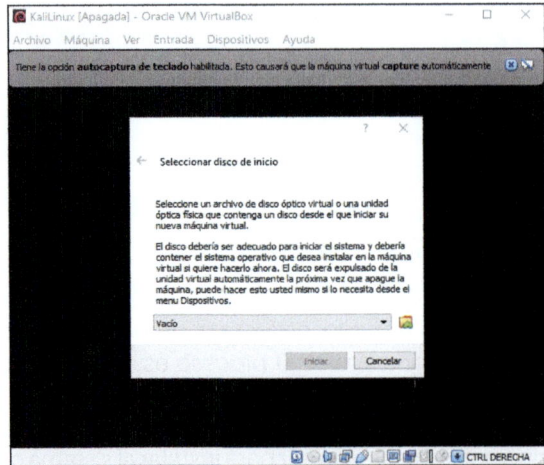

Ruta de almacenamiento vacía porque no existió una descarga previa de la imagen .ISO de Kali Linux.

Puedes obtener la imagen .ISO oficial de *Kali Linux* en su página web oficial: **kali.org.** Sigue estos pasos para descargarla:

1. **Accede a la sección de descargas.** Una vez en la página principal, busca la opción *Download* o *Get Kali* para acceder a las diferentes versiones disponibles.
2. **Elige la versión adecuada.** *Kali Linux* ofrece varias opciones según tus necesidades:

   - Arquitecturas de 64 bits o 32 bits.
   - Imágenes para máquinas virtuales preconfiguradas (si prefieres ahorrar tiempo).
   - **Imágenes estándar para instalación directa.**

3. **Verifica la descarga.** Se recomienda comprobar la integridad del archivo .ISO descargado utilizando las sumas de verificación SHA256 disponibles en la página, para asegurarte de que el archivo no ha sido alterado.

Una vez descargada la imagen .ISO, estarás listo para usarla en tu máquina virtual.

Una vez tengas descargado el sistema operativo, tendrás que incorporarlo a la máquina virtual de una forma muy sencilla.

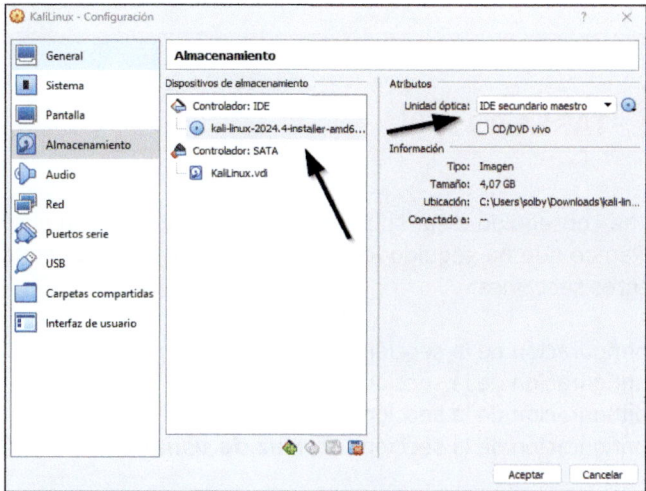

Procedimiento de carga de Kali Linux para dejar el sistema operativo almacenado dentro de la máquina virtual. Basta con clicar en la pestaña Controlador: IDE y pulsar el signo +. Busca el archivo donde tienes descargado y selecciónalo para continuar. En el margen izquierdo despliega las pestañas y clica sobre IDE secundario maestro. Finalmente, pulsa Aceptar y dirígete a la pantalla principal de VirtualBox para pulsar sobre el botón Iniciar.

Con este paso, habrás conseguido que el sistema operativo *Kali Linux* inicie la instalación. Al finalizar, te aparecerá una pestaña que informa de la instalación correcta del sistema operativo.

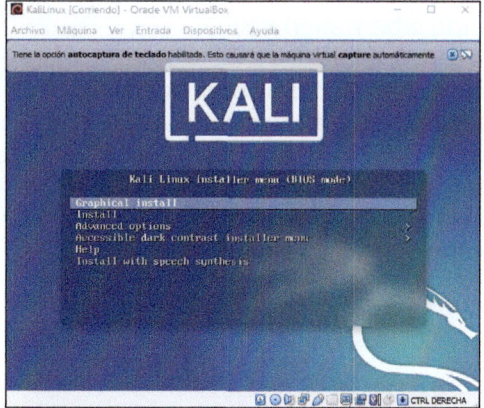

Ventana de instalación de Kali Linux finalizada

A partir de aquí, ya puedes utilizar esta máquina virtual con el sistema operativo *Kali Linux,* como si de un ordenador real se tratara. Ya puedes crear tu siguiente máquina virtual para crear ese ecosistema de entrenamiento virtual, donde podrás practicar una gran diversidad de ciberataques.

 TAREA 13

Lucía ha conseguido crear su primera máquina virtual con el *software Virtual-Box.* Parece que ha seguido los pasos indicados para la configuración de las diferentes secciones:

- Configuración de la sección **General.**
- Configuración de la sección **Sistemas.**
- Configuración de la sección **Red.**
- Configuración de la sección **Interfaz de usuario.**

Sin embargo, surge un problema que impide que su máquina virtual pueda conectarse a internet. ¿Qué aspecto debe comprobar Lucía si realmente parece que las configuraciones son las correctas?

Trata de resolver la incidencia que está impidiendo que funcione correctamente la máquina virtual creada por Lucía, encontrando una solución al problema de conexión relacionada con la configuración.

Plataforma de rango cibernético *KYPO*

La **plataforma de rango cibernético *KYPO*** es una herramienta avanzada de código abierto diseñada por la Universidad de Masayk para la simulación de ciberataques en redes industriales OT. Su sistema de permisos permite un control detallado sobre las acciones y accesos de los usuarios, gestionado a través de cuatro entidades principales: **Usuarios, Grupos, Roles y Microservicios.**

USUARIOS Y GRUPOS	- Cada usuario pertenece, al menos, a un grupo predeterminado, aunque puede formar parte de múltiples grupos según sea necesario. - Los grupos se utilizan para asignar roles específicos a sus miembros, determinando así sus permisos y accesos dentro de la plataforma.
ROLES Y MICROSERVICIOS	- Los roles definen los privilegios y derechos de acceso a diferentes funcionalidades y recursos dentro de la plataforma. - Cada microservicio en *KYPO* tiene roles asociados que controlan el acceso a sus funciones específicas. - Al registrar un microservicio, se importan sus roles correspondientes, incluyendo un rol predeterminado para cada uno.

**Representación y relación entre las cuatro entidades
principales para la simulación de ataques**

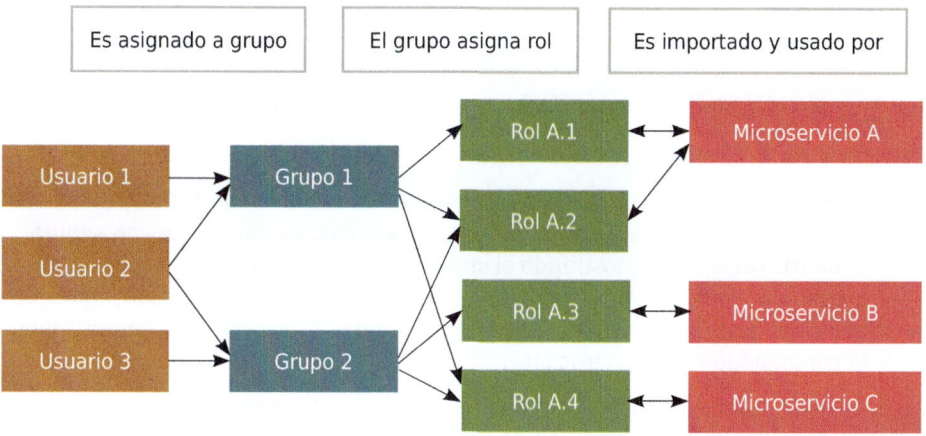

Funcionamiento del sistema de permisos

Al acceder al portal de *KYPO*, los usuarios inician sesión a través de un proveedor de identidad (OIDC).

Tras una autenticación exitosa, se obtiene un *token* de acceso que permite al microservicio de **Usuarios** y **Grupos** determinar los roles asignados al usuario.

Esta información se mantiene durante toda la sesión, garantizando que los usuarios solo accedan a las funcionalidades y recursos permitidos según sus roles.

IMPORTANTE

Si un administrador realiza cambios en los roles de un usuario, es necesario actualizar la página del portal de KYPO para que dichos cambios se apliquen correctamente.

Este sistema de permisos detallado asegura que cada usuario tenga acceso únicamente a las áreas y funciones necesarias para su rol, manteniendo la seguridad y eficiencia en la simulación de ciberataques dentro de la plataforma KYPO.

---

4. Identificación e implementación de ataques DDOS

☞ HILO CONDUCTOR

Seguidamente, Mario analizó los puntos de entrada a la red de *TechSystems* para posibles ataques DDoS, como servidores expuestos y conexiones no seguras. Simuló un ataque, demostrando el impacto en el rendimiento de la planta. Para prevenirlo, implementó sistemas de mitigación en la nube, configuró límites de velocidad y aplicó reglas de *firewall* para bloquear IP sospechosas, garantizando la continuidad de las operaciones.

Los entornos de *cyber range* —que, como ya sabemos, se trata de un término genérico que hace referencia a plataformas simuladas diseñadas para entrenar y probar habilidades de ciberseguridad— permiten replicar **ataques en redes OT.** Entre estos ataques se encuentran los **accesos no autorizados, ataques de intermediario (MITM)** y, de manera destacada, los **ataques de denegación de servicio sistribuido (DDoS).** Estas simulaciones reproducen escenarios reales, facilitando así la identificación de fallos en la segmentación de la red, la evaluación de la eficacia de las estrategias de detección y la mejora continua de las capacidades de respuesta.

La segmentación mediante VLAN, el uso de sistemas IDS/IPS y la monitorización de tráfico se vuelven aún más relevantes cuando se evalúan ataques de DDoS, ya que en este tipo de incidentes el volumen anómalo de tráfico suele saturar los recursos críticos de la red. La plataforma *Cybertrix-Cybring,* por ejemplo, se considera un tipo de *cyber range* especializado en entornos de redes industriales (ICS/OT), lo cual permite crear escenarios de prueba específicos para los procesos de automatización y digitalización que caracterizan a las infraestructuras industriales.

NOTA

Los ataques de denegación de servicio distribuido (DDoS) representan una amenaza crítica para los sistemas industriales, saturando redes y servicios con un tráfico malicioso que interrumpe las operaciones.

Un ataque de denegación de servicio distribuido o DDoS se produce cuando varios sistemas (normalmente dispositivos *zombie* o *botnets)* inundan un objetivo, un servidor, servicio o red con solicitudes masivas o tráfico malicioso. El propósito es agotar los recursos (ancho de banda, CPU, memoria) y provocar que el servicio legítimo sea inaccesible para los usuarios.

4.1. Origen

Los ataques DDoS suelen originarse en redes de *bots* llamadas *botnets,* que envían un gran volumen de solicitudes simultáneas hacia un objetivo específico. Estos ataques explotan puntos vulnerables, como servidores expuestos o conexiones no seguras, lo cual permite a los atacantes sobrecargar los recursos del sistema.

IMPORTANTE

Entender el funcionamiento desde el principio de los ataques DDoS facilita la implementación de estrategias proactivas, como son la configuración de filtros de tráfico y la identificación de patrones sospechosos. Ambas pueden evitar su propagación.

A continuación, se presentan los principales orígenes de los ataques DDoS, especialmente relevantes para redes OT por su creciente vulnerabilidad ante dispositivos industriales conectados. Cada **apartado** describe un vector de amenaza concreto, muestra cómo surgen los ataques y por qué pueden poner en jaque la continuidad operativa:

Botnets
- Redes de equipos infectados reconocidos como *bots* que son controlados remotamente por un atacante.

Sistemas IoT vulnerables
- Dispositivos industriales o de consumo (como pueden ser cámaras, sensores o PLC) con poca seguridad que se utilizan para amplificar el tráfico.

Herramientas de ataque en foros clandestinos
- Existen kits y *scripts* comerciales o gratuitos que permiten lanzar ataques sin requerir conocimientos técnicos avanzados.

En un entorno OT, la proliferación de dispositivos industriales conectados abre nuevas superficies de ataque. Muchas veces estos sistemas carecen de parches o configuraciones de seguridad robustas, lo cual facilita su incorporación en *botnets* o su uso como blancos de ataques DDoS dirigidos.

En el proceso de implementación en un *cyber range* —o, lo que es lo mismo, **para simular un ataque DDoS en una red OT dentro de un *cyber range*—** se siguen, a nivel general, los siguientes **pasos:**

- **Diseño del escenario.** Se establece la topología de la red industrial, teniendo en cuenta dispositivos ICS/OT como PLC, servidores SCADA, pasarelas de comunicación y segmentación por VLAN o subredes.
- **Configuración de herramientas de ataque.** Se eligen y se configuran *scripts* o herramientas; por ejemplo, *low orbit ion cannon* (LOIC), *high orbit ion cannon* (HOIC), o herramientas más avanzadas de generación de tráfico que simulen los nodos maliciosos.
- **Inyección de tráfico DDoS.** Los nodos *zombie* se programan para lanzar solicitudes masivas o falsificadas contra uno o varios objetivos en la red OT, reproduciendo el patrón de inundación.
- **Observación y medición.** Se analizan los *logs* de IDS/IPS, *firewalls* y otros sensores para entender cómo se propaga el ataque, cómo afecta al rendimiento de la red y qué indicadores tempranos de anomalía se generan.

➲ **Contramedidas.** Se pone a prueba la efectividad de las configuraciones de *firewall,* sistemas de detección y respuesta (NDR, IDS/IPS) y la segmentación adecuada.

4.2. Detección

La detección temprana es esencial para mitigar el impacto de un ataque DDoS. Esto se logra mediante herramientas de monitoreo que analizan el tráfico en busca de patrones anómalos y sistemas automáticos que activan respuestas inmediatas, como la limitación de tráfico y el bloqueo de IP sospechosas.

En el caso de las redes OT, estos mecanismos de defensa deben aplicarse sin poner en riesgo la disponibilidad de los procesos industriales. Por ello, la simulación previa en un *cyber range* es esencial para calibrar las soluciones de seguridad y asegurarse de que los sistemas críticos continúen operando.

A fin de salvaguardar la continuidad operativa y blindar los sistemas ante ataques DDoS, se hace indispensable conocer y aplicar los mecanismos de detección y mitigación adecuados. A continuación, se indican **las principales estrategias empleadas para identificar y contrarrestar estas amenazas con efectividad:**

Detección de anomalías en el tráfico
- Los sistemas IDS/IPS o soluciones de *network detection & response* (NDR) monitorean patrones de tráfico inusuales, como picos repentinos en paquetes o conexiones simultáneas anormales.

Filtrado y tasa de límite *(rate limiting)*
- Ajustar reglas en *firewalls* o balanceadores de carga para limitar el volumen de solicitudes hacia el objetivo, especialmente si provienen de direcciones IP sospechosas.

Listas blancas/negras
- Implementar un control estricto de acceso, permitiendo solo el tráfico procedente de fuentes legítimas (listas blancas) o bloqueando direcciones IP maliciosas conocidas (listas negras).

Tecnologías de mitigación especializadas
- Uso de soluciones específicas de anti-DDoS provistas por fabricantes o proveedores de servicios que redirigen y filtran el tráfico malicioso antes de que llegue al destino.

A continuación, se presentan **seis escenarios de ataque y defensa** contextualizados para entornos de **ciberseguridad industrial (ICS/OT),** teniendo en cuenta cómo proceder en un laboratorio de *cyber range* en la plataforma *Cybertix-Cybring*. El objetivo es que cada práctica sirva para entrenar, evaluar y reforzar las defensas de la infraestructura industrial bajo condiciones controladas. Algunos de estos **escenarios** son los siguientes.

Intrusión en la red industrial

El objetivo es entrenar la capacidad de los equipos de seguridad para detectar, contener y erradicar intrusiones en un entorno industrial que incluye sistemas SCADA, PLC y otros dispositivos OT.

Implementación en el laboratorio:

1. **Diseño del entorno simulado:**

   ◑ Crear una topología virtual que incluya un segmento OT con PLC (simulados o físicos) y un SCADA básico.
   ◑ Configurar al menos un dispositivo con credenciales por defecto o un puerto mal configurado; por ejemplo, FTP abierto en el PLC.

2. **Lanzamiento del ataque:**

   ◑ El equipo rojo, equipo atacante, ejecuta técnicas de reconocimiento para descubrir los servicios OT expuestos.
   ◑ Se fuerza un acceso no autorizado al PLC mediante credenciales débiles o un *exploit* conocido.

3. **Respuesta del equipo defensor:**

   ◑ Monitorear alertas desde un IDS/IPS industrial; por ejemplo, *Snort* con reglas ICS o *Suricata* con firma industrial.
   ◑ Verificar *logs* en el servidor SCADA y en el *firewall* industrial.
   ◑ Aislar el PLC comprometido mediante el bloqueo de direcciones IP en el *switch* o *firewall* y restaurar configuraciones seguras.

4. **Cierre del ejercicio y análisis:**

   ◑ Revisar las bitácoras, tiempos de respuesta y eficacia de las acciones de contención.
   ◑ Aplicar contramedidas, como deshabilitar servicios innecesarios en el PLC, cambiar contraseñas o segmentar mejor la red.

Aspectos clave:

- ➲ La **visibilidad de la red** es esencial para identificar dispositivos ICS y protocolos (MODBUS, OPC, etc.).
- ➲ **Procedimientos claros** de contención agilizan la respuesta y evitan que una intrusión local se convierta en un incidente mayor.

Ataques de *phishing* enfocados en entornos ICS

El objetivo es medir la efectividad de la formación del personal (ingenieros, operadores de planta, personal de TI, etc.) ante correos de *phishing* que podrían abrir la puerta a un ataque contra sistemas de control.

Implementación en el laboratorio:

1. **Campaña de *phishing* simulada:**

   - ◊ Diseñar correos falsos que parezcan provenir de fabricantes de equipos industriales; por ejemplo, actualización de *firmware* para un PLC.
   - ◊ Insertar enlaces que apunten a una página de descarga maliciosa.

2. **Escalamiento de privilegios:**

   - ◊ Si un usuario pica el anzuelo, se instala en su máquina un *malware* simulado.
   - ◊ El atacante intenta saltar desde la red corporativa a la red OT para comprometer servidores SCADA o estaciones de ingeniería.

3. **Reacción defensiva:**

   - ◊ El equipo de respuesta recibe alertas del antivirus/EDR o del IDS cuando se detecta actividad anómala.
   - ◊ Se procede a notificar al usuario, bloquear la máquina comprometida y resetear credenciales.

4. **Evaluación y capacitación:**

   - ◊ Revisar cuántos usuarios abrieron el correo o descargaron el archivo malicioso.
   - ◊ Mejorar la conciencia de seguridad a través de entrenamientos y simulaciones periódicas.

Aspectos clave:

⮑ La **concienciación del personal OT** es vital; no solo el personal de TI está expuesto al *phishing*.

⮑ Una **segmentación robusta** entre red corporativa y red OT limita el impacto en caso de infección.

Simulación de denegación de servicio (DoS/DDoS) en ICS

El objetivo es poner a prueba la resiliencia de la infraestructura industrial ante un ataque de volumen masivo o tráfico malicioso dirigido a elementos esenciales de producción.

Implementación en el laboratorio:

1. **Inyección de tráfico malicioso:**

   ◑ Configurar una o varias máquinas virtuales *zombies* que generen grandes volúmenes de peticiones contra el servidor SCADA o el HMI.
   ◑ Utilizar herramientas de prueba de carga; por ejemplo, LOIC/HOIC, u otras más avanzadas adaptadas para redes ICS.

2. **Observación y registro:**

   ◑ Monitorizar el rendimiento del HMI y/o el historiador SCADA (CPU, memoria, latencia de red).
   ◑ El equipo defensor debe identificar patrones de tráfico inusual y proceder con el bloqueo, revisando *firewalls* y configuraciones de tasa de límite.

3. **Medidas de mitigación:**

   ◑ Aplicar listas de control de acceso en el *firewall* industrial.
   ◑ Ajustar límites de conexiones simultáneas o implementar un balanceador de carga.

4. **Análisis y ajustes:**

   ◑ Revisar la eficacia de la segmentación. ¿El ataque saturó únicamente la zona de datos, o se propagó a la zona de control?
   ◑ Implementar o mejorar planes de contingencia, como *backup* de servidores y conmutación en caso de sobrecarga.

Aspectos clave:

�➩ La **disponibilidad** es prioritaria en entornos industriales, ya que cualquier indisponibilidad puede paralizar procesos críticos.
�➩ Contar con **redundancia** y un plan de contingencia bien probado es esencial para minimizar el impacto.

Exfiltración de datos en la fábrica

El objetivo es evaluar la detección y prevención de robo de información crítica (recetas de producción, planos de maquinaria, datos de procesos) desde la red OT.

Implementación en el laboratorio

1. **Configuración de datos sensibles:**

   ♦ Crear archivos o bases de datos simuladas con información de procesos, diseños técnicos, etc.
   ♦ Ubicarlos en servidores OT; por ejemplo, un servidor de archivos para ingenieros.

2. **Simulación de exfiltración:**

   ♦ Un usuario malicioso (interno) o un *malware* intenta transferir estos datos a un servidor externo vía HTTP/FTP/SMTP, o incluso mediante un protocolo no estándar.
   ♦ El equipo rojo busca evadir medidas de seguridad como ofuscación de tráfico y puertos inusuales.

3. **Detección y respuesta:**

   ♦ El equipo defensor debe contar con DLP *(data loss prevention)* o sistemas de monitoreo para analizar el tráfico saliente.
   ♦ Se revisan las alertas generadas, se bloquea el tráfico sospechoso y se rastrea al dispositivo origen.

4. **Informe posejercicio:**

   ♦ Analizar cuán rápido se detectó el incidente.
   ♦ Implementar listas de control de acceso más estrictas y reforzar la autenticación en servidores OT.

Aspectos clave:

- ⇒ **Vigilar el tráfico saliente** es tan importante como vigilar el tráfico entrante.
- ⇒ **Las políticas de acceso** y la gestión de privilegios son la primera línea de defensa para evitar fugas de información industrial.

Ataque combinado en un proceso industrial crítico

El objetivo es medir la capacidad de reacción ante un ataque que combina manipulación del proceso, intrusión en sistemas SCADA y posible sabotaje físico.

Implementación en el laboratorio:

1. **Diseño de un proceso industrial simulado:**

   - ◊ Emplear un entorno que represente un proceso de manufactura o distribución; por ejemplo, control de temperatura/flujo.
   - ◊ Programar un PLC con parámetros críticos como temperaturas, presiones, velocidades, etc.

2. **Acción del atacante:**

   - ◊ El equipo rojo modifica valores de proceso en el PLC; por ejemplo, aumenta la temperatura por encima de lo seguro.
   - ◊ Paralelamente, deshabilita alertas o modifica la HMI/SCADA para que los operadores no vean la alteración a tiempo.

3. **Reacción coordinada:**

   - ◊ El personal de ciberseguridad y los ingenieros de planta deben notar inconsistencias; por ejemplo, alertas físicas versus lecturas digitales.
   - ◊ Se procede a restaurar configuraciones correctas en el PLC y a reactivar alarmas.
   - ◊ Se revisan *logs* y sistemas de auditoría para identificar cuándo y cómo se produjeron los cambios no autorizados.

4. **Conclusiones y mejoras:**

   - ◊ Ajustar la segregación de roles: ingenieros, operadores, administradores de seguridad.
   - ◊ Fortalecer la monitorización en tiempo real de variables de proceso.

Aspectos clave:

- ⮞ La colaboración entre **ingenieros de planta y personal de ciberseguridad** es fundamental; el conocimiento profundo del proceso industrial permite detectar y revertir anomalías con rapidez.
- ⮞ Mantener **registros de cambios** (auditoría) en PLC y SCADA facilita la investigación forense.

Incidentes simultáneos en distintas zonas de la planta

El objetivo es evaluar la priorización y coordinación cuando se presentan dos o más incidentes al mismo tiempo; por ejemplo, un DDoS en la zona corporativa y una intrusión física en la zona OT.

Implementación en el laboratorio:

1. **Simulación múltiple:**

   - ⭘ Iniciar un ataque DDoS contra el servidor de correo o la intranet corporativa.
   - ⭘ Al mismo tiempo, lanzar una intrusión en la red OT como la explotación de PLC o acceso físico no autorizado.

2. **Coordinación de equipos:**

   - ⭘ El centro de operaciones asigna recursos: un grupo se enfoca en contener el DDoS y asegurar la conectividad empresarial.
   - ⭘ Otro grupo trabaja en detectar y aislar el ataque en OT, evitando paradas de producción o manipulación de procesos.

3. **Evaluación de la crisis:**

   - ⭘ Verificar el plan de gestión de incidentes: ¿cada rol sabe qué hacer?, ¿quién informa a la alta dirección?
   - ⭘ Valorar la eficacia de las comunicaciones internas, la escalada de privilegios y los tiempos de respuesta.

4. **Aprendizaje y mejoras:**

   - ⭘ Documentar las decisiones tomadas y proponer ajustes en los protocolos de comunicación entre áreas.
   - ⭘ Mejorar la automatización de ciertas tareas, como bloquear IP maliciosas, crear reglas temporales de *firewall*, etc.

Aspectos clave:

- La **comunicación y coordinación** entre TI, OT y las áreas directivas es clave para manejar incidentes múltiples.
- Un plan de crisis bien diseñado con **roles definidos** agiliza la respuesta y minimiza daños.

NOTA

Cada uno de los escenarios de ataque y defensa recreados en un laboratorio de *cyber range* como *Cybertix-Cybring* permite a las empresas adelantarse a las amenazas reales, fortaleciendo la resiliencia de sus procesos y la protección de su infraestructura crítica:

- Evaluando las herramientas de seguridad actuales (IDS/IPS industriales, *firewalls*, segmentación).
- Midiendo la competencia y la coordinación del personal técnico y operativo.
- Afinando procedimientos de respuesta y planes de contingencia ante incidentes complejos.

5. Resumen

Con un enfoque práctico, se abordan los retos de la ciberseguridad industrial, destacando la importancia de la anticipación, el liderazgo y el trabajo en equipo. A través del uso de plataformas avanzadas como *Cybertrix-Cybring* y *KYPO,* se adquieren competencias clave para proteger infraestructuras críticas en entornos OT. El siguiente esquema sintetiza los elementos clave para fortalecer la protección de sistemas críticos, integrando tecnologías avanzadas y metodologías de simulación realista en ciberseguridad.

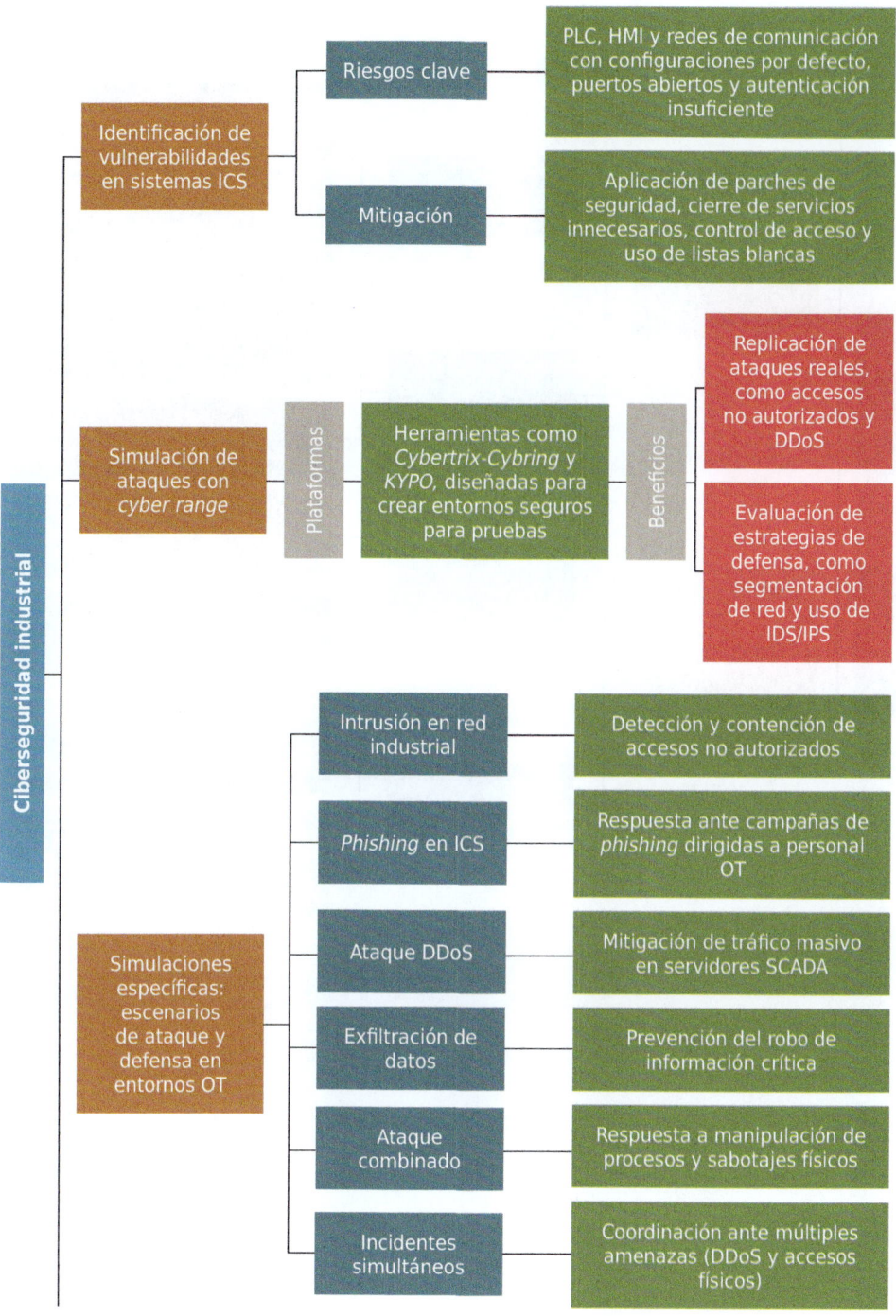

Continúa en página siguiente >>

<< Viene de página anterior

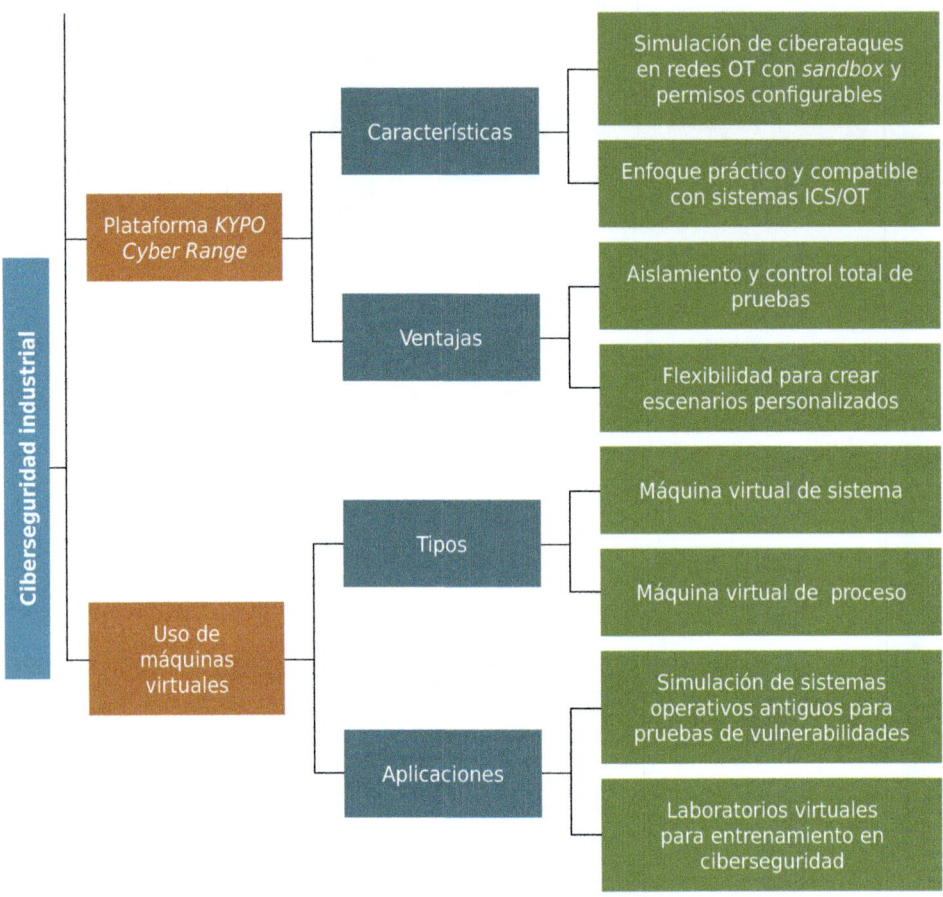

Ejercicios de autoevaluación
Unidad de Aprendizaje 7

1. Indica si las siguientes afirmaciones son verdaderas o falsas:

a. Las plataformas como *Cybertrix-Cybring* permiten simular ataques para evaluar la seguridad de los sistemas industriales.

  ▪ Verdadero
  ▪ Falso

b. En la ciberseguridad industrial, la disponibilidad garantiza que los sistemas estén accesibles solo durante el horario laboral.

  ▪ Verdadero
  ▪ Falso

c. El *pentesting* es una técnica para analizar y explotar vulnerabilidades en sistemas de control industrial.

  ▪ Verdadero
  ▪ Falso

2. ¿Qué objetivo persigue la simulación de ataques en plataformas como *Cybertrix-Cybring?*

a. Verificar la usabilidad del sistema.
b. Evaluar la efectividad de las medidas de seguridad implementadas.
c. Aumentar la capacidad de almacenamiento del sistema.
d. Detectar vulnerabilidades solo en redes wifi.

3. ¿Qué elemento clave define la seguridad en los sistemas industriales?

a. Redundancia
b. Confidencialidad
c. Conexión constante a la nube
d. Escalabilidad

4. ¿Qué se entiende por *pentesting* en la ciberseguridad industrial?

    a. El monitoreo en tiempo real de datos sensibles
    b. Un análisis para identificar y explotar vulnerabilidades
    c. La implementación de medidas de seguridad física
    d. El control de acceso biométrico en plantas industriales

5. ¿Cuál es la principal ventaja de realizar pruebas de seguridad en entornos simulados?

    a. Garantizar la disponibilidad constante del sistema.
    b. Reducir costes operativos de la infraestructura.
    c. Minimizar riesgos en los sistemas reales.
    d. Mejorar la estética de los paneles de control.

6. ¿Qué función cumple la autenticación en la seguridad industrial?

    a. Asegurar el acceso autorizado a los sistemas.
    b. Garantizar la disponibilidad del sistema.
    c. Proteger los datos en tránsito.
    d. Bloquear completamente el acceso remoto.

7. ¿Qué se entiende por ciberamenaza?

    a. Un usuario que no tiene entrenamiento adecuado
    b. Una prueba de rendimiento en un sistema de control
    c. Una herramienta de auditoría automatizada
    d. Una debilidad explotada para dañar sistemas o datos

8. ¿Qué ventaja ofrece la utilización de plataformas como *Cybertrix-Cybring*?

    a. La implementación automática de contraseñas seguras
    b. El acceso remoto sin necesidad de autenticación
    c. El análisis en tiempo real del tráfico en redes sociales
    d. La simulación segura de ataques cibernéticos

9. **¿Qué principio fundamental busca asegurar la disponibilidad en sistemas industriales?**

    a. Prevenir interrupciones en los procesos operativos.
    b. Aumentar la velocidad de procesamiento.
    c. Diseñar interfaces más intuitivas para los usuarios.
    d. Reducir el tamaño físico de los equipos.

10. **¿Cuál de las siguientes medidas es clave para proteger la integridad de los datos en los sistemas industriales?**

    a. Garantizar que los datos no sean modificados sin autorización.
    b. Permitir el acceso remoto a los datos sin restricciones.
    c. Asegurar la disponibilidad constante de los sistemas.
    d. Proporcionar copias de seguridad solo en horario laboral.

Protección de redes industriales

Contenido

Objetivos

El objetivo general de esta Unidad
de Aprendizaje es:

→ Adquirir prácticas en
ciberseguridad industrial
mediante la realización de
ciberejercicios básicos y
avanzados, comprendiendo
estrategias ofensivas y
defensivas *(red team / blue team)*
para evaluar y mitigar amenazas
en redes industriales.

Los objetivos específicos de esta
Unidad de aprendizaje son:

→ Obtener visión *red team /
blue team,* entendiendo
los modelos de ataque y
desarrollando capacidades de
protección y defensa.

→ Aplicar herramientas de
simulación de ataques OT/
IoT sobre el diseño de redes
virtuales *a priori* seguras.

→ Crear un plan de respuesta ante
incidentes adoptando el marco
de trabajo propuesto por el NIST
*(National Institute of Standards
and Technology).*

→ Obtener conocimientos para la
automatización de la protección
de sistemas.

1. Introducción

En un mundo empresarial cada vez más interconectado, la ciberseguridad industrial se ha convertido en una necesidad crítica para la protección de infraestructuras esenciales. La digitalización de procesos industriales ha impulsado la eficiencia y la automatización, pero también ha expuesto a las organizaciones a nuevas amenazas. Los ataques dirigidos a entornos OT *(operational technology)* pueden comprometer, sin duda, sistemas de producción, afectar a la seguridad de los trabajadores y generar pérdidas económicas significativas.

Ante este desafío, es fundamental comprender tanto las estrategias ofensivas como defensivas en ciberseguridad. Los enfoques *red team* y *blue team* permiten a los profesionales simular ataques reales y desarrollar respuestas efectivas para mitigar riesgos. A través del análisis de modelos de ataque y la aplicación de medidas de protección, es posible fortalecer la seguridad en infraestructuras críticas, minimizando vulnerabilidades y reduciendo el impacto de posibles intrusiones.

El uso de herramientas avanzadas, como los gemelos digitales y la automatización de la protección, permite evaluar y mejorar las defensas en tiempo real. Estas tecnologías facilitan la simulación de ataques, la detección de anomalías y la optimización de estrategias de protección. Integrar soluciones de ciberseguridad en el diseño de redes industriales es clave para garantizar la resiliencia de los sistemas y evitar interrupciones en la operación.

Esta unidad proporciona una visión integral de los ciberejercicios en ciberseguridad industrial, abordando desde la evaluación de escenarios de *ransomware* hasta la aplicación de herramientas de securización en redes OT/IoT. Mediante un enfoque práctico, se desarrollarán competencias para enfrentar con éxito las ciberamenazas, y mejorar la protección de infraestructuras críticas en entornos industriales.

Para ilustrar estos conceptos de manera aplicada, seguiremos la historia de Mario, un ingeniero en ciberseguridad industrial que se topa con desafíos reales en la protección de redes industriales. A través de su experiencia, exploraremos los distintos aspectos de la ciberseguridad en entornos OT y las estrategias clave para mitigar amenazas y garantizar la seguridad operativa.

2. Evaluación escenarios de *ransomware* OT/IT

☞ HILO CONDUCTOR

Mario, experto en ciberseguridad industrial, fue convocado por un posible ataque de *ransomware* en la infraestructura OT de TechSystems. Evaluó accesos remotos y dispositivos conectados, detectando sistemas sin *backups* actualizados. Diseñó simulaciones de ataque, reforzó la segmentación de red y estableció un plan de respaldo frecuente. Además, implementó un protocolo de respuesta para capacitar al equipo. Estas medidas fortalecieron la resiliencia de la empresa ante ataques.

El *ransomware* es una de las amenazas más críticas en el entorno industrial, ya que puede paralizar la producción y comprometer la integridad de los sistemas OT/IT. En este apartado, exploraremos cómo evaluar escenarios de *ransomware* en infraestructuras industriales y las mejores estrategias para mitigar sus efectos.

2.1. Comprendiendo el *ransomware* en entornos industriales

El *ransomware* es una de las amenazas más peligrosas para los sistemas industriales, ya que su impacto puede ir más allá de la pérdida de datos, afectando a la producción, la seguridad de los trabajadores y la estabilidad operativa de una empresa. En los entornos OT *(operational technology),* este código malicioso tiene una serie de implicaciones específicas que lo hacen aún más dañino que en los sistemas de TI convencionales.

Ransomware es un tipo de malware que cifra archivos, sistemas o redes enteras, bloqueando el acceso a los usuarios legítimos hasta que se pague un rescate. En los entornos OT/ICS (industrial control systems), este tipo de ataque puede paralizar líneas de producción, comprometer la seguridad de infraestructuras críticas y causar pérdidas económicas millonarias.

A diferencia de los ataques en sistemas **TI tradicionales,** donde el principal objetivo es la extorsión financiera, los ataques de *ransomware* en OT pueden tener diferentes motivaciones.

A continuación, se nombran algunos motivos que mueven a la ciberdelincuencia a inyectar un *ransomware* en un sistema industrial:

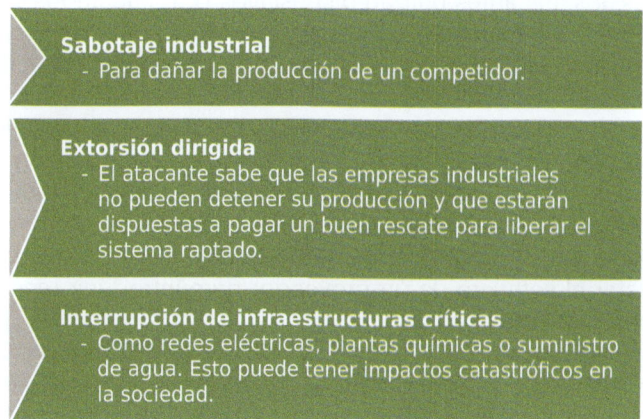

Sabotaje industrial
- Para dañar la producción de un competidor.

Extorsión dirigida
- El atacante sabe que las empresas industriales no pueden detener su producción y que estarán dispuestas a pagar un buen rescate para liberar el sistema raptado.

Interrupción de infraestructuras críticas
- Como redes eléctricas, plantas químicas o suministro de agua. Esto puede tener impactos catastróficos en la sociedad.

En los entornos empresariales, un *ransomware* se propaga de formas similares a los ataques en entornos TI, pero con variaciones adaptadas a los sistemas ICS.

A continuación, se muestra cómo operan los ataques de *ransomware* en redes OT/IT, incluyendo sus métodos de propagación y sus impactos en la producción:

- ***Phishing* y ataques a empleados.** Los ataques de *phishing* siguen siendo el método más común para la distribución de *ransomware.* Los atacantes engañan a los empleados para que descarguen archivos infectados o hagan clic en enlaces maliciosos. En el contexto industrial, los correos pueden parecer solicitudes legítimas de proveedores o documentos internos de la empresa.

  Por ejemplo, un profesional de la ingeniería recibe un correo con un archivo de una falsa actualización para un PLC. Al abrirlo, instala *ransomware* que se propaga a toda la red.

- **Vulnerabilidades en redes industriales.** Muchas infraestructuras OT utilizan dispositivos antiguos que no han sido actualizados o parcheados, lo cual los hace vulnerables a ataques. Los ciberatacantes escanean la red en busca de estas debilidades y las explotan para instalar *ransomware.*

  Por ejemplo, un *hacker* no ético identifica un servidor SCADA con una versión antigua y sin parches de seguridad. Usando un *exploit* conocido, instala *ransomware* y bloquea el acceso a los operarios.

- **Dispositivos USB infectados.** Dado que muchas redes OT están aisladas, los atacantes utilizan dispositivos USB infectados como vector de entrada. Un técnico que introduce un USB con *malware* en una estación de trabajo sin protección puede desencadenar sin saberlo un ciberataque en toda la red.

  Por ejemplo, un miembro del personal de mantenimiento usa una memoria USB para cargar un archivo de configuración en un HMI. El *ransomware* se ejecuta automáticamente y cifra el sistema.

- **Ataques a proveedores y *software* de terceros.** Las cadenas de suministro son otro punto vulnerable. La ciberdelincuencia puede comprometer el software de un proveedor para introducir *ransomware* en las empresas que lo utilizan.

  Por ejemplo, un *software* de monitoreo de sensores industriales recibe una actualización contaminada con *ransomware.* Desgraciadamente, todas las empresas que instalan la actualización quedan infectadas.

El *ransomware* en OT no solo afecta a la operatividad, sino que puede poner en riesgo la vida de las personas.

Seguidamente, se nombran **impactos del *ransomware*** en un ecosistema industrial:

Parálisis de la producción	- Las líneas de ensamblaje y los procesos automatizados podrían detenerse por completo y de manera repentina.
Daño a la infraestructura	- Si el ataque afecta a sistemas de seguridad, se puede presentar una sobrecarga en máquinas o fallos críticos que no solo podrían comprometer las infraestructuras, sino que también podrían poner en riesgo la seguridad del personal.
Riesgo para los trabajadores	- Si un ciberataque de *ransomware* impide el control de sistemas de seguridad, es fácil que se produzcan accidentes en la planta no controlados.
Pérdidas económicas	- Una interrupción prolongada puede implicar un coste de millones en pérdidas por inactividad y reparación.
Daño reputacional	- Las empresas afectadas por un *ransomware* pueden perder la confianza de su clientela y socios comerciales.

 SABÍAS QUE...

En junio de 2017, el *ransomware* **NotPetya** se propagó globalmente, causando estragos en múltiples organizaciones, incluidas empresas de logística, bancos y sistemas gubernamentales. Una de las víctimas más afectadas fue *Maersk*, la mayor compañía de transporte marítimo y logística del mundo, con una flota de más de 600 barcos y operaciones en más de 130 países. Este ataque ha sido considerado como uno de los más devastadores de la historia debido a su rápida expansión y su capacidad destructiva. El ataque comenzó en Ucrania, donde los atacantes lograron comprometer *M.E.Doc*, un *software* de contabilidad muy utilizado en el país. Este *software* fue manipulado para distribuir una actualización maliciosa que contenía el *ransomware NotPetya*. Una vez dentro de un sistema, el *ransomware* explotó vulnerabilidades en *Windows*, como **EternalBlue** (la misma utilizada por el *ransomware WannaCry)*, y se propagó sin necesidad de intervención del usuario. A diferencia de otros *ransomware*, *NotPetya* no solo cifraba archivos, sino que sobrescribía el **master boot record** (MBR), bloqueando completamente el acceso al sistema y haciéndolo irrecuperable.

Continúa en página siguiente >>

<< Viene de página anterior

Aunque *NotPetya* se disfrazaba de un *ransomware,* en realidad se trató de un **wiper,** ya que su intención no era extorsionar a las víctimas, sino destruir datos de forma irreversible.

Además de afectar a la producción y a los sistemas operativos, un ciberataque de *ransomware* **consigue comprometer datos confidenciales y personales almacenados en servidores OT/IT.**

 IMPORTANTE

Cuando un ataque de este tipo cifra archivos que contienen información personal de empleados, clientes o proveedores, puede derivar en una violación de seguridad de datos, lo que conlleva serias consecuencias legales y financieras bajo el Reglamento General de Protección de Datos (RGPD) de la Unión Europea y la Ley Orgánica de Protección de Datos y Garantía de Derechos Digitales (LOPDGDD) en España.

A continuación, exploraremos las consecuencias derivadas del riesgo de pérdida de información crítica y confidencial ocasionada por un ataque de *ransomware* en base a normativas como RGPD y LOPDGDD:

- ⊃ **RGPD.** El **Reglamento General de Protección de Datos (RGPD) (Reglamento (UE) 2016/679)** establece medidas estrictas para la protección de datos personales dentro de la Unión Europea. Si un *ransomware* permite el acceso, cifrado o extracción de datos personales, la empresa afectada podría enfrentar las siguientes repercusiones.
- ⊃ **Multas y sanciones económicas.** El RGPD impone sanciones severas por incumplimiento en la protección de datos personales. En caso de un ataque con *ransomware* que comprometa información confidencial, las multas pueden alcanzar:

  - ⊍ **Hasta 10 millones de euros o el 2 % del volumen del negocio global** por infracciones menos graves (art. 83.4 RGPD).
  - ⊍ **Hasta 20 millones de euros o el 4 % del volumen del negocio global** si se vulneran principios esenciales de protección de datos, como la confidencialidad o el consentimiento explícito (art. 83.5 RGPD).

Por ejemplo, la empresa británica *British Airways* fue multada con 20 millones de libras tras un ciberataque que expuso datos de 400 000 clientes (ICO, 2020).

⊃ **Obligación de notificación a las autoridades.** Si el *ransomware* provoca una **brecha de seguridad** que afecta a datos personales, la empresa debe notificarlo a la **Agencia Española de Protección de Datos (AEPD)** o a la autoridad competente en un plazo de 72 horas (art. 33 RGPD). La notificación debe incluir:

   ☉ Naturaleza de la brecha y tipo de datos afectados.
   ☉ Consecuencias potenciales para los titulares de los datos.
   ☉ Medidas adoptadas para mitigar los daños.

Si la empresa no informa en el plazo establecido, podría tener sanciones añadidas.

⊃ **Comunicación a los afectados.** Si el ciberataque con *ransomware* expone datos personales sensibles, la organización debe **informar directamente a los afectados** (art. 34 RGPD), excepto si las medidas de seguridad adoptadas (como cifrado robusto) impiden el acceso indebido. Por ejemplo, un hospital sufre un ataque de *ransomware* que cifra historiales médicos de pacientes. Si el atacante accede a estos datos, el hospital tiene el deber de comunicar el incidente a los pacientes afectados.

⊃ **LOPDGDD.** En España, la **Ley Orgánica 3/2018 de Protección de Datos Personales y Garantía de los Derechos Digitales (LOPDGDD)** refuerza el RGPD, adaptándolo a la legislación nacional. En caso de un ciberataque con *ransomware,* la LOPDGDD establece otras consecuencias añadidas.

⊃ **Responsabilidad del delegado de protección de datos (DPO).** Si la empresa tiene la obligación de contar con un **delegado de protección de datos (DPO)**, este será el responsable de coordinar la respuesta ante la brecha de seguridad. Deberá:

   ☉ Supervisar la notificación a la AEPD.
   ☉ Implementar medidas correctivas para evitar nuevos incidentes.
   ☉ Asesorar sobre los riesgos legales y de cumplimiento.

Por ejemplo, una empresa industrial que maneja datos biométricos de empleados (huellas dactilares para el acceso a instalaciones) es atacada con *ransomware.* La figura del DPO debe evaluar si los datos han sido comprometidos y coordinar rápidamente la respuesta.

⊃ **Reclamaciones y acciones judiciales.** Si los datos personales de clientes o del personal son afectados por el ataque informático, estos pueden presentar reclamaciones ante la AEPD (Agencia Española de Protección de Datos) o interponer demandas por daños y perjuicios:

◊ Los afectados pueden exigir una **indemnización** por daños morales o económicos derivados del ataque (art. 82 RGPD y art. 71 LOPD-GDD).

◊ La empresa, igualmente, puede enfrentarse a **acciones colectivas** si el ataque compromete datos de múltiples personas.

Por ejemplo, un *ransomware* en una empresa de recursos humanos expone datos bancarios del personal. Los afectados pueden acogerse a su derecho y demandar por el posible uso fraudulento de su información.

Para evitar las graves consecuencias de un ciberataque con *ransomware* en el acceso a datos confidenciales, las organizaciones deben adoptar medidas de prevención y respuesta. Algunas **medidas básicas de protección** son las siguientes:

Medidas básicas de prevención y respuesta ante *ransomware* para proteger datos personales

Implementación de cifrado robusto	Los datos personales deben estar cifrados con algoritmos avanzados (AES-256, RSA) para evitar su acceso en caso de ataque. Una base de datos cifrada dificulta que un atacante extraiga información personal, reduciendo la obligación de notificar a los afectados.
Copias de seguridad inmutables	Realizar *backups* periódicos con sistemas inmutables (no modificables por *ransomware)* garantiza la recuperación de datos sin pagar rescates. Una empresa con copias de seguridad inmutables puede recuperar su información sin pérdidas tras un ataque.
Monitorización y detección temprana	El uso de herramientas de detección de intrusos (IDS/IPS) y SIEM permite identificar *ransomware* antes de que se propague. Un sistema SIEM detecta actividad sospechosa en los servidores OT y bloquea el *ransomware* antes de su ejecución.
Formación del personal y concienciación	El *phishing* es la principal vía de entrada del *ransomware*. Capacitar al personal en cuestiones de ciberseguridad reduce enormemente el riesgo de infecciones.

ACTIVIDAD COMPLEMENTARIA

15. Los ciberataques a infraestructuras críticas pueden tener efectos devastadores, como demuestra el caso de *Maersk* en 2017. Para profundizar en el impacto de estos ataques en la seguridad industrial, vamos a analizar el caso de *NotPetya* y su repercusión en la empresa *Maersk*.

A fin de reflexionar sobre el caso y discutir sobre cómo mejorar la resiliencia en infraestructuras críticas ante este tipo de amenazas, lleva a cabo las siguientes acciones:

1. Investiga sobre el ataque de *NotPetya* y su impacto en *Maersk*.
2. Explica los factores que permitieron la propagación del *ransomware* en la red de la empresa.
3. Identifica las principales consecuencias operativas y económicas que sufrió *Maersk*.
4. Propón medidas de seguridad que podrían haber mitigado o prevenido el ataque.

2.2. Visión *red team / blue team* en la ciberseguridad industrial

Para que una estrategia de defensa ante los ciberdelitos sea efectiva, es fundamental adoptar un enfoque basado en **red team** (equipo rojo) y **blue team** (equipo azul). Ambas son metodologías que permiten evaluar las debilidades de una infraestructura industrial y fortalecer sus medidas de protección.

Red team: modelos de ataque y ofensiva en ciberseguridad

El **red team** representa el **equipo ofensivo.** Este equipo se encarga de simular ataques reales con el objetivo de identificar vulnerabilidades en la infraestructura.

A continuación, se presentan algunas técnicas empleadas por los *red teams:*

Test de penetración *(pentesting)*
- Simulación de ataques a redes y sistemas OT para descubrir puntos débiles.

Explotación de vulnerabilidades
- Uso de herramientas como *Metasploit* para explotar fallos de seguridad.

Ingeniería social
- Manipulación de empleados mediante técnicas de *phishing* o *pretexting*.

Blue team: estrategias de protección y defensa

El ***blue team*** representa el **equipo defensivo.** Se encarga de proteger la infraestructura, detectando y respondiendo a ataques en tiempo real.

Algunas estrategias clave manejadas por los *blue teams* son las siguientes:

Monitoreo continuo
- Implementación de sistemas SIEM y herramientas de detección de anomalías.

***Hardening* de sistemas**
- Configuración segura de dispositivos y *software* para reducir vulnerabilidades.

Respuesta a incidentes
- Desarrollo de planes de acción para mitigar el impacto de ataques cibernéticos.

 SABÍAS QUE...

La combinación de ambos enfoques, *red* y *blue team,* se conoce popularmente en el contexto de la ciberseguridad como **purple teaming,** donde los equipos ofensivos y defensivos colaboran para mejorar la ciberseguridad de las

Continúa en página siguiente >>

<< Viene de página anterior

organizaciones. Esta estrategia optimiza la capacidad de respuesta ante ataques y **refuerza la capacidad de los sistemas OT para resistir y recuperarse de incidentes de seguridad.**

Juego de roles en la seguridad digital

Ya sabemos que la metodología *red team / blue team* proporciona un enfoque fundamental en ciberseguridad, pues permite fortalecer la protección de infraestructuras críticas mediante la simulación de ataques y el desarrollo de estrategias de defensa.

Para comprenderlo mejor, a continuación utilizaremos un enfoque didáctico basado en la analogía de un **juego de roles en la seguridad digital:**

➲ *Red team:* **pensar como un atacante.** Imagina que eres un ladrón experimentado que planea robar un banco. Antes de actuar, estudias las cámaras de seguridad, las rutas de los guardias y las posibles debilidades en el sistema de alarmas. En el ámbito de la ciberseguridad, el *red team* cumple una función similar: busca vulnerabilidades en los sistemas de una empresa, pero con el propósito de ayudar a fortalecer su seguridad. Los *red teams* trabajan como simuladores de ataques, empleando tácticas utilizadas por la ciberdelincuencia real para evaluar la resistencia de la red ante amenazas. Para hacerlo, pueden recurrir a:

  ◑ **Pruebas de penetración** que simulan ataques dirigidos a identificar puntos débiles en los sistemas.
  ◑ **Ingeniería social** con la que se engaña al personal para obtener información confidencial.
  ◑ **Explotación de vulnerabilidades,** utilizando herramientas como *Metasploit* para ejecutar ataques de prueba.

  Por ejemplo, un *red team* intenta ingresar a la red de una empresa enviando correos electrónicos de *phishing* a empleados, instándolos a hacer clic en un enlace malicioso. Si logran acceso, informan a la empresa sobre la vulnerabilidad para que pueda ser corregida.

➲ *Blue team:* **defender como un experto en seguridad.** Ahora, imagina que trabajas como jefe de seguridad de un banco. Tu misión es proteger la caja fuerte, asegurarte de que las cámaras estén bien ubicadas y de que los guardias sigan protocolos estrictos. En ciberseguridad, el *blue team* asume este papel: se encarga de detectar, prevenir y responder a posibles amenazas en los sistemas informáticos.

El *blue team* trabaja constantemente en la protección y monitorización de la red, utilizando diversas estrategias:

◊ Análisis de tráfico, identificando patrones sospechosos en la red.
◊ Sistemas de detección de intrusos (IDS/IPS) que bloquean intentos de acceso no autorizado.
◊ Respuesta a incidentes, diseñando planes de acción para mitigar ataques en tiempo real.

Por ejemplo, si un *red team* lanza un ataque de *phishing* en la empresa, el *blue team* podría detectarlo con herramientas de análisis de tráfico y entrenar al personal para que no caiga en la trampa.

Un enfoque aún más efectivo es la estrategia propuesta por **purple team,** que combina la ofensiva del *red team* con la defensa del *blue team* para fortalecer la seguridad de forma continuada. En este modelo, ambos equipos colaboran, compartiendo conocimientos y mejorando las estrategias de protección en tiempo real.

◉ EJEMPLO

En una simulación de ataque, el *red team* intenta explotar una vulnerabilidad, mientras que el *blue team* observa y aprende a responder de manera más eficiente. Este enfoque ayuda a mejorar las defensas sin esperar un ataque real.

Para mejorar las habilidades en ciberseguridad, es recomendable que los equipos practiquen en entornos seguros. Algunas formas de entrenamiento son las siguientes:

Laboratorios de simulación	Ejercicios de guerra cibernética	Capacitación continua
- Plataformas como *cyber range* permiten experimentar ataques y defensas en un entorno controlado.	- Eventos donde *red teams* y *blue teams* compiten para evaluar estrategias.	- Cursos y certificaciones en ciberseguridad industrial que ayudan a reforzar conocimientos.

Dentro del enfoque *purple team,* que combina las estrategias del *red team* y el *blue team,* las **competiciones *capture the flag*** (**CTF**) juegan un papel clave en la formación práctica de profesionales en ciberseguridad. Estas competiciones permiten a los participantes afrontar desafíos en tiempo real, poniendo a prueba sus habilidades de ataque y defensa en entornos controlados.

Las competiciones *capture the flag* (CTF) son eventos de ciberseguridad en los que los participantes deben resolver retos de seguridad informática para obtener "banderas" o *flags,* que funcionan como prueba de que han superado un desafío. Estas pruebas pueden abarcar diversas áreas de la ciberseguridad, como explotación de vulnerabilidades, análisis forense, criptografía y *hacking* ético.

Competiciones CTF

 **IMPORTANTE**

Cada bandera capturada en las competiciones CTF representa un logro alcanzado sobre un desafío que sirve de llave para acceder a otro reto de mayor complejidad.

A continuación, contarás con más detalles sobre estos eventos de competición, a los que puedes apuntarte con independencia del nivel de conocimiento o manejo de técnicas que poseas.

Para comprender mejor en qué consiste un CTF, piensa que se trata de un deporte en el que puedes entrenar tus conocimientos y habilidades en seguridad informática aprovechando las dinámicas de los juegos o, lo que es lo mismo, con cierto carácter lúdico.

El Instituto Nacional de Ciberseguridad (INCIBE) describe a los CTF como una serie de **desafíos informáticos** enfocados desde la perspectiva de la seguridad.

Veamos con mayor claridad qué **objetivos** persiguen estas cibercompeticiones:

Objetivo 1

Aprender y desarrollar habilidades y destrezas asociadas a los *hackers,* descubriendo *flags* (banderas). Permiten mejorar competencias en análisis de *malware*, explotación de vulnerabilidades y respuesta a incidentes.

Objetivo 2

Servir como plataformas de aprendizaje para aplicar en un contexto real los conocimientos adquiridos y habilidades desarrolladas de forma virtual, fomentando, además, la colaboración entre expertos en seguridad, simulando escenarios del mundo real y aprendiendo a trabajar en equipo.

Objetivo 3

Consolidar nuevas líneas de investigación surgidas en el ámbito de la ciberseguridad. Proporcionan un entorno seguro para probar herramientas y técnicas avanzadas sin riesgos reales.

IMPORTANTE

Ganar o destacar en una competición CTF es un reconocimiento profesional que puede abrir nuevas oportunidades laborales en la industria de la ciberseguridad.

Continúa en página siguiente >>

<< Viene de página anterior

Estas competiciones de ciberseguridad también brindan grandes oportunidades de aprendizaje, tanto para personas expertas como para novatos.

Nuevos escritos 🔊

Equipo	Evento	Tarea	Acción
RootMeUpBeforeYouGoGo	DownUnderCTF 2021 (en línea)	escribe qué dónde [310]	leer redacción
trieulieuf9	DownUnderCTF 2021 (en línea)	Cuestionario de habilidades generales [100]	leer redacción
trieulieuf9	DownUnderCTF 2021 (en línea)	conejo [100]	leer redacción
RootMeUpBeforeYouGoGo	DownUnderCTF 2021 (en línea)	listo, rebote, pwnl [436]	leer redacción
Novato441	DownUnderCTF 2021 (en línea)	¿Quién va alla? [100]	leer redacción
Novato441	DownUnderCTF 2021 (en línea)	Cubo defectuoso [100]	leer redacción
Novato441	DownUnderCTF 2021 (en línea)	De adentro hacia afuera [100]	leer redacción
Novato441	DownUnderCTF 2021 (en línea)	Cifrado de sustitución I [100]	leer redacción

Consulta específica en CTFtime Fuente: CTFtime.org

Los eventos CTF son juegos de aprendizaje que se organizan por categorías. Avanza para descubrir cómo participar en estos juegos de ciberseguridad desde diferentes **perspectivas:**

- ➲ **Análisis forense:** retos que consisten en extraer información valiosa de dispositivos de almacenaje o mediante capturas de tráfico red.
- ➲ **Criptografía:** retos que consisten en revelar textos cifrados mediante sistemas criptográficos.
- ➲ **Esteganografía:** retos que consisten en adivinar mensajes ocultos en imágenes o en cualquier otro recurso multimedia.
- ➲ ***Exploits:*** retos que consisten en descubrir vulnerabilidades en sistemas de información.
- ➲ **Ingeniería inversa:** retos que consisten en interferir en el buen funcionamiento del programa informático o en sistemas operativos.
- ➲ **Programación:** retos que consisten en crear un programa o *script* que permita realizar una tarea determinada.
- ➲ **Web:** retos que consisten en descubrir alguna vulnerabilidad en una aplicación o sitio web.
- ➲ **Reconocimiento:** retos que consisten en buscar la *flag* en diferentes sitios de internet valiéndose de sencillas pistas.

⊃ **Pruebas triviales:** retos que consisten en resolver cuestiones relacionadas con la seguridad cibernética.

⊃ **Misceláneos:** retos variados que consisten en resolver problemas de distintas categorías.

NOTA

Muchas universidades, centros de formación o sitios web especializados en la temática de la ciberseguridad también crean sus propios CTF para que el alumnado o los usuarios puedan competir, entrenar y aprender en estas plataformas.

◉ EJEMPLO

Presta atención a la imagen que viene a continuación, en la que se publica la resolución de un reto correspondiente a una CTF. Este tipo de CTF permite la participación individual.

Reto: ¿Qué oculta esta imagen?

Reto Hacking Challenges con Solución Reto 3, extraído del sitio web Hacking Ético Blog. Fuente: https://hackingeticoblog.com/hacking-challenges-solucion-reto-3/

Continúa en página siguiente >>

<< Viene de página anterior

Solución del reto:

Si te fijaste bien, hay algunas letras interesantes y, además, la frase te lo dice todo. Si tomamos las letras en mayúscula tenemos RICOTTA. La pista decía que algo tenía la imagen. Lo primero que podríamos pensar es que tiene algún archivo oculto.

Usaremos *Stegehide*, una herramienta muy interesante para ocultar y sacar información de imágenes.

Usaremos el comando:

```
steghide extract -sf queso.jpg
```

Nos pedirá la contraseña; podemos suponer que es la palabra que obtuvimos del mensaje de la imagen.

Esto nos genera un archivo llamado "oculto.txt".

```
root@kali:~/Downloads/retos hacking# steghide extract -sf queso.jpg
Enter passphrase:
wrote extracted data to "oculto.txt".
root@kali:~/Downloads/retos hacking#
```

El archivo tiene el siguiente texto: "retos *hacking*". ¡Lo lograste!

Existen tres formatos principales de competiciones CTF:

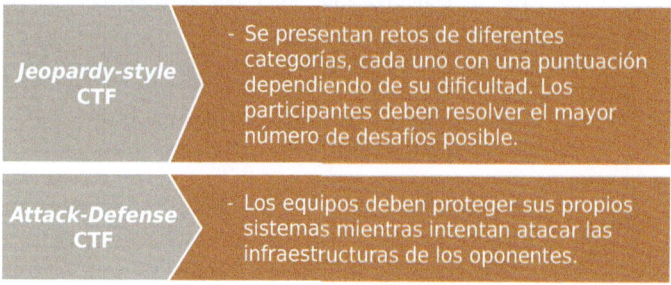

Jeopardy-style CTF	- Se presentan retos de diferentes categorías, cada uno con una puntuación dependiendo de su dificultad. Los participantes deben resolver el mayor número de desafíos posible.
Attack-Defense CTF	- Los equipos deben proteger sus propios sistemas mientras intentan atacar las infraestructuras de los oponentes.

Continúa en página siguiente >>

<< Viene de página anterior

Mixed CTF
- Combina elementos de las dos modalidades anteriores, ofreciendo tanto desafíos teóricos como ataques y defensas en tiempo real.

Las **reglas básicas** en las competiciones CTF son bien sencillas.

El concepto central en una competición CTF es la *flag* (bandera), que representa el objetivo principal dentro de una "fortaleza" digital a la que los participantes deben acceder. En realidad, *flag* es un identificador oculto dentro de un sistema, aplicación o red, que los participantes deben encontrar y capturar para demostrar que han superado un desafío de seguridad.

Seguidamente, descubrirás instrucciones básicas para participar en estas competiciones de ciberseguridad:

- Los equipos participantes inscritos en la competición deberán alcanzar en el menor tiempo posible las banderas o llaves que les permitirán avanzar e ir pasando de nivel. Los equipos deben ir superando estos retos antes de que los consigan los equipos contrincantes. Cada avance es correspondido con un logro digital o *flag*.

- Cada prueba tiene asignado un tiempo para su resolución. El equipo organizador suele proporcionar algunas pistas.

- Una vez finalizado el plazo para superar el reto, quedarán publicados los métodos (pueden ser varios) que daban con la solución. Con ello, se garantiza que todos los participantes aprendan con cada tarea, se supere el desafío o no.

- La competición sigue y los equipos van notando el aumento de la complejidad en los siguientes retos.

- Una vez finalizada la competición, los resultados de cada equipo son publicados con idea de que cada competición pueda ser seguida en un *ranking* mundial.

SABÍAS QUE...

Algunos eventos CTF son organizados con idea de premiar a equipos partici-pantes cuya recompensa es formar parte de empresas que reclaman este tipo de personal para mejorar su seguridad cibernética.

 PARA SABER MÁS

Existen plataformas CTF en español que te permitirán practicar y mejorar tus habilidades en ciberseguridad. A continuación, se presentan algunas opciones destacadas:

- **Root Me.** Esta plataforma ofrece una amplia gama de desafíos, permitiendo elegir el idioma y abarcando diversas áreas como criptografía, análisis fo-rense, seguridad web y más. Es una herramienta excelente para aprender y practicar técnicas de *hacking* en un entorno controlado.

  Accede desde aquí:

  https://redirectoronline.com/ifct00500404

- **Hack the box (HTB).** Aunque su contenido principal está en inglés, HTB cuenta con una comunidad hispanohablante activa y ofrece máquinas y de-safíos que pueden ser abordados en español. Es una plataforma reconocida para practicar *hacking* ético mediante laboratorios interactivos.

Continúa en página siguiente >>

<< *Viene de página anterior*

Accede desde aquí:

https://redirectoronline.com/ifct00500405

- **TryHackMe.** Similar a HTB, *TryHackMe* ofrece rutas de aprendizaje y desafíos prácticos. Aunque la mayoría de su contenido está en inglés, dispone de algunas traducciones y una comunidad hispanohablante que facilita el aprendizaje en español.

Accede desde aquí:

https://redirectoronline.com/ifct00500406

APLICACIÓN PRÁCTICA

Lucía ha decidido participar en su primera competición CTF para mejorar sus habilidades en seguridad informática. Al registrarse, se encuentra con varias reglas y dinámicas de la competición. Sin embargo, antes de comenzar, necesita asegurarse de comprender correctamente las reglas básicas de este tipo de eventos.

Continúa en página siguiente >>

<< Viene de página anterior

¿Cuál de las siguientes afirmaciones sobre las competiciones CTF es incorrecta?

- **Los equipos participantes deben capturar *flags* en el menor tiempo posible para avanzar de nivel.**
- **Cada reto tiene un tiempo límite de resolución, y los organizadores pueden proporcionar pistas.**
- **Los equipos pueden modificar las reglas durante la competición si encuentran formas más eficientes de resolver los retos.**
- **Una vez finalizada la competición, los resultados se publican y pueden verse en un *ranking* mundial.**

Solución

La opción correcta es: .os equipos pueden modificar las reglas durante la competición si encuentran formas más eficientes de resolver los retos.

En las competiciones CTF, las reglas son fijas y deben respetarse durante todo el evento. Los equipos participantes no pueden modificarlas ni alterar la estructura de la competición. La dinámica principal se basa en la resolución de retos en el menor tiempo posible, y los organizadores pueden ofrecer pistas para ayudar a los equipos. Al final de la competición, se publican los resultados, lo cual permite comparar el desempeño entre equipos y mejorar estrategias para futuras ediciones del campeonato.

2.3. Herramientas para la detección temprana de *ransomware*

Para proteger los sistemas industriales, es fundamental contar con herramientas de detección temprana.

A continuación, se listan algunas herramientas comerciales utilizadas en entornos industriales para combatir el peligroso código malicioso llamado *ransomware:*

- ⮞ ***FireEye Helix.*** Monitoreo avanzado y detección de amenazas.
- ⮞ ***Palo Alto Networks Cortex XDR.*** Prevención y respuesta ante ataques.
- ⮞ ***Microsoft Defender for IoT.*** Protección específica para dispositivos OT.
- ⮞ ***Nozomi Networks Guardian.*** Análisis de tráfico y detección de anomalías en ICS.

⊃ *Cyber Range.* Simulación de ataques para entrenamiento en ciberseguridad industrial.

⊃ *Wireshark.* Análisis de paquetes en tiempo real para identificar anomalías y detectar posibles ataques en la red.

NOTA

A diferencia de las otras herramientas mencionadas, que están diseñadas específicamente para la detección y prevención de *ransomware*, **Wireshark** es un analizador de tráfico de red que permite identificar comportamientos anómalos en las comunicaciones industriales, lo que puede ser útil para detectar indicios tempranos de un ataque.

Wireshark es una herramienta clave para el análisis forense de tráfico de red, que permite a los administradores identificar patrones sospechosos y evaluar si hay indicios de actividad maliciosa antes de que un ataque de ransomware se propague en la infraestructura industrial.

2.4. Estrategias de mitigación y respuesta ante *ransomware*

La mejor defensa contra el *ransomware* es una estrategia **proactiva**.

Explora cuáles son las mejores prácticas para contener y mitigar un ataque de *ransomware* en entornos OT/IT:

- **Segmentación de redes.** Separar la red OT de la red TI con *firewalls* y zonas de seguridad evita la propagación del *ransomware*. Por ejemplo, un *firewall* bien configurado impide que un ataque en el correo electrónico de un empleado afecte a los servidores SCADA.
- **Copias de seguridad inmutables.** Es esencial contar con *backups offline* o inmutables que no puedan ser cifrados por *ransomware*. Por ejemplo, un servidor de respaldo desconectado de la red permite restaurar sistemas sin pagar el rescate.
- **Monitoreo de tráfico y análisis de comportamiento.** El uso de herramientas como SIEM *(security information and event management)* ayuda a detectar anomalías en tiempo real. Por ejemplo, una alerta detecta que un archivo intenta cifrar cientos de documentos en segundos, permitiendo una respuesta rápida.
- **Autenticación multifactor (MFA).** Evitar accesos no autorizados con MFA protege credenciales críticas. Por ejemplo, un atacante que roba una contraseña no puede acceder sin un segundo factor de autenticación.
- **Capacitación a empleados.** El personal debe reconocer intentos de *phishing* y seguir buenas prácticas de seguridad. Por ejemplo, un técnico recibe formación y detecta un correo sospechoso, evitando la infección.

2.5. Simulación de ataques *ransomware* en entornos OT

Las simulaciones permiten evaluar la resiliencia de los sistemas ante ataques reales. En este apartado, se mostrará, a través de un tutorial, cómo realizar simulaciones controladas utilizando entornos de prueba como *Cyber Range*.

Accede a la web desde aquí:

https://redirectoronline.com/ifct00500413

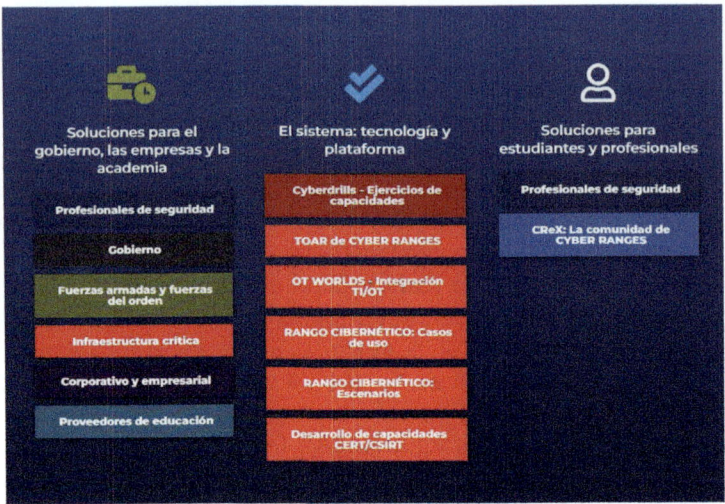

Cyber Ranges es el campo de tiro cibernético oficial de la Unión Internacional de Telecomunicaciones (UIT) de las Naciones Unidas para la realización de simulacros cibernéticos nacionales, regionales y mundiales. Fuente: Cyber Ranges

 **VÍDEO**

Para aprender a simular ataques de *ransomware* en entornos OT utilizando plataformas como *Cyber Range* o similares, dispones del siguiente recurso multimedia: un tutorial que ofrece una demostración práctica sobre cómo desplegar y ejecutar un *ransomware* en un entorno controlado. De esta manera, comprenderás las técnicas y herramientas utilizadas en este tipo de ataques dentro del ecosistema OT.

Accede al vídeo desde aquí:

https://redirectoronline.com/ifct00500414

2.6. Implementación de planes de respuesta ante incidentes

En el contexto de la ciberseguridad industrial, no solo es esencial prevenir ataques, sino también contar con un **plan de respuesta ante incidentes** que minimice el impacto de posibles amenazas y permita una recuperación rápida de los sistemas. La implementación de estos planes es clave para resistir operativamente y para la protección de las infraestructuras críticas.

Un **plan de respuesta ante incidentes** es un conjunto de procedimientos que permite detectar, contener, erradicar y recuperar un sistema afectado por un ciberataque o fallo de seguridad. Su objetivo es reducir el tiempo de respuesta, minimizar daños y asegurar la continuidad operativa.

Plan de respuesta ante incidentes.

Para una implementación efectiva, se recomienda seguir las fases establecidas por el **NIST** *(National Institute of Standards and Technology)* en su marco de respuesta a incidentes.

Seguidamente, se muestra cada fase de un plan de respuesta ante incidentes cibernéticos:

➲ **Preparación.** Antes de que ocurra un incidente, es fundamental:

  ◔ **Identificar activos críticos:** dispositivos OT, servidores, redes y aplicaciones esenciales.
  ◔ **Capacitar equipos de seguridad:** entrenar al personal en el uso de herramientas de detección y respuesta.
  ◔ **Definir roles y responsabilidades:** crear un CSIRT *(computer security incident response team)* o un equipo de respuesta especializado en ciberseguridad industrial.

U **Implementar sistemas de monitoreo:** herramientas como SIEM, NDR o IDS/IPS para detectar amenazas en tiempo real.

➲ **Detección y análisis.** Cuando se sospecha de un incidente, se deben identificar y evaluar los signos de compromiso *(IoC - Indicators of compromise)*. Esto implica:

U Monitorear alertas de seguridad provenientes de firewalls industriales, sistemas de detección de intrusos y herramientas de análisis de tráfico.

U Correlacionar eventos en plataformas SIEM *(security information and event management).*

U Realizar análisis forense de *logs* y tráfico de red para determinar el alcance del ataque.

➲ **Contención.** El objetivo es evitar que el ataque se propague dentro de la red OT. Para ello, se pueden aplicar medidas como:

U Segmentación de red: aislar los dispositivos comprometidos y cortar la comunicación con el exterior.

U Desactivación de credenciales comprometidas para evitar accesos no autorizados.

U Bloqueo de tráfico sospechoso en *firewalls* y sistemas de control de acceso.

➲ **Erradicación.** Una vez contenida la amenaza, se debe eliminar la causa raíz:

U Eliminación de *malware* y *backdoors* utilizando análisis forense y herramientas de seguridad OT.

U Aplicación de parches de seguridad en sistemas vulnerables.

U Revisión y refuerzo de políticas de seguridad para evitar futuros ataques.

➲ **Recuperación.** El objetivo es restaurar los sistemas afectados sin comprometer la seguridad. Esto incluye:

U Reinstalación de sistemas y restauración de *backups* seguros.

U Pruebas de seguridad para garantizar que la infraestructura está limpia.

U Monitoreo posincidente para detectar posibles reintentos de ataque.

⊃ **Mejora del plan de respuesta.** Después de cada incidente, es fundamental documentar lo sucedido a fin de poder mejorar el plan de respuesta:

- ‣ Análisis de causas raíz. ¿Cómo ingresó el atacante? ¿Qué vulnerabilidades explotó?
- ‣ Evaluación del tiempo de respuesta. ¿Fue rápida la detección y contención?
- ‣ Actualización del plan de respuesta con nuevas estrategias y controles.

NOTA

El uso de **gemelos digitales** en la respuesta ante incidentes permite probar estrategias de mitigación en un entorno virtual antes de aplicarlas en la infraestructura real. Esto facilita la simulación de escenarios de ataque y la optimización de los planes de respuesta sin afectar la producción. En el siguiente apartado, exploraremos cómo el diseño seguro de redes industriales con gemelo digital puede mejorar la capacidad de recuperación de los sistemas frente a las amenazas materializadas.

3. Diseño seguro de redes industriales con gemelo digital

 HILO CONDUCTOR

Para prevenir amenazas, Mario propuso un gemelo digital que permitiera simular ataques y evaluar defensas sin afectar la producción. Descubrió fallos en la segmentación y *firewalls*, rediseñando la topología de la red y aplicando microsegmentación. Integró detección de anomalías, permitiendo a *TechSystems* anticipar riesgos. La implementación de esta tecnología mejoró la seguridad y eficiencia operativa de la planta.

La **arquitectura de redes** define el diseño de la infraestructura que permite a un usuario comunicarse a través de una red inalámbrica, entre otros servicios.

Es importante destacar que las **tecnologías de la información y la comunicación** o **TIC** son un activo estratégico para las empresas, ya que constituyen un pilar fundamental a través del cual el *software* puede ofrecer sus servicios al usuario final.

Para las organizaciones, la **infraestructura de red** es esencial para operar con normalidad. Del mismo modo, para cualquier usuario representa el medio que permite la navegación en internet y el acceso a múltiples servicios.

A continuación, se explican las diferencias entre los conceptos de arquitectura de red e infraestructura de red:

Arquitectura de red	Infraestructura de red
- La arquitectura proporciona el esquema general y estratégico que guía el desarrollo e implementación de la infraestructura de comunicaciones. Es el plan que define la interconexión de protocolos y *software* dentro de una red.	- La infraestructura hace referencia al conjunto de elementos tecnológicos estructurales que conforman la red de comunicaciones de una organización. Estos componentes permiten la transmisión de información y garantizan el correcto funcionamiento de los servicios digitales.

En el ámbito industrial, garantizar la seguridad de las redes de comunicación es un aspecto esencial para evitar fallos, intrusiones y vulnerabilidades que puedan comprometer la operatividad de una organización. Una de las estrategias más innovadoras para optimizar la seguridad y el rendimiento de estas redes es el uso de **gemelos digitales** o ***digital twins.***

Un gemelo digital es una réplica virtual de un sistema físico que permite simular su comportamiento en tiempo real.

Aplicado a las redes industriales, este modelo digital representa la infraestructura, dispositivos, protocolos y conexiones dentro de la red, proporcionando un entorno controlado para probar configuraciones, detectar amenazas y optimizar el rendimiento antes de su implementación en el entorno real.

En relación a la seguridad de redes industriales, son varios los **beneficios** que aportan los gemelos digitales:

- **Pruebas de seguridad sin riesgos.** Permite evaluar el impacto de nuevas configuraciones, parches de seguridad y cambios en la infraestructura sin afectar la red operativa.
- **Detección temprana de vulnerabilidades.** Simula ataques cibernéticos y analiza el comportamiento de la red para identificar posibles puntos débiles.
- **Optimización de protocolos y tráfico de datos.** Ayuda a ajustar la arquitectura de red para mejorar la eficiencia y reducir latencias en la transmisión de información.
- **Cumplimiento normativo.** Facilita la validación del cumplimiento de estándares de ciberseguridad industrial, como IEC 62443, NIST CSF, o ISO 27001.
- **Reducción de costes operativos.** Minimiza el impacto de errores en la implementación de nuevas tecnologías, reduciendo costes asociados a fallos de red o interrupciones inesperadas.

Para implementar un diseño seguro basado en un gemelo digital, es fundamental considerar los aspectos señalados en la siguiente tabla:

ELEMENTOS CLAVE EN EL DISEÑO SEGURO DE REDES INDUSTRIALES CON GEMELO DIGITAL

ASPECTOS DE DISEÑO	ELEMENTOS CLAVE A ADOPTAR
Modelado preciso de la red	Incluir todos los dispositivos industriales (PLC, SCADA, sensores IoT, *gateways*, *firewalls*, etc.), protocolos de comunicación y segmentación de la red.
Simulación de ataques y pruebas de resistencia	Evaluar la red ante posibles ataques como DDoS, *man-in-the-middle* (MitM) o inyecciones de código para fortalecer sus defensas.
Automatización en la detección de amenazas	Integrar herramientas de IA y *machine learning* que analicen el tráfico en tiempo real y alerten sobre comportamientos sospechosos.

Continúa en página siguiente >>

<< Viene de página anterior

ELEMENTOS CLAVE EN EL DISEÑO SEGURO DE REDES INDUSTRIALES CON GEMELO DIGITAL

ASPECTOS DE DISEÑO	ELEMENTOS CLAVE A ADOPTAR
Evaluación continua del desempeño	Utilizar métricas de latencia, velocidad de transmisión y consumo de ancho de banda para optimizar la eficiencia de la red.
Implementación de estrategias de *zero trust*	Garantizar que cada dispositivo y usuario dentro de la red cumpla con estrictos controles de acceso antes de otorgar permisos.

4. Aplicación de herramientas de securización de redes industriales

 HILO CONDUCTOR

Mario consolidó la seguridad con herramientas avanzadas, desplegando *Threat Intelligence* para detectar patrones de ataque y bloquear accesos sospechosos en tiempo real. Implementó un modelo *zero trust*, que requiere autenticación estricta para usuarios y dispositivos. Supervisó pruebas de penetración, fortaleciendo la red con cada simulación. Con la infraestructura segura y resiliente, *TechSystems* quedó preparada para enfrentar cualquier desafío digital. Mario, satisfecho con su labor, cerró su sesión sabiendo que la ciberseguridad es un reto constante, pero que cada día iba un paso adelante en la protección del mundo digital.

En el contexto de la Industria 4.0, donde los sistemas de control industrial o ICS están cada vez más conectados a internet y a infraestructuras corporativas, la seguridad de las redes industriales se ha convertido en un pilar fundamental para garantizar la continuidad operativa y la protección de datos sensibles. Para ello, se utilizan diversas **herramientas de securización** diseñadas específicamente para mitigar riesgos, prevenir ciberataques y asegurar la integridad de los sistemas.

Antes de aplicar herramientas de seguridad, es fundamental recordar las amenazas más habituales en **redes industriales,** entre las que destacan:

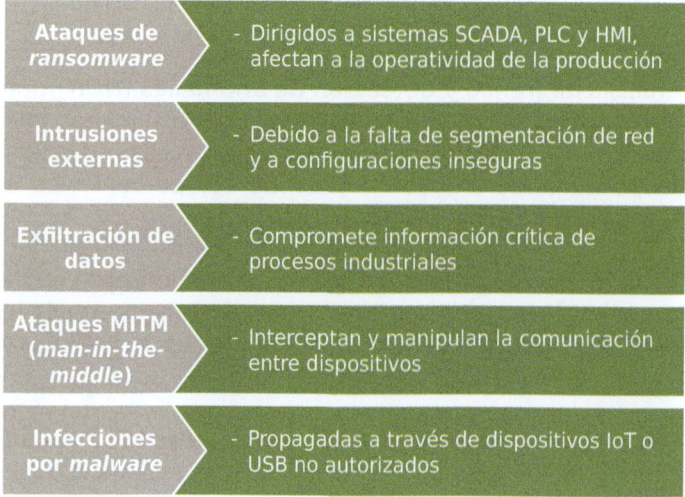

Ataques de ransomware	- Dirigidos a sistemas SCADA, PLC y HMI, afectan a la operatividad de la producción
Intrusiones externas	- Debido a la falta de segmentación de red y a configuraciones inseguras
Exfiltración de datos	- Compromete información crítica de procesos industriales
Ataques MITM (man-in-the-middle)	- Interceptan y manipulan la comunicación entre dispositivos
Infecciones por malware	- Propagadas a través de dispositivos IoT o USB no autorizados

Para mitigar estos riesgos, se emplean herramientas específicas de ciberseguridad industrial, que abarcan desde la monitorización de tráfico hasta el control de accesos y la respuesta ante incidentes.

Descubre algunas de estas **herramientas**:

➲ *Firewalls* industriales *(next-generation firewalls* - **NGFW**). Los *firewalls* **industriales** están diseñados para segmentar redes OT y protegerlas de accesos no autorizados. A diferencia de los *firewalls* tradicionales, estos dispositivos abarcan funcionalidades como estas:

  ◊ **Inspección profunda de paquetes (DPI)** para analizar protocolos industriales (Modbus, OPC-UA, DNP3, etc.).
  ◊ **Control de tráfico basado en políticas** para restringir conexiones externas no autorizadas.
  ◊ **Segmentación de redes IT y OT,** evitando que amenazas de la red corporativa afecten a la producción.

➲ **Sistemas de detección y prevención de intrusos (IDS/IPS).** Estos sistemas analizan el tráfico de la red en busca de patrones sospechosos o comportamientos anómalos. Existen soluciones como:

- ◐ *Suricata* y *Snort:* IDS de código abierto que detectan ataques en redes OT.
- ◐ *Nozomi Networks* y *Claroty:* IDS específicos para entornos industriales que permiten una visualización completa de activos y detección de vulnerabilidades en tiempo real.

⮩ **Análisis de tráfico y detección de anomalías (NDR - *network detection and response).* Las herramientas de NDR utilizan inteligencia artificial y *machine learning* para detectar anomalías en el tráfico de la red, proporcionando alertas en caso de comportamientos sospechosos. Ejemplos:

- ◐ *Darktrace industrial:* utiliza IA para aprender el comportamiento normal de la red OT y detectar amenazas en tiempo real.
- ◐ *Cisco Cyber Vision:* monitorea protocolos industriales y analiza riesgos en la red de producción.

⮩ **Seguridad en dispositivos IoT industriales** *(IIoT security).* El crecimiento del IoT industrial ha aumentado la superficie de ataque. Herramientas como **Microsoft Defender for IoT** y **Forescout** permiten:

- ◐ Descubrir dispositivos no autorizados en la red.
- ◐ Aplicar políticas de acceso según el tipo de dispositivo y su comportamiento.
- ◐ Detectar *firmware* desactualizado con vulnerabilidades.

⮩ **Control de accesos y autenticación (IAM -** *identity & access management).* Los sistemas de gestión de identidad y acceso garantizan que solo usuarios y dispositivos autorizados puedan interactuar con la red. Algunas soluciones proporcionan:

- ◐ **Autenticación multifactor (MFA)** para restringir accesos no autorizados.
- ◐ *Zero trust network access* **(ZTNA),** que limita privilegios y exige verificación continua.
- ◐ **Gestión de credenciales con** *Vaults* (ejemplos: *CyberArk, HashiCorp Vault)* para proteger contraseñas industriales.

⮩ **Respuesta ante incidentes y análisis forense.** Ante un ciberataque, es crucial contar con herramientas para la respuesta rápida y el análisis de incidentes. Ejemplos:

- ◐ **SIEM** *(security information and event nanagement):* plataformas como *Splunk, IBM QRadar* o *ELK Stack* centralizan *logs* y alertas en tiempo real.

 ◉ **SOAR** *(security orchestration, automation and response):* soluciones como *Palo Alto Cortex XSOAR* automatizan respuestas ante amenazas.
 ◉ *Sandboxes* **de análisis de** *malware:* herramientas como *Cuckoo
 Sandbox* permiten analizar archivos sospechosos sin riesgo para la
 red OT.

Para una aplicación efectiva de estas herramientas, es recomendable seguir
un **enfoque por capas de defensa en profundidad,** basado en los siguientes pasos:

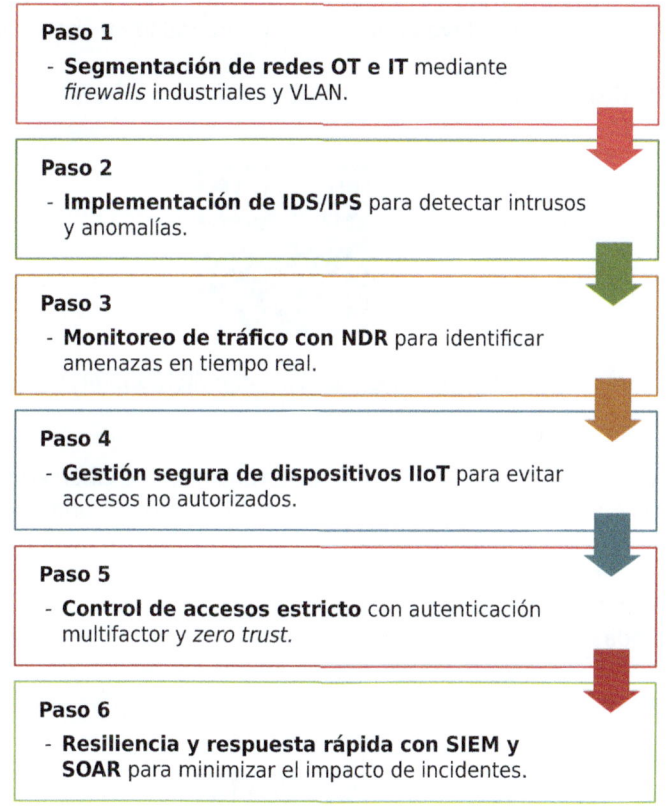

Paso 1
- **Segmentación de redes OT e IT** mediante
  firewalls industriales y VLAN.

Paso 2
- **Implementación de IDS/IPS** para detectar intrusos
  y anomalías.

Paso 3
- **Monitoreo de tráfico con NDR** para identificar
  amenazas en tiempo real.

Paso 4
- **Gestión segura de dispositivos IIoT** para evitar
  accesos no autorizados.

Paso 5
- **Control de accesos estricto** con autenticación
  multifactor y *zero trust.*

Paso 6
- **Resiliencia y respuesta rápida con SIEM y
  SOAR** para minimizar el impacto de incidentes.

⊕ PARA SABER MÁS

Para profundizar en el uso de herramientas de **protección de redes industriales,** es recomendable visualizar los siguientes recursos multimedia, que proporcionan información técnica y aplicada sobre la ciberseguridad en entornos industriales.

El seminario web Mejores Prácticas en Redes y Ciberseguridad Industrial (You-Tube, 2023) ofrece una visión detallada sobre la implementación de estrategias de protección en infraestructuras críticas. Este recurso incluye demostraciones prácticas y consejos clave para reforzar la seguridad en sistemas industriales.

Accede desde aquí:

https://redirectoronline.com/ifct00500415

Por otro lado, el Manual de la caja de herramientas de ciberseguridad para pequeñas empresas (*Global Cyber Alliance*, 2021) proporciona una guía práctica orientada a mejorar la ciberseguridad en pequeñas y medianas empresas. En este documento, se detallan estrategias para la identificación de dispositivos y aplicaciones críticas, así como la implementación de medidas de protección adecuadas.

Accede desde aquí:

https://redirectoronline.com/ifct00500416

Continúa en página siguiente >>

<< Viene de página anterior

Finalmente, en el webinar de la Universidad de Chile Demostración Práctica del Uso de Herramientas de Ciberseguridad (YouTube, 2022), se presentan herramientas avanzadas para la gestión técnica de la ciberseguridad y el desarrollo seguro de *software*, con demostraciones prácticas que permiten comprender su aplicación en entornos reales.

Accede desde aquí:

https://redirectoronline.com/ifct00500417

- -

 **IMPORTANTE**

Para optimizar la protección de sistemas en entornos industriales, es fundamental adoptar estrategias de automatización que permitan una respuesta proactiva ante amenazas. La integración de herramientas como SIEM, IDS/IPS, XDR y análisis de tráfico basado en IA facilita la detección y mitigación de incidentes en tiempo real, reduciendo el margen de error humano y mejorando la sostenibilidad de la infraestructura.

- -

Para ampliar los conocimientos sobre seguridad en sistemas OT y comprender mejor los desafíos y las soluciones a las que se enfrentan las infraestructuras críticas, se recomienda la consulta de la ***Guía sobre controles de seguridad en sistemas OT,*** publicada por el **Ministerio del Interior de España**.

Dicha guía, elaborada con la colaboración de entidades públicas, empresas privadas y el sector académico, proporciona un marco de referencia para la protección de entornos industriales, abordando temas tan interesantes como:

- **La convergencia IT-OT** y los riesgos asociados a la interconectividad.
- **Estrategias de ciberseguridad** en sistemas de control industrial (ICS) y redes OT.
- **Normativas y regulaciones** aplicables, incluyendo la Estrategia de Ciberseguridad Nacional y la Ley de Protección de Infraestructuras Críticas.
- **Medidas básicas de seguridad** recomendadas para minimizar vulnerabilidades en entornos industriales.
- **Gestión de incidentes y respuesta ante ciberataques** en sistemas SCADA y PLC.

Este documento es una referencia clave para profesionales del sector que buscan mejorar la protección de los sistemas de información y la adopción de buenas prácticas en ciberseguridad industrial.

 PARA SABER MÁS

Puedes acceder al documento completo sobre los controles de seguridad en sistemas OT a través del Ministerio del Interior. Accede a la web desde aquí:

https://redirectoronline.com/ifct00500418

 TAREA 14

TechSystems es una empresa líder en automatización industrial, especializada en la gestión de infraestructuras críticas mediante sistemas SCADA y PLC. Sus operaciones dependen de una red OT altamente interconectada con dispositivos IoT y sensores industriales. En los últimos días, el equipo de seguridad de TechSystems ha detectado actividad inusual en los servidores SCADA. Un análisis

Continúa en página siguiente >>

<< Viene de página anterior

preliminar sugiere que un ransomware se está propagando por la red, afectando la operatividad de la planta. El origen del ataque parece estar vinculado a un correo de *phishing* recibido por un empleado de mantenimiento, quien descargó un archivo malicioso en un equipo conectado a la red OT.

Debido a esta situación, Mario, el ya experto en ciberseguridad en TechSystems, ha sido convocado para colaborar en el diseño de un plan de respuesta ante incidentes con el fin de contener el ataque, minimizar los daños y restaurar la operación de la empresa.

Tu misión es ayudar a Mario a estructurar dicho plan. Para ello, sigue las seis fases establecidas por el NIST, para garantizar la seguridad y continuidad de las operaciones en TechSystems.

1. Preparación

   · ¿Qué medidas preventivas debió haber implementado TechSystems antes del ataque?
   · ¿Qué herramientas y protocolos de monitoreo debían estar en funcionamiento?

2. Detección y análisis

   · ¿Cómo podría el equipo de seguridad confirmar la presencia de *ransomware* en los sistemas OT?
   · ¿Qué indicadores de compromiso (IoC) podrían identificar?

3. Contención

   · ¿Cuáles serían las primeras acciones para evitar la propagación del ataque dentro de la red OT?
   · ¿Cómo se debe aislar el sistema comprometido?

4. Erradicación

   · ¿Qué procedimientos deben seguirse para eliminar el malware de los sistemas OT?
   · ¿Qué parches o configuraciones deben aplicarse para evitar futuras infecciones?

Continúa en página siguiente >>

<< Viene de página anterior

5. Recuperación

- ¿Cómo se debe restaurar la infraestructura afectada sin comprometer la seguridad?
- ¿Qué pruebas deben realizarse antes de volver a la operación normal?

6. Mejora del plan

- ¿Qué aprendizajes se pueden extraer del incidente?
- ¿Qué cambios se deben implementar en las políticas de seguridad de la empresa para evitar ataques similares en el futuro?

---

5. Resumen

La digitalización industrial ha incrementado la eficiencia, pero también ha expuesto a las infraestructuras a nuevas amenazas cibernéticas. Por ello, es fundamental explorar estrategias ofensivas y defensivas en **ciberseguridad industrial** a través de metodologías como la basada en ***red team*** **y** ***blue team,*** aplicando herramientas de simulación y automatización en redes OT/IoT.

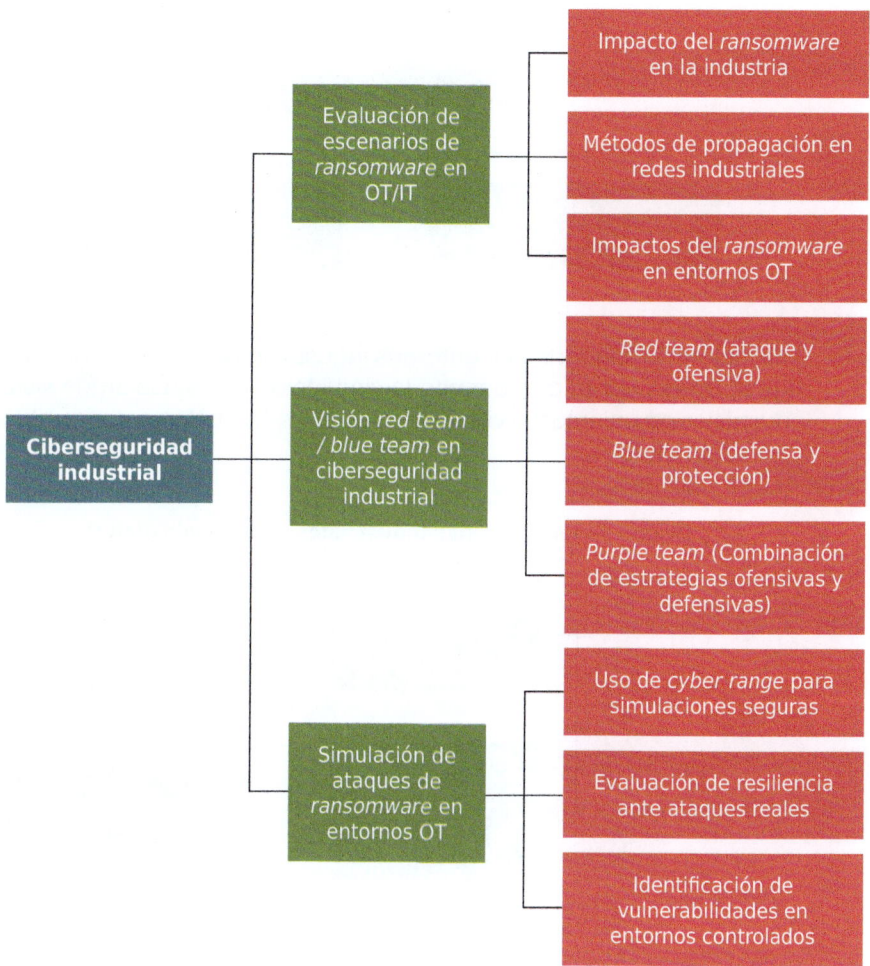

Los planes de respuesta ante incidentes son esenciales para mitigar el impacto de los ataques cibernéticos en infraestructuras críticas. Por este motivo, es clave la planificación y ejecución de estrategias de respuesta basadas en estándares internacionales como **NIST**.

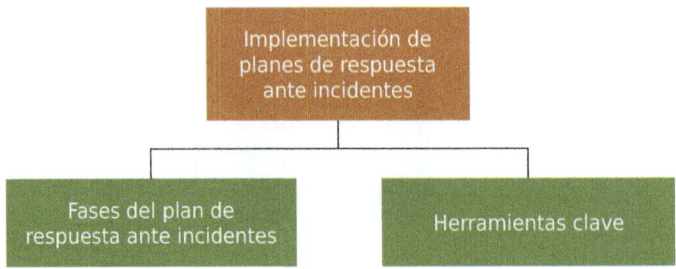

Para mejorar la seguridad en entornos industriales se hace uso del **gemelo digital,** un concepto que permite la simulación y evaluación de sistemas industriales en un entorno virtual seguro antes de implementar cambios en la infraestructura real.

Diseño seguro de redes industriales con gemelo digital

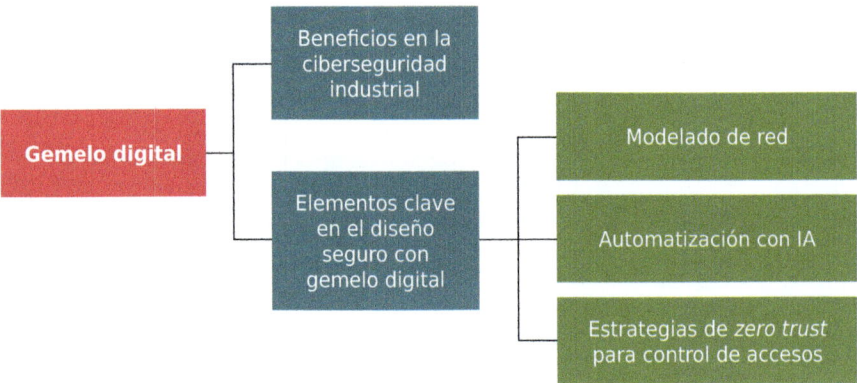

La protección de redes industriales requiere el uso de herramientas avanzadas como *firewalls* **industriales, sistemas de detección de intrusos (IDS/IPS) y medidas de control de acceso.** Conocer los elementos clave para la seguridad en entornos **IIoT** *(industrial internet of things)* es fundamental.

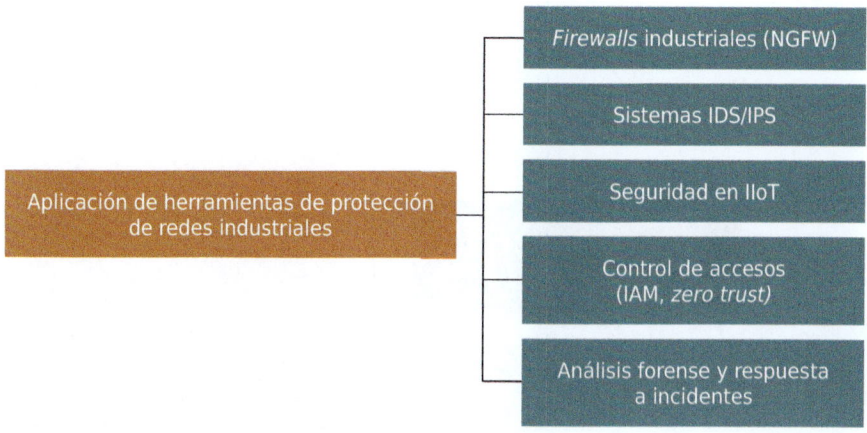

El uso de herramientas de código abierto permite la detección y mitigación temprana de amenazas en entornos industriales. Son soluciones muy utilizadas en el área de la **supervisión y protección de redes industriales.**

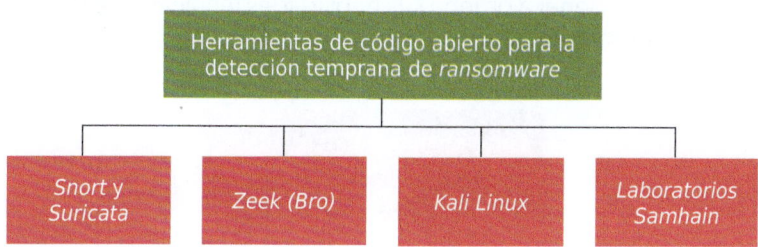

Para minimizar el impacto del *ransomware* en infraestructuras críticas, es fundamental contar con **estrategias de mitigación y respuesta proactivas.** Existen técnicas específicas para reducir riesgos y mejorar la resiliencia de las redes industriales.

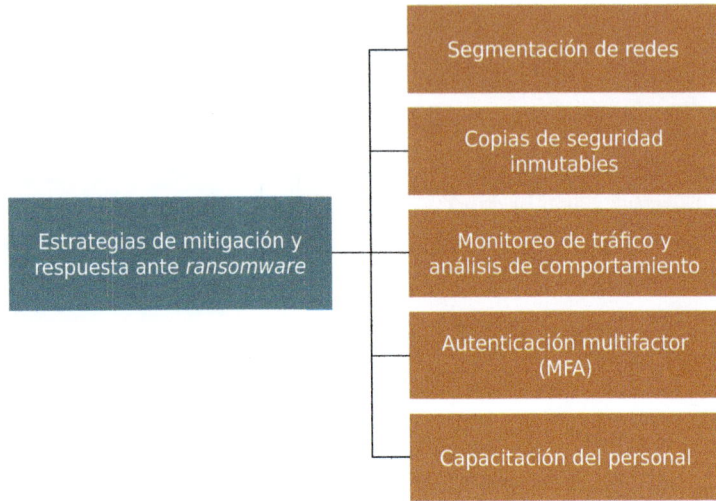

Las competiciones **CTF** *(capture the flag)* son un método innovador para mejorar la capacitación en ciberseguridad. Estas actividades permiten a los participantes poner a prueba sus habilidades técnicas en escenarios de ataque y defensa simulados.

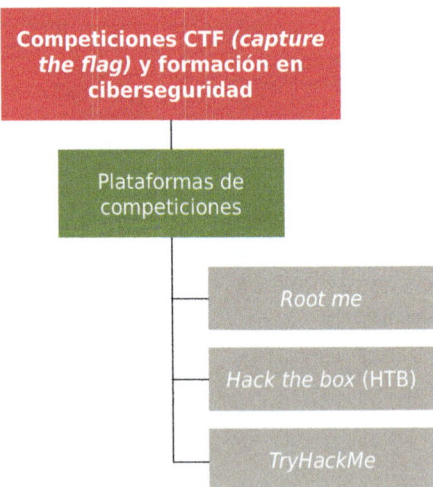

Ejercicios de autoevaluación
Unidad de Aprendizaje 8

1. Indica si las siguientes afirmaciones son verdaderas o falsas.

    a. En un mundo empresarial cada vez más interconectado, la ciberseguridad industrial se ha convertido en una necesidad crítica para la protección de infraestructuras esenciales.

        ■ Verdadero
        ■ Falso

    b. No todos los enfoques *red team* y *blue team* permiten a los profesionales simular ataques reales y desarrollar respuestas efectivas para mitigar riesgos.

        ■ Verdadero
        ■ Falso

    c. Aunque un *ransomware* es un código malicioso muy peligroso, no termina de ser una amenaza crítica en los entornos industriales.

        ■ Verdadero
        ■ Falso

2. ¿Cuál es el objetivo principal de la ciberseguridad industrial?

    a. Mejorar la eficiencia de los procesos industriales.
    b. Minimizar vulnerabilidades y reducir el impacto de ciberataques.
    c. Eliminar cualquier tipo de conexión en infraestructuras críticas.
    d. Evitar completamente la automatización en redes OT.

3. ¿Qué enfoques se utilizan en la ciberseguridad para evaluar y mitigar amenazas en redes industriales?

    a. *White team y black team*
    b. *Ethical hacking y pentesting*
    c. *Red team y blue team*
    d. *Offensive security y passive security*

4. ¿Cuál de los siguientes es un riesgo principal del *ransomware* en entornos industriales?

    a. Reducción de la velocidad de producción

    b. Paralización de la producción y riesgo para la seguridad de los trabajadores

    c. Mayor consumo de energía en la red OT

    d. Pérdida de conectividad temporal sin daños significativos

5. ¿Cuál de los siguientes es un objetivo común de los ataques de *ransomware* en sistemas OT?

    a. Espionaje empresarial

    b. Pruebas de control de calidad

    c. Sabotaje industrial

    d. Monitoreo del rendimiento de la red

6. ¿Cuál es el método más común de distribución de *ransomware* en redes OT?

    a. *Phishing* y engaño al personal

    b. Ataques físicos a servidores

    c. Correos electrónicos corporativos legítimos

    d. Uso de *firewalls* para detectar ataques

7. ¿Qué representa un gran riesgo en redes industriales debido a su falta de actualizaciones?

    a. Uso de servidores redundantes

    b. Dispositivos OT antiguos sin parches de seguridad

    c. Implementación de inteligencia artificial

    d. Virtualización de entornos

8. ¿Cuál de los siguientes es un impacto del *ransomware* en entornos industriales?

    a. Reducción de la capacidad de cómputo

    b. Mejora en la segmentación de red

    c. Aumento de la eficiencia de la producción

    d. Riesgo para la seguridad de los trabajadores

9. ¿Qué incidente histórico de *ransomware* afectó gravemente a la empresa Maersk?

    a. *NotPetya*
    b. *WannaCry*
    c. *Stuxnet*
    d. *Pegasus*

10. ¿Qué aspecto clave pudo haber prevenido el ataque a Maersk?

    a. Uso de cifrado de extremo a extremo
    b. Segmentación de redes y actualización de parches de seguridad
    c. Desconexión total de la red de internet
    d. Deshabilitación de todos los servidores en horario nocturno

Glosario

APT *(advanced persistent threat)*
Ataques sofisticados y persistentes dirigidos a empresas con el objetivo de filtrar información confidencial.

Activo de información
Información o sistema con valor para una organización y susceptible de ataques.

Actualizaciones de seguridad
Modificaciones de *software* que corrigen vulnerabilidades o añaden nuevas capas de protección.

Agujero de seguridad
Fallo o debilidad en un sistema explotable por atacantes.

Análisis de riesgos
Procedimiento para identificar amenazas y vulnerabilidades en activos de información.

Antivirus
Software diseñado para detectar, prevenir y eliminar *software* malicioso.

Ataque cibernético
Acción intencionada para explotar vulnerabilidades y causar daño o beneficio.

Autenticación
Proceso para verificar la identidad de un usuario o sistema (contraseñas, biometría, MFA).

Backdoor
Puerta trasera que permite el acceso no autorizado a un sistema sin ser detectado.

Biometría
Método de autenticación basado en características fisiológicas (huellas, iris, rostro).

Bluetooth
Tecnología de comunicación inalámbrica de corto alcance (hasta 10 metros).

Brecha de seguridad
Violación de seguridad con posibles pérdidas o filtraciones de datos.

Bug
Fallo de *software* que puede comprometer la seguridad del sistema.

CERT
Equipo de respuesta ante emergencias informáticas encargado de gestionar incidentes de seguridad.

Ciberseguridad
Conjunto de medidas para proteger sistemas, redes y datos contra ataques cibernéticos.

Cifrado
Proceso de codificación de datos para evitar accesos no autorizados.

Contraseña robusta
Clave con caracteres aleatorios, alfanuméricos y larga extensión para mayor seguridad.

Cookie
Archivo que almacena información de actividad de un usuario en un navegador.

Copia de seguridad
Duplicado de información en un soporte alternativo para recuperación en caso de pérdida.

Correo *spam*
Mensajes electrónicos no solicitados con fines publicitarios o maliciosos.

Cortafuegos *(firewall)*
Sistema de seguridad que filtra el tráfico de red permitiendo o bloqueando accesos.

Crackers
Hackers con intenciones maliciosas que vulneran sistemas con fines delictivos.

Credenciales
Datos de autenticación (usuario y contraseña) que permiten acceder a un sistema.

Crime-as-a-service (CaaS)
Mercado clandestino donde los ciberdelincuentes comercializan herramientas y servicios para ataques.

Criptografía
Ciencia que protege la información mediante técnicas de cifrado.

Cyber Kill Chain
Modelo que describe las fases de un ciberataque, desarrollado por Lockheed Martin.

CVE *(common vulnerabilities and exposures)*
Base de datos de vulnerabilidades de *software* documentadas y clasificadas.

CVSS *(common vulnerability scoring system)*
Sistema estándar de puntuación que mide la gravedad de una vulnerabilidad.

Datos personales
Información sobre una persona física que permite su identificación.

Denegación de servicio (DoS)
Ataque que sobrecarga un sistema, dejándolo inoperativo.

Defensa en profundidad
Estrategia de seguridad con múltiples capas de protección contra ataques.

Dirección IP
Identificación numérica de un dispositivo en una red.

Doble factor de autenticación (2FA)
Seguridad adicional que requiere dos formas de verificación para acceder a un sistema.

Evaluación de riesgos
Identificación y análisis de amenazas para minimizar su impacto en un sistema.

Fingerprinting
Técnica de recolección de información sobre sistemas y redes.

Firmware
Software integrado que controla el *hardware* de un dispositivo.

Footprinting
Método de exploración para recopilar datos sobre una red o sistema.

Gestor de contraseñas
Aplicación que almacena contraseñas de forma segura.

GNU *privacy guard* (GPG)
Herramienta de cifrado y firma digital de datos.

Hacker
Individuo con habilidades informáticas avanzadas, con distintos fines (éticos o maliciosos).

Hacktivistas
Hackers que realizan ataques con motivaciones sociales o políticas.

Hardening
Técnica para reducir vulnerabilidades en un sistema.

Honeypot
Sistema señuelo para detectar y analizar ataques cibernéticos.

HTTP *(hypertext transfer protocol secure)*
Versión segura del protocolo HTTP que cifra la comunicación en la web.

Impacto
Consecuencia de un incidente de seguridad.

Incidente de seguridad
Evento que afecta la integridad, confidencialidad o disponibilidad de la información.

Ingeniería socia
Técnica para manipular a las personas y obtener información confidencial.

Intrusión
Acceso no autorizado a un sistema o red.

Inyección de código malicioso
Inserción de código dañino en un sistema para explotarlo.

Lamers
Hackers con escasos conocimientos técnicos que dependen de herramientas creadas por otros.

Lista blanca
Lista de direcciones IP o correos electrónicos permitidos.

Lista negra
Lista de direcciones IP o correos electrónicos bloqueados.

Mínimo privilegio
Estrategia que otorga solo los permisos estrictamente necesarios a los usuarios.

Mitigación
Reducción del impacto de una vulnerabilidad o ataque.

Monitorización activa
Vigilancia en tiempo real de la red para detectar amenazas.

Monitorización pasiva
Análisis retrospectivo de datos de tráfico sin intervención directa.

Newbies
Hackers principiantes sin experiencia en técnicas avanzadas.

No repudio
Garantía de que una acción no puede ser negada por su autor.

OTP *(one-time password)*
Contraseña de un solo uso.

Parche de seguridad
Corrección de vulnerabilidades en *software*.

Pentesting
Pruebas de penetración para evaluar la seguridad de un sistema.

Phreakers
Hackers que cometen delitos en el ámbito de la telefonía.

Phishing
Técnica para engañar a los usuarios y robar información confidencial.

Plan de recuperación ante desastres (DRP)
Estrategia para restaurar operaciones tras un incidente grave.

Plugin
Complemento de *software* que extiende la funcionalidad de una aplicación.

Rogue access point
Punto de acceso no autorizado que facilita el robo de datos.

SGSI (sistema de gestión de la seguridad de la información)
Normativa ISO/IEC 27001 para la gestión de seguridad de la información.

Sistema de detección de intrusos (IDS)
Herramienta que monitorea redes en busca de actividades sospechosas.

Seguridad de la información
Protección de la información contra accesos no autorizados.

Sistema de prevención de intrusos (IPS)
IDS que también bloquea amenazas en tiempo real.

Token
Dispositivo o *software* para autenticación segura.

Vulnerabilidad
Debilidad en un sistema que puede ser explotada.

WPA (*wifi protected access*)
Protocolo de cifrado para redes wifi.

WPS (*wifi protected setup*)
Método de conexión rápida a redes wifi, con fallas de seguridad.

Bibliografía

Monografías

→ GONZÁLEZ, P. y GARCÍA, J.: *Metasploit para pentesters: de 0 a 100*. 0xWord, 2018.

> Guía práctica sobre el uso de Metasploit en pruebas de penetración, desde nivel básico hasta avanzado.

→ LÓPEZ Benítez, Y.: *Gestión de la seguridad informática en la empresa*. Antequera: IC Editorial, 2019.

> Enfoque práctico sobre la seguridad informática en empresas, con estrategias de protección, gestión de riesgos y cumplimiento normativo.

→ LÓPEZ Benítez, Y.: *Implantación de la Ley de Protección de Datos y Garantía de los Derechos Digitales*. Antequera: IC Editorial, 2019.

> Explicación detallada de la normativa de protección de datos personales, obligaciones empresariales y su implementación.

→ LÓPEZ Benítez, Y.: *Ciberseguridad, hacking ético. IFCD072PO*. Antequera: IC Editorial, 2022.

> Análisis de técnicas y herramientas para auditorías de *hacking* ético en organizaciones.

→ LÓPEZ Benítez, Y.: *Introducción a la inteligencia artificial*. Antequera: IC Editorial, 2024.

> Explicación de los fundamentos de la inteligencia artificial y su aplicación en empresas y organizaciones.

→ SEVILLANO Jaén, F.: *Ciberseguridad industrial e infraestructuras críticas*. RA-MA Editorial, 2021.

> Visión integral de la ciberseguridad en entornos industriales y la protección de infraestructuras críticas.

Textos electrónicos

→ Apple. (2021). *Jamf Pro: Device Management for macOS and iOS,* de: <https://www.apple.com/jamfpro/>.

> Explicación de *Jamf Pro* como solución de gestión de dispositivos *Apple* para empresas.

→ Cloudflare. (s.f.). *¿Qué es un firewall de próxima generación (NGFW)?,* de: <https://www.cloudflare.com/es-es/learning/security/what-is-next-generation-firewall-ngfw/>.

> Características avanzadas de los *firewalls* de próxima generación para seguridad empresarial.

→ Firewalld. (s.f.). *Firewalld: A dynamic firewall manager,* de: <https://firewalld.org/>.

> Cortafuegos dinámico para *Linux,* con reglas avanzadas de filtrado de red.

→ IBM. (s.f.). *IBM Security Services 2021 Cost of a Data Breach Report,* de: <https://www.ibm.com/security/data-breach>.

> Análisis detallado de costes y causas de filtraciones de datos.

→ IBM. (s.f.). *¿Qué es un sistema de detección de intrusos (IDS)?,* de: <https://www.ibm.com/es-es/topics/intrusion-detection-system>.

> Explicación sobre IDS y su uso en la monitorización de redes empresariales.

→ INCIBE-CERT. (s.f.). *Vulnerabilidades,* de: <https://www.incibe.es/incibe-cert/alerta-temprana/vulnerabilidades>.

> Lista actualizada de vulnerabilidades globales y soluciones para mitigarlas.

→ Instituto SANS. (2021). *La importancia de la formación en materia de concienciación sobre la seguridad,* de: <https://www.sans.org/security-awareness-training/>.

> Relevancia de la formación en ciberseguridad para reducir riesgos empresariales.

→ ISAAC. (2019). Marco COBIT 2019, de: <https://www.isaca.org/resources/cobit>.

> Referencia para la gobernanza y gestión de TI en organizaciones.

→ MARISTAS NAVALMORAL. (2021, 5 de febrero). *Ciberataques - Ataques de fuerza bruta [Vídeo],* de: <https://www.youtube.com/watch?v=oSkzWYmsVzw>.

> Explicación sobre ataques de fuerza bruta y estrategias de mitigación.

→ *Massachusetts Institute of Technology* (MIT). (s.f.). *Kerberos: The network authentication protocol,* de:
<https://web.mit.edu/kerberos/>.

> Protocolo de autenticación de red para acceso seguro en entornos corporativos.

→ *Microsoft.* (2022). *Descripción general de la política de grupo,* de:
<https://docs.microsoft.com/en-us/windows-server/administration/windows-server-update-services/pl>.

> Guía sobre el uso de políticas de grupo en entornos *Windows.*

→ NIST. (2020). *Marco de ciberseguridad del NIST,* de:
<https://www.nist.gov/cyberframework>.

> Estándar internacional para la gestión de riesgos de ciberseguridad.

→ OWASP. (2023). *Top diez de OWASP,* de:
<https://owasp.org/www-project-top-ten/>.

> Lista de las vulnerabilidades más críticas en aplicaciones web.

→ *Security Onion.* (2024). *Herramienta de detección de intrusos y análisis de redes,* de:
<https://www.securityonion.net>.

> Plataforma de código abierto para la detección de intrusos en redes.

→ *Ubuntu.* (s.f.). *Uncomplicated Firewall (ufw),* de:
<https://wiki.ubuntu.com/UncomplicatedFirewall>.

> Cortafuegos sencillo para *Linux* con reglas de filtrado personalizables.

→ *VMware.* (2020). *VMware AirWatch: Mobile Device Management,* de:
<https://www.vmware.com/products/workspace-one/>.

> Plataforma de gestión de dispositivos móviles con seguridad avanzada.